Verfassungsentwicklung in Europa

herausgegeben von

Hartmut Bauer, Peter M. Huber
und Karl-Peter Sommermann

10

Nikolaos I. Simantiras

Netzwerke im europäischen Verwaltungsverbund

Legitimation durch Verantwortung polyzentrischer Governance-Strukturen

Mohr Siebeck

Nikolaos I. Simantiras, geboren 1985; Studium der Rechtswissenschaft in Athen, Essex und München; 2008–2012 Promotionsstipendiat der griechischen staatlichen Stipendienstiftung IKY; 2010–2013 wissenschaftlicher Mitarbeiter der Juristischen Fakultät der Ludwig-Maximilians Universität München; 2015 Promotion in München.

ISBN 978-3-16-154756-0
ISSN 1861-7301 (Verfassungsentwicklung in Europa)

Die Deutsche Nationalbibliothek verzeichnet diese Publikation in der Deutschen Nationalbibliographie; detaillierte bibliographische Daten sind im Internet über *http://dnb.dnb.de* abrufbar.

Das Buch wurde von Gulde Druck in Tübingen gesetzt, auf alterungsbeständiges Werkdruckpapier gedruckt und von der Buchbinderei Spinner in Ottersweier gebunden.

meinen Eltern

Vorwort

Die vorliegende Arbeit wurde im Wintersemester 2014/15 eingereicht und im Sommersemester desselben akademischen Jahres von der Juristischen Fakultät der Ludwig-Maximilians-Universität München als Dissertation angenommen.

Herzlicher Dank gilt an allererster Stelle meinem akademischen Lehrer Professor Dr. Peter Michael Huber, der mich nicht nur als Vorbild maßgeblich prägt, sondern auch während der gesamten Promotionszeit durch äußerst wertvolle Worte und gezielte Ratschläge wegweisend unterstützt hat. Professor Dr. Jens Kersten danke ich für die zügige Erstellung des Zweitgutachtens, die interessierte inhaltliche Auseinandersetzung mit der Arbeit und vertiefende Hinweise.

Neben Professor Dr. Peter Michael Huber bin ich Professor Dr. Karl-Peter Sommermann und Professor Dr. Hartmut Bauer für die Aufnahme der Arbeit in die Schriftenreihe „Verfassungsentwicklung in Europa" dankbar. Besonderer Dank und Anerkennung gebührt Professor Dr. Pavlos-Michael Efstratiou, der durch seine beeindruckenden Athener Vorlesungen erstmals mein Interesse für das öffentliche Recht geweckt und seitdem meine juristische Laufbahn mit großem wissenschaftlichen Interesse, ermutigendem Vertrauen und persönlicher Zuneigung begleitet und gefördert hat. Ein Großteil der Arbeit entstand während meiner Zeit als wissenschaftlicher Mitarbeiter der Juristischen Fakultät der Ludwig-Maximilians-Universität München unter der Leitung von Professor Dr. Thomas Ackermann, dem ich für perfekte Arbeitsbedingungen, lehrreiche Gespräche und für die für mich auch aus wissenschaftlicher Sicht sehr fruchtbare Integration in das akademische Umfeld seines Lehrstuhlteams herzlich danke.

Nicht zuletzt bin ich allen Kollegen und Freunden verpflichtet, die mir neben unendlichen fachlichen Gesprächen und intellektuellem Austausch auch Unterstützung und Geduld jeglicher Art geschenkt haben, ohne die die Arbeit niemals zustande gekommen wäre: darunter besonders Professor Dr. Sebastian Unger, Professor Dr. Jens-Uwe Franck, meinen engen „Münchner" Freunden Dr. Anastasios Andrianessis, Dr. Dimitrios Voulgaris, Dr. Franz-Alois Fischer und natürlich meiner langjährigen Freundin Sophie.

Die Erstellung der Arbeit ist unter anderem durch ein Promotionsstipendium der griechischen staatlichen Stipendienstiftung IKY finanziert worden. Gewidmet ist sie meiner Familie und insbesondere meinen Eltern Jannis und Ute, die ihr Leben dem Glück ihrer Kinder gewidmet haben.

München, im Frühling 2016 — Nikolaos I. Simantiras

Inhaltsübersicht

Inhaltsverzeichnis

Einleitung

1. Gegenstand der vorliegenden Untersuchung sind Netzwerke als Formen der Verwaltungskooperation innerhalb der Europäischen Union. Auf den ersten Blick mag damit aus rechtswissenschaftlicher Sicht nicht viel gesagt sein, zumal Netzwerke herkömmlicherweise nicht als Rechtsbegriff wahrgenommen wurden und eher aus den Sozialwissenschaften bekannt sind[1]. Dennoch treten sie zunehmend in der europäisch orientierten verwaltungsrechtlichen Forschung der letzten fünfzehn Jahre auf[2], stellen spätestens seit der Veröffentlichung des Governance-Weißbuches der Kommission Anfang des einundzwanzigsten Jahrhunderts einen offiziellen unionalen Governance-Modus dar[3] und lassen sich seitdem auch in Sekundärrechtsakten wiederfinden[4]. Das rechtswissenschaftliche Interesse für Netzwerke betrifft somit in erster Hinsicht die deskriptive Erfassung des Phänomens, reicht aber weit darüber hinaus: denn spätestens bei der Untersuchung der Eingliederung der Netzwerke in rechtliche Kategorien ergeben sich normative Probleme sogar verfassungsrechtlicher Natur, die letztlich die Legitimation des netzwerkrelevanten Verwaltungshandelns betreffen. Der Grund dafür lässt sich durch den Gesamtbegriff der Verantwortung erklären: Netzwerke zielen darauf,

---

[1] Prägend für den Begriff im Rahmen politikwissenschaftlicher Analysen internationaler Beziehungen *A. M. Slaughter*, A New World Order, 2004. Zur sozial- und nicht rechtswissenschaftlichen Natur des Netzwerkbegriffes s. nur *D. Ehlers*, Verwaltung und Verwaltungsrecht im demokratischen und sozialen Rechtstaat, in: H.-U. Erichsen/ders. (Hrsg.), Allgemeines Verwaltungsrecht, [14]2010 § 5, Rn. 62, *G. Sydow*, Verwaltungskooperation in der Europäischen Union, 2004, 79.

[2] Bereits *R. Dehousse*, Regulation by networks in the European Community: the role of European agencies, Journal of European Public Policy 4 (1997), 246 f. und *A. G. Ibáñez*, The Administrative Supervision and Enforcement of EC Law, 1999, 294 f. sowie im Anschluss daran *E. Schmidt-Aßmann*, Verfassungsprinzipien für den Europäischen Verwaltungsverbund, in: W. Hoffmann-Riem/ders./A. Voßkuhle (Hrsg.), GVwR I, [2]2012, § 5, Rn. 26 und allgemeiner *P. Craig*, Shared Administration and Networks: Global and EU Perspectives, in: G. Anthony/ J. B. Auby/J. Morison/T. Zwart (Hrsg.), Values in Global Administrative Law, 2011, 81 f., *H.-H. Trute*, Die demokratische Legitimation der Verwaltung, in: W. Hoffmann-Riem/E. Schmidt-Aßmann/A. Voßkuhle (Hrsg.), GVwR I, [2]2012, § 6, Rn. 111, *P. M. Huber*, Grundzüge des Verwaltungsrechts in Europa – Problemaufriss und Synthese, in: A. v. Bogdandy/S. Cassese/ders., (Hrsg.), IPE V, 2014, § 73, Rn. 80.

[3] Mitteilung der Kommission vom 25. Juli 2001 „Europäisches Regieren – Ein Weißbuch", KOM (2001) 428 (2001/C 287/01), 14 f. sowie *Europäische Kommission*, Bericht der Kommission über Europäisches Regieren, 2003, 18 f.

[4] Vgl. nur Erwg. 15 VO 1/2003 zur Errichtung des European Competition Network (ECN).

den fragmentierten Verwaltungsraum der Europäischen Union zu verbinden, um unionsweit einen effektiven Unionsrechtsvollzug zu ermöglichen, führen aber dadurch zu einer Etablierung funktionaler Kooperationsstrukturen zwischen einer Vielzahl von Behörden, so dass fraglich wird, welche von ihnen für das nach außen wirkende Verwaltungshandeln verantwortlich ist[5]. Zum Legitimationsproblem wird dies insofern, als die Verantwortlichkeit der Herrschaftsgewalt ein zentrales Element beider Legitimationsprinzipien europäischer Verfassungsstaaten ist: Demokratie- und Rechtstaatsprinzip beruhen auf klaren Kompetenzzuweisungen, die politische und rechtliche Verantwortlichkeit ermöglichen und durch Recht und Wahlen das Handeln von Hoheitsträgern legitimieren lassen[6]. Diesen Problemen versucht das Unionsrecht grundsätzlich durch eine Orientierung an alternativen demokratietheoretischen Legitimationskonzepten zu begegnen, die entweder aus dem Völkerrecht bekannt sind oder ergebnisorientiert die Verwaltungseffektivität als Legitimationsmaßstab hervorheben: Alternative Legitimationstheorien seien ohnehin erforderlich, zumal die Europäische Union keinen Staat, sondern eine sui generis Rechtsordnung darstelle[7]. Aber: Mag sich historisch die Europäische Union tatsächlich als einzigartiges Integrationsprojekt zur Friedenssicherung und Wohlstandserzeugung gebildet haben, so ist inzwischen ein derartiger Integrationsgrad erreicht worden, dass ihr Handeln zunehmend mit Konstellationen hochpolitisierter öffentlicher Gewaltausübung vergleichbar ist, die eher aus staatlichen Verhältnissen bekannt sind[8]. Dass diese Entwicklung

[5] Zum „Problem der Verantwortungszurechnung in Kooperationsgeflechten" *U. Di Fabio*, Das Recht offener Staaten, 1998, 126 f.: „in horizontal und vertikal gegliederten Staatenverbünden weiß niemand mehr genau, wer verantwortlich ist, wer zur Entscheidung berufen ist".

[6] Vgl. *K. P. Sommermann*, Demokratiekonzepte im Vergleich, in: H. Bauer/P. M. Huber/ders. (Hrsg.), Demokratie in Europa, 2005, 191 (221): „Deutlich liegt allen europäischen Demokratien das Leitprinzip klarer Verantwortlichkeiten zugrunde, dessen Verletzung stark delegitimierende Effekte hat", *M. Nettesheim*, Demokratisierung der EU und Europäisierung der Demokratietheorie – Wechselwirkungen bei der Herausbildung eines europäischen Demokratieprinzips, in: H. Bauer/P. M. Huber/K. P. Sommermann (Hrsg.), Demokratie in Europa, 2005, 143 (159): „Vieles spricht in der Tat für die Annahme, dass die Intransparenz und Verantwortungslosigkeit sich heute als vielleicht größte Probleme demokratischer Legitimität darstellen" sowie allgemeiner demokratietheoretisch *J.-M. Guehenno*, Das Ende der Demokratie, 1994, 56: „In der Demokratie muss es Kontrollierte und Kontrollierende geben und die Urheber der Entscheidungen müssen eindeutig zu bestimmen sein". Allgemein zu Demokratie und Rechtstaat als den beiden Legitimationsquellen von Herrschaftsgewalt s. *S. Unger*, Das Verfassungsprinzip der Demokratie, 2008, 12 f., *C. Starck*, Grundrechtliche und demokratische Freiheitsidee, in: J. Isensee/P. Kirchhof (Hrsg.), HStR III, ³2005, § 33, Rn. 1 f.

[7] Grundlegend *G. Majone*, Dilemmas of European Integration, 2005, 23 f. sowie zum output-orientierten Legitimationskonzept allgemein *F. Scharpf*, Demokratietheorie zwischen Utopie und Anpassung, 1970, *ders.*, Regieren in Europa. Effektiv und demokratisch?, 1999.

[8] Zur Beobachtung dieser Entwicklung *M. Nettesheim*, Rechtstaatliche Demokratie in der EU, in: T. Oppermann/C. D. Classen/ders. (Hrsg.), Europarecht, ⁶2014, Rn. 5. Ähnlich *M. Ruffert*, Nach dem Lissabon-Urteil des Bundesverfassungsgerichts – zur Anatomie einer Debatte, in: H. Dreier/F. W. Graf/J. J. Hesse (Hrsg.), Staatswissenschaften und Staatspraxis, 2011, 84 (88): „Die EWG der Römischen Verträge hatten ein klares Konzept: Frieden durch wirtschaftliche Integration und Wohlstand, Wohlstand durch Entfesselung wirtschaftlicher Freiheit, Freiheit

nicht die Legitimationsfrage unbeeinflusst lassen darf, sowie, dass sie in Netzwerken als besonders hoch integrierten europäischen Strukturen umso mehr zu beachten ist, machen den gedanklichen Ausgangspunkt der vorliegenden Untersuchung aus; die Morphologie der damit verbundenen rechtlichen Probleme und möglicher Lösungen bilden ihr Erkenntnisinteresse.

2. Gilt es, die Netzwerke des europäischen Verwaltungsverbundes rechtswissenschaftlich zu untersuchen, stellt dies in erster Hinsicht eine methodische Herausforderung dar: Die Konstellationen, mit denen das europäische Verwaltungsrecht konfrontiert ist, sind nicht nur rechtsordnungsübergreifend, sondern zeichnen sich durch neuartige und dogmatisch schwer erfassbare Formen der Handlungskoordination und -steuerung aus. Die methodische Ergänzung herkömmlicher Dogmatik durch die zusätzlichen deskriptiv-analytischen Perspektiven des Steuerungs- und Governance-Ansatzes bringt die Gefahren interdisziplinären Arbeitens mit sich und hat stets die Maxime zu befolgen, Erkenntnisse in das binäre Schema der Rechtswissenschaft zu transformieren[9]. Dafür erweisen sich funktionale Analysen als besonders hilfreich, sowohl bei der Untersuchung des rechtlichen Aufbaus und der Funktionsweise von Netzwerken als auch bei der Evaluierung von Kompetenz- und Machtverschiebungsphänomenen, die ebenso rechtlicher wie faktischer Natur sein können. Letztere spielen in Hinblick auf die demokratische Legitimation der Netzwerke eine zentrale Rolle, da sie die Herstellung demokratischer Verantwortlichkeit erschweren: Netzwerke weisen spezifische Merkmale auf, die allgemeine demokratische Legitimationsprobleme des nicht hierarchisch organisierten europäischen Verwaltungsverbundes intensivieren und ausweiten. Auswege zeigen sich erst, wenn man Elemente des Demokratieprinzips rekonstruiert: Die Untersuchung der Frage nach dem demokratischen Legitimationssubjekt und dem normativen Inhalt demokratischer Verantwortung erklärt, aus welchen Gründen alternative demokratietheoretische Konstrukte und insbesondere ein Output-orientierter Legitimationsansatz dazu ungeeignet sind, demokratische Legitimationsdefizite zu beseitigen und richtet das Interesse vielmehr auf das Verhältnis zwischen Demokratie und Rechtstaat. Anhand des individuellen Freiheitsgedankens lässt sich der traditionelle Antagonismus zwischen

---

durch rechtliche Integration; diese Zusammenhänge sind in der neueren Europarechtsentwicklung nach Vollendung des Binnenmarkts in den Hintergrund geraten". Politikwissenschaftlich lässt sich dies als „Politisierungsthese" beschreiben und führt dazu, dass „funktionalistische, aus der Sachlogik eines Subsystems erwachsene und damit unpolitische Begründungen europäischer und internationaler Institutionen nicht mehr greifen", s. *M. Zürn,* Das Bundesverfassungsgericht und die Politisierung der Europäischen Union, in: C. Franzius/F. C. Mayer/J. Neyer (Hrsg.), Strukturfragen der Europäischen Union, 2010, 46 f. Allgemein zum Transformationsprozess der EU und der graduellen Entstehung von Herausforderungen, die mit Demokratie und Legitimität verbunden sind s. *J. H. H. Weiler*, The Transformation of Europe, YLJ 100 (1991), 2403 (2466 f.).

[9] *W. Kahl*, Über einige Pfade und Tendenzen in Verwaltungsrecht und Verwaltungsrechtswissenschaft – ein Zwischenbericht, DV 2009, 463 (494).

beiden Prinzipen relativieren und ein demokratisches Legitimationspotential des Individualrechtsschutzes entwickeln. Doch auch die Ermöglichung effektiven Individualrechtsschutzes ist in Netzwerken keine leichte Aufgabe: die Rechtsschutzeffektivität leidet unter Rechtsschutzlücken, die hauptsächlich durch die organisationsrechtliche Trennung der kooperierenden Behörden und die grundsätzliche Unmöglichkeit einer direkten Anfechtung netzwerkinterner Handlungsbeiträge verursacht werden. Einem effektiven Individualrechtsschutz kommt jedoch aufgrund seiner demokratischen Legitimationsfunktion ein noch größeres Gewicht zu als bisher angenommen, so dass die Entwicklung von Optimierungsoptionen für die Steigerung rechtstaatlicher und demokratischer Rechtsschutzeffektivität in Netzwerken erforderlich wird. Dies gilt es auch im Rahmen der gerichtlichen Kontrolldichte- und Haftungsproblematik zu berücksichtigen, was letztlich dazu führt, dass auch Gewaltenteilung und Haftungsrecht von Netzwerken herausgefordert werden.

3. Insgesamt lässt sich anhand der Netzwerke des europäischen Verwaltungsverbundes eine Reihe von zentralen Legitimationsfragen der Europäischen Union ansprechen und aus verwaltungs- und verfassungsrechtlicher Sicht bearbeiten. Je überzeugter man von Idee und Vision des europäischen Integrationsprojekts ist, desto wichtiger ist es, für die Sicherung seiner Trag- und Zukunftsfähigkeit darauf zu achten, dass seine Entwicklung trotz – oder sogar wegen – zunehmender Komplexität auf stabile rechtliche Fundamente gestützt wird. Was dabei auf dem Spiel steht ist nicht weniger als das rechtstaatliche Verteilungsprinzip als axiomatische Grundlage jeder Legitimationsfrage öffentlichen Handelns[10]; das Ziel der vorliegenden Untersuchung wäre erfüllt, wenn sie genau dazu einen Beitrag leisten könnte.

---

[10] Das rechtstaatliche Verteilungsprinzip, wonach „privates Handeln grundsätzlich legitim, staatliches Handeln aber per se rechtfertigungsbedürftig ist, muss als axiomatische Grundlage unserer Rechtsordnung auch dort anerkannt werden, wo es im Zuge von Privatisierung, Europäisierung und Internationalisierung aus dem Blick geraten ist“, so *P. M. Huber*, Die Renaissance des Staates, in: C. Calliess/K.-H. Paqué (Hrsg.), Deutschland in der Europäischen Union im kommenden Jahrzehnt, 2010, 25 (30), *ders.*, Grundzüge des Verwaltungsrechts in Europa – Problemaufriss und Synthese, in: A. v. Bogdandy/S. Cassese/P. M. Huber (Hrsg.), IPE V, 2014, § 73, Rn. 227. Das rechtstaatliche Verteilungsprinzip geht zurück auf *C. Schmitt*, Verfassungslehre, [10]2010, § 12, 126: „aus der Grundidee der bürgerlichen Freiheit“ ergibt sich ein „Verteilungsprinzip“, wonach „die Freiheitssphäre des Einzelnen [...] als etwas vor dem Staat Gegebenes vorausgesetzt [wird], und zwar ist die Freiheit des Einzelnen *prinzipiell unbegrenzt*, während die Befugnis des Staates zu Eingriffen in diese Sphäre *prinzipiell begrenzt* ist“. Zur Zeitlosigkeit des rechtstaatlichen Verteilungsprinzips als einer der wesentlichsten „Erfindungen“ des Liberalismus auf dem Gebiet des Verfassungsrechts s. *I. Augsberg*, Erläuterungen, in: ders./ S. Unger (Hrsg.), Basistexte: Grundrechtstheorie, 2012, 158 f.

A. Methodik europäischer Verwaltungsrechtswissenschaft

I. Methodische Ansatzpluralität

1. Europäische Verwaltungsrechtswissenschaft als methodische Herausforderung

Die derzeitige frühe[1] Entwicklungsphase des europäischen Verwaltungsrechts ist durch die Vielfältigkeit und Komplexität der von ihm zu bewältigenden Aufgaben gekennzeichnet: Nicht nur hat es als „Verwaltungs"recht den allgemeinen Trends eines sich wandelnden Verwaltungstätigkeitsverständnisses gerecht zu werden, es hat dabei als „europäisches" Rechtsgebiet auch stets seiner rechtsordnungsübergreifenden Eigenart Rechnung zu tragen[2]. So hat es die sui generis Struktur der EU zu beachten, ohne aus dem Blick zu verlieren, dass es auf allgemeinen Rechtsgrundsätzen beruht, die den Mitgliedstaaten gemeinsam und somit grundsätzlich staatlicher Herkunft sind[3]; und es hat den Ansprüchen moderner Verwaltungstätigkeit mit Leistungsfähigkeit und Effektivität zu begegnen, ohne dadurch die normativen Vorgaben seines *verfassungs*rechtlichen Rahmens zu vernachlässigen. Zudem arbeitet es unter Bedingungen horizontaler und vertikaler verwaltungsorganisatorischer Trennung zwischen unionalen und mitgliedstaatlichen Behörden, da die einzelnen mitgliedstaatlichen Verwaltungsrechtsordnungen nicht aufgehoben, sondern lediglich verbunden werden; dies mag aus kompetenz- und, allgemein, verfassungsrechtlicher Sicht durchaus legitim sein, erhöht jedoch die Ansprüche an die europäische Verwaltungsrechts*wissenschaft*. Besonders

---

[1] Die Begründung des europäischen Verwaltungsrechts als eigenständige Disziplin wird in den Anfängen der 80er Jahre verortet, s. *T. v. Danwitz*, Verwaltungsrechtliches System und europäische Integration, 1996, 1 f. mit Bezug auf die grundlegenden Arbeiten von *J. Schwarze* (Hrsg.), Europäisches Verwaltungsrecht im Werden, 1982, *ders.*, Europäisches Verwaltungsrecht: Entstehung und Entwicklung im Rahmen der Europäischen Gemeinschaft, 2 Bde., 1988 und *U. Everling*, Elemente eines europäischen Verwaltungsrechts, DVBl. 1983, 649 f.

[2] Noch mehr als andere europäische Rechtsgebiete ist das europäische Verwaltungsrecht mit dem Problem weitgehender kontextueller Divergenzen zwischen den mitgliedstaatlichen (Teil-) Verwaltungsrechtsordnungen konfrontiert, welche sich aus historischer Sicht daraus erklären lassen, dass „das Verwaltungsrecht zu denjenigen Rechtsmaterien gehört, in denen sich die nationale Eigenart eines Volkes und Staates am meisten ausprägt", s. *U. Scheuner*, Der Einfluß des französischen Verwaltungsrechts auf die deutsche Rechtsentwicklung, DÖV 1963, 714.

[3] Zur Entwicklung von allgemeinen Rechtsgrundsätzen auf dem Wege der „wertenden Rechtsvergleichung" s. *T. v. Danwitz*, Europäisches Verwaltungsrecht, 2008, 169 f.

prägnant lässt sich dies im Verwaltungskooperationsrecht feststellen, das sich genau mit jenen Konstellationen befasst, in denen Behörden unterschiedlicher Rechtsregime interagieren und dadurch ein rechtswissenschaftlicher Untersuchungsbedarf von diversen Verwaltungskooperations- und letztlich Rechtsregime*schnittstellen* entsteht[4]. Insgesamt wird dadurch die herkömmliche juristische Methode an die Grenzen ihrer Leistungsfähigkeit geführt: Da sie primär hermeneutisch und somit grundsätzlich retrospektiv agiert, bewegt sie sich innerhalb der Grenzen bereits verfasster Normtexte[5] und ihr Wahrnehmungsfeld bleibt auf eine rechtsaktbezogene Perspektive begrenzt[6]. So drohen neuartige, rechtordnungsübergreifende und nicht rechtsaktzentrierte Phänomene unvollständig erfasst zu werden, was in einem Minus nicht nur für die Verwaltungsrechtswissenschaft, sondern letztlich auch für die Steuerungs- und Legitimationskraft des Rechts selbst resultieren kann.

2. Jenseits der herkömmlichen juristischen Methode

a) Neue Verwaltungsrechtswissenschaft und Steuerungsansatz

Den methodischen Defiziten einer ausschließlich klassischen juristischen Methode versucht die Neue Verwaltungsrechtswissenschaft insofern entgegenzukommen, als sie aus einer *steuerungs*theoretischen Perspektive nicht rechtsakt- sondern verhaltensbezogen vorgeht[7]. Zentral dabei ist die *Handlungs*orientierung der rechtswissenschaftlichen Untersuchungen durch die Analyse von *Wirkungen* einzelner Normen auf das Handeln von Akteuren, die durch die herkömmliche juristische Methode mangels entsprechend geeigneter rechtsdogmatischer Kategorien nicht einfach zu erfassen sind. So können Aspekte, die für die rechtsaktbezogene juristische Methode deswegen unberücksichtigt bleiben würden, weil sie förmlich keine rechtliche Qualität haben und sich im Bereich des „Faktischen" bewegen, durch den Steuerungsansatz in die rechtswissenschaftliche Untersuchung aufgenommen werden: Zentrale Beispiele dafür sind das Soft Law als unverbindliches Steuerungsinstrument oder finanzielle Anreize für die Handlungssteuerung und -koordination. Der Steuerungsansatz vermag so empirische und disziplinfremde Befunde in die Verwaltungsrechtswissenschaft aufzunehmen: In Betracht kommen die unverbindliche Koordination von Akteuren als Untersuchungsgegen-

[4] Zur Bezeichnung von Verbundproblemen als Schnittstellenprobleme s. *W. Weiß*, Schnittstellenprobleme des europäischen Mehrebenenverwaltungsrechts, DV 38 (2005), 517 f.

[5] Zu den Problemen einer rein auslegungsfixierten Methode für das Europäische Verwaltungsrecht s. *I. Augsberg*, Methoden des Europäischen Verwaltungsrechts, in: J. P. Terhechte (Hrsg.), Verwaltungsrecht der Europäischen Union, 2011, § 4, 24.

[6] *A. Voßkuhle*, Neue Verwaltungsrechtswissenschaft, in: W. Hoffmann-Riem/E. Schmidt-Aßmann/ders. (Hrsg.), GVwR I, ²2012, § 1, Rn. 3.

[7] Grundlegend *A. Voßkuhle*, Neue Verwaltungsrechtswissenschaft, in: W. Hoffmann-Riem/E. Schmidt-Aßmann/ders. (Hrsg.), GVwR I, ²2012, § 1, *E. Schmidt-Aßmann*, Verwaltungsrechtliche Dogmatik, 2013, 14 f.

stand der Sozial- und Organisationswissenschaften oder Erkenntnisse der ökonomischen Theorie – und der ökonomischen Analyse des Rechts – in Bezug auf Verhaltens- und Steuerungswirkungen von rechtlich veranlassten finanziellen Anreizen. Besonders für die (verwaltungs)rechtswissenschaftliche Erfassung des Handelns der Europäischen Union erweist sich der Steuerungsansatz als besonders geeignet, da sich das unionale Handeln von den für staatliche Strukturen charakteristischen top-down-Instrumenten abwendet und vielmehr Marktmechanismen für die Verhaltenssteuerung einsetzt[8].

Als Ziel setzt sich der Steuerungsansatz nicht bloß die deskriptive Auswertung der Verhaltenswirkungen, sondern die Entwicklung einer verhaltensbezogenen Dogmatik[9], die ihrerseits nicht die rechtsaktzentrierte Dogmatik vollständig ersetzen soll, mit ihr jedoch zu verklammern ist[10]: Daraus soll eine Fortentwicklung der Verwaltungsrechtswissenschaft von einer „anwendungsbezogenen Interpretations-" in eine „rechtsetzungsorientierte Handlungs- und Entscheidungswissenschaft" ermöglicht werden[11]. Dass dies keine Selbstverständlichkeit ist, zeigt sich an der hohen Umstrittenheit dieses Vorhabens in der deutschen Verwaltungsrechtslehre, die diesbezüglich als „tief methodologisch gespalten" gilt[12].

b) Governance

In eine vergleichbare Richtung bewegt sich der Governance-Ansatz, allerdings ist es umstritten, ob es sich dabei um eine Weiterentwicklung des steuerungstheore-

---

8 Insgesamt lässt sich beobachten, dass sich die EU an einem Modell des sog. „Marktstaats" orientiert, s. *A. Afilalo/D. Patterson/K. Purnhagen*, Statecraft, the Market State and the Development of European Legal Culture, in: G. Helleringer/K. Purnhagen (Hrsg.), Towards a European Legal Culture, 2014, 277 f.

9 *E. Schmidt-Aßmann*, Verwaltungsrechtliche Dogmatik, 2013, 14 f.

10 *I. Appel*, Das Verwaltungsrecht zwischen traditionellem dogmatischen Verständnis und dem Anspruch einer Steuerungswissenschaft, VVDStRL 67 (2008), 226 (252 f.), *M. Eifert*, Das Verwaltungsrecht zwischen traditionellem dogmatischen Verständnis und dem Anspruch einer Steuerungswissenschaft, VVDStRL 67 (2008), 286 (300 f.).

11 *A. Voßkuhle*, Neue Verwaltungsrechtswissenschaft, in: W. Hoffmann-Riem/E. Schmidt-Aßmann/ders. (Hrsg.), GVwR I, ^{2}2012, § 1, Rn. 15 f.

12 *W. Kahl*, Über einige Pfade und Tendenzen in Verwaltungsrecht und Verwaltungsrechtswissenschaft – ein Zwischenbericht, DV 2009, 463 (464) im Anschluss an *J. Kersten*, Wasserwirtschaft und Raumordnung – Vernetzung von Fach- und Gesamtplanung durch territoriale Governance, in: H. D. Jarass (Hrsg.), Wechselwirkungen zwischen Raumplanung und Wasserwirtschaft, 2008, 53 (82) und m. w. N. über die verwaltungsrechtswissenschaftliche Kontroverse. Das Problem des Steuerungsansatzes wird darin gesehen, dass er sich an systemtheoretischen Annahmen orientiert, s. *O. Lepsius*, Steuerungsdiskussion, Systemtheorie und Parlamentarismuskritik, 1999, 71f: die Steuerung beruhe auf „Modellannahmen der soziologischen Systemtheorie", welche „weder deskriptiv noch normativ mit der grundgesetzlich orientierten Rechtswissenschaft kompatibel sind". Anders *E. Schmidt-Aßmann*, Verwaltungsrechtliche Dogmatik, 2013, 19: „[das Steuerungskonzept] ist handlungsorientiert, folgt aber keiner bestimmten Sozialtheorie".

tischen Ansatzes oder um eine eigenständige Methode handelt[13]. Gemeinsam sind ihnen die analytische Vorgehensweise und die Abwendung von der Rechtsaktbezogenheit rechtswissenschaftlichen Arbeitens; ihr Unterschied besteht primär darin, dass der Governance-Ansatz durch die Auflösung der Unterscheidung zwischen Steuerungssubjekt und -objekt vielmehr *Strukturen* der Interaktion zwischen verschiedenen Akteuren untersucht bzw. (Regelungs-)*Strukturen*[14] im Hinblick auf deren Effektivität und Effizienz[15] analysiert und „Mechanismen und Wirkungen der Handlungskoordinierung mehr oder weniger autonomer Akteure innerhalb einer bestimmten institutionellen Strukturen“[16] untersucht. Als Analyseinstrumente kommen dabei die vier Governance-Modi Hierarchie, Verhandlung, Netzwerk und Wettbewerb in Betracht[17]. Da der Governance-Ansatz nicht normativ, sondern empirisch arbeitet, werden selbst rechtliche Regelungen lediglich als einer von vielen Governance-Modi behandelt und als ein Äquivalent zu „Hierarchie“ betrachtet[18]. Dies ermöglicht die analytische Überwindung von rechtlichen Differenzierungen und Kategorien, so dass auch Kooperations- und Koordinationsstrukturen erfasst werden können, in denen zugleich Akteure unterschiedlicher Rechtsregime – seien es private und öffentliche oder Akteure unterschiedlicher Rechtsordnungen – auftreten und interagieren. Ähnlich wie der Steuerungsansatz erlaubt die empirisch-deskriptive Analyse von Strukturen Feststellungen, die wegen ihrer Faktizität von der herkömmlichen juristischen Methode unberücksichtigt bleiben: Besonders die tatsächlichen Machtverteilungsverhältnisse zwischen Hoheitsträgern innerhalb der analytisch erfassten Governance-Strukturen können bei der auf formell-rechtliche Kompetenzzuweisungen ausgerichteten herkömmlichen juristischen Methode ausgeblendet bleiben.

Im Gegensatz zum steuerungstheoretischen Ansatz zielt Governance nicht auf die Entwicklung einer eigenständigen Governance-Dogmatik, zumal hier keiner-

---

[13] Für die methodische Eigenständigkeit des Governance-Ansatzes *A. Voßkuhle*, Neue Verwaltungsrechtswissenschaft, in: W. Hoffmann-Riem/E. Schmidt-Aßmann/ders. (Hrsg.), GVwR I, [2]2012, § 1, Rn. 21. Gegen eine kategoriale Trennung zwischen Steuerung und Governance *E. Schmidt-Aßmann*, Verwaltungsrechtliche Dogmatik, 2013, 20: „Steuerung und Governance sind nicht kategorial getrennt, setzen aber die Akzente anders“. Zu Governance als Fortentwicklung des steuerungstheoretischen Ansatzes s. *M. Ruffert*, Was ist „Democratic Governance?“ in: S. Botzem/J. Hofmann/S. Quack/G. F. Schuppert/H. Straßheim (Hrsg.), Governance als Prozess, 2009, 55 (57 f.).

[14] Dazu *H.-H. Trute/D. Kühlers*, Governance in der Verwaltungsrechtswissenschaft, DV 2004, 451 (473), *A. Voßkuhle*, Neue Verwaltungsrechtswissenschaft, in: W. Hoffmann-Riem/E. Schmidt-Aßmann/ders. (Hrsg.), GVwR I, [2]2012, § 1, Rn. 70.

[15] *M. Ruffert*, Was ist „Democratic Governance?“ in: S. Botzem/J. Hofmann/S. Quack/G. F. Schuppert/H. Straßheim (Hrsg.), Governance als Prozess, 2009, 55 (61).

[16] *G. F. Schuppert*, Was ist und wozu Governance, DV 40 (2007), 463 (488), *H.-H. Trute/D. Kühlers/A. Pilniok*, Governance als verwaltungsrechtswissenschaftliches Analysekonzept, in: G. F. Schuppert/M. Zürn (Hrsg.), Governance in einer sich wandelnden Welt, 2008, 173 (174).

[17] S. nur *G. F. Schuppert*, Was ist und wozu Governance?, DV 40 (2007), 463 (488).

[18] *H.-H. Trute/D. Kühlers*, Governance in der Verwaltungsrechtswissenschaft, DV 2004, 451 (470).

lei normative Festlegungen oder Werturteile getroffen werden. Erkenntnisse der Governance-Forschung werden deswegen für die Rechtswissenschaft erst bedeutsam, wenn sie als normativ relevante Frage einem Normprogramm zugerechnet werden können[19]. Für die rechtswissenschaftliche Arbeit mit Befunden der Governance-Analyse bedeutet dies ein Erfordernis erhöhter Achtsamkeit: Zwar kann die analytische Arbeitsweise von Governance Erkenntnisse ermöglichen, die für die klassische Dogmatik zunächst schwer zugänglich und sichtbar sind, zugleich kann sie aber durch die Vermischung von normativen und deskriptiven Sätzen und die analytische Relativierung rechtsdogmatischer Kategorien rechtlich verbindliche und unumgängliche Vorgaben vernachlässigen. Ein charakteristisches Paradigma dafür ist die Unterscheidung zwischen Staat und Gesellschaft, welche von der Governance-Analyse durch die gleichzeitige Untersuchung von privaten und öffentlichen Akteuren aufgehoben wird, jedoch eine verfassungsrechtliche Vorgabe darstellt[20]: Der Verfassungsstaat reduziert sich im Rahmen von Governance-Strukturen auf die Rolle eines einzelnen Akteurs unter vielen[21]. So lässt sich auch erklären, weswegen dem Governance-Ansatz in der Verfassungs- und Verwaltungsrechtswissenschaft eher skeptisch[22] begegnet wird: Da Rechtswissenschaft als Akteur- und nicht Strukturwissenschaft auf Handlungen fokussiert, um Interessenskonflikte zu lösen[23], folgt sie grundsätzlich einem *binären* Rechtmäßigkeits-Rechtswidrigkeitsschema[24], das Handlungen jeweils am Maßstab verbindlicher Normen untersucht und erst in Hinblick auf deren Rechtsfolgen urteilt. Aus rechtlicher Sicht ist somit die in der Governance-Analyse vorgenommene pauschale Gleichstellung von Recht mit anderen Koordinations-Modi problematisch, so dass letztlich die rechtswissenschaftliche Anschlussfähigkeit von Governance insgesamt erschwert wird und die Rezeption ihrer analytischen Erkenntnisse nicht bedingungslos ist.

---

[19] *H.-H. Trute/D. Kühlers/A. Pilniok*, Governance als verwaltungsrechtswissenschaftliches Analysekonzept, in: G.F. Schuppert/M. Zürn (Hrsg.), Governance in einer sich wandelnden Welt, 2008, 173 (178).

[20] *W. Kahl*, Über einige Pfade und Tendenzen in Verwaltungsrecht und Verwaltungsrechtswissenschaft – ein Zwischenbericht, DV 2009, 463 (497).

[21] *P. M. Huber*, Die Renaissance des Staates, in: C. Calliess/K.-H. Paqué (Hrsg.), Deutschland in der Europäischen Union im kommenden Jahrzehnt, 2010, 25 (28).

[22] *E. Schmidt-Aßmann*, Verwaltungsrechtliche Dogmatik, 2013, *P. Badura*, Konzeptionen europäischer und transnationaler Governance in der Perspektive des Verfassungsrechts, 2010. Insgesamt wird sogar festgestellt, dass sich der Governance-Ansatz in der Rechtswissenschaft nicht durchsetzten konnte, s. *W. Kahl*, Über einige Pfade und Tendenzen in Verwaltungsrecht und Verwaltungsrechtswissenschaft – in Zwischenbericht, DV 2009, 463 (496).

[23] *J. Kersten*, Governance in der Staats- und Verwaltungsrechtswissenschaft, in: E. Grande/S. May (Hrsg.), Perspektiven der Governance-Forschung, 2009, 45 (49).

[24] *W. Kahl*, Über einige Pfade und Tendenzen in Verwaltungsrecht und Verwaltungsrechtswissenschaft – Ein Zwischenbericht, DV 2009, 463 (494). Rechtstheoretisch funktionieren *alle* Rechtsnormen nach einem binären Schema, s. *J. H. Klement*, Vom Nutzen einer Theorie, die alles erklärt, JZ 63 (2008), 756 (758).

II. Funktionelle Dogmatik

1. Legitimation von Rechtsdogmatik: Zur Normativität einer Methode

a) Der Mehrwert von Rechtsdogmatik

Im Zuge von Globalisierung, Europäisierung und Ökonomisierung des Verwaltungsrechts sind alternative methodische Ansätze für die Verwaltungsrechtswissenschaft zwar hilfreich, sie vermögen jedoch nicht die herkömmliche juristische Methode und insbesondere die tradierte Rechtsdogmatik zu ersetzen: Dogmatik bleibt die Grundlage rechtswissenschaftlichen Arbeitens und weitere methodische Ansätze sind lediglich als ergänzende Unterstützungswerkzeuge in Betracht zu ziehen[25]. Dies ist in erster Linie der Tatsache geschuldet, dass Rechtswissenschaft ohnehin im Kern eine dogmatische Wissenschaft ist[26]: Ihr Gegenstand ist das Recht als *normatives* Phänomen und Normativität lässt sich wissenschaftlich durch die systematische Herausarbeitung deontologischer Dogmen erfassen, so dass letztlich Dogmatik die wissenschaftliche Disziplinarität der Rechtswissenschaft ausmacht[27]. Sie befasst sich mit der „Entwicklung von Begriffen, Institutionen, Grundsätzen und Regeln im Rahmen der positiven Rechtsordnung unabhängig von einer gesetzlichen Fixierung“[28] und tritt somit nicht bloß als Rechtserkenntnisquelle, sondern auch als Rechtserzeugungsquelle auf[29]. Dadurch wird ihre Bedeutung evident, welche in der von ihr ermöglichten Verbindung der Rechtswissenschaft mit der praktischen Rechtsanwendung gesehen wird[30]. Ihre Anwendungsorientierung berücksichtigt dabei auch die reale soziale Steuerung des Rechts und ist deswegen auf eine „verständniserleichtern-

---

[25] So in Bezug auf Governance s. *H.-H. Trute/D. Kühlers/A. Pilniok*, Governance als verwaltungsrechtswissenschaftliches Analysekonzept, in: G. F. Schuppert/M. Zürn (Hrsg.), Governance in einer sich wandelnden Welt, 2008, 173 (174), *W. Kahl*, Über einige Pfade und Tendenzen in Verwaltungsrecht und Verwaltungsrechtswissenschaft – ein Zwischenbericht, DV 2009, 463 (498).

[26] *C. Möllers*, Methoden, in: W. Hoffmann-Riem/E. Schmidt-Aßmann/A. Voßkuhle (Hrsg.), GVwR I, ^{2}2012, § 3 Rn. 35, zustimmend *W. Kahl*, Über einige Pfade und Tendenzen in Verwaltungsrecht und Verwaltungsrechtswissenschaft – ein Zwischenbericht, DV 2009, 463 (497).

[27] Die Verwaltungsrechtswissenschaft kann sich „durch die Bestimmung eines methodischen Kerns ihre Identität und Integrität als wissenschaftliche Disziplin definieren und sichern“, s. *C. Möllers*, Methoden, in: W. Hoffmann-Riem/E. Schmidt-Aßmann/A. Voßkuhle (Hrsg.), GVwR I, ^{2}2012, § 3 Rn. 35. Zur Disziplinarität als Voraussetzung von Wissenschaftlichkeit allgemein s. *E. Schmidt-Aßmann*, Zur Situation der rechtswissenschaftlichen Forschung, JZ 54 (1995), 1 (7). Zur Bedeutung von Systembildung als einer mit der Dogmatik verbundenen Aufgabe der (Verwaltungs-)rechtswissenschaft s. *E. Schmidt-Aßmann,* Das allgemeine Verwaltungsrecht als Ordnungsidee, ^{2}2006, 1. Kap., Rn. 3.

[28] *W. Brohm*, Die Dogmatik des Verwaltungsrechts, VVDStRL 30 (1972), 245 (246).

[29] Zur doppelten Natur von Rechtsdogmatik als Rechtserkenntnis- und Rechtserzeugungsquelle *O. Lepsius*, Kritik der Dogmatik, in: G. Kirchhof/S. Magen/K. Schneider (Hrsg.), Was weiß Dogmatik?, 2012, 39 (41 f.).

[30] *C. Möllers*, Methoden, in: W. Hoffmann-Riem/E. Schmidt-Aßmann/A. Voßkuhle (Hrsg.), GVwR I, ^{2}2012, § 3 Rn. 35, *E. Schmidt-Aßmann*, Verwaltungsrechtliche Dogmatik, 2013, 5.

de, systematisierende und standardisierende Abbildung“ der lex lata ausgerichtet[31]. Im Anschluss daran und darüber hinaus sprechen selbst normativ-rechtliche Gründe für die Vorzugswürdigkeit der rechtsdogmatischen Methode: Durch ihre auf Klarheit ausgerichteten Festlegungen erleichtert sie die Vorhersehbarkeit der Rechtsnormauslegung und -anwendung, so dass sie einen rechtsmethodisch herstellbaren Beitrag zur *Rechtssicherheit* leistet und dadurch letztlich der *Gleichheit* dient[32].

b) Dogmatik als nicht inflexible Methode

Die Vorteile rechtsdogmatischen Arbeitens setzen freilich kein starres Bild von Dogmatik voraus, das sie an einer Anpassung an neue Herausforderungen oder Entwicklungen hindert[33]. Denn bildet Dogmatik die (rechts-)wissenschaftlich herausgearbeitete schematische Darstellung normativer Wertungen, so können Wandlungen letzterer auch Aktualisierungs-, Modifizierungs- und Reformanstöße dogmatischer Strukturen und Kategorien veranlassen; freilich ist dafür eine Selbstbeschränkungsausrichtung als immanenter Bestandteil der rechtserzeugenden Natur der Dogmatik gegenüber dem für normative Wertungen (demokratisch) legitimierten (parlamentarischen) Gesetzgeber vorausgesetzt[34]. Zudem bezieht sich Rechtswissenschaft zwar auf normative Zusammenhänge, dies bedeutet aber nicht, dass auch nicht-normative Zusammenhänge für die Rechtswissenschaft außer Betracht

---

[31] *M. Jestaedt*, Phänomen Bundesverfassungsgericht. Was das Gericht zu dem macht, was es ist, in: *ders./O. Lepsius/C. Möllers/C. Schönberger*, Das entgrenzte Gericht, 2011, 77 (131).

[32] Neben ihrer Entlastungsfunktion, wodurch sichergestellt wird, dass „grundsätzliche Wertungsfragen nicht bei jeder Rechtskonkretisierung erneut aufgeworfen und durchdiskutiert werden müssen“, hat Dogmatik auch eine *rechtsicherheits*fördernde Rationalisierungsfunktion, s. *W. Brohm*, Die Dogmatik des Verwaltungsrechts, VVDStRL 30 (1972), 245 (248). Zu den Vorteilen des dogmatischen Systemdenkens für die Erfüllung der Rechtsicherheit und des eine „generalisierende“ Tendenz aufweisenden und sich aus dem Gleichheitssatz ergebenden Gerechtigkeitsgebots s. *C.-W. Canaris*, Systemdenken und Systembegriff in der Jurisprudenz, ²1983, 83. Zur Verknüpfung von Rechtsicherheit und Gleichheit bereits *M. Rümelin*, Die Rechtsicherheit, 1924, 9: „die formale Richtung des Rechtsicherheitsinteresses, die auf allen Gebieten zum Vorschein kommt, kann man ‚allgemeines Bestimmtheits- und Gleichheitsinteresse‘ nennen“. Rechtsicherheit und Gleichheit lassen sich durch das ihnen gemeinsame Willkürverbot verbinden, so dass dadurch erst im Gedanken der Gleichheit das Zusammenfallen von Rechtsicherheit und Gerechtigkeit ermöglicht wird, s. *A. v. Arnauld,* Rechtsicherheit, 2006, 653 f., 659. Ansonsten fordern Rechtsicherheit und Gerechtigkeit nicht nur einander, sondern können sich als Antinomien der Rechtsidee auch gegenseitig widersprechen, s. *G. Radbruch*, Rechtsphilosophie, ²2003, 74 f. Für die Dogmatik „als Gebot der Gleichheit“ plädieren schließlich *G. Kirchhof/S. Magen*, Dogmatik: Notwendigkeit und Dialog, in: G. Kirchhof/S. Magen/K. Schneider (Hrsg.), Was weiß Dogmatik?, 2012, 151 (162 f.).

[33] Dogmatik ist nicht als „Hort von Inflexibilität misszuverstehen“, s. *E. Schmidt-Aßmann*, Verwaltungsrechtliche Dogmatik, 2013, 5.

[34] Denn unabhängig von methodischen Zugängen stellt das parlamentarische Gesetz „das zentrale Gestaltungsmittel und Herrschaftsinstrument der repräsentativen Demokratie“ dar, s. *O. Lepsius*, Steuerungsdiskussion, Systemtheorie und Parlamentarismuskritik, 1999, 72.

bleiben dürfen[35]: „Was immer in der Verwaltungsrealität Existenz besitzt, hat darauf Anspruch, von der Verwaltungsrechtswissenschaft wahrgenommen, systematisch durchdrungen und zu den bisherigen Erkenntnissen in Beziehung gesetzt zu werden“[36]. Dies dürfte besonders dann gelten, wenn die mangelnde Normativitätsrelevanz von Zusammenhängen nur auf den ersten Blick anzunehmen ist und durch die rechtswissenschaftliche Erfassung vielmehr eine normative Maßgeblichkeit oder sogar Verstöße gegen oder Umgehungen von normativen Wertungen erwiesen werden. Damit ist auch die Bedeutung der sich wandelnden gesellschaftlichen Realität für die Rechtsdogmatik angesprochen: Die Herausforderung besteht darin, gesellschaftliche Entwicklungen der Rechtswissenschaft zugänglich zu machen und dabei ihren normativen Charakter zu bewahren, damit sie nicht zur „bloßen Beobachtungs- und Wirklichkeitswissenschaft degeneriert“[37]. Letztlich geht es um die Möglichkeiten und Grenzen von Interdisziplinarität in der Verwaltungsrechtswissenschaft, ihr Verhältnis zu den Sozial- bzw. ihren Nachbarwissenschaften sowie die Rezeption derer Erkenntnisse; auch der rechtswissenschaftliche Wert der soeben genannten deskriptiven methodischen Ansätze von Steuerung und Governance hängt letztlich davon ab. Zu beachten ist dabei, dass *Disziplinarität* zunächst ein zentrales Strukturmerkmal von Wissenschaft darstellt, Interdisziplinarität „nicht das Normale ist“ und sich erst durch den Nachweis von Defiziten ausschließlich disziplinärer Forschung zu legitimieren hat[38]. Mag diese methodische Rechtfertigung im europäischen Verwaltungsrecht gegeben sein, ist das interdisziplinäre Arbeiten dennoch aus zwei Gründen keine leichte Aufgabe: Erstens müssen rechtswissenschaftliche Mechanismen für die Rezeption außerjuridischer Erkenntnisse erst entwickelt werden[39] und zweitens darf dabei nicht das allgemeine epistemologische Problem unterschätzt werden, dass auch die jeweiligen Erkenntnisse anderer Wissenschaften nicht „die“ Wirklichkeit, sondern nur „Realitätsbeschreibungen“ liefern können, da eine neutrale „Empirie an sich“ nicht existieren kann[40]. Wichtig ist deswegen, sich bewusst zu machen, dass eine bloße Umsetzung oder sogar Übersetzung sozialwissenschaftlicher Erkenntnisse keine Bereicherung oder Flexibilisierung der Dogmatik ermöglichen, sondern sogar

[35] *H.-H. Trute/D. Kühlers*, Governance in der Verwaltungsrechtswissenschaft, DV 2004, 451 (471).

[36] *E. Schmidt-Aßmann,* Die Herausforderung der Verwaltungsrechtswissenschaft durch die Internationalisierung der Verwaltungsbeziehungen, Der Staat 45 (2006), 315.

[37] *P. M. Huber*, Rechtsgewinnung aus Bildern, in: J. Krüper/H. Merten/M. Morlok (Hrsg.), An den Grenzen der Rechtsdogmatik, 2010, 91.

[38] *E. Schmidt-Aßmann,* Zur Situation der rechtswissenschaftlichen Forschung, JZ 54 (1995), 1 (7) mit Bezug auf *J. Kocka*, Einleitung, in: ders. (Hrsg.), Interdisziplinarität, 1987, 7 f.

[39] Zur Entwicklung einer rechtswissenschaftlichen Rezeptionstheorie s. *J. Lüdemann*, Netzwerke, Öffentliches Recht und Rezeptionstheorie, in: S. Boysen u. a. (Hrsg.), Netzwerke, 2007, 266 f.

[40] *I. Augsberg,* Von einem neuerdings erhobenen empiristischen Ton in der Rechtswissenschaft, Der Staat 51 (2012), 117 (118, 125), *A. Voßkuhle*, Neue Verwaltungsrechtswissenschaft, in: W. Hoffmann-Riem/E. Schmidt-Aßmann/ders. (Hrsg.), GVwR I, ²2012, § 1, Rn. 31.

eine Gefährdung der rechtswissenschaftlichen Normativität verursachen kann. Was vielmehr erforderlich ist, ist die Feststellung eines rechtswissenschaftlichen Rezeptionsbedarfs und die *Transformation* der Erkenntnisse in an rechtsdogmatische Kategorien anschlussbare Elemente[41]. Den Raum dafür bietet besonders das Verfassungsrecht, das mit rechtsdogmatisch flexibleren, ausfüllungs- und konkretisierungsbedürftigen Rechts*prinzipien* arbeitet und somit für das Verwaltungsrecht „nicht nur als dirigierende Vorgabe, sondern auch als ‚Transformator für Methodenfragen' wirken kann"[42]. Die Dogmatik ist erwiesenermaßen[43] ausreichend flexibel, erforderlich ist lediglich, dass auf die Aufgabenteilung zwischen den methodischen Ansätzen geachtet wird.

2. *Perspektivenpluralität*

a) *Methodische Aufgabenteilung*

Innerhalb eines differenzierten methodischen Rahmens lässt sich eine Aufgabenteilung zwischen der herkömmlichen Dogmatik, des Steuerungs- und des Governance-Ansatzes herausarbeiten. Dabei ist Dogmatik als der methodische Kern rechtswissenschaftlichen Arbeitens anzusehen, während Steuerung und Governance als ergänzende, dogmatisch auswertbare Analysewerkzeuge in Betracht kommen[44], so dass insgesamt drei unterschiedliche *Perspektiven* ermöglicht werden. Die Perspektivendifferenzierung erleichtert die Feststellung von Voraussetzungen für die rechtswissenschaftliche Rezeption der Erkenntnisse von Steuerung und Governance: Die Überprüfung der außerdogmatischen Erkenntnisse auf ihre Rückführbarkeit in normative Aussagen[45] ist nur möglich, wenn der handeln-

[41] Zur Feststellung des Rezeptionsbedarfs im Rahmen der Rezeptionsvorbereitung als erster von drei „Rezeptionsetappen" s. *J. Lüdemann*, Netzwerke, Öffentliches Recht und Rezeptionstheorie, in: S. Boysen u. a. (Hrsg.), Netzwerke, 2007, 266 (279 f.). Zur Notwendigkeit der Entwicklung einer am Transformations- und nicht am Übersetzungsgedanken orientierten rechtswissenschaftlichen Rezeptionstheorie s. *I. Augsberg,* Von einem neuerdings erhobenen empiristischen Ton in der Rechtswissenschaft, Der Staat 51 (2012), 117 (122 f.).

[42] *E. Schmidt-Aßmann*, Verwaltungsrechtliche Dogmatik, 2013, 151 in Anschluss an *H. Schulze-Fielitz*, Rationalität als rechtstaatliches Prinzip für den Organisationsgesetzgeber, in: FS K. Vogel, 2000, 311 ff.

[43] Zur Transformation von steuerungsperspektivistischen Beobachtungen in dogmatische Kategorien bspw. durch die Erweiterung des klassischen Eingriffsbegriffs in der Grundrechtsdogmatik aufgrund faktischer Verhaltenssteuerungswirkungen informalen Verwaltungshandelns oder zur Verbindung der Steuerungsperspektive mit dem Demokratieprinzip s. exemplarisch *P. M. Huber*, Die entfesselte Verwaltung, StWStP 1998, 423 f.

[44] So in Bezug auf den Steuerungsansatz *W. Kahl*, Über einige Pfade und Tendenzen in Verwaltungsrecht und Verwaltungsrechtswissenschaft – ein Zwischenbericht, DV 2009, 463 (490). Zu Governance als Möglichkeit eines Perspektivenwechsels *M. Ruffert*, Was ist „Democratic Governance?", in: S. Botzem/J. Hofmann/S. Quack/G. F. Schuppert/H. Straßheim (Hrsg.), Governance als Prozess, 2009, 55 (68).

[45] *A. Voßkuhle*, Neue Verwaltungsrechtswissenschaft, in: W. Hoffmann-Riem/E. Schmidt-Aßmann/ders. (Hrsg.), GVwR I, [2]2012, § 1, Rn. 71.

de Akteur nicht ausgeblendet wird[46] bzw. wenn eine Transformation der von steuerungstheoretischen *verhaltens*- oder Governance-analytischen *struktur*perspektivistischen Aussagen in die *Akteurperspektive* möglich ist. Nur innerhalb jener Perspektive ist die Anknüpfung an rechtsdogmatische Kategorien und dadurch letztlich mit rechtlicher Normativität insgesamt erreichbar: Kategorien wie Kompetenzzuweisung und Zurechnung, die erst die Funktionsweise der Rechtswissenschaft ermöglichen[47], werden vom Governance-Ansatz genau aufgrund der mangelnden Akteurbezogenheit nicht erfasst. So vermögen die Steuerungs- und Governance-Ansätze insofern eine ergänzende und unterstützende Rolle zu spielen, als sie durch ihr deskriptiv-analytisches Potential dem rechtswissenschaftlichen Arbeiten entweder rechtspolitische Zugänge ermöglichen oder die juristische Argumentation bereichern, insbesondere als teleologische Auslegungsinstrumente des positiven Rechts. Als methodische Modi für die Verbindung der einzelen methodischen Ansätze bieten sich funktionale Analysen und Brückenbegriffe an.

b) Funktionale Analysen

Der Nutzen funktionaler Analysen besteht darin, dass sie durch die Beleuchtung von bestehenden und potenziellen funktionalen Zusammenhängen unterschiedliche Perspektiven auf (verwaltungs)rechtliche Fragestellungen ermöglichen und diese sogar miteinander verbinden können. Ansätze funktionaler Arbeitsmuster sind dem europäischen öffentlichen Recht ohnehin bekannt: Sowohl die Behandlung zentraler Themen unter Rückgriff auf klassische öffentlich-rechtliche Kategorien wie „europäisches Verfassungsrecht", „europäische Verwaltung" und „Gewaltenteilung" als auch die vom EuGH zugrunde gelegte Methode der wertenden Rechtsvergleichung erfolgen erst durch funktionale Zugriffe[48]. Zudem sind Ten-

---

[46] *J. Kersten*, Governance in der Staats- und Verwaltungsrechtswissenschaft, in: E. Grande/ S. May (Hrsg.), Perspektiven der Governance-Forschung, 2009, 45 (49). Die fehlende *Akteur*orientierung dürfte auch der Grund für die mangelnde rechtswissenschaftliche Anschlussfähigkeit der Systemtheorie sein, s. *W. Kahl*, Über einige Pfade und Tendenzen in Verwaltungsrecht und Verwaltungsrechtswissenschaft – ein Zwischenbericht, DV 2009, 463 (492).

[47] *A. Voßkuhle*, Neue Verwaltungsrechtswissenschaft, in: W. Hoffmann-Riem/E. Schmidt-Aßmann/ders. (Hrsg.), GVwR I, ^{2}2012, § 1, Rn. 70, *E. Schmidt-Aßmann*, Verwaltungsrechtliche Dogmatik, 2013, 20.

[48] Exemplarisch für die funktionale Erfassung des europäischen Verfassungsrechts aufgrund der von Primärrecht und mitgliedstaatlichen Verfassungen erfüllten Verfassungs*funktionen* sowie entsprechenden Funktionswandlungen auf grundgesetzlicher Ebene s. *P. M. Huber*, Europäisches und nationales Verfassungsrecht, VVDStRL 60 (2001), 194 (199 f.), *ders.*, Das europäisierte Grundgesetz, DVBl. 2009, 574 (578 f.). Zum Begriff „Europäische Verwaltung" sowie dem normativen Befund der Verwaltung als Funktion s. *T. Groß*, Die öffentliche Verwaltung als normative Konstruktion, in: H.-H. Trute/ders./H. C. Röhl/C. Möllers (Hrsg.), Allgemeines Verwaltungsrecht – zur Tragfähigkeit eines Konzepts, 2008, 349 (360, 367). Zur funktionalen Ausrichtung sowohl der rechtsvergleichenden Methode allgemein als auch der wertenden Rechtsvergleichung des EuGH s. nur *A. Glaser*, Die Entwicklung des Europäischen Verwaltungsrechts aus der Perspektive der Handlungsformenlehre, 2013, 67 f., 69: „maßgeblich ist

denzen zu beobachten, funktionale Analysen auch für die Eingliederung *inter*disziplinärer Erkenntnisse in juristische Argumentationsschemata zu nutzen: Grundzüge einer ökonomisch orientierten „funktionalen Rechtswissenschaftstheorie" werden bereits herausgearbeitet, wobei auch hier beachtet werden muss, dass die Normativität des Rechts interdisziplinären funktionalen Überlegungen Grenzen setzt[49]. Besondere Bedeutung kommt funktionalen Analysen vielmehr in Hinblick auf *intra*disziplinäre Erkenntnisgewinne zu; „funktionell-rechtliche"[50] Beobachtungen erlauben rechtssystemische Selbstreflexionen, wodurch die intradisziplinäre Verbindung zwischen Teilrechtsgebieten hergestellt, die Beobachtung diverser Wechselwirkungen ermöglicht und der Weg für die Bewertung entstehender normativer Konsequenzen eröffnet wird. Dies gilt sowohl in Hinblick auf die Beziehung zwischen öffentlichem Recht und Privatrecht[51] als auch für jene zwischen Verfassungs- und Verwaltungsrecht: Versteht sich Verfassungsrecht als „dirigierende Vorgabe" des Verwaltungsrechts, so können funktionale Analysen dabei helfen, den Verwirklichungsgrad verfassungsrechtlicher Prinzipien auf der verwaltungsrechtlichen Ebene zu untersuchen sowie, umgekehrt, die Konsequenzen von Modifikationen und Fixierungen verwaltungsrechtlicher Wertungen auf der verfassungsrechtlichen Ebene zu evaluieren. Somit wird durch funktionale Arbeitsmuster rechtswissenschaftliches Arbeiten flexibilisiert[52] und

---

nicht die begriffliche Bezeichnung, sondern die *Funktion* der zu untersuchenden Rechtsnorm oder Institution innerhalb des betreffenden rechtlichen und gesellschaftlichen Systems".

[49] Zu Begriff und rechtstheoretischem Ansatz s. *A. van Aaken*, Funktionale Rechtswissenschaftstheorie für die gesamte Rechtswissenschaft, in: M. Jestaedt/O. Lepsius (Hrsg.), Rechtswissenschaftstheorie, 2008, 79 f.

[50] Exemplarisch dazu *P. M. Huber*, Die entfesselte Verwaltung, StWStP 1998, 423 (445).

[51] *E. Schmidt-Aßmann*, Öffentliches Recht und Privatrecht: Ihre Funktionen als wechselseitige Auffangordnungen, in: W. Hoffmann-Riem/ders. (Hrsg.), Öffentliches Recht und Privatrecht als wechselseitige Auffangordnungen, 1996, 7 (23 f.).

[52] Die Flexibilisierung erfolgt dadurch, dass funktionale Analysen ein introvertiertes Verständnis von Dogmatik verhindern und auch Konstellationen und Phänomene untersuchen, die herkömmlich lediglich als bloße „Reflexe" wahrgenommen werden. Dass daraus keine Gefährdung, sondern sogar eine Verstärkung der Rechtsdogmatik hergestellt werden kann, zeigt sich daran, dass durch die Verbindung der Perspektiven die angemessene rechtswissenschaftliche Verortung von Fragestellungen ermöglicht wird, so dass sich ein Argumentationsaustausch auf die korrekte (Teil-)Disziplin relokalisieren lässt: Öffentlich-rechtliche Fragestellungen resultieren oft darin, dass beispielsweise verwaltungsrechtliche Argumentationslinien auf unterschiedlichen verfassungsrechtlichen Wertungen oder staats- und verfassungstheoretischen Vorverständnissen beruhen, die durch eine streng (teil-)disziplinäre Betrachtung nicht offengelegt werden können und die dogmatische Klarheit verdunkeln können. Funktionale Analysen sind somit als teils normativ und teils deskriptiv einzuordnen, da sie sich zwar an normativen Wertungen orientieren, aber zugleich einen Abstand von tradierten Dogmen bewahren, um die Funktion von einzelnen (nicht unbedingt bereits dogmatisch eingeordneten) rechtlichen Instrumenten oder Phänomenen zu beschreiben. Parallelen bestehen zur teleologischen Methode, da sich die Funktion einer Rechtsnorm in der Regel aus dem Blickwinkel ihres rechtlichen Zwecks ergibt, funktionale Analysen haben jedoch ein breiteres Untersuchungsspektrum: Sie betrachten auch Wirkungen oder Konsequenzen, die nicht vom Normzweck vorgesehen sind oder durch ihn determiniert werden, was wiederum eher einem rechtssystematischen Zugang näher kommt.

bei der Suche nach möglichen Optimierungsoptionen sowie der Entwicklung von *funktionalen Äquivalenten* unterstützt. Dies gilt in hohem Maße auch für die vorliegende Untersuchung, die methodisch auf einer Kombination von Rechtsdogmatik und funktionalen Analysen beruht[53].

c) Brückenbegriffe

Neben funktionalen Analysen bieten sich für die Erfassung deskriptiver und nachbarwissenschaftlicher Erkenntnisse die „irgendwo zwischen soziologischer Analyse und juristischer Dogmatik angesiedelten" Brückenbegriffe an[54]. Schon die Ungewissheit bezüglich ihrer rechtswissenschaftlichen Einordnung unterstreicht die methodische Achtsamkeit, mit der sie einzusetzen sind: Da Begriffe grundsätzlich nur im Kontext einer bestimmten Disziplin eine Bedeutung haben können[55], bringen sie wegen der Vorentscheidungen der fremden Disziplin – wie ohnehin das interdisziplinäre Arbeiten insgesamt – Vermengungsgefahren mit sich[56]. Verwaltungsrechtsmethodisch ist es deswegen geboten, die normative Anschlussfähigkeit von einzusetzenden Brückenbegriffen rechtswissenschaftlich zu untersuchen, bevor rechtliche oder gar dogmatische Schlussfolgerungen gezogen werden sowie dabei stets einen konkreten Anwendungs- und Referenzkontext vor Augen zu haben[57]. An prominenter Stelle unter derartigen Brückenbegriffen ste-

---

53 Für die vorliegende Untersuchung ist eine funktionale Vorgehensweise in doppelter Hinsicht besonders hilfreich. Einerseits wird in der Legitimations- und Demokratieproblematik besonders mit Rechts*prinzipien* gearbeitet; da diese konkretisierungs- und optimierungsbedürftig sind, ist eine funktionale Untersuchung bestehender Rechts*regeln* und rechtsdogmatischer Sätze erforderlich, um das Verwirklichungsmaß jener Prinzipien zu evaluieren und das Optimierungsbeitragspotential unterschiedlicher rechtlicher Strukturen oder einzelner Interpretationsalternativen zu prüfen. Andererseits ist die funktionale Perspektive aufgrund ihrer Analyse- und Rezeptionsfähigkeit auch dafür hilfreich, neuartige Governance-Strukturen rechtswissenschaftlich so aufzugreifen, dass die Herausforderungen an die Rechtsdogmatik ersichtlich werden und eventuelle Reform- und Entwicklungserfordernisse herausgearbeitet werden können. Letztlich können einige im Rahmen der vorliegenden Untersuchung angesprochene Phänomene ohne eine funktionale Betrachtung kaum erfasst werden, darunter z. B. die Legitimationsfunktion von Demokratie und Rechtstaat, die verantwortlichkeitsermöglichende Funktion von parlamentarischen Kontrollen oder die Kontrolle rechtlicher Verantwortung durch die Gerichte, die Verantwortungs*ersichtlichkeits*funktion von Transparenz, die Verantwortungs*sammel*funktion von Hierarchie, die Koordinierungsfunktion von Soft Law, die Steuerungsfunktion des Haftungsrechts sowie die Mobilisierung von Bürgern zur Rechtskontrolle.

54 Synonym mit Brückenbegriffen sind „Schlüsselbegriffe" und „interdisziplinäre Verbundbegriffe", s. dazu sowie zu den durch Brückenbegriffe erfüllbaren Funktionen allgemein *A. Voßkuhle*, Neue Verwaltungsrechtswissenschaft, in: W. Hoffmann-Riem/E. Schmidt-Aßmann/ders. (Hrsg.), GVwR I, ²2012, § 1, Rn. 40 und Fn. 217.

55 *H.-H. Trute*, Staatsrechtslehre als Sozialwissenschaft?, in: H. Schulze-Fielitz (Hrsg.), Staatsrechtslehre als Wissenschaft, 2007, 115 (127).

56 *H. C. Röhl*, Verwaltungsverantwortung als dogmatischer Begriff?, Die Verwaltung, Beiheft 2 (1999), 33 (34).

57 Zu den (verwaltungs)rechtsmethodischen Voraussetzungen für das Arbeiten mit Brückenbegriffen s. *H.-H. Trute*, Staatsrechtslehre als Sozialwissenschaft?, in: H. Schulze-Fielitz

hen *Netzwerke,* die als zentrale sozialwissenschaftliche Kategorie bekannt sind und über die Governance-Analyse die Rezeption in die Rechtswissenschaft suchen[58]. Im Rahmen der vorliegenden Untersuchung werden sie für die deskriptive Erfassung komplexer polyzentrischer Verwaltungskooperationsformen des europäischen Verwaltungsverbundes und somit als Brückenbegriff zwischen öffentlich-rechtlicher Dogmatik und europäischer Governance-Analyse eingesetzt.

(Hrsg.), Staatsrechtslehre als Wissenschaft, 2007, 115 (128 f., 132): Es wird ein „wissenssoziologisch informierter Zugang verlangt, der sich gleichwohl auf die Selbstbeschreibungen im Rechtssystem einlässt". Zur Bedeutung von Referenzgebieten für das Arbeiten mit Verbundbegriffen s. *E. Schmidt-Aßmann,* Verwaltungsrechtliche Dogmatik, 2013, 25: „Verbundbegriffe und Referenzgebiete stellen *komplementäre Vorgehensweisen* dar".

[58] Zur Einordnung von Netzwerken als Brückenbegriff zwischen den Sozialwissenschaften und der Verwaltungsrechtswissenschaft s. nur *G. F. Schuppert*, Governance im Spiegel der Wissenschaftsdisziplinen, in: ders. (Hrsg.), Governance-Forschung, 2006, 371 (373), *M. Ruffert*, Was ist „Democratic Governance?" in: S. Botzem/J. Hofmann/S. Quack/G. F. Schuppert/H. Straßheim (Hrsg.), Governance als Prozess, (55) 56.

B. Netzwerke im Europäischen Verwaltungsverbund

I. Netzwerke auf dem Weg zur verwaltungsrechtlichen Kategorie

1. Verwaltungskooperation und Europäischer Verwaltungsverbund

a) Zwischen Trennungs- und Kooperationsprinzip

Zwar bildet die Europäische Union als Staatenverbund in erster Hinsicht eine Rechtsgemeinschaft i. S. einer Recht*setzungs*gemeinschaft[1], die Erkenntnis aber, dass das Verwaltungshandeln keinen bloßen subsumtionsmechanistischen Rechtsvollzug darstellt[2], sondern in großem Maße auch als anwendungsorientierte Gestaltungsaufgabe erscheint, führt zur Frage, wie der gemeinschaftliche Charakter der EU auf der Verwaltungsebene auszudrücken ist. Durch eine Anlehnung an das Verbundparadigma der bundesverfassungsgerichtlichen Rechtsprechung zur Natur der EU insgesamt wurde für die Erfassung des Verwaltungsphänomens innerhalb der EU das Konzept des Europäischen Verwaltungsverbundes entwickelt[3], wonach die EU zwar mangels einheits- oder bundesstaatlicher Natur über keinen eigenen europaweiten Verwaltungsapparat verfügt, die Verwaltungsfunktionen jedoch durch das Zusammenwirken mitgliedstaatlicher und unionaler administrativer Einrichtungen erfüllt werden. Dadurch wird einerseits die strikte Dichotomie zwischen direktem und indirektem Unionsrechtsvollzug relativiert und andererseits der Weg für eine funktionale Erfassung der „Europäischen Verwaltung" als Verbund administrativer Stellen unterschiedlicher Rechtsregime ohne eigene Rechtspersönlichkeit eröffnet. Das Verbundkonzept gründet auf die

---

[1] *P. M. Huber*, Recht der Europäischen Integration, [2]2002, § 20, Rn. 1. Der Begriff der Rechtsgemeinschaft geht auf den ersten Kommissionspräsidenten W. Hallstein zurück, s. *K. P. Sommermann,* Towards a Common European Administrative Culture?, JMWP 28/2013, 2.

[2] *E. Schmidt-Aßmann*, Das allgemeine Verwaltungsrecht als Ordnungsidee, [2]2006, 1/48, 4/42, *I. Pernice*, Kompetenzabgrenzung im Europäischen Verfassungsverbund, JZ 55 (2000), 866 (872), *M. Ruffert*, Von der Europäisierung des Verwaltungsrechts zum Europäischen Verwaltungsverbund, DÖV 2007, 761 (767 f.).

[3] Prägend *E. Schmidt-Aßmann*, Der Europäische Verwaltungsverbund und die Rolle des Europäischen Verwaltungsrechts, in: ders./B. Schöndorf-Haubold (Hrsg.), Der Europäische Verwaltungsverbund, 2005, 1 (7 f.), ders., Verfassungsprinzipien für den Europäischen Verwaltungsverbund, in: W. Hoffmann-Riem/ders./A. Voßkuhle (Hrsg.), GVwR I, [2]2012, § 5, 16 f., daran anschließend *W. Weiß*, Der Europäische Verwaltungsverbund, 2010, ferner *T. v. Danwitz*, Europäisches Verwaltungsrecht, 2008.

Koexistenz zweier (unions-)verfassungsrechtlich verankerten Rechtsprinzipien[4]: einerseits des *organisatorischen Trennungs*prinzips, wonach Behörden organisationsrechtlich stets als Teile entweder mitgliedstaatlicher oder unionaler Verwaltungsapparate anzusehen sind, andererseits des *funktionalen Kooperations*prinzips, wonach der Vollzug des Unionsrechts als kooperative Aufgabe loyal zusammenarbeitender Behörden unterschiedlicher Rechtsregime auftritt. Neben der primärrechtlichen Verankerung der allgemeinen Kooperationspflicht und der Verwaltungszusammenarbeit wird die Ausgestaltung der Verwaltungskooperation in zahlreichen sekundärrechtlichen Vorschriften sektorenspezifisch konkretisiert, woraus sich graduell ein europäisches Verwaltungskooperationsrecht herausgebildet hat[5]. Allerdings vermag die Intensivierung der Verwaltungskooperation mit der Maxime des Agierens des Verwaltungsverbundes als „funktionaler Einheit" zu Spannungen mit dem organisatorischen Trennungsprinzip zu führen. Auf rechtlicher Ebene drückt sich dies durch die Anerkennung des Grundsatzes mitgliedstaatlicher Verfahrensautonomie beim Unionsrechtsvollzug aus, welche ihrerseits der Doppelschranke des unionsrechtlichen Effektivitäts- und Äquivalenzprinzips unterliegt[6].

b) Die Emergenz von Netzwerken

Innerhalb des weitgehend ausdifferenzierten Gefüges des europäischen Verwaltungsverbundes und der Heterogenität unterschiedlicher Konstellationen horizontaler und vertikaler Verwaltungskooperation hat sich neben Formen punktueller binärer Zusammenarbeit graduell ein Modell der Verwaltungskooperation herausgebildet, das als *Netzwerk* beschrieben wird[7]: In Anlehnung an vergleichbare

---

[4] Zum Trennungs- und Kooperationsprinzip im europäischen Verwaltungsverbund s. auch *J. Schwarze*, Europäisches Wirtschaftsrecht, 2007, Rn. 524 f.

[5] Zur primärrechtlichen Verankerung der Verwaltungskooperation s. Art. 4 Abs. 3 und Art. 197 AEUV. Grundlegend zum europäischen Verwaltungskooperationsrecht *E. Schmidt-Aßmann,* Verwaltungskooperation und Verwaltungskooperationsrecht in der Europäischen Gemeinschaft, EuR 1996, 270 f., *G. Sydow*, Verwaltungskooperation in der Europäischen Union, 2004, *T. v. Danwitz*, Europäisches Verwaltungsrecht 2008, 609 f. Zum verfassungsrechtlichen Hintergrund der europäischen Verwaltungskooperation *P. M. Huber*, Europäisches und nationales Verfassungsrecht, VVDStRL 60 (2001), 196 (209 f., 230 f.).

[6] *C. Krönke*, Die Verfahrensautonomie der Mitgliedstaaten der Europäischen Union, 2013, *P.-M. Efstratiou*, Richterrechtliche Vorgaben zum Grundsatz der Verfahrensautonomie der Mitgliedstaaten beim indirekten Vollzug des Unionsrechts, in: I. Karakostas/K. Riesenhuber (Hrsg.), Methoden- und Verfassungsfragen der Europäischen Rechtsangleichung, 2011, 99 f.

[7] Zu Netzwerken als verfestigte und verstetigte Formen der Verwaltungskooperation im Europäischen Verwaltungsverbund s. *E. Schmidt-Aßmann*, Verfassungsprinzipien für den Europäischen Verwaltungsverbund, in: W. Hoffmann-Riem/ders./A. Voßkuhle (Hrsg.), GVwR I, ²2012, § 5, Rn. 26 in Anlehnung an *A. G. Ibáñez*, The Administrative Supervision and Enforcement of EC Law, 1999, 294 f. Ferner zu Netzwerken als Typus der Verwaltungskooperation im Europäischen Verwaltungsverbund s. *P. M. Huber*, Grundzüge des Verwaltungsrechts in Europa – Problemaufriss und Synthese, in: A. v. Bogdandy/ders./S. Cassese (Hrsg.), IPE V, 2014, § 73, Rn. 80,

Trends der internationalen Verwaltungskooperation[8] basiert es auf der funktionalen Etablierung sektoraler Kooperationsstrukturen zwischen den jeweils lokal zuständigen administrativen Einrichtungen. Dabei findet die Kooperation innerhalb der Netzwerke durch den *direkten* Kontakt zwischen den behördlichen Netzwerkmitgliedern statt, ohne dabei Rücksicht auf deren Stellung innerhalb der Verwaltungshierarchie ihres Verwaltungsapparates zu nehmen und somit grundsätzlich durch Umgehung der jeweiligen Verwaltungsspitze. Während dies im Kontext der internationalen Verwaltungskooperation in Hinsicht auf das Monopol der Regierung bei der Wahrnehmung auswärtiger Beziehungen problematisch ist[9], waren direkte Kontakte mitgliedstaatlicher Behörden mit unionalen Einrichtungen zwecks Verwaltungskooperation seit den Anfängen der EU bekannt[10]. Das Novum der Netzwerke des Europäischen Verwaltungsverbundes gegenüber anderen Kooperationskonstellationen besteht vielmehr in ihrem *ständigen* Charakter und ihrer *unionsweiten* Aufstellung: Trotz der Tatsache, dass sie keine eigene Rechtspersönlichkeit haben und aus selbstständig bleibenden Verwaltungseinheiten bestehen, agieren Netzwerke als funktionale Einheiten[11], verselbständigen ihr Handeln gegenüber mitgliedstaatlichen Verwaltungsapparaten und setzen das organisatorische Trennungsprinzip unter Druck. Genau dieses Spannungsverhältnis

---

G. Sydow, Verwaltungskooperation in der Europäischen Union, 2004, 78 f. *U. Mager*, Die europäische Verwaltung zwischen Hierarchie und Netzwerk, in: H.-H. Trute/T. Groß/H. C. Röhl/C. Möllers (Hrsg.), Allgemeines Verwaltungsrecht – zur Tragfähigkeit eines Konzepts, 2008, 370 (373 f.), *U. Schliesky*, Von der organischen Verwaltung Lorenz von Steins zur Netzwerkverwaltung im Europäischen Verwaltungsverbund, DÖV 2009, 641 f., *J. Saurer*, Supranational Governance and Networked Accountability Structures: Member State Oversight of EU Agencies, EJRR 1/2011, 51 f. *R. Dehousse*, Regulation by networks in the European Community: the role of European agencies, Journal of European Public Policy 4 (1997), 246 f., *P. Craig*, Shared Administration and Networks: Global and EU Perspectives, in: G. Anthony/J. B. Auby/J. Morison/T. Zwart (Hrsg.), Values in Global Administrative Law, 2011, 81 f., *H. Hofmann*, Seven Challenges for EU Administrative Law, Review of European Administrative Law 2 (2009), 37 (43 f.), *M. Ruffert*, Von der Europäisierung des Verwaltungsrechts zum Europäischen Verwaltungsverbund, DÖV 2007, 761 (763).

8 Grundlegend *A. M. Slaughter*, A New World Order, 2004, *P. Craig*, Shared Administration and Networks: Global and EU Perspectives, in: G. Anthony/J. B. Auby/J. Morison/T. Zwart (Hrsg.), Values in Global Administrative Law, 2011, 81 f., *P.-H. Verdier*, Transnational Regulatory Networks and Their Limits, Yale Journal for international law 34 (2009), 113 f., *K. Nowrot*, Netzwerke im transnationalen Wirtschaftsrecht und Rechtsdogmatik, in: C. Tietje/G. Kraft/R. Sethe (Hrsg.), Beiträge zum transnationalen Wirtschaftsrecht, 66, 2007, *ders.*, Steuerungssubjekte und -mechanismen im Internationalen Wirtschaftsrecht (einschließlich regionale Wirtschaftsintegration), in: C. Tietje (Hrsg.), Internationales Wirtschaftsrecht, 2009, 61 (81 f.).

9 *C. Möllers*, Transnationale Behördenkooperation. Verfassungs- und völkerrechtliche Probleme transnationaler administrativer Standardsetzung, ZaöRV 65 (2005), 351 (353).

10 Exemplarisch dafür bereits die Notifizierungspflicht im Rahmen der beihilferechtlichen Kooperation zwischen Kommission und mitgliedstaatlichen Behörden gem. Art. 108 Abs. 3 AEUV.

11 *E. Pache*, Verantwortung und Effizienz in der Mehrebenenverwaltung, VVDStRL 66 (2007), 106 (132), *G. Sydow*, Verwaltungskooperation in der Europäischen Union, 2004, 78 f.

vermag die Emergenz von Netzwerken zu erklären[12]: Das Streben nach effektivem Unionsrechtsvollzug bringt aus unionaler Perspektive Vereinheitlichungsmaximen mit sich, welche die unionseigene Verwaltung mangels eigener infrastruktureller und personeller Kapazitätsvoraussetzungen[13] dazu führen, auf die von ihr (organisations-)rechtlich unabhängigen und grundsätzlich dem nationalen Gemeinwohl verpflichteten mitgliedstaatlichen Verwaltungen angewiesen zu sein. Netzwerke werden so zu einem Instrument dafür, die organisationsrechtliche Fragmentierung des europäischen Verwaltungsverbundes zu überwinden[14]. Für die rechtliche Evaluierung der sich aus dem Netzwerkmodell ergebenden Chancen für effektives Verwalten des Unionsraums und möglicher Risiken für verfassungs- und verwaltungsrechtliche Errungenschaften europäischer Rechtskultur kommt es somit auf die genaue Ausgestaltung der Verwaltungskooperation *innerhalb* der Netzwerke an.

2. *Netzwerke als europäischer Governance-Modus*

a) *Zur Interdisziplinarität des Netzwerkbegriffs*

Der Netzwerkbegriff ist klassischer juristischer und verwaltungsrechtlicher Dogmatik unbekannt[15] und begann seine Karriere erst in den letzten Jahren im Bereich der Rechtstheorie. Dort beschreibt er das Phänomen der Relativierung der Rechtsnormenhierarchie aufgrund wachsender Pluralität von Rechtsquellen, wel-

[12] S. auch *R. Dehousse*, Regulation by networks in the European Community: the role of European agencies, Journal of European Public Policy 4 (1997), 246 f., der dieses Spannungsverhältnis als „Paradox" aufgreift: pragmatisch gesehen, kann ein Erfordernis der Erhöhung der administrativen Konvergenz festgestellt werden, dieses stößt aber auf die mangelnde politische Bereitschaft zur Übertragung zusätzlicher Kompetenzen auf die unionale Ebene. Im Kontext internationaler Kooperation wird dieses Phänomen auch als „Governance Dilemma" zwischen Zentralisierungserfordernissen und nationalstaatlicher Souveränitätserhaltung beschrieben und vermag ebenfalls die Emergenz von Netzwerken im Europäischen Verwaltungsverbund zu erklären, s. *B. Eberlein/A. L. Newman*, Escaping the International Governance Dilemma? – Incorporated Transgovernmental Networks in the European Union, Governance 21 (2008), 25 f. Ähnlich *P. Craig*, Shared Administration and Networks: Global and EU Perspectives, in: G. Anthony/J. B. Auby/J. Morison/T. Zwart (Hrsg.), Values in Global Administrative Law, 2011, 81 (103).

[13] Dies betonend *P. M. Huber*, Grundzüge des Verwaltungsrechts in Europa – Problemaufriss und Synthese, in: A. v. Bogdandy/ders./S. Cassese (Hrsg.), IPE V, 2014, § 73, Rn. 47, *ders.*, Das Kooperationsverhältnis von Kommission und nationalen Verwaltungen beim Vollzug des Unionsrechts, in: C.-E. Eberle/M. Ibler/D. Lorenz (Hrsg.), Der Wandel des Staates vor den Herausforderungen der Gegenwart, FS W. Brohm, 2002, 127 (136).

[14] Zu den Netzwerken als Versuch, das Fragmentierungsproblem des Unionsrechtsvollzugs zu lösen *C. Möllers*, Fragmentierung als Demokratieproblem?, in: C. Franzius/F. C. Mayer/J. Neyer (Hrsg.), Strukturfragen der Europäischen Union, 2010, 150 (167). Allgemein zur Netzwerkbildung als Reaktion auf Fragmentierungsprozesse *K. H. Ladeur*, Europa kann nur als Netzwerk, nicht als „Superstaat" gedacht werden, in: C. Franzius/F. C. Mayer/J. Neyer (Hrsg.), Strukturfragen der Europäischen Union, 2010, 119 (120).

[15] Charakteristisch *R. M. Buxbaum*, Is „Network" a Legal Concept?, JITE 149/4 (1993), 698 (704): „Network is not a legal concept".

che ihrerseits im Zuge von Globalisierung, Privatisierung und Wandlung des Staat-Gesellschaft-Verhältnisses nicht in einem klaren Über- und Unterordnungsverhältnis zueinander stehen und die geltende Rechtsordnung vielmehr als ein Netzwerk von Rechtsnormen unterschiedlicher Herkunft, Natur und Verbindlichkeitsgraden erscheinen lassen[16]. Dabei knüpft dieser Rezeptionsansatz der Rechtstheorie an die Eigenschaft fehlender Hierarchie, die für den Netzwerkbegriff in seiner interdisziplinären Betrachtung zentral ist: Aus den Sozialwissenschaften stammend, wird er grundsätzlich für die Analyse komplexer gesellschaftlicher Beziehungen zwischen einer Vielzahl von Subjekten zugrunde gelegt. Die Soziologie nutzt das Netzwerkparadigma um gesellschaftliche Beziehungen zu rekonstruieren und sie analytisch als Netzwerke i. S. v. „abgegrenzten Mengen von Akteuren" zu erfassen: Die Akteure treten innerhalb des Netzwerkes als „Knoten" oder „Elemente" auf, ihre Beziehungen und Kontakte als zwischen ihnen verlaufende „Verbindungen" und „Kanten"[17], wobei es gleichgültig ist „ob es sich dabei um natürliche Personen, Organisationen, Unternehmen oder sogar Ereignisse und Objekte handelt"[18]. Die soziologische Netzwerkanalyse und -forschung derartiger sozialer Netzwerke[19] konzentriert sich schließlich auf die Kategorisierung der Netzwerke je nach der Anzahl der Akteure, der inneren Ausgestaltung der „Kanten" sowie der Machtverteilung zwischen den Akteuren aufgrund ihres Einflusses im Netzwerk[20].

Vergleichbares lässt sich in der politikwissenschaftlichen Forschung beobachten: Trotz unterschiedlicher Verständnisse des Netzwerkbegriffes[21], wird der analytische Wert des Netzwerkkonzepts darin gesehen, dass es die pauschale Unterscheidung zwischen „Markt" als auf Verhandlungen basierendem Interaktionsmodell und „Hierarchie" als auf Über- und Unterordnungsverhältnisse und

---

[16] Grundlegend und prägend *K.-H. Ladeur*, Das Recht der Netzwerkgesellschaft, 2013, *G. Teubner*, Netzwerk als Vertragsverbund, 2004. Zur Erläuterung der systemtheoretischen Hintergründe des Konzepts s. *T. Vesting*, Rechtstheorie, 2007, Rn. 129 f. Zur zivilrechtlichen Erfassung von sog. Vertragsnetzen s. *S. Grundmann*, Die Dogmatik der Vertragsnetze, AcP 207 (2007), 718 f.

[17] *D. Jansen*, Einführung in die Netzwerkanalyse, ^{3}2006, 58, *P. W. Thurner*, Nichtförmliche Verwaltungskooperation der Ministerialbürokratien der EU-Mitgliedstaaten und netzwerkbasierte Zusammenstellung von nationalen und übernationalen Prozessteams, in: G. F. Schuppert/M. Zürn (Hrsg.), Governance in einer sich wandelnden Welt, 2008, 401 (411), *J. Barnes*, Collaboration among Public Administrations through Domestic Administrative Procedure, in: H.-H. Trute/T. Groß/C. Röhl/C. Möllers (Hrsg.), Allgemeines Verwaltungsrecht, 2008, 255.

[18] *D. Jansen*, Einführung in die Netzwerkanalyse, 2006, 58 Fn. 17.

[19] *C. Stegbauer*, Netzwerkanalyse und Netzwerktheorie. Einige Anmerkungen zu einem neuen Paradigma, in: ders. (Hrsg.), Netzwerkanalyse und Netzwerktheorie, 2008, 12.

[20] *D. Jansen*, Einführung in die Netzwerkanalyse, 2006, 163 ff.

[21] Umstritten ist insbesondere die wissenschaftliche Bedeutung des Netzwerkkonzepts bzw. „ob Politiknetzwerke eine Metapher, eine Methode, ein Analyse-Instrument oder gar einen theoretischen Ansatz" darstellen, s. *T. A. Börzel*, What's So Special About Policy Networks? – An Exploration of the Concept and its Usefulness in Studying European Governance, European Integration online Papers (EIoP) 1 (1997) N° 016.

(hoheitlichen) Weisungen gründendem Organisationsmodell überwindet und die gemeinsame Untersuchung von Akteuren unterschiedlicher Natur und Herkunft erlaubt. Durch ihre Eingliederung in „policy networks“ geben die Akteure nicht ihre Natur i. S. ihrer rechtlichen Qualität gänzlich auf, sondern *agieren* lediglich differenziert, indem sie innerhalb des Netzwerkes nicht von ihren herkömmlichen Handlungsmustern Gebrauch machen. Durch die Netzwerkanalyse können somit Kooperationsformen aufgegriffen werden, in denen staatliche Stellen nicht im herkömmlichen Herrschaftsverhältnis mit formellen Weisungsrechten handeln. Paradigmatisch dafür sind besonders projektbezogene Kooperationen zwischen Staat und Privaten sowie die für die vorliegende Untersuchung relevante inter- und transnationale Behördenkooperation. Als Sicherungsmechanismus für die Funktionsfähigkeit derartiger Netzwerke und als funktionales Äquivalent zur mangelnden Kontrollmöglichkeit der Akteure ist politikwissenschaftlich deren gegenseitiges *Vertrauen* herausgearbeitet worden, welches somit als netzwerkspezifischer Stabilitätsmodus vorgeschlagen wird[22].

b) *Verwaltungsrechtwissenschaftliche Rezeption*

aa) *Brückenfunktion der Governance-Analyse*

Für die Rezeption des Netzwerkbegriffs in die Verwaltungsrechtswissenschaft ist methodisch die Überprüfung der rechtlichen Relevanz der interdisziplinären Beobachtungen sowie ihres Eingliederungspotentials in verwaltungsrechtsdogmatische Kategorien erforderlich. Als hilfreich dafür erweist sich der Governance-Ansatz, der zwar keine genuine rechtswissenschaftliche Methode darstellt, als Analysewerkzeug jedoch ein Aufgreifen der sozial- und politikwissenschaftlichen Erkenntnisse erleichtern kann. Da Netzwerke ohnehin einen bekannten Topos der Governance-Analyse bzw. einen Governance-Modus darstellen, erlauben sie als Brückenbegriff die interdisziplinären Erkenntnisse der Netzwerkforschung im Kontext der europäischen Verwaltungskooperation wiederzuerkennen. Bei den oben genannten emergierenden unionsweiten Kooperationsstrukturen des Europäischen Verwaltungsverbundes handelt es sich genau um Kooperationsformen gleichrangiger und formell-rechtlich nicht hierarchisch zueinander stehender Hoheitsträger, die sektoral mit der Maxime der unionsrechtlich veranlassten Wahrnehmung von gemeinsamen bzw. kooperativ zu erfüllenden Verwaltungsaufgaben zusammenwirken. Die formell-rechtliche Gleichrangigkeit der kooperierenden Behörden ergibt sich aus dem völkerrechtlichen Grundsatz der Staatengleichheit[23], wonach zwischen souveränen Staaten und deren Behörden kein Über- und Unterordnungsverhältnis zulässig ist; gleiches dürfte auch für das Ver-

---

[22] Vgl. *C. Franzius*, Europäisches Vertrauen? Eine Skizze, HFR 12/2010, 159 f.

[23] Zur souveränen Gleichheit als völkerrechtliches Prinzip s. *J. Kokott*, Souveräne Gleichheit und Demokratie im Völkerrecht, ZaöRV 64 (2004), 517 (518 f.).

hältnis zwischen der Kommission und sonstigen administrativen Einrichtungen der Union und den Mitgliedstaaten gelten, da die Europäische Union über eine eigene völkerrechtliche Rechtspersönlichkeit verfügt und deswegen formell-rechtlich den Mitgliedstaaten nicht übergeordnet sein kann.

bb) Abgrenzungen und Charakteristika

Damit dem Netzwerkbegriff jedoch auswertbare verwaltungsrechtliche Relevanz, wenn auch lediglich deskriptiver Natur, zukommen kann, ist er von anderen Phänomenen des europäischen Verwaltungsverbundes und sonstigen Formen europäischer Verwaltungskooperation abzugrenzen. Wichtig für die inhaltliche Bestimmung eines neuartigen, in die Verwaltungsrechtswissenschaft Eingang suchenden Begriffs ist – vor dem Hintergrund des Spinozischen und Hegelschen omnis determinatio negatio est – besonders seine negative Definition, das Aufzeigen dessen, was *Netzwerke nicht sind*[24]. Die Abgrenzung erfolgt zunächst gegenüber den ebenfalls von der Governance-Analyse erfassten, nicht-hierarchischen Kooperationsformen zwischen Staat und Privaten: Netzwerke im Europäischen Verwaltungsverbund gehen auf einen engeren Netzwerkbegriff zurück, der lediglich die Behördenkooperation umfasst und somit auf *Behörden*netzwerke begrenzt bleibt[25]. Nicht unter den Netzwerkbegriff des Europäischen Verwaltungsverbundes fallen ebenfalls Konstellationen vertikaler oder horizontaler Verwaltungskooperation, die punktuell zwischen nur zwei Behörden stattfinden, seien es Formen transnationaler Amtshilfe auf Ersuchen einer unionalen oder mitgliedstaatlichen Behörde, Konstellationen eines bloßen Informationsaustauschs auf Anfrage oder gestufte transnationale Verwaltungsverfahren, wie sie aus dem Beihilfeaufsichtsrecht bekannt sind[26]. Dies bedeutet umgekehrt freilich nicht, dass derartige Kooperationsformen nicht auch innerhalb von Netzwerken vorkommen können, sondern lediglich, dass sie für sich allein nicht als behördliche Netzwerkbildung begriffen werden.

Insgesamt lässt sich festhalten, dass sich Netzwerke im Europäischen Verwaltungsverbund auf Formen der Verwaltungskooperation beziehen, die grundsätz-

---

[24] Zur Bedeutung von anspruchsvollen Gegenbegriffen in der Verwaltungsrechtswissenschaft und ihrer Entwicklung s. *C. Möllers*, Theorie, Praxis und Interdisziplinarität in der Verwaltungswissenschaft, VerwArch 93 (2002), 22 (37). Zum Verhältnis von Negation und Determination bei Spinoza und Hegel instruktiv *Y. Y. Melamed*, "Omnis determinatio est negatio": determination, negation, and self negation in Spinoza, Kant, and Hegel, in: E. Förster/ders. (Hrsg.), Spinoza and German Idealism, 2012, 175 f., *C. Schalhorn*, Hegels enzyklopädischer Begriff von Selbstbewusstsein, 2000, 102 f.

[25] *E. Schmidt-Aßmann*, Verfassungsprinzipien für den Europäischen Verwaltungsverbund, in: W. Hoffmann-Riem/ders./A. Voßkuhle (Hrsg.), GVwR I, ²2012, § 5, 26.

[26] Zur Beobachtung, dass es sich bei Netzwerken nicht um zweiseitige Beziehungen handelt, sondern um Beziehungen mit einer Vielzahl von Beteiligten s. *U. Mager*, Die europäische Verwaltung zwischen Hierarchie und Netzwerk, in: H.-H. Trute/T. Groß/H.-C. Röhl/C. Möllers (Hrsg.), Allgemeines Verwaltungsrecht – zur Tragfähigkeit eines Konzepts, 2008, 369 (395).

lich durch unionsrechtliche Sekundärrechtsakte errichtet werden, mindestens aus einer Behörde von *jedem* europäischen Mitgliedstaat und in der Regel der Kommission oder einer anderen unionalen Einrichtung bestehen, keine eigene Rechtspersönlichkeit haben, somit formell-rechtlich die organisationsrechtliche Unabhängigkeit und Gleichrangigkeit der Netzwerkmitglieder sowie das organisatorische Trennungsprinzip als Grundlage des europäischen Verfassungsverbundes bewahren und deswegen, schließlich, lediglich funktional nach der jeweiligen konkreten verfahrensrechtlichen Ausgestaltung der Verwaltungskooperation innerhalb des Netzwerkes erfasst werden können.

II. Bestandsaufnahme, Typisierung, Systematisierung

1. Bestandsaufnahme

a) Wirtschaftsüberwachung

aa) Wettbewerbsrecht

Das Wettbewerbsverwaltungsrecht erweist sich nicht nur als der traditionellste Bereich des europäischen Verwaltungsrechts insgesamt, sondern auch als der Vorreiter der europäischen Netzwerkverwaltung: das prominenteste Netzwerk des Europäischen Verwaltungsverbundes ist das Wettbewerbsbehördennetzwerk „European Competition Network (ECN)", das aus der Kommission und den Wettbewerbsaufsichtsbehörden der Mitgliedstaaten besteht[27]. Gegründet wurde es im Zuge der Dezentralisierung der Wettbewerbsaufsicht, wonach die Kommission ihr Wettbewerbsaufsichtsmonopol aufgab und die Mitgliedstaaten in den Vollzug des europäischen Wettbewerbsrechts einbezog[28]. Im Gegenzug wird durch die Errichtung des Netzwerkes beabsichtigt, die durch die Dezentralisierung gefährdete Einheitlichkeit des Vollzugs des europäischen Wettbewerbsrechts durch umfangreiche horizontale und vertikale Verwaltungskooperation im gesamten Unionsraum sicherzustellen. Zentrale Funktion des ECN ist die Verteilung der zu bearbeitenden Fälle zwischen den mitgliedstaatlichen Wettbewerbsbehörden und der Kommission sowie die Zusammenarbeit bei transnationalen wettbewerbsrechtserheblichen Sachverhalten. Dazu ist einerseits ein durch eine gemeinsame elektronische Infrastruktur unterstützter umfangreicher Informationsaustausch[29] innerhalb des Netzwerkes vorgesehen, andererseits eine Verteilung der Fälle zwischen den Behörden aufgrund von in einer von der Kommission erlassenen Be-

---

[27] Erwg. 15 i. V. m. Art. 11 f. VO 1/2003.

[28] Zu Konzept und Entwicklung *H. Jochum*, Das Bundeskartellamt auf dem Weg nach Europa, VerwArch 94 (2003), 512 (520).

[29] Art. 12 VO 1/2003. Allgemein zum Informationsaustausch innerhalb des Netzwerkes *P. Gussone/R. Michalczyk*, Der Austausch von Informationen im ECN – wer bekommt was wann zu sehen?, EuZW 4/2011, 130 f.

kanntmachung festgelegten Kriterien[30]. Die zentrale Rolle wird dabei der Kommission vorbehalten, die nicht nur als Urheber der Netzwerkbekanntmachung die Kriterien der Fallverteilung bestimmt hat, sondern auch als grundsätzlicher Empfänger der Informationen den Unionsrechtsvollzug unionsweit beaufsichtigen kann und zudem ein *uneingeschränktes* Selbsteintrittsrecht hat[31], um Fälle von mitgliedstaatlichen Behörden letztlich selbst zu bearbeiten. Leitet sie ein Verfahren ein, so entfällt damit die Zuständigkeit der Wettbewerbsbehörden der Mitgliedstaaten. Die zentrale Rolle der Kommission im ECN geht so weit, dass sie als der Manager des Netzwerkes[32] oder gar als „Spinne im Netz"[33] beschrieben wird.

bb) Regulierungsrecht

(1) Design der Netzwerkarchitektur

In der Telekommunikationsregulierung hat sich das vielleicht komplexeste Netzwerk des Europäischen Verwaltungsverbundes etabliert[34], da die vorgesehenen Verwaltungskooperationsmodi nicht nur vielfältig und polyzentrisch sind, sondern über den Informationsaustausch zwischen den Netzwerkmitgliedern weit hinausgehen und die gesamte materielle administrative Entscheidungsfindung prägen. Das Netzwerk besteht ebenfalls aus der Kommission und den mitgliedstaatlichen Regulierungsbehörden, wobei typischerweise den Mitgliedstaaten sekundärrechtlich die Pflicht auferlegt wird, eine Behörde als benannte Stelle zu bestimmen[35]. Die Verwaltungskooperation innerhalb des Netzwerkes bezieht sich auf die koordinierte Regulierung der europäischen Telekommunikationsmärkte und besteht grundsätzlich neben dem Informationsaustausch[36] in der Koordinierung der Entscheidungsfindung mitgliedstaatlicher Regulierungsbehörden bezüglich der Regulierungsbedürftigkeit von einzelnen Märkten und telekommunikationsdienstleistenden Unternehmen. Die Koordination findet einerseits ex ante abstrakt-generell durch Soft Law der Kommission statt[37], andererseits aber auch durch die mehrstufige verfahrensrechtliche Inklusion mehrerer Regulierungsbehörden in die konkrete, auf mitgliedstaatlicher Ebene durchgeführte Entscheidungsfindung aufgrund der Abgabe von Stellungnahmen. Es wird zwischen zwei

---

[30] Bekanntmachung der Kommission über die Zusammenarbeit innerhalb des Netzes der Wettbewerbsbehörden (2004/C101/03), Rn. 8 f.

[31] Art. 11 Abs. 6 VO 1/2003.

[32] *F. Cengiz*, Multi-level Governance in Competition Policy: the European Competition Network, E.L.Rev. 35 (2010), 660 (677): the Commission as the network "manager".

[33] *A. Reinalter*, Die Grenzen der Ermittlungsbefugnisse der Europäischen Kommission im Kartellverfahren, ZEuS 2009, 53 (55).

[34] RahmenRL 2002/21/EG.

[35] Art. 3 Abs. 1 und 6 RRL 2002/21/EG.

[36] Art. 3 Abs. 5, Art. 5 Abs. 2 RRL 2002/21/EG.

[37] Erlass der Empfehlung gem. Art. 15 Abs. 1 und der Leitlinien gem. Art. 15 Abs. 2 RRL 2002/21/EG.

Verfahrenstypen unterschieden: der Marktdefinition und der Marktanalyse[38]. Bei der Marktdefinition haben die mitgliedstaatlichen Regulierungsbehörden unter „weitestgehender Berücksichtigung“ der abstrakt-generellen Marktempfehlung und Leitlinien der Kommission die relevanten Märkte nach den Regeln des Wettbewerbsrechts festzulegen[39]. Weichen sie von diesen ab, haben sie ein Konsolidierungsverfahren durchzuführen, in welchem sie Stellungnahmen anderer Netzwerkmitglieder zu berücksichtigen haben und die Kommission sie auffordern kann, ihren Entwurf (vorerst) zurückzuziehen[40]; hat die Marktdefinition Auswirkungen auf den Handel zwischen den Mitgliedstaaten, hat die Regulierungsbehörde ein Konsolidierungsverfahren durchzuführen, in welchem sie von der Kommission aufgefordert werden kann, die Festlegung für zwei Monate aufzuschieben oder sogar den Entwurf zurückzuziehen. Die Behörde hat dann entweder den Entwurf zu ändern oder ihn endgültig zurückzuziehen[41]. Dasselbe Verfahren wird auch nach der Marktanalyse durchgeführt, sofern die Festlegung Auswirkung auf den Handel zwischen den Mitgliedstaaten haben kann[42].

(2) Kohärenz-Flexibilitäts-Dilemma

Das besonders anspruchsvolle und einzigartige Netzwerkdesign ist auf den Zweck der Bewältigung eines „Flexibilitäts-Kohärenz-Dilemmas“[43] zugeschnitten: Einerseits ist eine weitestgehende Kohärenz der Telekommunikationsregulierung im gesamten Unionsgebiet herzustellen, andererseits benötigen Regulierungsbehörden bei der Erfüllung von Regulierungsaufgaben allgemein einen hohen Grad an Unabhängigkeit und Entscheidungs- und Handlungsflexibilität. Aus der Kohärenzmaxime folgen die Koordinierung seitens der Kommission und die Einbeziehung aller Regulierungsbehörden in die Entscheidungsfindung, während aus der Flexibilitätsmaxime die Anerkennung weiter administrativer Entscheidungsfreiräume folgt. Trotz des zweifelsfrei innovativen Ansatzes für das europäische Verwaltungskooperationsrecht ergeben sich genau aus dem Zuschneiden der Kooperationsausgestaltung innerhalb des Netzwerkes auf die Bewältigung des Dilemmas ernste rechtsdogmatische Probleme. Abgesehen davon, dass die rechtliche Verbindlichkeit der Koordinierung seitens der Kommission unklar ist, wird im deutschen Telekommunikationsregulierungsrecht eine gerichtlich nicht materiell-inhaltlich voll kontrollierbare administrative Letztentscheidungsbefugnis an-

---

38 Art. 15 und 16 RRL 2002/21/EG sowie § 10 und § 11 TKG.

39 Art. 15 Abs. 3 RRL 2002/21/EG.

40 Art. 7 Abs. 4.b) RRL 2002/21/EG.

41 Art. 12 Abs. 2 Nr. 3 b) TKG.

42 Art. 11 Abs. 4 TKG.

43 *G. Britz*, Vom Europäischen Verwaltungsverbund zum Regulierungsverbund? Europäische Verwaltungsentwicklung am Beispiel der Netzzugangsregulierung bei der Telekommunikation, Energie und Bahn, EuR 2006, 46 (55).

erkannt[44]. Dabei handele es sich von einem umfassenden Beurteilungsspielraum, in dessen Rahmen die gesamte europäische Verwaltungskooperation und insbesondere die „weitestgehend zu berücksichtigende“ Koordinierung seitens der Kommission eingeschlossen wird. Dadurch wird die zentrale Rolle der Kommission evident, die demokratische und rechtstaatliche Rolle des Gesetzesvorbehaltes geraten unter Druck und für die Absicherung demokratischer Legitimation des Verwaltungshandelns bleibt lediglich die veröffentlichungspflichtige Weisung des Wirtschaftsministers als letzte Lösung[45].

b) Produktzulassungsrecht

Eine Reihe unterschiedlicher Netzwerke hat sich im europäischen Produktzulassungsrecht herausgebildet, wobei transnationale Verwaltungsverfahren für die Zulassung neuartiger Lebensmittel, die Freisetzung von genetisch veränderten Organismen (GVO) und das Inverkehrbringen von Arzneimitteln vorgesehen sind. Die relevanten Unionsrechtsakte gründen auf dem Ziel der Europäischen Union, Gesundheit und Umwelt zu schützen: Wegen der Warenverkehrsfreiheit sind auch potenziell unsichere Waren unionsweit verfügbar und können eigenständige Gesundheits- und Umweltrisiken begründen. Das Erfordernis für die Verwaltungskooperation im Produktzulassungsrecht und die Errichtung der hier behandelten Netzwerke ergibt sich freilich daraus, dass sich aus der Warenverkehrsfreiheit grundsätzlich das Herkunftslandprinzip ergibt: Das unionsweite Inverkehrbringen von Waren basiert auf Verwaltungsakten mit transnationaler Wirkung, die von den Behörden des Herkunftsstaats der jeweiligen Ware erlassen werden. Dabei bleibt die Verwaltungskooperation nicht auf ihre horizontale Dimension zwischen den Mitgliedstaaten begrenzt, sondern findet innerhalb der Netzwerke unter Einbeziehung der Kommission und den spezialisierten Agenturen, darunter insbesondere der Europäischen Behörde für Lebensmittelsicherheit (EFSA[46]) statt.

aa) Allgemeines Lebensmittelrecht: Zulassung neuartiger Lebensmittel

Neben dem Zulassungsverfahren für genetisch veränderte Lebens- und Futtermittel sieht das europäische Lebensmittelzulassungsrecht besondere Verfahren für das Inverkehrbringen von neuartigen Lebensmitteln vor. Dafür kooperieren die zuständigen mitgliedstaatlichen Lebensmittelbehörden mit der Kommission im Rahmen eines Behördennetzwerkes[47], in welchem zwischen neuartigen Lebens-

---

44 Dazu D.II.1 (194 f.).

45 § 117 TKG.

46 Als European Food Safety Authority durch VO 178/2002 errichtet.

47 Als Behördennetzwerk bezeichnet auch bei *W. Frenz*, Verwaltungskooperation mit der Union im Lichte von Art. 197 AEUV und des Lissabon-Urteils, DÖV 2010, 66 (67).

mitteln differenziert wird und entweder ein einfaches Anzeigeverfahren oder ein unionsweites Genehmigungsverfahren vorgesehen ist; dabei ist das Kriterium der Differenzierung als Ausfluss des Verhältnismäßigkeitsgrundsatzes in der gesundheitlichen Relevanz der jeweiligen neuartigen Lebensmittel zu sehen[48].

So ist das *vereinfachte Anzeigeverfahren* für jene neuartigen Lebensmittel und Lebensmittelzutaten erforderlich, welche den bestehenden Lebensmitteln und -zutaten im Wesentlichen gleichwertig sind. Der Anzeigevorbehalt ergibt sich aus dem Schutzweck der Novel-Food VO[49]; die Gleichwertigkeit wird aufgrund der verfügbaren und allgemein anerkannten wissenschaftlichen Befunde, der Stellungnahme einer zuständigen Lebensmittelprüfstelle sowie einer durch das Komitologie-Prüfverfahren unter Einbeziehung des ständigen Lebensmittelausschusses erlassenen Kommissionentscheidung festgestellt[50]. Der Antragsteller kann bei einer zuständigen mitgliedstaatlichen Behörde einen Antrag auf Feststellung der wesentlichen Gleichwertigkeit stellen und muss für die Erfüllung des Anzeigeerfordernisses die Kommission unterrichten; diese übermittelt ihrerseits binnen sechzig Tagen den mitgliedstaatlichen Stellen eine Anzeigekopie bzw. auf Anfrage auch zusätzliche Angaben und veröffentlicht jährlich eine Zusammenfassung aller Anzeigen[51].

Demgegenüber ist das *Genehmigungsverfahren* zweistufig: Das Konzept basiert darauf, dass entweder unionsweit keine Einwände gegen das Inverkehrbringen eines neuartigen Lebensmittels festzustellen sind, oder im Falle von Einwänden über die Genehmigungserteilung durch eine Kommissionsentscheidung nach dem Komitologie-Prüfverfahren beschlossen wird. So besteht die *erste Prüfstufe* darin, dass der für das Inverkehrbringen des Erzeugnisses verantwortliche Antragsteller an der zuständigen mitgliedstaatlichen Behörde[52] einen Antrag auf Zulassung des neuartigen Lebensmittels einreicht und zugleich eine Antragskopie an die Kommission übermittelt[53]; sodann sorgt die mitgliedstaatliche Behörde für die Durchführung einer Erstprüfung von einer Lebensmittelprüfstelle[54] oder ersucht die Kommission, um in Absprache mit einem anderen Mitgliedstaat eine Prüfstelle mit der Ausarbeitung eines solchen Berichts zu beauftragen; dabei wird die beauftragte Lebensmittelprüfstelle der Kommission dem Antragsteller und den anderen Mitgliedstaaten mitgeteilt[55]. Die Erstprüfung wird mit einem Bericht

---

48 *R. Streinz*, Lebensmittelrechts-Handbuch, [32]2011, Rn. 518.

49 *R. Streinz*, Lebensmittelrechts-Handbuch, [32]2011, Rn. 519.

50 Art. 3 Abs. 4 S. 1 und 2 VO 258/97.

51 Art. 5 VO 258/97.

52 Zuständige Behörde in Deutschland ist das Bundesamt für Verbraucherschutz und Lebensmittelsicherheit (BVL) gem. § 1 Abs. 1 der Neuartige Lebensmittel- und Lebensmittelzutaten-Verordnung (NLV).

53 Art. 4 Abs. 1 VO 258/97.

54 In Deutschland ist die zuständige Lebensmittelprüfstelle das Bundesamt für Verbraucherschutz und Lebensmittelsicherheit selbst, s. § 1 Abs. 1 i. V. m. § 2 Abs. 2 NLV.

55 Art. 4 Abs. 2 i. V. m. Art. 6 Abs. 2 VO 258/97.

der Lebensmittelprüfstelle abgeschlossen, der unverzüglich der Kommission übermittelt wird und von ihr an die übrigen Mitgliedstaaten weiterleitet wird; innerhalb einer sechzig-Tage-Frist nach Vorlage des Berichts kann die Kommission oder ein Mitgliedstaat Bemerkungen übermitteln oder einen begründeten Einwand gegen das Inverkehrbringen des Lebensmittels vorbringen[56]. Liegt kein Einwand vor, wird von der zuständigen Behörde innerhalb von insgesamt drei Monaten nach Eingang des Antrags ein Bericht über die Erstprüfung erstellt, aus dem hervorgeht, ob das Lebensmittel einer ergänzenden Prüfung zu unterziehen ist oder nicht[57]; geht demgegenüber aus diesem Bericht die Erforderlichkeit einer ergänzenden Prüfung vor oder liegt ein Einwand der Kommission oder einer anderen mitgliedstaatlichen Behörde vor, wird die Entscheidung über die Genehmigung auf einer *zweiten Prüfstufe* von der Kommission nach Stellungnahme des ständigen Lebensmittelausschusses (SCFCAH)[58] getroffen, der Antragsteller wird von ihr unterrichtet und die Entscheidung wird veröffentlicht[59]. Da es sich auch in diesem Fall um ein Komitologie-Prüfverfahren handelt, darf die Kommissionentscheidung in der Regel nicht ohne Stellungnahme des Ausschusses erlassen werden[60].

bb) Arzneimittelrecht

Das europäische Arzneimittelrecht sieht ebenfalls differenzierte Zulassungsverfahren je nach Art des jeweiligen Arzneimittels vor. So gilt allgemein für die Zulassung von Arzneimitteln ein grundsätzlich dezentralisiertes Genehmigungssystem durch mitgliedstaatliche Behörden, während für biotechnologische Arzneimittel sowie Arzneimittel für neuartige Therapien, seltene Leiden oder einem völlig neuen Wirkstoff für die Behandlung ernster Erkrankungen ein zentralisiertes Zulassungsverfahren auf unionaler Ebene vorgesehen ist[61]. Die mitgliedstaatliche Genehmigung gilt nur innerhalb des die Genehmigung erteilenden Mitgliedstaates, während die unionale Genehmigung unionsweite Geltung hat. So darf in einem Mitgliedstaat ein Arzneimittel erst dann in den Verkehr gebracht werden, wenn von der zuständigen Behörde dieses Mitgliedstaats eine Genehmi-

---

[56] Art. 6 Abs. 4 S. 1 und 2 VO 258/97. Gem. Art. 6 Abs. 4 S. 3 VO 258/97 sind solche Bemerkungen oder Einwände an die Kommission zu richten, die sie innerhalb der vorgenannten sechzig-Tage-Frist an die Mitgliedstaaten weiterleitet.

[57] Art. 6 Abs. 3 i. V. m. Art. 7 Abs. 1 VO 258/97.

[58] Standing Committee on the food chain and animal health, gegründet durch Art. 58 und 59 der VO 178/2002.

[59] Art. 7 Abs. 1 i. V. m. Art. 13 Abs. 1 der VO 258/97.

[60] Art. 13 Abs. 2 VO 258/97 i. V. m. Art. 13 Abs. 1 c) und Art. 5 Abs. 4 Unterabs. 2 b) VO 182/2011.

[61] Die allgemeinen Voraussetzungen der grundsätzlich dezentralen Arzneimittelzulassung sind in den RL 2001/82/EG und RL 2001/83/EG niedergelegt, die auf der unionalen Ebene zentralisierte Genehmigung bestimmter Arzneimittel in VO 726/2004.

gung für das Inverkehrbringen erteilt wurde oder – für die besonderen Arzneimittelkategorien – eine unionale Genehmigung erteilt wurde[62].

Allerdings ist folgende Ausnahme vom dezentralen Zulassungsverfahren vorgesehen: Bezweckt der Antragsteller das Inverkehrbringen eines Arzneimittels in mehr als einem Mitgliedstaat, so hat er einen identischen Antrag an alle in Frage kommenden Mitgliedstaaten einzureichen und einen davon als „Referenzmitgliedstaat" auszuwählen oder die bereits erteilte „Referenzentscheidung" vorzulegen[63]. Dies bedeutet die Ingangsetzung der Verwaltungskooperation innerhalb des Behördennetzwerks: Der Referenzmitgliedstaat bearbeitet den Antrag, informiert die zuständigen Behörden der anderen Mitgliedstaaten und erlässt eine für alle verbindliche Entscheidung[64]. Handelt es sich dabei um eine Genehmigungserteilung, erkennen die anderen Mitgliedstaaten die Entscheidung an[65]; jedoch kann ein Mitgliedstaat aus Gründen einer potenziell schwerwiegenden Gefahr für die öffentliche Gesundheit seinerseits nicht eine Genehmigung erteilen, wird dies einer Koordinierungsgruppe der mitgliedstaatlichen Behörden mitgeteilt, in der sich alle betroffenen Mitgliedstaaten nach Kräften bemühen, eine Einigung über die zu treffenden Maßnahmen zu erzielen. Was unter einer potenziellen schwerwiegenden Gefahr für die öffentliche Gesundheit zu verstehen ist, wird in Leitlinien festgelegt, die von der Kommission zu erlassen sind[66]. Ist eine Einigung in der Koordinierungsgruppe nicht möglich, wird der Fall an die Agentur übermittelt, damit der dort angesiedelte Ausschuss für Humanarzneimittel eine Entscheidung trifft; demzufolge erstellt die Kommission einen Entscheidungsentwurf, den sie an die Mitgliedstaaten übermittelt und sodann eine endgültige Entscheidung nach dem Komitologieverfahren unter Einbeziehung des Ständigen Ausschusses für Humanarzneimittel trifft[67].

Festhalten lässt sich somit die zentrale Rolle der unionalen Ebene, da diese entweder direkt bei bestimmten Arzneimitteln oder im Falle von Divergenzen zwischen den Mitgliedstaaten die Entscheidung trifft. Wichtig ist diesbezüglich die Koordinierungsfunktion der Kommission durch Soft Law sowie besonders des Ausschusses für Humanarzneimittel, der in allen zentralisierten Verfahren eine Schlüsselfunktion hat. Bei der Ausarbeitung von Gutachten bemüht sich jeder Ausschuss nach Kräften, auf wissenschaftlicher Grundlage zu einem Konsens zu gelangen, schließlich aber ist er auf die Mehrheit der Mitglieder angewiesen; dabei werden die Mitglieder von den Mitgliedstaaten benannt bzw. jeder Mit-

[62] Art. 6 Abs. 1 RL 2001/83/EG i. V. m. Art. 13 Abs. 1 VO 726/2004.

[63] Art. 28 Abs. 1–5 RL 2001/83/EG.

[64] Art. 28 Abs. 3 RL 2001/83/EG.

[65] Art. 28 Abs. 2 RL 2001/83/EG.

[66] Art. 29 Abs. 1–3 RL 2001/83/EG.

[67] Art. 32–34 i. V. m. Art. 27 Abs. 1–3 RL 2001/83/EG.

gliedstaat kann nach Konsultation des Verwaltungsrates der Agentur für einen verlängerbaren Zeitraum von drei Jahren ein Mitglied benennen[68].

c) Gesundheits- und Verbraucherschutzrecht

aa) Gesundheitsüberwachung: Schnellwarnsysteme

Im Rahmen der Gesundheitsüberwachung des Lebensmittelmarktes wurde ein spezielles Netzwerk für das Management von Risiken errichtet, die von bereits auf dem Markt verfügbaren Lebensmitteln ausgehen: Es handelt sich um das Europäische Schnellwarnsystem für Lebensmittel und Futtermittel (RASFF), einem *von der Kommission verwalteten* und aus ihr selbst, den zuständigen mitgliedstaatlichen Lebensmittelbehörden und der Europäischen Lebensmittelbehörde bestehendem Netzwerk[69]. Das Netzwerk wurde in Anlehnung an das Vorbild des RAPEX-Schellwarnsystems gegründet, da dieses nicht die von Lebensmitteln ausgehenden Risiken abdecken konnte und beruht typischerweise darauf, dass die Mitgliedstaaten jeweils *eine* zuständige Behörde als Kontaktstelle benennen[70]. Es zielt darauf, die rechtzeitige unionsweite Meldung der von Lebens- oder Futtermitteln ausgehenden unmittelbaren und mittelbaren Risiken für Gesundheit von Mensch und Tier oder die Umwelt sicherzustellen und für die entsprechende Aufklärung der Öffentlichkeit zu sorgen[71].

Das Konzept der Verwaltungskooperation innerhalb des RASFF basiert auf dem Grundsatz des indirekten Vollzugs des europäischen Lebensmittelrechts durch die der mitgliedstaatlichen Behörden und bezieht sich in erster Linie auf den netzwerkinternen Informationsaustausch, so dass das RASFF grundsätzlich als Informationsnetzwerk zu verstehen ist. Die mitgliedstaatlichen Lebensmittelbehörden vollziehen unionsweit das Lebensmittelrecht, in dem sie die jeweils vorgesehenen amtlichen Kontrollen durchführen und für den damit verbundenen Informationsaustausch durch eine einheitliche elektronische Infrastruktur mit den zuständigen mitgliedstaatlichen Behörden in der gesamten EU pausenlos verbunden sind[72]. Die Verwaltungskooperation basiert auf der raschen Informationsaus-

---

68 Ausführlich dazu s. Art. 61 Abs. 1 und 7 VO 726/2004.

69 Das Rapid Alert System for Food and Feed, errichtet durch Art. 50 und 51 VO 178/2002 und VO 16/2011 und in Art. 50 Abs. 1 VO 178/2002 sowie Art. 1 Abs. 1 VO 16/2011 ausdrücklich als „Netz“ bezeichnet, besteht gem. ErwGr. 59 und Art. 50 Abs. 1 VO 178/2002 aus den benannten Behörden und bietet sogar gem. Art. 1 Abs. 2 VO 16/2011 und Art. 50 Abs. 6 VO 178/2002 beitrittswilligen Staaten, Drittländern oder internationalen Organisationen unter der Voraussetzung der Abschließung eines Abkommens mit der EU die Möglichkeit, dem Netzwerk beizutreten.

70 Um mögliche Fehler bei der Übermittlung der Meldungen zu vermeiden, s. ErwGr. 7 und Art. 2 Abs. 2 VO 16/2011. In Deutschland ist dies das Bundesamt für Verbraucherschutz und Lebensmittelsicherheit.

71 ErwGr. 4 und 11 VO 16/2011 i. V. m. Art. 50 f. VO 178/2002 und Art. 29 VO 183/2005.

72 ErwGr. 3 und Art. 2 bis 6 VO 16/2011. Die amtlichen Kontrollen sind in der VO 882/2004 vorgesehen, worauf die Vorschriften der VO 16/2011 ausdrücklich verweisen.

tauschmöglichkeit, so dass grundsätzlich Handlungen innerhalb des Netzwerkes binnen kurzer Fristen bzw. sogar „umgehend“ oder „ohne unnötige Verzögerung“ durchzuführen sind[73].

Die zentrale Rolle der Kommission wird dadurch ersichtlich, dass der gesamte Informationsaustausch innerhalb des Netzwerkes über sie verläuft, so dass davon auszugehen ist, dass ihr faktisch das gesamte Netzwerkmanagement anvertraut ist. Dabei basiert der Informationsaustausch auf ein Meldungssystem seitens der mitgliedstaatlichen Behörden *an die Kommission*: Zur effizienteren Handhabung der Meldungen werden diese in drei Typen unterteilt, nämlich Informations-, Warn- und Grenzzurückweisungsmeldungen[74]. Während sich Informationsmeldungen auf Risiken beziehen, die kein rasches Handeln gebieten, handelt es sich bei den Warnmeldungen um Risiken, die ein schnelles Tätigwerden in einem anderen Mitgliedsland erfordern oder erfordern könnten und bei Grenzzurückweisungsmeldungen um unmittelbare oder mittelbare Risiken für die menschliche Gesundheit, die mit der Zurückweisung eines Postens, eines Behälters oder einer Fracht von Lebens- oder Futtermitteln von einer zuständigen Behörde an einer Grenzkontrollstelle innerhalb der EU verbunden sein können[75].

Entsprechend differenziert ist auch die Regelung der entsprechenden Melde*verfahren*: eine Informationsmeldung ist von der mitgliedstaatlichen Behörde an die Kommission und wiederum von ihr „ohne unnötige Verzögerung“ an alle anderen Netzwerkmitglieder zu übermitteln[76]; für Warnmeldungen gelten dagegen wegen der erhöhten Risiken kurze Fristen, da die Übermittlung an die Kommission ebenfalls „ohne unnötige Verzögerung“ aber spätestens achtundvierzig Stunden, nachdem der meldenden Behörde das Risiko gemeldet wurde, stattzufinden hat, die Kommission die Meldung zu überprüfen und innerhalb von vierundzwanzig Stunden an alle anderen mitgliedstaatlichen Behörden weiterzuleiten hat[77]. Vergleichbar verläuft auch das Verfahren bei Grenzzurückweisungsmeldungen, welche jedoch von der Kommission nicht an die übrigen Netzwerkmitglieder, sondern direkt an die zuständigen Grenzkontrollstellen für Veterinärkontrollen von

[73] S. insbesondere Art. 3 Abs. 1 und 2, Art. 4 Abs. 1 und 2, Art. 5 Abs. 1, Art. 6 Abs. 1 bis 3 und 5 VO 16/2011.

[74] ErwGr. 5 VO 16/2011.

[75] Art. 1 Nr. 4–6 VO 16/2011 i. V. m. Art. 50 Abs. 3c) VO 178/2002. Informationsmeldungen werden zusätzlich gem. Art. 1 Abs. 5 VO 16/2011 in „Informationsmeldungen zur Weiterbehandlung“ und „Informationsmeldung zur Kenntnisnahme“ unterteilt, wobei erstere Produkte betreffen, die in den Verkehr eines anderen Mitgliedsstaates gebracht werden oder gebracht werden könnten und letztere sich auf Produkte beziehen, die im Verkehr des meldenden Mitgliedsstaates oder allgemein nicht bzw. nicht mehr im Verkehr sind.

[76] Art. 3, 4 Abs. 1 und 2 und Art. 5 Abs. 1 und 2 VO 16/2011.

[77] Art. 3 VO 16/2011.

aus Drittländern in die EU eingeführten Erzeugnissen sowie an die von den Mitgliedstaaten benannten Einfuhrorte übermittelt werden[78].

bb) Verbraucherschutz

Im Rahmen des europäischen Verbraucherschutzrechts wurde ein unionsweites Netzwerk eingerichtet, das sich mit dem „Vollzug der Gesetze zum Schutz von Verbraucherinteressen" befasst und aus der Kommission, jeweils einer zentralen mitgliedstaatlichen Verbindungsstelle und weiteren von den Mitgliedstaaten benannten Behörden nationaler, regionaler oder lokaler Ebene besteht[79]. Mitgliedstaaten müssen sicherstellen, dass die Netzwerkmitglieder weitgehende Ermittlungs- und Durchsetzungsbefugnisse haben, darunter Einsichtsbefugnisse in Unterlagen, Ermittlungsdurchführungsbefugnisse sowie die Befugnis, „vom verantwortlichen Verkäufer oder Dienstleistungserbringer die Verpflichtung zu erwirken, den innergemeinschaftlichen Verstoß einzustellen, und gegebenenfalls diese schriftliche Verpflichtung zu veröffentlichen"[80].

Die zentrale Funktion des Netzwerkes ist der Informationsaustausch zwischen den Behörden, wozu sie durch eine zentrale Datenbank der Kommission infrastrukturell unterstützt werden[81]: dabei müssen die Behörden entweder alle Verbindungsstellen über ihnen bekannte Verstöße des europäischen Verbraucherrechts informieren oder auf Ersuchen einer anderen Verbindungsstelle die Informationen übermitteln, sofern ein Verdacht auf einen Verstoß vorliegt[82]; auch Informationen, die ein Netzwerkmitglied von einem Drittland erhält, sind dem Netzwerk weiterzuleiten. Darüber hinaus sind Verbindungsstellen *verpflichtet*, im Rahmen eines Durchsetzungsersuchens seitens einer anderen Verbindungsstelle alle erforderlichen Durchsetzungsmaßnahmen vorzunehmen, um *unverzüglich* für eine Einstellung oder ein Verbot des Verstoßes zu sorgen; dabei können sie sich bezüglich der zu treffenden Maßnahmen untereinander abstimmen und das Netzwerk einschließlich der Kommission unverzüglich über die getroffenen Maßnahmen und deren Wirkung informieren[83]. Finden Verstöße in mehreren Mitgliedstaaten gleichzeitig statt, können sich alle Netzwerkmitglieder bei der

[78] Die Mitgliedstaaten legen selbst für die verschiedenen Arten von Futter- und Lebensmitteln bestimmte Orte für die Einfuhr in ihr Hoheitsgebiet fest und unterrichten entsprechend die Kommission und die übrigen Mitgliedstaaten gem. Art. 17 Abs. 1 und 2 VO 882/2004. Die Grenzkontrollen werden für alle Erzeugnisse aus Drittländern bei ihrem Eintreffen an den EU-Grenzen der Veterinärkontrolle gem. Art. 2 Abs. 2 g) und 6 RL 97/78/EG durchgeführt; die Liste aller zuständigen Grenzkontrollstellen ist in der Kommissionentscheidung 2009/821/EG veröffentlicht.

[79] Art. 1, 3c) und 4 Abs. 1 VO 2006/2004.

[80] Art. 4 Abs. 6 VO 2006/2004.

[81] Art. 10 und 14 VO 2006/2004.

[82] Art. 6, 7, 12 VO 2006/2004.

[83] Art. 8 Abs. 1, 2 und 6 VO 2006/2004.

Durchsetzung von Maßnahmen untereinander koordinieren und Informationen austauschen und zwar unabhängig davon, ob sie Behörden nationaler, regionaler oder lokaler Ebene sind; handelt es sich dabei um mehr als zwei Mitgliedstaaten, hat die Koordination über die zentralen Verbindungstellen und eine entsprechende Information der Kommission stattzufinden[84].

Insgesamt haben die Netzwerkmitglieder ihre Verpflichtungen so zu erfüllen, „als würden sie im Interesse der Verbraucher ihres eigenen Landes und im eigenen Interesse oder auf Ersuchen einer anderen zuständigen Behörde in ihrem eigenen Land handeln“[85]. Die ersuchten Behörden können je nach dem, ob es sich nach einem Informations- oder Durchführungsmaßnahmeersuchen handelt, nur aus bestimmten, in der Verordnung vorgesehenen Gründen ablehnen und haben ihre Ablehnung durch entsprechende Begründung der ersuchten Behörde und der Kommission mitzuteilen; diese entscheidet durch Erlass eines Durchführungsaktes nach Stellungnahme des Ausschusses nach dem Komitologie-Prüfverfahren[86].

d) Statistik

Im Bereich der statistischen Verwaltung besteht das Netzwerk des Europäischen Statistischen Systems (ESS): es versteht sich als Partnerschaft zwischen der Kommission als statistische Stelle der Union (Eurostat), den nationalen statistischen Ämtern (NSÄ) und anderen einzelstaatlichen Stellen, die in den einzelnen Mitgliedstaaten für die Entwicklung, Erstellung und Verbreitung europäischer Statistiken zuständig sind[87]. Die NSÄ erfüllen dabei die Rolle einer Koordinationsbehörde aller statistischer Stellen ihres Mitgliedstaates und des Kontaktpartners der Kommission; das Netzwerk wird von dem aus Vertretern der NSÄ bestehendem Ausschuss für das Europäische Statistische System (ESS-Ausschuss) unterstützt[88]. Die Tätigkeit der Netzwerkmitglieder richtet sich nach festgelegten Grundsätzen, die näher im von der Kommission unter Überprüfung des ESS-Ausschusses erlassenen Verhaltenskodex für europäische Statistiken spezifiziert werden. Zentral dabei ist der Grundsatz der fachlichen Unabhängigkeit, wonach „die Statistiken auf unabhängige Weise entwickelt, erstellt und verbreitet werden müssen, insbesondere was die Wahl der zu verwendenden Verfahren, Definitionen, Methoden und Quellen sowie den Zeitpunkt und den Inhalt aller Verbreitungsformen anbelangt, ohne dass politische Gruppen, Interessengruppen, Stellen der Gemeinschaft oder einzelstaatliche Stellen Druck ausüben können“[89].

---

84 Art. 8, Abs. 1, 2 und 3 VO 2006/2004.

85 Art. 11 Abs. 1 VO 2006/2004.

86 Art. 15 Abs. 5 und Art. 19 Abs. 2 VO 2006/2004 i. V. m. Art. 5 und 13 Abs. 1c) VO 182/2011.

87 Art. 4 VO 223/2009.

88 Art. 5 Abs. 1 und Art. 7 Abs. 1 und 2 VO 223/2009.

89 Art. 2 Abs. 1a) VO 223/2009 und Grundsatz Nr. 1 des Verhaltenskodex.

Netzwerke im Rahmen des Europäischen Verwaltungsverbundes lassen sich letztlich in einer Reihe weiterer Rechtsgebiete identifizieren: In Betracht kommen vergleichbare Formen polyzentrischer europäischer Verwaltungskooperation in den Bereichen des Umwelt-[90], Gentechnik-[91] und Veterinärrechts[92].

2. *Typisierung und Systematisierung*

a) *Verwaltungsfunktionen und Kooperationsmodi*

aa) *Interadministrativer Informationsaustausch*

Die Verwaltungskooperation im europäischen Verwaltungsverbund besteht in erster Linie im interadministrativen Informationsaustausch, so dass ein europäischer Informationsverbund entsteht[93]. Dies gilt auch für die Netzwerke: Die netzwerkspezifische Verwaltungskooperation basiert auf Informationsaustauschkanälen zwischen den Netzwerkmitgliedern, die grundsätzlich als Voraussetzung der netzwerkinternen Entscheidungsfindung auftreten. Von der Fallverteilung im Kartellbehördennetzwerk und der Produktzulassung bis hin zu den Informationssystemen der Gesundheitsüberwachung sowie des europäischen Steuer- und Umweltrechts bildet der Informationsaustausch innerhalb der Netzwerke deren wesentlichste Funktion. Dabei nimmt die Organisation der interadministrativen Informationskooperation unterschiedliche Formen ein, je nach der jeweilig zu erfüllenden Verwaltungsaufgabe: Entweder wird ein meist durch gemeinsame und einheitliche elektronische Infrastruktur unterstütztes Informationsaustauschsystem errichtet[94] oder die Informationsübermittlung findet ad hoc im Hinblick auf den jeweils vorliegenden Fall nach entsprechender Meldung oder Ersuchen eines Netzwerkmitglieds statt[95]. Die Effektivität des administrativen Informationsaustausches innerhalb der Netzwerke wird durch deren polyzentrische Struktur begünstigt: Dadurch, dass aus jedem Mitgliedstaat jeweils nur eine be-

---

[90] Das Netzwerk Natur 2000 wurde durch die sog. Fauna-Flora-Habitat-RL 92/43/EWG errichtet und bezieht sich auf ein Netz von Schutzgebieten in den Mitgliedstaaten.

[91] Für die Genehmigung der Freisetzung von genetisch veränderten Organismen sowie für die Zulassung von GVO enthaltenen Lebensmitteln sind netzwerkartige Verfahren von den RL 2001/18/EG (ABl. L 106 vom 17.4.2001) sowie der VO 1829/2003 (ABl. L 268 vom 18/10/2003), der VO 1830/2003 (ABl. L 268 vom 18/10/2003) und der RL 2008/27/EG (ABl. L 81 vom 20.3.2008) vorgesehen.

[92] Es handelt sich um das Netz zum Verbund der Veterinärbehörden „ANIMO", das durch die Entscheidung der Kommission v.19.7.1991 (91/398/EWG) errichtet wurde.

[93] Allg. dazu *E. Schmidt-Aßmann*, Der Europäische Verwaltungsverbund und die Rolle des Europäischen Verwaltungsrechts, in: ders./B. Schöndorf-Haubold (Hrsg.), Der Europäische Verwaltungsverbund, 2005, 1 (6, 15 f.).

[94] Vgl. die Informationssysteme des Kartellbehördennetzwerkes sowie der Schnellwarnsysteme.

[95] Vgl. die Kooperation im Netzwerk des Vollzugs der Gesetze zum Schutz von Verbraucherinteressen.

hördliche Stelle als Netzwerkmitglied agiert, wird der Informationsfluss erleichtert und Diffusionen vermieden. Demselben Effektivitätsziel dient aus unionaler Perspektive auch die Zentralisierung des Informationsmanagements zugunsten der Kommission: Entweder ist sie für das Management der gemeinsamen Informationsdatenbanken oder der Informationsaustauschinfrastruktur zuständig oder der gesamte Informationsfluss innerhalb des Netzwerkes verläuft über sie, indem ihr gegenüber verfahrensrechtlich verankerte Meldepflichten der mitgliedstaatlichen Behörden bestehen und sie wiederum die Informationen entsprechend innerhalb des Netzwerkes weiterleitet. Freilich führen derartige Konstellationen zu maßgeblichen Informationsvorsprüngen der Kommission innerhalb der netzwerkinternen Verwaltungskooperation.

bb) Verbundaufsicht

Auf der Basis dieses Informationsvorsprungs der Kommission vermögen Netzwerke eine weitere Verwaltungsfunktion zu erfüllen: Da der Kommission grundsätzlich nur das Vertragsverletzungsverfahren als Durchsetzungsmechanismus des Unionsrechts zur Verfügung steht und dadurch ihrerseits ein Bedarf nach weiteren Modi der *Verbundaufsicht*[96] jenseits des Vertragsverletzungsverfahrens entsteht, ermöglicht ihr das Informationsmanagement innerhalb der Netzwerke Einblicke in den indirekten Unionsrechtsvollzug und erfüllt dadurch eine Aufsichtsfunktion. Zwar ist die Aufsicht als verwaltungsrechtliche Kategorie klassischerweise aus hierarchischen Verwaltungsorganisationsstrukturen bekannt und impliziert ein Über- und Unterordnungsverhältnis[97], im formell nicht hierarchischen europäischen Verwaltungsverbund wird sie als funktionaler Bestandteil der effektiven Durchsetzung des Unionsrechts aufgefasst, wofür die Kommission als „Motor der Integration" zu sorgen hat: das zentrale Instrument dafür ist letztlich das Vetragsverletzungsverfahren, für dessen Einleitung die Kommission aktiv legitimiert ist. Durch ihre Eingliederung in Netzwerke wird sie darüber hinaus in den indirekten Unionsrechtsvollzug informativ eingebunden und kann dadurch die Unionsrechtsdurchsetzung effektiver beaufsichtigen, um eventuelle Defizite zu erkennen, über den entsprechenden Bedarf an gesetzgeberischen Initiativen zu entscheiden, Vertragsverletzungsverfahren einzuleiten oder von ihren weiteren sekundärrechtlich begründeten Aufsichtsinstrumenten in Form von Veto- und Selbsteintrittsrechten Gebrauch zu machen.

[96] Grundlegend *M. Eekhoff*, Die Verbundaufsicht. Gemeinschaftsrechtliche Aufsichtsverfahren und -mechanismen außerhalb des Vertragverletzungsverfahrens, 2006. Die Rolle der Kommission in der Verbundaufsicht betont *P. M. Huber*, Grundzüge des Verwaltungsrechts in Europa – Problemaufriss und Synthese, in: A. v. Bogdandy/S. Cassese/P. M. Huber (Hrsg.), IPE V, 2014, § 73, Rn. 147.

[97] *M. Jestaedt*, Grundbegriffe des Verwaltungsorganisationsrechts, in: W. Hoffmann-Riem/E. Schmidt-Aßmann/A. Voßkuhle (Hrsg.), GVwR I, 2012, § 14, Rn. 59: „es herrscht Einigkeit darüber, dass die Aufsicht ein einseitiges und damit subordinationsrechtliches Mittel darstellt".

cc) Kooperation und Koordination der Entscheidungsfindung

Darüber hinaus bleibt die Verwaltungskooperation in Netzwerken nicht auf informations- und aufsichtsbezogene Funktionen begrenzt, sondern erstreckt sich auch auf die materiell-inhaltliche Ausgestaltung der administrativen Entscheidungsfindung: Sie nimmt entweder die Form einer meist mehrstufigen oder amtshilfeähnlichen Zusammenwirkung einzelner Teilhandlungen oder einer kohärenzherstellenden *Koordination* des indirekten Unionsrechtsvollzugs ein. Zwar kann diese Koordination auch horizontal zwischen mitgliedstaatlichen Behörden zur Berücksichtigung einzelner mitgliedstaatlicher Besonderheiten und Perspektiven verlaufen, typischerweise erfolgt sie aber vertikal durch den Erlass von formell-rechtlich unverbindlichem Soft Law seitens der Kommission[98]: Bekanntmachungen, Empfehlungen und Stellungnahmen zielen nicht darauf, den Unionsrechtsvollzug rechtsverbindlich zu harmonisieren, sondern durch die Orientierung an gemeinsamen Maßstäben unionsweite Kohärenz zu ermöglichen. Dass die Abgrenzungslinien zwischen dieser Maxime und einer vertikal gesteuerten Vereinheitlichung des Unionsrechtsvollzugs unklar sind, liegt auf der Hand: Einerseits ist zu bezweifeln, ob sich der Inhalt der Koordination als eine bottom-up-Synthese von Maßstäben mitgliedstaatlicher Herkunft ergibt oder vielmehr top-down von der Kommission selbst als tatsächlichem Urheber[99] ausgeht, andererseits unterliegen mitgliedstaatliche Behörden auch in Hinsicht auf unverbindliche unionale Handlungen einer unionsrechtlich verankerten Berücksichtigungspflicht[100], so dass sich die formell-rechtliche Unverbindlichkeit des Soft Law relativiert und je nach Ausgestaltung der Verwaltungskooperation eine Verschiebung in die Richtung einer tatsächlichen Verbindlichkeit beobachtet werden kann.

b) Netzwerkarchitektur

aa) Polyzentralität, Horizontalität, Verflechtung, Verselbständigung

Der Aufbau der Netzwerke des europäischen Verwaltungsverbundes ist in *erster* Linie durch eine weitestgehende Polyzentralität gekennzeichnet[101]: Sie haben kei-

---

[98] S. die bereits o.g. Bekanntmachung im Kartellbehördennetzwerk sowie die Leitlinien und Stellungnahmen im Netzwerk der Telekommunikationsregulierung.

[99] Paradigmatisch dafür die o.g. Bekanntmachung im Kartellbehördennetzwerk, die von der Kommission erlassen wurde und der letztlich die mitgliedstaatlichen Netzwerkmitglieder „beigetreten" sind.

[100] EuGH, Urt. v. 13.12.1989, Rs. C-322/88 (Grimaldi/Fonds des maladies professionnelles), Slg. 1989, 04407, Rn. 18–19 und zuletzt Urt. v. 10.03.2010, Rs. C-317–320/08 (Alassini u.a./Telecom Italia SpA), Slg. 2010, I-02213, Rn. 40, Urt. v. 24.04.2008, Rs. C-55/06 (Arcor/Deutschland), Slg. 2008, I-02931 f., Rn. 94, Urt. v. 11.09.2003, Rs. C-207/01 (Altair Chimica), Slg. 2003, I-8875, Rn. 41.

[101] Zur Polyzentralität als Charakteristikum transnationaler Netzwerke im internationalen Wirtschaftsrecht s. *C. Nowrot*, Steuerungssubjekte und -mechanismen im Internationalen Wirtschaftsrecht, in: C. Tietje (Hrsg.), Internationales Wirtschaftsrecht, 2009, Rn. 34, *ders.*, Netz-

ne eigene Rechtspersönlichkeit und bestehen aus Behörden, die unterschiedlichen Verwaltungsapparaten, Rechtsregimen und Ebenen angehören. Die entscheidungsbefugten Stellen sind dabei variabel und können sich je nach vorliegendem Fall verändern, ohne dass ex ante ein allgemeines formell-rechtliches Letztentscheidungsmonopol zugunsten eines Netzwerkmitgliedes eingeräumt wird. Dies ist *zweitens* durch den horizontalen[102] Aufbau der Netzwerke zu erklären: Alle Netzwerkmitglieder sind in formell-rechtlicher Hinsicht gleichrangig und zwischen ihnen herrscht kein hierarchisches Über- und Unterordnungsverhältnis. So indizieren Netzwerke eine Alternative zur Hierarchie als klassischem Verwaltungsorganisationsprinzip und stellen einen neuartigen Organisationstypus dar, der statt Weisungen auf die Kooperation der Hoheitsträger basiert. Durch diese Verwaltungskooperation innerhalb der Netzwerke ist, *drittens*, die administrative Entscheidungsfindung von einem hohen Verflechtungsgrad gekennzeichnet: Die Urheber der Handlungen mit Außenwirkung sind nicht ohne Weiteres identifizierbar, da die Entscheidungsfindung der nach außen handelnden Behörde zuvor netzwerkintern von Akten anderer Hoheitsträger unterschiedlicher Verbindlichkeitsstufen mitdeterminiert wurde; die Verflechtung führt dazu, dass die Unterscheidungen zwischen direktem und indirektem Unionsrechtsvollzug sowie vertikaler und horizontaler Verwaltungskooperation relativiert werden und der Unionsrechtsvollzug durch Netzwerke vielmehr als ein Geflecht unterschiedlicher Kooperationsverbindungen und -intensitätsstufen erscheint. Dadurch lässt sich *viertens* eine funktionale Verselbständigung der an Netzwerken beteiligten Behörden gegenüber den mitgliedstaatlichen Verwaltungsapparaten, welchen sie organisationsrechtlich angehören, beobachten.

bb) Zwischen Verwaltungsorganisations-, -verfahrens- und materiellem Recht

Diese Charakteristika der Netzwerke führen dazu, dass die Erfassung ihres Aufbaus und ihrer Funktionsweise zu einer verwaltungsrechtswissenschaftlichen Herausforderung wird. Sekundärrechtlich werden Netzwerke zwar grundsätzlich ohne eigene Rechtspersönlichkeit errichtet, dabei wird aber darauf gezielt, dass sie funktional als verselbständigte Einheit agieren. So vermögen sie wegen ihrer mangelnden organisatorischen Einheitlichkeit nicht in die Kategorien des herkömmlichen Verwaltungsorganisationsrechts eingegliedert zu werden, so dass vielmehr das materielle (Verwaltungs-)Recht und das Verwaltungsverfahrens-

---

werke im transnationalen Wirtschaftsrecht und Rechtsdogmatik, in: C. Tietje/G. Kraft/R. Sethe (Hrsg.), Beiträge zum transnationalen Wirtschaftsrecht 66 (2007), 5.

[102] Im Rahmen der vorliegenden Untersuchung wird nicht der Begriff „Heterarchie", sondern der Begriff „Horizontalität" bevorzugt; zwar wird „Heterarchie" üblicherweise im Kontext der Netzwerkanalyse als Gegenbegriff zur Hierarchie eigesetzt, etymologisch bedeutet Heterarchie jedoch „Herrschaft eines Anderen" und vermag somit das Konzept der Gleichrangigkeit i.S. mangelnder (hierarchischer) Über- und Unterordnung nicht angemessen zu beschreiben.

recht für die Eingliederung der Verwaltungskooperation in verwaltungsrechtliche Kategorien maßgeblich sind. So wird ersichtlich, dass für ihre rechtliche Analyse und Auswertung eine Kombination von Verwaltungsorganisations-, Verfahrens- und materiellem Recht erforderlich wird[103], wobei als Verbindungsgrundlage stets die funktionale Betrachtung der Verwaltungskooperation dient. Rückschlüsse für die jeweilige Netzwerkarchitektur ergeben sich somit erst aus der Ausgestaltung der Verwaltungskooperation *innerhalb* des Netzwerkes bzw. ihrer materiell- und verfahrensrechtlichen Fixierung und ihrer verwaltungsorganisatorischen Evaluation anhand funktionaler Äquivalente: Letztlich ist die *Organisation der netzwerkinternen Verwaltungskooperation* maßgeblich. Das typische Paradigma dafür sind Letztentscheidungsbefugnisse zugunsten der Kommission: Zwar ist die Kommission in derartigen Konstellationen den mitgliedstaatlichen Behörden nicht übergeordnet und sie hat ihnen gegenüber keine allgemeinen Aufsichts- und Weisungsrechte[104], werden ihr jedoch verfahrensrechtlich Selbsteintrittsrechte oder Letztentscheidungsbefugnisse eingeräumt, so kommt dies in funktionaler Hinsicht einer Hierarchisierung der Verwaltungsbeziehungen innerhalb der Netzwerke aufgrund der Ausgestaltung der Kooperation nahe. Insgesamt kann somit im Hinblick auf die Netzwerkarchitektur festgehalten werden, dass sie *variabel* ist und sich je nach der jeweiligen Kooperationsausgestaltung ausformt.

III. Analytische Auswertung

1. Netzwerkanalyse

a) Hybridität

Die rechtliche Untersuchung des Aufbaus, der Funktionsweise sowie der Steuerung der Netzwerke zeigt, dass sie von weitgehender *Hybridität* gekennzeichnet sind[105]. Der hybride Aufbau ist der Tatsache geschuldet, dass sie zwar organisationsrechtlich keine einheitlichen Einrichtungen darstellen, aufgrund der funktionalen Einheitlichkeit ihres Handelns jedoch mit Hilfe der Governance-Analyse

---

[103] *C. Möllers*, Materielles Recht – Verfahrensrecht – Organisationsrecht. Zu Theorie und Dogmatik dreier Dimensionen des Verwaltungsrechts, in: H.-H. Trute/T. Groß/H. C. Röhl/ders. (Hrsg.), Allgemeines Verwaltungsrecht – zur Tragfähigkeit eines Konzepts, 2008, 489 f.

[104] *W. Kahl*, Begriff, Funktionen und Konzepte von Kontrolle, in: W. Hoffmann-Riem/E. Schmidt-Aßmann/A. Voßkuhle (Hrsg.), GVwR III, ²2013, § 47, Rn. 230, *A. v. Bogdandy/J. Bast*, Die vertikale Kompetenzordnung der Europäischen Union, EuGRZ 2001, 441 (453), *S. Kadelbach*, Allgemeines Verwaltungsrecht unter europäischem Einfluss, 1999, 337.

[105] Zur Hybridität als Charakteristikum der Netzwerke s. *C. Möllers*, Netzwerk als Kategorie des Organisationsrechts, in: J. Oebbecke (Hrsg.), Nicht-normative Steuerung in dezentralen Systemen, 2005, 285 f., *C. Franzius*, Flexible Organisationsmodelle: Netzwerke, Organisationshoheit, Shared Services, Verwaltungsverbünde, Mischverwaltung, in: *H. Hill/U. Schliesky* (Hrsg.), Herausforderung e-Government: E-Volution des Rechts- und Verwaltungssystems, 2009, 39 f.

als solche zu behandeln sind. Ferner ist die Ausgestaltung der Verwaltungskooperation innerhalb der Netzwerke und deren Funktionsweise zwar in Grundzügen sekundärrechtlich vorgegeben, die genauere rechtliche Fixierung der Rechtsbeziehungen sowohl innerhalb der Netzwerke als auch in Außenverhältnissen wird aber von unionalem und (europäisiertem) mitgliedstaatlichem Recht zugleich geregelt; auch in Netzwerken gilt die Verfahrensautonomie der Mitgliedstaaten sowie ihre Doppelschranke des Effektivitäts- und Äquivalenzgebots, die in einem weitgehend unklaren Verhältnis zueinander stehen[106], so dass sich Netzwerke zwischen unionalem und mitgliedstaatlichem Recht bewegen. Schließlich erfolgt die Steuerung des Verwaltungshandelns in Netzwerken hauptsächlich durch Soft Law und andere Formen formell-rechtlich unverbindlicher Koordination: Empfehlungen und Bekanntmachungen der Kommission sowie Stellungnahmen und Abstimmungen zwischen mitgliedstaatlichen Behörden zielen auf die kohärenzsichernde Steuerung des Verwaltungshandelns in Netzwerken. Die hybride Natur derartiger Steuerungsmechanismen ergibt sich dadurch, dass sie sich zwischen formell-rechtlicher Unverbindlichkeit und partieller Rechtsverbindlichkeit bewegen und allenfalls *faktische* (Steuerungs-)Wirkungen aufweisen[107].

b) Steuerungsgewinne der Kommission: faktische Hierarchisierung

Die faktische Steuerungswirkung von formell-rechtlich unverbindlichen Handlungen lässt feststellen, dass die Verwaltungskooperation innerhalb der Netzwerke zu Steuerungsgewinnen der Kommission führt: Von ihren Informationsvorsprüngen und ihrem Befugnismonopol zum Erlass von Koordinierungsmaßmaßnahmen bis hin zur Einräumung von Selbsteintritts-, Veto- und Letztentscheidungsbefugnissen hat die Kommission gegenüber ihren mitgliedstaatlichen Kooperationspartnern einen höheren Einfluss auf die Steuerung des Verwaltungsvollzugs innerhalb der Netzwerke und kann als (zumindest) *primus* inter pares angesehen werden. Dadurch wird jedoch faktisch das Wesensmerkmal der Netzwerke als Kooperationsform zwischen formell-rechtlich gleichrangigen Hoheitsträgern relativiert: Zwar hat die Kommission kein generelles Weisungsrecht gegenüber den mitgliedstaatlichen Verwaltungen[108], die Ausgestaltung der Verwaltungskooperation führt jedoch in zahlreichen Konstellationen zu einer fakti-

---

[106] Zu diesem Verhältnis allgemein *C. Krönke*, Die Verfahrensautonomie der Mitgliedstaaten, 2013, *P.-M. Efstratiou*, Richterrechtliche Vorgaben zum Grundsatz der Verfahrensautonomie der Mitgliedstaaten beim indirekten Vollzug des Unionsrechts, in: I. Karakostas/K. Riesenhuber (Hrsg.), Methoden- und Verfassungsfragen der Europäischen Rechtsangleichung, 2011, 99 f.

[107] S. dazu die Funktionen des unverbindlichen Soft Law unter D. II.1 und 2 (194 f.).

[108] *W. Kahl*, Begriff, Funktionen und Konzepte von Kontrolle, in: W. Hoffmann-Riem/E. Schmidt-Aßmann/A. Voßkuhle (Hrsg.), GVwR III, ²2013, § 47, Rn. 230, *A. v. Bogdandy/J. Bast*, Die vertikale Kompetenzordnung der Europäischen Union, EuGRZ 2001, 441 (453), *S. Kadelbach*, Allgemeines Verwaltungsrecht unter europäischem Einfluss, 1999, 337.

schen Hierarchisierung der Verhältnisse zwischen den Netzwerkakteuren, so dass mitgliedstaatliche Behörden nicht als gleichberechtigte Kooperationssubjekte, sondern eher als „Juniorpartner“[109] erscheinen, die Kommission dagegen als „zentraler Netzknoten“[110], „behördlicher Orchesterleiter“[111] oder sogar „Spinne im Netz“[112].

2. *Auswertung: Verantwortungs- und Legitimationsproblematik*

a) *Verantwortungsproblematik*

Insgesamt stellen die Netzwerke des europäischen Verwaltungsverbundes einen für den europäischen Rechtsraum neuartigen Verwaltungstypus dar, der sich als Gegenmodell zur hierarchisch organisierten einheitlichen Verwaltung der Verfassungsstaaten verstehen lässt[113]. Aus (verfassungs)rechtlicher Sicht folgt daraus allerdings eine Reihe von Fragen, welche sich insgesamt unter dem Gesamtbegriff einer *Verantwortungsproblematik* aufgreifen lassen: Durch die Verflechtung der Verwaltungsbeziehungen und der Entscheidungsfindung innerhalb der Netzwerke sowie deren Hybridität und die faktischen Wirkungen einzelner Kooperations- und Koordinationsmodi ist unklar, welchem Hoheitsträger das Verwaltungshandeln jeweils zuzurechnen ist[114]. Die erschwerte Zurechenbarkeit des Verwaltungshandelns innerhalb der Netzwerke ist dabei nicht nur ein aus der Vielzahl der kooperierenden Akteure resultierendes *Ersichtlichkeitsproblem*[115], das ein Netz-

---

[109] *P. M. Huber,* Das Kooperationsverhältnis von Kommission und nationalen Verwaltungen beim Vollzug des Unionsrechts, in: C.-E. Eberle/M. Ibler/D. Lorenz (Hrsg.), Der Wandel des Staates vor den Herausforderungen der Gegenwart, FS W. Brohm, 2002, 127 (137).

[110] So mit Bezug auf das Kartellbehördennetzwerk *C. Harlow,* Three phases in the Evolution of EU Administrative Law, in: P. Craig/G. de Burca (Hrsg.), The Evolution of EU Law, ^{2}2011, 439 (455).

[111] *P. Craig,* Shared Administration and Networks: Global and EU Perspectives, in: G. Anthony/J. B. Auby/J. Morison/T. Zwart (Hrsg.), Values in Global Administrative Law, 2011, 81 (133).

[112] *A. Reinalter,* Die Grenzen der Ermittlungsbefugnisse der Europäischen Kommission im Kartellverfahren, ZEuS 2009, 53 (55).

[113] *U. Schliesky,* Von der organischen Verwaltung Lorenz von Steins zur Netzwerkverwaltung im Europäischen Verwaltungsverbund, 2009, 3 f.

[114] *E. Schmidt-Aßmann,* Verfassungsprinzipien für den europäischen Verwaltungsverbund, in: W. Hoffmann-Riem/ders./A. Voßkuhle (Hrsg.), GVwR I, ^{2}2012, § 5, Rn. 26. Allgemein zur Funktion des Verantwortungsbegriffes vor allem als Zurechnungsbegriff und der Problematik von sog. „Verantwortungsdiffusionen“ s. *H. C. Röhl,* Verantwortung und Effizienz in der Mehrebenenverwaltung, DVBl. 2006, 1070 (1070, 1078). Zur Verantwortung im europäischen Verwaltungsrecht als Kompetenzzuweisung sowie demokratischer und rechtlicher Zurechnung und Kontrolle s. *E. Pache,* Verantwortung und Effizienz in der Mehrebenenverwaltung, VVDStRL 66 (2007), 106 (114). Allgemein zur Verantwortung als Zurechnungs- und Kompetenzbegriff s. *H. C. Röhl,* Verwaltungsverantwortung als dogmatischer Begriff?, DV 1999, Beiheft 2, 33 (37 f.).

[115] Allgemeiner *U. Di Fabio,* Das Recht offener Staaten, 1998, 126 f.: „in horizontal und ver-

werk als eine „black box organisierter Unverantwortlichkeit“[116] erscheinen lassen kann, sondern auch ein *Kompetenzverteilungsproblem* innerhalb der Europäischen Union: Durch die faktische Hierarchisierung des Unionsrechtsvollzugs und der Verselbständigung der Netzwerke werden Behörden funktional aus der mitgliedstaatlichen Verwaltungshierarchie ausgegliedert und können unionsweite sektorale Verwaltungsstrukturen unter Steuerung der Kommission bilden. Aber: Kompetenzfragen sind Machtfragen[117], öffentliche Macht legitimationsbedürftig, Verantwortungsprobleme letztlich Legitimationsprobleme.

b) Demokratische und rechtstaatliche Legitimationsproblematik

Der Zusammenhang zwischen Verantwortungs- und Legitimationsproblematik ergibt sich dadurch, dass beide Legitimationsquellen von Herrschaftsgewalt, Demokratie und Rechtstaat[118], auf klare Kompetenz- und Verantwortungszuweisungen gründen: Verantwortungslosigkeit führt zur „Niemandsherrschaft“, „der tyrannischsten aller Herrschaftsformen, weil in ihr niemand zur Rechenschaft gezogen werden kann“[119]. So hat allgemein die Verletzung klarer Verantwortlichkeit „stark delegitimierende Effekte“[120], „Intransparenz und Verantwortungslosigkeit stellen sich als heute vielleicht größte Probleme demokratischer Legitimität dar“[121]. Umso besorgniserregender ist es, wenn vertreten wird, dass Netzwerke insgesamt schon konzeptuell nicht mit Verantwortlichkeit kompatibilisiert wer-

---

tikal gegliederten Staatenverbünden weiß niemand mehr genau, wer verantwortlich ist, wer zur Entscheidung berufen ist“.

116 So die Gefahr im Kartellbehördennetzwerk, s. *J. Schwarze*, Die Anfechtung der Fallverteilung im europäischen Netzwerk der Wettbewerbsbehörden, in: I. Brinker/D. H. Scheuing/K. Stockmann (Hrsg.), Recht und Wettbewerb, FS R. Bechtold, 2006, 483 (492).

117 *I. Pernice*, Kompetenzabgrenzung im Europäischen Verfassungsverbund, JZ 55 (2000), 866 (867).

118 Allgemein zu Demokratie und Rechtstaat als Legitimationsquellen von Herrschaftsgewalt s. nur *C. Starck*, Grundrechtliche und demokratische Freiheitsidee, in: J. Isensee/P. Kirchhof (Hrsg.), HStR III, [3]2005, § 33, Rn. 1 f., *S. Unger*, Das Verfassungsprinzip der Demokratie, 2008, 12 f.

119 *A. v. Bogdandy,* Demokratisch, demokratischer, am demokratischsten? Zur Steigerungsfähigkeit eines Verfassungsprinzips am Beispiel einer Neugestaltung der Verordnungsgebung, in: J. Bohnert/Ch. Gramm/U. Kindhäuser/J. Lege/A. Rinken/G. Robbers (Hrsg.), Verfassung, Philosophie, Kirche, FS A. Hollerbach, 2001, 363 (374).

120 *K. P. Sommermann*, Demokratiekonzepte im Vergleich, in: H. Bauer/P. M. Huber/ders. (Hrsg.), Demokratie in Europa, 2005, 191 (221). Zur Zurechenbarkeit von Verantwortung als demokratische Forderung im Kontext deutscher Bundesstaatlichkeit s. *C. Möllers*, Der parlamentarische Bundesstaat – Das vergessene Spannungsverhältnis von Parlament, Demokratie und Bundesstaat, in: J. Aulehner u. a. (Hrsg.), Föderalismus – Auflösung oder Zukunft der Staatlichkeit?, 1997, 81 (110).

121 *M. Nettesheim*, Demokratisierung der EU und Europäisierung der Demokratietheorie – Wechselwirkungen bei der Herausbildung eines europäischen Demokratieprinzips, in: H. Bauer/P. M. Huber/K.-P. Sommermann (Hrsg.), Demokratie in Europa, 2005, 143 (159).

den können[122]. Die Rechtswissenschaft kann und darf nicht an derartigen Befunden stehen bleiben[123], besonders dann nicht, wenn Legitimationsprobleme aufgezeigt werden: Sie hat sich als normative Wissenschaft mit der rechtlichen Morphologie der Probleme zu befassen und Lösungsansätze herauszuarbeiten, die die Legitimität der gesamten öffentlichen Gewalt, darunter auch der Netzwerke[124], sicherstellen. Unter Beachtung der heuristischen[125] und somit kontextabhängigen Natur des Verantwortungsbegriffs soll es im Folgenden genau darum gehen, Netzwerke aus dem Blickwinkel ihrer demokratischen und rechtstaatlichen *Legitimation durch Verantwortung* zu untersuchen.

---

[122] So *M. Eifert*, Legitimationsstrukturen internationaler Verwaltung, in: H.-H. Trute/T. Groß/H. C. Röhl/C. Möllers (Hrsg.), Allgemeines Verwaltungsrecht – zur Tragfähigkeit eines Konzepts, 2008, 307 (321).

[123] Vgl. *P. M. Huber*, Diskussionsbeitrag, VVDStRL 66 (2007), 182 (183): „als empirischer Befund ist die Komplexität der Verwaltungskooperation [...] nicht zu bezweifeln [...], aber wenn das Ergebnis ist, dass Verantwortung [...] unter den Bedingungen der Europäisierung und Globalisierung notgedrungen verunklart wird, dass ein Preis in Einbußen an demokratischem Legitimationsniveau zu zahlen ist, dann stelle ich mir die Frage, ob wir als Rechtswissenschaftler – anders als Politologen und Historiker – bei diesem Befund stehen bleiben können, oder, ob nicht ein Rechtprinzip wie die Demokratie auch normative Vorgaben enthält, die uns dazu verpflichten, als Staatsrechtler darüber nachzudenken, ob man nicht ein gewisses Maß an Effizienzverlust und Komplexitätsreduzierung in Kauf nehmen muss, um die notwendige Verantwortung, die die demokratische Abstützung unserer Gemeinwesen auf allen vier Ebenen erst möglich macht, sicherzustellen".

[124] Zur Legitimitätssicherung der Netzwerke als rechtswissenschaftliche Herausforderung *P. Craig*, Shared Administration and Networks: Global and EU Perspectives, in: G. Anthony/J. B. Auby/J. Morison/T. Zwart (Hrsg.), Values in Global Administrative Law, 2011, 81 (116).

[125] Zur heuristischen Natur des Verantwortungsbegriffs C. III.3a) (106 f.).

C. Demokratische Verantwortung in Netzwerken

καὶ ὄνομα μὲν διὰ τὸ μὴ ἐς ὀλίγους
ἀλλ' ἐς πλείονας οἰκεῖν δημοκρατία κέκληται ...
Thucydides, Epitaphios, 2.37.1

... τοὺς γὰρ πολλούς, ὧν ἕκαστός ἐστιν οὐ σπουδαῖος ἀνήρ,
ὅμως ἐνδέχεται συνελθόντας εἶναι βελτίους ἐκείνων,
οὐχ ὡς ἕκαστον ἀλλ' ὡς σύμπαντας[1]
Aristoteles, Politik, 1281a, 40

I. Demokratische Legitimation von Netzwerken: ein Problemaufriss

Netzwerke als funktionale Organisationsstrukturen der Verwaltungskooperation im deskriptiven[2] europäischen Verwaltungsverbund haben den verfassungsrechtlichen Vorgaben des normativen[3] europäischen Verfassungsverbundes zu genügen. Die Errichtung und Funktionsweise von Netzwerken dürfen sich deswegen nicht nur einseitig an der Maxime des effektiven Unionsrechtsvollzuges orientieren, sondern sind im Rahmen einer „nachholenden Konstitutionalisierung"[4] stets an den rechtlichen Maßstäben aller europäischen Verfassungsprinzipien und darunter insbesondere des Demokratieprinzips zu messen. Dies mag für staatliche Verwaltungsstrukturen eine verfassungsrechtliche Selbstverständlichkeit darstellen, ist im europäischen Kontext jedoch in vielfacher Hinsicht eine komplexe Auf-

[1] „Der Name [unserer Verfassung] ist Demokratie, weil die Herrschaftsausübung nicht in die Hände Weniger, sondern der Mehrheit gegeben ist […]"; „[…] und die Volksmenge, wenn auch die Einzelnen, aus denen sie besteht, keine besonders tüchtigen Leute sind, ist in ihrem Zusammentreten doch besser, als diese besonders tüchtigen Leute, wenn man eben dabei nicht auf die Einzelnen als solchen, sondern auf die Gesamtheit sieht".

[2] Der europäische Verwaltungsverbund ist rechtswissenschaftlich als deskriptiver Begriff und reales Phänomen zu rezipieren, s. *W. Kahl*, Der Europäische Verwaltungsverbund: Strukturen – Typen – Phänomene, Der Staat 50 (2011), 353 (355).

[3] Zur Normativität des Verfassungsverbundes s. *E. Schmidt-Aßmann*, Das allgemeine Verwaltungsrecht als Ordnungsidee, [2]2006, 7/27 (393). Grundlegend zu den verfassungsrechtlichen Vorgaben *ders.*, Verfassungsprinzipien für den Europäischen Verwaltungsverbund, in: W. Hoffmann-Riem/ders./A. Voßkuhle (Hrsg.), GVwR I, [2]2012, § 5.

[4] *W. Kahl*, Der Europäische Verwaltungsverbund: Strukturen – Typen – Phänomene, Der Staat 50 (2011), 353 (387).

gabe, da das Demokratieprinzip als ein in einzelstaatlichen Strukturen gewachsenes Rechtsprinzip den Anforderungen eines Staatenverbundes anzupassen ist. Dadurch werden nicht nur Divergenzen bezüglich seines normativen Inhaltes aufgezeigt[5], sondern man stößt bei der Herausarbeitung konkreter Vorgaben auch auf strukturelle Probleme: Aufgrund der Tatsache, dass die „europäische Verwaltung" aus Behörden unterschiedlicher Rechtsregime besteht und deswegen nur in einem funktionalen Verständnis erfassbar ist, können herkömmliche Verwaltungsorganisationsmuster nur funktional je nach der Ausgestaltung der Verwaltungs*kooperationsorganisation* identifiziert werden. Organisationsprinzipien und -instrumente, die im einzelstaatlichen Kontext der demokratischen Legitimation der Verwaltung dienen – wie die parlamentarische Verantwortung der Exekutive und die Verwaltungshierarchie –, können strukturell für den europäischen Verwaltungsverbund und die Netzwerke nicht allgemein übernommen werden, so dass entweder ein Bedarf an *funktionalen Äquivalenten* entsteht oder von alternativen demokratietheoretischen Verständnissen ausgegangen werden muss. Letztere, in der Literatur meist vertretene[6] Option stößt allerdings an die normativen Grenzen, die vom europäischen Verfassungsverbund als wechselseitiger Auffangordnung[7] gezogen werden: Europäisches Verfassungsrecht besteht aus unionalem Primärrecht *und* mitgliedstaatlichen Verfassungen, so dass Verfassungsprinzipien, erstens, inhaltlich beiderseits mitbestimmt werden und dabei, zweitens, allenfalls das dem mitgliedstaatlichen Teilverfassungsrecht *Gemeinsame* als äußere normative Schranke haben. Für das Demokratieprinzip des Verfassungsverbundes folgt daraus ebenfalls als Minimalerfordernis eine Orientierung an dem den mitgliedstaatlichen Verfassungen *Gemeinsamen*: Zwar können staatliche Demokratiekonzepte nicht pauschal auf die Verbundstrukturen der EU übertragen werden, ihre Arbeitsweise beruht jedoch „auf der repräsentativen Demokratie"[8].

Für die Frage der demokratischen Legitimation von Netzwerken werden durch die Normstruktur der Demokratie als Rechts*prinzip* rechtsdogmatisch Flexibilitätsmöglichkeiten eröffnet[9], die eine Anpassung an deren spezifische Anforderungen erleichtert. Dennoch besteht ein Rahmen normativ unüberwindbarer Kategorien – wie insbesondere die zentrale Unterscheidung zwischen demokratischem

---

[5] Es lässt sich eine weitgehende „Heterogenität der Demokratiebegriffe" beobachten, s. *P. M. Huber*, Demokratie in Europa – Zusammenfassung und Ausblick, in: H. Bauer/ders./ K.-P. Sommermann (Hrsg.), Demokratie in Europa, 2005, 491 (492 f.).

[6] Zentral bei neuen demokratietheoretischen Ansätzen ist die Ergänzung klassischer Input-orientierter demokratischer Legitimation durch sog. Output, s. exemplarisch *H.-H. Trute*, Die demokratische Legitimation der Verwaltung, in: W. Hoffmann-Riem/E. Schmidt-Aßmann/ A. Voßkuhle (Hrsg.), GVwR I, ²2012, § 6, Rn. 53.

[7] Grundlegend *P. M. Huber*, Europäisches und nationales Verfassungsrecht, VVDStRL 60 (2001), 194 (208 f.).

[8] Art. 10 Abs. 1 EUV.

[9] Zur Flexibilität des grundgesetzlichen Demokratieprinzips als Folge seiner rechtstheoretischen Normstruktur als Rechts*prinzip* s. *S. Unger*, Das Verfassungsprinzip der Demokratie, 2008.

Legitimationssubjekt und -objekt und das Erfordernis umfassender demokratischer Verantwortlichkeit des öffentlichen Handelns –, innerhalb deren sich auch die demokratische Legitimation der Netzwerke zu entwickeln hat. Als zentrales Legitimationsproblem tritt die strukturelle Polyzentralität des Verwaltungshandelns innerhalb der Netzwerke auf, welche deren demokratische Verantwortungsklarheit[10] hindert; dabei erweist sich auch die Ausgestaltung der Verwaltungs*koordination* aufgrund der dadurch bewirkten faktischen Zentralisierung der Entscheidungsfindung zwar als polyzentralitätsrelativierend, jedoch als ebenfalls nicht ausreichend demokratie- und legitimationssichernd: die faktische Machtverlagerung auf die unionale Ebene wird nicht durch eine entsprechende demokratische Legitimationserhöhung abgestützt, schwächt den Legitimationsbeitrag mitgliedstaatlicher Parlamente und verschiebt die gewaltenteiligen Verhältnisse zugunsten der Exekutive. Eine Reihe demokratietheoretischer Alternativen sehen in dieser Entwicklung kein Demokratiedefizit per se – unter der Voraussetzung, dass die administrative „Gemeinwohlverwirklichung" effektiv ist[11]. So muss untersucht werden, ob der normative Inhalt von Demokratie mit derartigen Vorstellungen zu vereinbaren ist oder, ob es vielmehr erforderlich ist, die demokratische Legitimationsfrage an der Effektivität der Mitbestimmungsmöglichkeiten des demokratischen Legitimationssubjekts bei der Herrschaftsausübung zu messen. Die Flexibilität des Demokratieprinzips erlaubt auch, sich darüber Gedanken zu machen, ob die klassischen, im Kontext der Netzwerke defizitären Mitbestimmungsmöglichkeiten durch rechtstaatlich veranlagte *funktionale Äquivalente* ergänzt werden können. Im Hinblick darauf zielt die nachfolgende Untersuchung auf die Entwicklung eines Modells einer demokratischen Legitimationsverstärkung durch gerichtlichen Individualrechtsschutz.

II. Demokratieprinzip und Verwaltungslegitimation

1. Verwaltungslegitimation im Verfassungsstaat

a) Legitimation durch Demokratie

aa) Legitimationserfordernis von Hoheitsgewalt: Freiheit, Souveränität, Demokratie

Hoheitsgewalt wird seit der politischen Moderne im Verfassungsstaat als grundsätzlich rechtfertigungsbedürftig angesehen. Nach der liberalen Locke'schen und Kantischen Konzeption sind aus staatsphilosophischer Sicht Menschen „von Na-

---

[10] Zur verfassungsrechtlichen Bedeutung der Verantwortungsklarheit im Verwaltungsverbund s. *E. Schmidt-Aßmann*, Das allgemeine Verwaltungsrecht als Ordnungsidee, ²2006, 7. Kap., Rn. 38 f.

[11] Zur sog. Output-Legitimation der komplexen Demokratietheorie siehe C. IV. 1. a) (195 f.).

tur aus frei“[12], so dass einerseits privates Handeln grundsätzlich legitim ist und andererseits die Herrschaftsunterwerfung bzw. die daraus folgende Hoheitsgewalt gegenüber freien Individuen einem umfassenden Legitimationserfordernis unterliegen. Dies wird auf verfassungsrechtlicher Ebene durch ein *Verteilungsprinzip* ausgedrückt, wonach die Freiheit des Einzelnen als prinzipiell umfassend und unbegrenzt gilt, die Machtbefugnis des Staats dagegen als prinzipiell begrenzt und unter Rechtfertigungszwang stehend[13].

Zu unterscheiden ist zwischen der Legitimation von Herrschafts*begründung* und Herrschaftsgewalt*ausübung*. Die Herrschaftsbegründung ist historisch mit der Staatsbildung verknüpft, hat sich als Unabhängigkeitsstrebung von anderen Dominanzansprüchen mit dem Ziel der Friedenssicherung herausgebildet und leitete letztlich durch den Hobbes'schen Staatsbegriff sowie den Souveränitätsbegriff Bodins die Anfänge der Staatstheorie ein[14]. Die moderne Staatsidee besteht in der Vorstellung eines „Zusammenschlusses freier Individuen zu einer kollektiven Handlungseinheit“[15], welche entsprechend holistische Herrschaftsansprüche mit sich bringt. Diese Souveränität ist in äußere und innere zu unterscheiden: die äußere indiziert die Unabhängigkeit von staatsexternen Gewalten, die innere bezieht sich auf die Herrschaftsbegründung und bedeutet hauptsächlich die Supre-

---

[12] *J. Locke*, Zweite Abhandlung über die Regierung. Über den wahren Ursprung, die Reichweite und den Zweck der staatlichen Regierung (1689), 2007, 2. Kap., § 4, 13: „Um politische Gewalt richtig zu verstehen und sie von ihrem Ursprung abzuleiten, müssen wir erwägen, in welchem Zustand sich die Menschen von Natur aus befinden. Es ist ein Zustand *vollkommener Freiheit*, innerhalb der Grenzen des Gesetzes der Natur ihre Handlungen zu regeln und über ihren Besitz und ihre Persönlichkeit so zu verfügen, wie es ihnen am besten scheint, ohne dabei jemanden um Erlaubnis zu bitten oder vom Willen eines anderen abhängig zu sein“. Dazu, dass der Gedanke, dass „alles erlaubt ist, was nicht explizit verboten ist“, in der Mitte des Legitimationserfordernisses von Herrschaft liegt, s. *J. Habermas*, Zur Legitimation durch Menschenrechte, in: *ders.*, Die postnationale Konstellation, 1998, 170 (171). Im Ergebnis und den legitimatorischen Konsequenzen anders *T. Hobbes*, Leviathan (1651), 1970, 190: „Es besteht daher die bürgerliche Freiheit nur in den Handlungen, welche der Gesetzgeber in seinen Gesetzen übertragen hat“.

[13] Grundlegend für die Kategorie dieses Verteilungsprinzips *C. Schmitt*, Verfassungslehre, ^{10}2010, § 12, Abs. 4 f., 126 f.: „aus der Grundidee der bürgerlichen Freiheit“ ergibt sich ein „Verteilungsprinzip“, wonach „die Freiheitssphäre des Einzelnen [...] als etwas vor dem Staat Gegebenes vorausgesetzt [wird], und zwar ist die Freiheit des Einzelnen *prinzipiell unbegrenzt*, während die Befugnis des Staates zu Eingriffen in diese Sphäre *prinzipiell begrenzt* ist“. Zur Rezeption als rechtstaatliches Verteilungsprinzip *J. Isensee*, Staat und Verfassung, in: ders./P. Kirchhof (Hrsg.), HStR II, ^{3}2004, § 15, Rn. 174, *P. M. Huber*, Die Renaissance des Staates, in: C. Calliess/ K.-H. Paqué, Deutschland in der Europäischen Union im kommenden Jahrzehnt, 2010, 25 (30), *ders.*, Grundzüge des Verwaltungsrechts in Europa – Problemaufriss und Synthese, in: A. v. Bogdandy/S. Cassese/ders. (Hrsg.), IPE V, 2014, § 73, Rn. 227. Zum rechtstaatlichen Verteilungsprinzip als eine der wesentlichsten „Erfindungen“ des Liberalismus auf dem Gebiet des Verfassungsrechts *I. Augsberg*, Erläuterungen, in: ders./S. Unger (Hrsg.), Basistexte: Grundrechtstheorie, 2012, 158 f.

[14] *U. Di Fabio*, Das Recht offener Staaten, 1998, 16 f., *U. Schliesky*, Souveränität und Legitimität von Herrschaftsgewalt, 2004, 51 f., 73 f.

[15] *U. Di Fabio*, Der neue Art. 23 des Grundgesetzes, Der Staat 32 (1993), 191 (200).

matie der Staatsgewalt und ihre Kompetenz-Kompetenz[16]. Im durch die „wechselseitige Bedingtheit von Staat und Verfassung“[17] gekennzeichneten Verfassungsstaat ist derjenige der Souverän, der „die Macht hat, eine Verfassung in Kraft zu setzen“[18] und damit als pouvoir constituant[19] über die verfassungsgebende und (staats-)herrschaftsbegründende Gewalt verfügt. Nach dem von Althusius stammenden und durch Rousseau verfestigten Gedanken der Volkssouveränität[20] verfügt das beherrschte Volk selbst über die verfassungsgebende Gewalt und legitimiert als Quelle der Verfassungsgebung die Herrschaftsbegründung; „Alle Staatsgewalt geht vom Volke aus“[21].

Eine andere Frage ist jene der Legitimation der *Ausübung* der verfassten Gewalt als pouvoir constitué: Hier handelt es sich nicht um die rechtliche Begründung der (Staats-)Gewalt, sondern um die Legitimation ihrer Ausübung im Sinne ihrer inhaltlichen Ausfüllung und personellen Besetzung. In modernen Verfassungen tritt dafür neben die freiheitssichernden Grundrechte und im Anschluss an das Prinzip der Volkssouveränität die Demokratie als Herrschaftsausübungs-, Organisations-[22] und Legitimationsform, so dass sich die Legitimität politischer Ordnungen „heute nurmehr demokratisch vermitteln lässt“[23]. Demokratische Legitimation der Herrschaftsausübung wird dadurch ermöglicht, dass das beherrschte Volk nicht nur als Herrschaftsquelle selbst herrscht, sondern als „Demos“ zugleich auch selbst regiert[24]. Genau diese Säkularisierung[25] und kreisförmige Struktur der Herrschaftsgewaltausübung erzeugen Legitimität: „Nur Selbst-

[16] Zum heutigen Souveränitätsverständnis, der Differenzierung in innere und äußere Souveränität sowie dem Begriffsmerkmal der Suprematie von Staatsgewalt s. *U. Schliesky*, Souveränität und Legitimität von Herrschaftsgewalt, 2004, 57 f., 123 f., 143.

[17] *J. Isensee*, Staat und Verfassung, in: ders./P. Kirchhof (Hrsg.), HStR II, ³2004, § 15, Rn. 1–5.

[18] *H. P. Schneider*, Die verfassungsgebende Gewalt, in: J. Isensee/P. Kirchhof (Hrsg.), HStR VII, 1992, § 158, Rn. 1.

[19] Die Unterscheidung zwischen pouvoir constituant und pouvoir constitué geht zurück auf *E.-J. Sieyès*, Was ist der Dritte Stand?, 1924, 93: „Für keinen von beiden Teilen ist die Verfassung das Werk der konstituierten Gewalt, sondern der konstituierenden Gewalt“.

[20] *H. P. Schneider*, Die verfassungsgebende Gewalt, in: J. Isensee/P. Kirchhof (Hrsg.), HStR VII, 1992, § 158, Rn. 9.

[21] Art. 20 Abs. 2 S. 1 GG; ähnlich Art. 2 S. 5 Fr.Verf., Art. 1 Abs. 3 Gr.Verf.

[22] *U. Schliesky*, Souveränität und Legitimität von Herrschaftsgewalt, 2004, 542, *W. Thieme*, Demokratie – Ein Staatsziel im Wandel der gelebten Verfassung, DÖV 1998, 751 (757).

[23] *P. M. Huber*, Europäisches und nationales Verfassungsrecht, VVDStRL 60 (2001), 194 (206). Vgl. *J. H. H. Weiler*, The Transformation of Europe, YLJ 100 (1991), 2403 (2468): „A Western institution or system satifies formal legitimacy if its power structure was created through democratic processes“.

[24] *E.-W. Böckenförde*, Demokratie als Verfassungsprinzip, in: J. Isensee/P. Kirchhof (Hrsg.), HStR II, ³2004, § 24, Rn. 8. Dies entspricht auch dem klassischen antiken Verständnis der Demokratie als Entscheidung darüber, wer die Hoheitsgewalt *ausübt*, s. *Thucydides*, Epitaphios, 2.37.1: „διὰ τὸ μὴ ἐς ὀλίγους ἀλλ᾽ ἐς πλείονας *οἰκεῖν*“ (weil die Herrschaftsausübung nicht in die Hände Weniger, sondern der Mehrheit gegeben ist [Übersetz. des *Verf.*]).

[25] Demokratietheoretisch *M. G. Schmidt*, Demokratietheorien, ⁵2010, 20: „Im Kern nach ist die Demokratie eine Herrschaft, die im Zeichen einer säkularisierten Ordnung seht“.

verpflichtung, nicht aber Fremdverpflichtung, kann Geltung beanspruchen", so dass „Herrschaft sich nur rechtfertigen lässt, wenn sie Herrschaft Beherrschter ist oder sich als solche darstellen lässt"[26]. Die genaue rechtliche Ausgestaltung der Demokratie und die daraus folgenden Vorgaben für die Ausübung und Organisation der Staatsgewalt lassen sich ausschließlich aus der jeweiligen Verfassung ableiten, so dass sich im verfassungsrechtsvergleichenden Kontext eine Heterogenität von Demokratiebegriffen feststellen lässt[27]. Um jedoch dem grundsätzlichen Legitimationserfordernis von Hoheitsgewalt zu entsprechen und ihre Legitimationsfunktion wahrnehmen zu können, hat sich verfasste Demokratie inhaltlich und funktional grundsätzlich am *rechtsstaatlichen Verteilungsprinzip* zu orientieren: Dies manifestiert sie grundsätzlich als freiheitlich-egalitäre Demokratie und unterscheidet sie wegen ihres zugrundeliegenden Freiheitsideals sowohl von der antiken Demokratiekonzeption[28] als auch von freiheitsausschließenden kommunistisch-volks„demokratischen" Regierungsformen[29].

bb) Kategoriale Unterscheidung zwischen Souveränität und Demokratie

Aus diesen Ausführungen lässt sich eine kategoriale Unterscheidung[30] zwischen Souveränität und Demokratie feststellen: Erstere bezieht sich auf die Frage des Souveräns als Inhabers der verfassungsgebenden Gewalt, letztere als Regierungsform auf die Frage des Subjekts der Ausübung verfasster Gewalt. Zwar wird im verfassungsstaatlichen Kontext eine Symbiose von Volkssouveränität und Demokratie durch das Zusammenfallen von Souverän und demokratischem Legitimationssubjekt in der Kategorie *Volk* beobachtet, die beiden Begriffe haben jedoch konzeptionell unterschiedliche Fragerichtungen: die Gewalt „quellt" „im Volk" und wird „vom Volk" ausgeübt. Die Unterscheidung ist umstritten und wird im verfassungsstaatlichen Rahmen auch teilweise abgelehnt: Staatsbegriff, Souverä-

[26] *C. Möllers*, Der parlamentarische Bundesstaat – Das vergessene Spannungsverhältnis von Parlament, Demokratie und Bundesstaat, in: J. Aulehner u. a. (Hrsg.), Föderalismus – Auflösung oder Zukunft der Staatlichkeit?, 1997, 81 (97).

[27] *P. M. Huber*, Demokratie in Europa – Zusammenfassung und Ausblick, in: H. Bauer/ders./K.-P. Sommermann (Hrsg.), Demokratie in Europa, 2005, 491 (492 f.).

[28] Zu den Unterschieden zwischen dem heutigen freiheitlichen, aus der Aufklärung entstandenen Demokratieverständniss und dem ursprünglichen antiken s. *E.-W. Böckenförde*, Geschichte der Rechts- und Staatsphilosophie, ²2006, § 2, Rn. 3, 29 f.: Freiheit als „politischer Begriff, von vornherein dem Bürgersein zu- und untergeordnet". Demos ist dabei der Bedeutung des Wortes nach und zeitgemäß zu Entstehung des Begriffes „Demokratie" zu verstehen, nämlich als die Summe aller Bürger mit vollen Bürgerrechten; diese hatten alle ein Teilnahmerecht an der 594 v. Chr. von Solon errichteten Bürgerversammlung (ἐκκλησία) sowie gleiches Sprach- (ισηγορία) und Wahlrecht.

[29] *J. Nida-Rümelin*, Demokratie und Wahrheit, 2006, 123 f.: „Gleichheit ohne Freiheit: Kommunismus".

[30] Zur Unterscheidung zwischen Souveränität und Demokratie, s. *C. Möllers*, Multi-Level Democracy, Ratio Juris 24 (2011), 247 (263), *H.-D. Horn*, Demokratie, in: O. Depenheuer/ C. Grabenwarter (Hrsg.), Verfassungstheorie, 2010, § 22, Rn. 30 f., 38 f.

nität und Demokratieprinzip seien eine untrennbare Einheit[31]. Diese Zweifel dürften sich spätestens durch die europäische Integration relativiert haben: Denn die Europäische Union verfügt zwar selbst als Staatenverbund über keine verfassungsgebende Gewalt[32] und kann wegen des mitgliedstaatlichen Austrittsrechts und des Prinzips der begrenzten Einzelermächtigung keine Kompetenz-Kompetenz[33] und somit keine eigene Souveränität haben, ihre Arbeitsweise soll aber auf dem Grundsatz der repräsentativen Demokratie beruhen[34]. Volkssouveränität als Quelle der mitgliedstaatlichen Herrschaftsgewalt und Demokratie als Herrschaftsausübungsform fallen im postnationalen Zeitalter zunächst[35] auseinander, so dass sowohl Volkssouveränität ohne Demokratie als auch Demokratie ohne Volkssouveränität denkbar sind.

Dennoch bleibt die Souveränitätsfrage auch im Zuge der europäischen Integration nicht bedeutungslos: Da sich die Souveränität im Kontext der legitimationsbedürftigen Begründung der Herrschaftsgewalt entfaltet, wirkt sie sich als Geltungsgrund des Rechts aus. Für die Legitimation des Unionsrechts bedeutet das, dass der Geltungsgrund des Unionsrechts im Anwendungsbefehl der Verfassungen souveräner Mitgliedstaaten zu sehen ist, die sich dadurch öffnen und den von der EuGH-Rechtsprechung geforderten Vorrang des Unionsrechts als Anwendungsvorrang selbst einräumen[36]. Die (verbindliche) Geltung des Unionsrechts beruht somit auf der Souveränität der Mitgliedstaaten und seine demokratische Legitimation auf der Einhaltung der Vorgaben des Demokratieprinzips im Rahmen des europäischen Verfassungsverbundes.

---

31 *U. Di Fabio*, Der neue Art. 23 des Grundgesetzes, Der Staat 32 (1993), 191 (201).

32 *C. Möllers*, Verfassunggebende Gewalt – Verfassung – Konstitutionalisierung, in: A. v. Bogdandy/J. Bast (Hrsg.), Europäisches Verfassungsrecht, ²2009, 227 (251).

33 Die Souveränität wird im Hinblick auf die Staatssouveränität als Kompetenz-Kompetenz i. S. der Ausschließlichkeit der Zuständigkeit der Staatsgewalt und als „virtuelle Allzuständigkeit des Staates" begriffen, s. *U. Schliesky*, Souveränität und Legitimität von Herrschaftsgewalt, 2004, 130, *H. Krüger*, Allgemeine Staatslehre, 1964, 759. Zur klassischen Entwicklung des Souveränitätsgedankens und den Beiträgen Bodins und Hegels s. *A. Randelshofer*, Staatsgewalt und Souveränität, in: J. Isensee/P. Kirchhof (Hrsg.), HStR II, 2004, § 17, Rn. 13 ff.

34 Die Tatsache, dass gem. Art. 10 EUV die Arbeitsweise und nicht die Entstehung oder die Herrschaftsquelle der Europäischen Union auf dem Grundsatz der repräsentativen Demokratie beruht, lässt diesen Unterschied der Demokratie als herrschafts*ausübungs*relevanter Organisationsform erkennen und die Trennungslinie zur Volkssouveränität ziehen. Auch das Grundgesetz erkennt die grundsätzliche Demokratiefähigkeit der Europäischen Union durch die demokratische Struktursicherungsklausel des Art. 23 Abs. 1 GG an.

35 Kontrovers diskutiert wird an dieser Stelle die Frage, ob Souveränität teilbar ist, s. zu Diskussionsüberblick und Argumenten *S. Oeter,* Souveränität und Demokratie als Probleme in der „Verfassungsentwicklung" der Europäischen Union, ZaöRV 55 (1995), 659 (667 f.), *S. Haack,* Verlust der Staatlichkeit, 2007, 109 f.

36 Dazu C.II.2.a) (60 f.). Dass die EU über keine eigene Souveränität verfügt, ist nicht nur wegen ihrer Errichtung durch die Mitgliedstaaten zu erklären, sondern auch dadurch, dass mittlerweile ein explizites Austrittsrecht der Mitgliedstaaten gem. Art. 50 Abs. 1 EUV vorgesehen ist.

cc) Demokratische Verwaltungslegitimation als (Verfassungs-)Rechtsfrage

Aus dem rechtstaatlichen Verteilungsprinzip und dem Legitimationserfordernis der gesamten Herrschaftsgewaltausübung lässt sich in demokratischen Verfassungsordnungen auch die Erforderlichkeit der Legitimation des *Verwaltungs*handelns als zentralem Bestandteil der öffentlichen Gewalt ableiten: Verwaltung lässt sich nach klassischem Verständnis negativ[37] als der in der Gewaltengliederung neben Rechtsetzung und Rechtsprechung stehende Teil der öffentlichen Gewalt definieren und ist üblicherweise mit dem Vollzug des gesetzten Rechts gegenüber der Gesellschaft freier Individuen befugt. Dass es sich dabei nicht lediglich um einen bloßen Vollzug, sondern auch um eine zunehmend eigenständige Tätigkeit handelt[38], intensiviert sogar ihr Legitimationserfordernis und erhöht seine Bedeutung. Wichtig ist, dass es dabei um eine *Rechts*frage geht: Das Demokratieprinzip und seine konkreten Vorgaben für die Legitimation der Hoheitsgewalt allgemein und besonders der Verwaltung dürfen nicht unmittelbar ideell-staatstheoretisch behandelt werden, sondern ergeben sich rechtsnormativ nach den Festlegungen einer bestimmten Verfassungsordnung[39]. Demokratie als Verfassungs- und somit *Rechts*prinzip setzt philosophischen Überlegungen und Konzepten Grenzen[40] und ist nicht als bloße Konsequenz eines bestimmten „vorverfassungsrechtlichen Gesamtbildes"[41] anzusehen. Methodisch ist deswegen auch in Bezug auf die demokratische Verwaltungslegitimation eine rechtsdogmatische Vorgehensweise geboten, die sich an den Grundlagen des positiven Verfassungsrechts orientiert[42]; dass die konkreten positiv-rechtlichen Vorgaben häufig und besonders im europaverfassungsrechtlichen Kontext nicht ohne Weiteres ersichtlich und deswegen erst herauszuarbeiten sind, ist nicht ein gegen die Anwendung von Dogmatik sprechendes Hindernis, sondern vielmehr ein von ihr – gegebenenfalls auch durch Rückgriff auf interdisziplinäre Analysewerkzeuge – zu bewältigendes.

---

[37] *O. Mayer*, Deutsches Verwaltungsrecht I (^{3}1924), 2004, 7: „Deshalb ist der Begriff der Verwaltung nur verneinend zu bestimmen: als Tätigkeit des Staates, die nicht Gesetzgebung oder Justiz ist". Zu Aktualität und Problemen dieser Subtraktionsdefinition s. *P. M. Huber*, Allgemeines Verwaltungsrecht, ^{2}1997, 14.

[38] Zur Eigenständigkeit der Verwaltung s. *E. Schmidt-Aßmann*, Das allgemeine Verwaltungsrecht als Ordnungsidee, ^{2}2006, 4/1 f., *W. Hoffmann-Riem*, Eigenständigkeit der Verwaltung, in: ders./E. Schmidt-Aßmann/A. Voßkuhle (Hrsg.), GVwR I, ^{2}2012, § 10.

[39] *E. Schmidt-Aßmann*, Verwaltungslegitimation als Rechtsbegriff, AöR 116 (1991), 329 (331).

[40] Zur allgemeinen Erkenntnis des pragmatischen Vorrangs verfasster freiheitlicher Demokratie gegenüber der Philosophie als wissenschaftlicher Disziplin mit dem Anspruch allgemeingültiger Aussagen s. *R. Rorty*, The Priority of Democracy to Philosophy, in: M. Peterson/ R. Vaughan (Hrsg.), The Virginia Statute for Religious Freedom, 1988, 257 f.

[41] Zum Begriff *D. Jesch*, Gesetz und Verwaltung, 1961, 73.

[42] Dazu allgemein *C. Möllers*, Methoden, in: W. Hoffmann-Riem/E. Schmidt-Aßmann/ A. Voß-kuhle (Hrsg.), GVwR I, ^{2}2012, § 3, Rn. 35, *W. Brohm*, Die Dogmatik des Verwaltungsrechts, VVDStRL 30 (1972), 245 (246).

b) Demokratische Verwaltungslegitimation durch Verantwortlichkeit

aa) Dogmatik demokratischer Verwaltungslegitimation

(1) Legitimationsmodi

Im deutschen öffentlichen Recht ist die demokratische Verwaltungslegitimation als dogmatische Struktur gründlich aufgearbeitet worden[43]. Man unterscheidet zwischen den unterschiedlichen Legitimationsmodi der institutionell-funktionellen, der organisatorisch-personellen und der materiell-inhaltlichen Legitimation. Die institutionell-funktionelle Legitimation ergibt sich verfassungsrechtlich aus der Gewaltenteilung und garantiert die Existenz, Eigenständigkeit und Leistungsfähigkeit der exekutiven Gewalt, die organisatorisch-personelle Legitimation hat den einzelnen Amtswalter im Zentrum stehen und stellt das Element der Lückenlosigkeit der Legitimationskette durch die Kombination der individuellen Berufung und der Zuweisung eines bestimmten Funktionsbereichs her, und die materiell-inhaltliche Legitimation ist auf die inhaltliche Bindung der Verwaltung gerichtet[44]; diese ergibt sich dadurch, dass die vollziehende Gewalt in erster Linie als gesetzesakzessorische Verwaltung den Vollzug von Parlamentsgesetzen vornimmt und an Recht und Gesetz gebunden ist. Die drei Legitimationsmodi sind bausteinartig zu erfassen, so dass ihr Zusammenwirken das erforderliche hinreichende Legitimationsniveau herzustellen vermag[45].

(2) Demokratische Verwaltungsverantwortlichkeit durch Linearität

Dieses klassische Verwaltungslegitimationsmodell ist durch seine *Linearität*[46] gekennzeichnet, da das Volk als demokratisches Legitimationssubjekt das Parlament wählt, welches wiederum als „Mitte der Demokratie"[47] eine doppelte Funktion wahrnimmt: Es erlässt die von der Verwaltung zu vollziehenden Gesetze und kontrolliert die Regierung, welche sowohl Gubernative als auch Exekutive und

[43] Grundlegend *E. Schmidt-Aßmann*, Verwaltungslegitimation als Rechtsbegriff, AöR 116 (1991), 329 f., *ders.*, Verfassungsprinzipien für den Europäischen Verwaltungsverbund, in: W. Hoffmann-Riem/ders./A. Voßkuhle (Hrsg.), GVwR I, ^{2}2012, § 5, *H.-H. Trute*, Die demokratische Legitimation der Verwaltung, in: W. Hoffmann-Riem/E. Schmidt-Aßmann/A. Voßkuhle (Hrsg.), GVwR I, ^{2}2012, § 6.

[44] *H.-H. Trute*, Die demokratische Legitimation der Verwaltung, in: W. Hoffmann-Riem/E. Schmidt-Aßmann/A. Voßkuhle (Hrsg.), GVwR I, 2006, § 6, Rn. 7–13.

[45] *E. Schmidt-Aßmann*, Verwaltungslegitimation als Rechtsbegriff, AöR 116 (1991), 329 (366 f.).

[46] Zur Linearität als Charakteristikum des hier beschriebenen Legitimationsmodells s. *W. Hoffmann-Riem*, Gesetz und Gesetzesvorbehalt im Umbruch, AöR 130 (2005), 5 (66 f.). Zum Linienmodell als verwaltungsorganisatorisches Grundmodell in den europäischen Rechtsordnungen s. *P. M. Huber*, Grundzüge des Verwaltungsrechts in Europa – Problemaufriss und Synthese, in: A. v. Bogdandy/S. Cassese/P. M. Huber (Hrsg.), IPE V, 2014, § 73, Rn. 57–59.

[47] *P. Kirchhof*, Das Parlament als Mitte der Demokratie, in: M. Brenner/P. M. Huber/M. Möstl (Hrsg.), Der Staat des Grundgesetzes – Kontinuität und Wandel, FS P. Badura, 2004, 237 f.

Spitze des Verwaltungsapparates ist. Dadurch lässt sich ein Modell einer ununterbrochenen Legitimationskette[48] erkennen: Sie verläuft vom Volk als demokratischem Legitimationssubjekt über das Parlament und die Regierung bis zum Amtswalter, der dem Volk bzw. einzelnen Individuen gegenüber das gesetzte Recht vollzieht. Die Linearität der Legitimationskette garantiert somit die praktische Umsetzung der demokratisch geforderten Kreisförmigkeit der Herrschaftsausübung. Als Verbindungsringe der einzelnen Kettenglieder kommt jeweils ein Verantwortungsverhältnis in Betracht: das Parlament als Volksvertretung ist gegenüber dem Volk verantwortlich, welches seine Vertreter periodisch abwählen kann; die Regierung als Exekutivspitze ist gegenüber dem Parlament verantwortlich, welches sie kontrolliert und absetzen kann; die Verwaltung ist schließlich gegenüber den vorgesetzten Ministern verantwortlich, deren Weisungen sie zu folgen hat.

bb) Voraussetzung: Hierarchie als Organisationsstruktur

Die Erfüllung der Legitimationsfunktion des Kettenmodells setzt *Hierarchie*[49] bzw. die hierarchische Organisation der Verwaltung voraus: Da gegenüber dem unmittelbar demokratisch legitimierten Parlament die Regierung bzw. die Minister verantwortlich sind und deswegen das gesamte Verwaltungshandeln demokratisch von ihnen zu verantworten ist, ist es erforderlich, dass ihnen verwaltungsorganisatorisch die „Kontrollierbarkeit und Dirigierbarkeit"[50] des Verwaltungsapparates ermöglicht wird. Durch die hierarchische Verwaltungsorganisation, welche ohnehin den gemeinsamen Kern der zwei wichtigsten Verwaltungsmodel-

[48] Zum Kettengedanken *E.-W. Böckenförde*, Demokratische Willensbildung und Repräsentation, in: J. Isensee/P. Kirchhof (Hrsg.), HStR III, ³2005, § 34, Rn. 17, *C. Starck*, Grundrechtliche und demokratische Freiheitsidee, in: J. Isensee/P. Kirchhof (Hrsg.), HStR III ³2005, § 33, Rn. 33. In der englischsprachigen Literatur bildlich identisch als „single chain of delegation" beschrieben, s. *D. Curtin*, Executive Power of the European Union, 2009, 248. Das Legitimationskettenmodell liegt der Rechtsprechung des Bundesverfassungsgerichts zugrunde, s. nur BVerfGE 47, 253 – Gemeindeparlamente, BVerfGE 77, 1 – Neue Heimat, BVerfGE 83, 60 – Ausländerwahlrecht II, BVerfGE 93, 37 – Mitbestimmungsgesetz Schleswig-Holstein.

[49] Von gr. ἱεραρχία, aus ἱερός, „heilig" und ἀρχή, „Herrschaft", erstmals begrifflich eingesetzt vom neoplatonischen und christlichen Philosophen Pseudo-Dionysius Areopagita im Sammelwerk „Περί της ουρανίου ιεραρχίας" („Über die himmlische Hierarchie"), um die christliche himmlische Ordnung als eine in neun über- und untergeordnete Ränge aufgeteilte Ordnung zu beschreiben, s. dazu *K. Corrigan/L. M. Harrington*, „Pseudo-Dionysius the Areopagite", in: E. N. Zalta (Hrsg.), The Stanford Encyclopedia of Philosophy 2015, auch online abrufbar unter plato.stanford.edu.

[50] Grundlegend zur Verwaltungshierarchie mit Weisungsgebundenheit und Gehorsamspflicht als Folge und Bedingung parlamentarischer Demokratie *H. Dreier*, Hierarchische Verwaltung im demokratischen Staat, 1991, 135 f., *ders.*, Die drei Staatsgewalten im Zeichen von Europäisierung und Privatisierung, DÖV 2002, 537 (538). In diesem Sinne auch *U. Di Fabio*, Das Recht offener Staaten, 1998, 127: „Politische Steuerung und parlamentarische Verantwortung setzen aber letztlich hierarchische Kontrolle und Konsistenz der öffentlichen Gewaltausübung voraus".

le Kontinentaleuropas bildet, d. h. des napoleonischen und der Bürokratie Max Webers[51], ist dies erreichbar: Die Verwaltung ist als ein System der Über- und Unterordnung aufgebaut, in dem der Minister an oberster Stelle mit Aufsichtsrechten und einer grundsätzlich unbeschränkten Weisungs- und Durchgriffsmacht steht. Dabei handelt es sich freilich um einen *normativen Verantwortungszusammenhang*, der sich auf rechtliche Mittel beschränkt: Die Frage, ob sich Beamte auch tatsächlich an Weisungen halten, ist für die demokratische Legitimation unerheblich[52]. Letztlich stellt das Hierarchieprinzip keinen demokratischen Selbstzweck dar, sondern ermöglicht die Herstellung demokratischer Verwaltungslegitimation im linearen Kettenmodell: Durch die hierarchische Verwaltungsorganisation lässt sich ein *administrativer Verantwortungssammelpunkt* auf der direkt vom Parlament kontrollierbaren Minister- bzw. Regierungsebene bilden, so dass sich der Kreis zwischen Volk als gesellschaftlichem Ausgangspunkt und Parlament als staatlichem Sammelpunkt demokratischer Legitimation schließen lässt[53]. Daraus lässt sich auch die für das klassische Modell untergeordnete Bedeutung inneradministrativer *Transparenz* erklären, da durch den umfangreichen administrativen Verantwortungssammelpunkt auf der Ministerebene die genaue Ersichtlichkeit des Verwaltungshandelns innerhalb des Verwaltungsapparates als überflüssig erscheinen kann[54].

cc) Konsequenz: Verbot der Mischverwaltung

In einzelstaatlichen Mehrebenensystemen ergibt sich als Konsequenz der Linearität und als Funktionsvoraussetzung des Kettenmodells ein Verbot der sog. Mischverwaltung, wonach die Verwaltungsapparate der unterschiedlichen Ebenen bei der Erledigung von Verwaltungsaufgaben grundsätzlich getrennt voneinander zu handeln haben und nicht zusammenwirken dürfen[55]. Nur dadurch kann die Zurechnung des Verwaltungshandelns an bestimmte Minister und deren Verantwortlichkeit gegenüber dem demokratischen Legitimationssubjekt der jeweiligen Ebene sichergestellt werden: das Zusammenwirken von Verwaltungsapparaten führt nämlich zu Kreuzungen der Legitimationsketten, welche sich als „Legi-

[51] *J. Ziller*, European Models of Government: Towards a Patchwork with Missing Pieces, Parliamentary Affairs 54 (2000), 102 (104), *C. Harlow*, Accountability in the European Union, 2002, 58.

[52] *C. Möllers*, Gewaltengliederung, 2005, 50.

[53] Zum Volk als gesellschaftlichem Ausgangspunkt und dem Parlament als staatlichem Sammelpunkt demokratischer Legitimation s. *S. Unger*, Das Verfassungsprinzip der Demokratie, 2008, 57 f., 62 f.

[54] Allgemein zur Beobachtung mangelnder Transparenz in hierarchischen Strukturen s. *K. H. Ladeur*, Europa kann nur als Netzwerk, nicht als „Superstaat" gedacht werden, in: C. Franzius/F. C. Mayer/J. Neyer (Hrsg.), Strukturfragen der Europäischen Union, 2010, 119 (132).

[55] So die Definition der Mischverwaltung bei *P. M. Huber*, Allgemeines Verwaltungsrecht, ^{2}1997, 65. Ferner *E. Pache*, Verantwortung und Effizienz in der Mehrebenenverwaltung, VVDStRL 66 (2007), 106 (125).

timationsstörung“[56] auswirken. Besonders prägnant lässt sich dies an der föderalen (Verwaltungs-)Organisationsstruktur der Vereinigten Staaten von Amerika erkennen, welche auf dem Konzept des sog. „dual federalism“[57] bzw. „dual sovereingnity“[58] beruht und eine absolute Trennung zwischen Bundes- und Gliedstaatenebene vorsieht: Bundesgesetze werden ausschließlich von Behörden der Bundesebene vollzogen, Landesgesetze nur von Landesbehörden. Letztlich können Behörden der Gliedstaaten Bundesrecht zwar anwenden, sind aber dazu nicht verpflichtet: die Bundesebene kann sie nicht dazu zwingen, sondern sie lediglich dazu „motivieren“.

Im exekutiv-föderalistischen Verwaltungsmodell des deutschen Staatsrechts ist die Trennung der Ebenen nicht so strikt ausgestaltet und durch ausdrückliche Kompetenzverteilungsnormen im Grundgesetz geregelt. Der Grundsatz richtet sich nach Art. 83 GG, wonach das gegenüber dem Landesrecht vorrangige[59] Bundesrecht von den Ländern „als eigene Angelegenheit“ vollzogen wird; sie bestimmen dabei grundsätzlich[60] selbst das Verwaltungsverfahren, der Einfluss der gesetzgebenden Bundesebene beschränkt sich lediglich auf die Rechtsaufsicht[61] und Einzelweisungen sind nur in besonderen Fällen gem. Art. 84 Abs. 5 GG zulässig. Als alternative Vollzugstypen sind ausschließlich die sog. Bundesauftragsverwaltung[62] und die bundeseigene Verwaltung[63] im Grundgesetz vorgesehen. Im Rahmen ersterer sind intensivere Einflussbefugnisse der gesetzgebenden Bundesebene festzustellen, da die Länder Bundesrecht nicht als „eigene Angelegenheit“, sondern im „Auftrage des Bundes“ vollziehen: Die Wahrnehmungskompetenz liegt in solchen Fällen zwar bei den Ländern, der Bund verfügt jedoch über erweiterte Steuerungsmöglichkeiten wegen seiner erhöhten Lenkungs- und Kontrollbefugnisse[64], nämlich einerseits durch den Erlass allgemeiner Verwaltungsvorschriften von der Bundesregierung und ihr personelles Mitbestimmungsrecht

---

[56] So die Bezeichnung der Unmöglichkeit oder der nicht zureichenden Möglichkeit von Verantwortungszurechnungen im Rahmen der Verwaltungslegitimation bei *H.-H. Trute*, Die demokratische Legitimation der Verwaltung, in: W. Hoffmann-Riem/E. Schmidt-Aßmann/A. Voßkuhle (Hrsg.), GVwR I, 2006, § 6, Rn. 57 ff. Allgemein zur demokratischen Relevanz des grundgesetzlichen Mischverwaltungsverbots s. *P. M. Huber*, Das Verbot der Mischverwaltung – de constitutione lata et ferenda, DÖV 2008, 844 f.

[57] *I. Pernice*, Kompetenzabgrenzung im Europäischen Verfassungsverbund, JZ 55 (2000), 866 (873).

[58] *R. Schütze*, From Rome to Lisbon: "Executive Federalism" in the (new) European Union, CMLR 47, 1385 (1389).

[59] Art. 31 GG.

[60] Gem. Art. 84 Abs. 1 S. 5 ff. GG werden Ausnahmefälle vorgesehen, in denen der Bund das Verwaltungsverfahren ohne Abweichungsmöglichkeit der Länder vorsehen kann.

[61] Art. 84 Abs. 3 S. 1 GG.

[62] Art. 85 GG.

[63] Art. 87 GG.

[64] *U. Mager*, Die europäische Verwaltung zwischen Hierarchie und Netzwerk, in: H.-H. Trute/T. Groß/H.-C. Röhl/C. Möllers (Hrsg.), Allgemeines Verwaltungsrecht – zur Tragfähigkeit eines Konzepts, 2008, 369 (388).

für die Leitung der Behörden gem. Art. 85 Abs. 2 und andererseits durch die Steuerung von Einzelfallentscheidungen durch ein umfassendes sachliches Weisungsrecht gem. Art. 85 Abs. 3 GG und die Erstreckung der Aufsicht auch auf die Zweckmäßigkeit der Gesetzesausführung gem. Art. 85 Abs. 4 GG.

Vom Grundgesetztext wird offen gelassen, ob der Vollzug des Bundesrechts auch als „gemeinsame" Angelegenheit von Bundes- und Länderverwaltung angesehen werden kann oder nicht. Dabei ist fraglich, ob auch Konstellationen zulässig sind, die sowohl keinen bundes- oder ländereigenen Vollzug vorsehen als auch nicht die Form der Bundesauftragsverwaltung einnehmen, sondern nach einem „kooperativ-föderalistischen" Modell in einer Kooperation von Bundes- und Landesverwaltung beim Vollzug des Bundesrechts bestehen. Diese Frage wurde über Jahrzehnte in der Rechtsprechung des Bundesverfassungsgerichts uneinheitlich beantwortet und hat zu unterschiedlichen Ansichten geführt, die von einer grundsätzlich zulässigen Kooperation der Verwaltungsebenen in den 90er Jahren[65] zum sog. Verbot der Mischverwaltung geführt haben: Danach sind Mischverwaltungskonstellationen außer den explizit im Grundgesetz vorgesehenen grundsätzlich unzulässig und nur in rechtfertigungsbedürftigen Ausnahmefällen verfassungsmäßig[66]. Als Begründung dafür wurden vom Bundesverfassungsgericht normative Verbindungslinien zwischen grundgesetzlichem Demokratieprinzip und Verwaltungsorganisation gezogen: Da „demokratische Legitimation in einem föderal verfassten Staat grundsätzlich nur durch das Bundes- und Landesvolk für seinen jeweiligen Bereich vermittelt werden kann", wird das erforderliche Legitimationsniveau verfehlt, wenn „die Aufgaben durch Organe oder Amtswalter unter Bedingungen wahrgenommen werden, die eine klare Verantwortungszurechnung nicht ermöglichen"[67]. So kann die Effektivität der demokratischen *Inklusion* in die öffentliche Entscheidungsfindung und der *Ersichtlichkeit* der Verantwortungsverteilung durch die Kompetenzordnung sogar die normative Rechtfertigung einer Entflechtung[68] des Verwaltungsvollzugs bilden: „Der Bürger muss wissen können, wen er wofür – auch durch Vergabe oder Entzug seiner Wählerstimme – verantwortlich machen kann"[69]. Insgesamt kann somit dem grundgesetzlichen Demokratieprinzip eine normative Forderung nach eindeutiger Zurechenbarkeit von Verwaltungsverantwortlichkeit entnommen werden[70].

---

[65] „Eine verwaltungsorganisatorische Erscheinungsform ist nicht deshalb verfassungswidrig, weil sie als Mischverwaltung einzuordnen ist, sondern nur, wenn ihr zwingende Kompetenz- und Organisationsnormen oder sonstige Vorschriften des Verfassungsrechts entgegenstehen", BVerfGE 63, 1 (38).

[66] Zur Rechtsprechungsentwicklung s. *D. B. Trapp*, Die Kontinuität der bundesverfassungsgerichtlichen Rechtsprechung zur sog. Mischverwaltung, DÖV 2008, 277 f.

[67] BVerfGE 119, 331, Rn. 158.

[68] *P. M. Huber*, Das Verbot der Mischverwaltung – de constitutione lata et ferenda, DÖV 2008, 844 (847 f.).

[69] BVerfGE 119, 331, Rn. 158.

[70] *C. Möllers*, Der parlamentarische Bundesstaat – Das vergessene Spannungsverhältnis

c) Zwischenergebnis

Im Verfassungsstaat wird von einem umfangreichen Legitimationserfordernis der öffentlichen Gewalt als Konsequenz des rechtstaatlichen Verteilungsprinzips ausgegangen, wonach der Einzelne prinzipiell frei und die Staatsgewalt prinzipiell gebunden und rechtfertigungsbedürftig ist. Die Legitimation der Ausübung von Herrschaftsgewalt wird demokratisch durch eine kreisförmige Struktur geleistet: Das beherrschte Volk ist nicht nur verfassungsgebender Ausgang der Gewalt, sondern regiert (sich) selbst. Daraus folgt für die demokratische Legitimation der Verwaltung ein auf lineare Verantwortungszusammenhänge gestütztes Legitimationskettenmodell, das vom Volk über dessen Repräsentanten und die Minister bis hin zum vollziehenden Amtswalter verläuft. Als Funktionsvoraussetzung des linearen Legitimationsmodells kommt die hierarchische Verwaltungsorganisation in Betracht und als dessen Konsequenz wird in einzelstaatlichen Mehrebenen-Strukturen ein grundsätzliches Verbot der Mischverwaltung gefordert.

2. Demokratische Legitimation im Europäischen Verfassungsverbund

a) Strukturelle Eigenart, funktionaler Verfassungsbegriff und Verfassungsverbund

Im Vergleich zu verfassungsstaatlichen Systemen ist die Frage der demokratischen Legitimation in der EU komplexer: Sie ist kein Einheitsstaat, verfügt über keine eigene verfassungsgebende Gewalt und keine Verfassung im formellen Sinn und ihr Gewaltausübungssystem basiert nicht auf der klassischen Gewaltenteilung, sondern auf der Wahrnehmung unterschiedlicher Funktionen nach dem Grundsatz des institutionellen Gleichgewichtes[71]; trotzdem hat dem Primär- und dem mitgliedstaatlichen Verfassungsrecht nach ihre Arbeitsweise auf dem Grundsatz der repräsentativen Demokratie zu beruhen[72]. Die Bestimmung des demokratischen Legitimationssubjekts, der Inhalt und die Funktionsweise des europäischen Demokratieprinzips sowie die Fragen der Verwaltungslegitimation im Rahmen des Unionsrechtsvollzugs sind erst rechtswissenschaftlich herauszuarbeiten.

Staatstheoretisch bildet die EU keinen Bundesstaat oder völkerrechtlichen Staatenbund, sondern sui generis die Kategorie des Staatenverbundes[73]. Verfas-

von Parlament, Demokratie und Bundesstaat, in: J. Aulehner u. a. (Hrsg.), Föderalismus – Auflösung oder Zukunft der Staatlichkeit?, 1997, 81 (110).

[71] Grundlegend EuGH, Urt. v. 13.6.1958, Rs. 9/56 (Meroni & Co., Industrie Metallurgiche, SpA/Hohe Behörde der Europäischen Gemeinschaft für Kohle und Stahl), Slg. 1958, 11 (44), EuGH, Urt.v.29.10.1980, Rs. 138/79 (SA Roquette Frères/Rat), Slg. 1980, 333, Rn. 33.

[72] Art. 23 Abs. 1 GG, explizit Art. 10 Abs. 1 EUV: „Die Arbeitsweise der Union beruht auf der repräsentativen Demokratie".

[73] BVerfGE 89, 155 (188) – Maastricht, *P. Kirchhof*, Der deutsche Staat im Prozeß der europäischen Integration, in: J. Isensee/ders. (Hrsg.), HStR VII, 1993, § 183 Rn. 38, *P. M. Huber*, Der

sungsrechtliche Vorgaben können sich nicht aus einer Verfassung im formellen Sinne ergeben, zumal sie über keine verfassungsgebende Gewalt verfügt[74]; ihre Gründung basiert auf Verträgen zwischen souveränen Staaten, welche als Mitgliedstaaten der EU „Herren der Verträge“[75] bleiben, so dass die Schwelle zum Bundesstaat nicht überschritten wird[76]. Die unionale Rechtsordnung ist somit eine „staatenvermittelte“[77]: den Mitgliedstaaten verbleibt das Recht, aus der EU auszutreten, sie verfügt selbst über keine Kompetenz-Kompetenz und die für ihre Tätigkeit erforderlichen Kompetenzen erhält sie aufgrund des primärrechtlich verankerten Prinzips der begrenzten Einzelermächtigung erst nach einer Kompetenzübertragung seitens der Mitgliedstaaten, so dass sie nur innerhalb der Grenzen jener Übertragung tätig werden darf[78].

Der dieser Dogmatik zugrundeliegenden dualistischen Konzeption[79] kommt der monistische Ansatz der EuGH-Rechtsprechung entgegen[80]: Das Unionsrecht sei keine hergeleitete, sondern eine autonome Rechtsordnung, die uneingeschränkten Vorrang vor jeglichen Normen jeder mitgliedstaatliche Rechtsquelle und sogar des nationalen Verfassungsrechts hat[81]. Dieser Grundsatzkonflikt wird rechtsdogmatisch durch die Lehre des *Anwendungsvorrangs* und das verfassungsrechtliche *Verbundkonzept* gelöst. Nach ersterer handelt es sich bei dem vom EuGH entwickelten Vorrang des Unionsrechts lediglich um einen Anwendungsvorrang[82], der seine normative Grundlage im nationalen Rechtsanwendungsbefehl findet[83] und dazu führt, dass bei einer Kollision zwischen unionalem und mitgliedstaatlichem Recht zwar *im Einzelfall* das Unionsrecht angewendet wird, jedoch ohne die nationale Norm nach dem Vorbild des Art. 31 GG zu brechen, nichtig zu erklären und ihm gegenüber eine Sperrwirkung für zukünftige Regelungen

---

Staatenverbund der Europäischen Union, in: J. Ipsen/H. W. Rengeling/J. M. Mössner/A. Weber (Hrsg.), Verfassungsrecht im Wandel, FS 180 Jahre Heymanns-Verlag, 1995, 349 ff.

74 *C. Möllers*, Verfassunggebende Gewalt – Verfassung – Konstitutionalisierung, in: A. v. Bogdandy/J. Bast, Europäisches Verfassungsrecht, ²2009, 227 (251).

75 BVerfGE 75, 223 (242); 89, 155 (190).

76 BVerfGE 126, 286, Rn. 57, BVerfGE 123, 267 (370 ff.).

77 *P. M. Huber*, Recht der Europäischen Integration, ²2002, § 7, Rn. 8, *D. Grimm*, Braucht Europa eine Verfassung?, 1994, 32, *ders.*, Das Grundgesetz als Riegel vor einer Verstaatlichung der Europäischen Union, Der Staat 48 (2009), 475 (476): „Unionsrecht gilt in Deutschland aufgrund des deutschen Rechtsanwendungsbefehls und ist abgeleitetes Recht“. Zum Unionsrecht als abgeleiteter Rechtsordnung s. BVerfGE 89, 155 (190), BVerfGE 123, 267, Rn. 229, 231 f., 343.

78 Art. 50 EUV (Austrittsrecht der Mitgliedstaaten), Art. 2 AEUV (Prinzip begrenzter Einzelermächtigung). Zum Prinzip der begrenzten Einzelermächtigung als Grund der Verneinung einer Kompetenz-Kompetenz s. BVerfGE 89, 155 (192 f.).

79 *P. M. Huber*, Recht der Europäischen Integration, ²2002, § 7, Rn. 1 ff.

80 Grundlegend EuGH, Urt. v. 15.7.1964, Rs. 6/64 (Costa/ENEL), Slg. 1964, 1251.

81 EuGH, Urt. v. 9.3.1978, Rs. 106/77 (Staatliche Finanzverwaltung/S.p.A. Simmenthal), Slg. 1978 00629.

82 BVerfGE 126, 286 (Honeywell), Rn. 54, 55.

83 *P. M. Huber*, Europäisches und nationales Verfassungsrecht, VVDStRL 60 (2001), 194, 216 f.

zu entfalten[84]. Im Grunde spielt der Grundsatz des Anwendungsvorrangs die Rolle einer vertikalen Kollisionsnorm[85], die lediglich das jeweils anwendbare Recht zugunsten des Unionsrechts bestimmt, ohne das nationale Recht zu beseitigen[86].

Auf der anderen Seite löst das Verfassungsverbundkonzept das Problem der fehlenden Verfassung im formellen Sinne: Verfassungsvorgaben sind aus dem europäischen *Verfassungsverbund*[87] zu entnehmen, welcher aus Primärrecht und mitgliedstaatlichem Verfassungsrecht als wechselseitigen Auffangordnungen[88] besteht und die Verfassungsfunktionen – darunter auch die Legitimationsfunktion der unionalen Hoheitsgewalt – erfüllt: Die Gründung der Europäischen Union und die Anwendung ihres Rechtes beruhen auf mitgliedstaatlichem Verfassungsrecht, welches sich in einem hinreichenden Maße „öffnet"[89], so dass der umfangreiche Anwendungsvorrang des Unionsrechts im Rahmen der begrenzten Einzelermächtigung ermöglicht wird. Der Europäische Verfassungsverbund besteht somit aus der unionalen und allen mitgliedstaatlichen *Teil*verfassungen, die in einem dialektischen Kooperationsverhältnis stehen: Die unionale Teilverfassung knüpft in zahlreichen Fällen das Primärrecht an die gemeinsamen mitgliedstaatlichen Verfassungsüberlieferungen an und mitgliedstaatliche Teilverfassungen öffnen sich, um die Funktionsfähigkeit der unionalen Teilverfassung zu ermöglichen[90]. Die Öffnung ist jedoch nicht unbegrenzt, sondern unterliegt den (national-)verfassungsrechtlichen Schranken, die wiederum vom Unionsrecht wegen des auch im Primärrecht verankerten Prinzips der begrenzten Einzelermächtigung einzuhalten sind: Nur im Rahmen der Einhaltung dieser dualen dialektischen Aufeinanderbezogenheit unionaler und mitgliedstaatlicher Teilverfassungen sind dem Europäischen Verfassungsverbund schließlich normative Vorgaben zu entnehmen.

---

84 *P. M. Huber*, Recht der Europäischen Integration, ²2002, § 9, Rn. 7–12.

85 So zutreffend *H. Hofmann*, Conflicts and Integration – Revisiting Costa v ENEL and Simmental II, in: M. Maduro/L. Azoulai (Hrsg.), The Past and Future of EU Law, 2010, 60 (62).

86 Im Ergebnis kann man das Unionsrecht als lex spezialis gegenüber dem nationalen Recht begreifen, s. *P. M. Huber*, Recht der Europäischen Integration, ²2002, § 9, Rn. 17, *ders.*, Die entfesselte Verwaltung, StWStP 1998, 423 (444).

87 Zum Begriff des Verfassungsverbundes s. *I. Pernice*, Verfassungsverbund, in: C. Franzius/F. C. Mayer/J. Neyer (Hrsg.), Strukturfragen der Europäischen Union, 2010, 102, *ders.*, Europäisches Verfassungsrecht im Werden, in: H. Bauer/P. M. Huber (Hrsg.), Ius Publicum im Umbruch, 2000, 25 (26, 33), *ders.*, Europäisches und nationales Verfassungsrecht, VVDStRL 60 (2001), 148 (163 ff.), *P. M. Huber*, Europäisches und nationales Verfassungsrecht, VVDStRL 60 (2001), 194 (199 ff.).

88 Das Primärrecht und die nationalen Verfassungen stehen als (Teil-)Verfassungen im Europäischen Verfassungsverbund als wechselseitige Auffangs- und Kooperationsordnung nebeneinander, s. *P. M. Huber*, Europäisches und nationales Verfassungsrecht, VVDStRL 60 (2001), 194 (209 ff.).

89 Zum Begriff der „Öffnung" s. *U. Di Fabio*, Das Recht offener Staaten, 1998.

90 Verklammert werden die Teilverfassungen durch das Primärrecht, s. *P. M. Huber*, Die Legislative: Europäisches Gemeinschaftsrecht und nationale Rechtsetzungskompetenz, in: J. Delbrück/D. Einsele (Hrsg.), Wandel des Staates im Kontext europäischer und internationaler Integration, 2006, 15.

Sieht man im Europäischen Verfassungsverbund eine Verfassung im funktionellen Sinne, welche die wesentlichen Verfassungsfunktionen zu erfüllen vermag[91], so dient der primärrechtlich verankerte Grundsatz der Demokratie in erster Linie der Erfüllung ihrer Legitimationsfunktion: Legitimation als prozeßhafter Vorgang[92] zur Rechtfertigung von Herrschaftsgewalt[93] ist somit auch im Europäischen Verfassungsverbund als *demokratische* Legitimation zu verstehen. Dementsprechend ist die Legitimität des Europäischen Verfassungsverbundes als Zustand, in dem Herrschaftsgewalt gerechtfertigt ist[94], durch demokratische Legitimation herzustellen. Durch das Verbundmodell wird somit nicht nur ein postnationales pluralistisches Verfassungskonzept ermöglicht, sondern letztlich auch insgesamt das Überleben des Konstitutionalismus[95] ohne pouvoir constituant und der Demokratie jenseits des Staates.

b) Europäisches Demokratieprinzip

aa) Inhaltsbestimmung: Normativität, Methoden- und Maßstabproblematik

(1) Normativität eines Urproblems: Demokratie als geltendes Recht

Innerhalb des Verfassungsverbundes sind die konkreten Vorgaben aus dem europäischen Demokratieprinzip unklar. Einerseits stellt die demokratische Legitimation ohnehin ein vieldiskutiertes Urproblem[96] der Europäischen Integration dar,

[91] *P. M. Huber*, Europäisches und nationales Verfassungsrecht, VVDStRL 60 (2001), 194 (200). Die Erfüllung von Verfassungs*funktionen* rechtfertigt es letztlich, den grundsätzlich etatistisch geprägten Begriff der „Verfassung" auch für die Europäische Union anzuwenden, s. *C. Möllers*, Verfassunggebende Gewalt – Verfassung –Konstitutionalisierung, in: A. v. Bogdandy/J. Bast (Hrsg.), Europäisches Verfassungsrecht, ²2009, 227 (244). Zu ersten funktionalen verfassungsrechtlichen Ansätzen im Völkerrecht s. *C. Walter*, Constitutionalizing (Inter)national Governance – Possibilities for and Limits to the Development of an International Constitutional Law, German Yearbook of International Law 44 (2001), 170 (191 f.).

[92] Der Unterschied zwischen Legitimation und Legitimität besteht genau darin, dass Legitimität den Zustand einer gerechtfertigten Herrschaftsgewalt und Legitimation den Vorgang zur Erreichung von Legitimität bezeichnen, s. *U. Schliesky*, Souveränität und Legitimität von Herrschaftsgewalt, 2004, 150, *E. Schmidt-Aßmann*, Verwaltungslegitimation als Rechtsbegriff, AöR 116 (1991), 329 (330 Fn. 1.).

[93] S. nur *S. Kadelbach*, Demokratische Legitimation als Prinzip zwischenstaatlichen Handelns, in: S. Vöneky/C. Hagedorn/M. Clados/J. von Achenbach (Hrsg.), Legitimation ethischer Entscheidungen im Recht, 2009, 147

[94] *U. Schliesky*, Souveränität und Legitimität von Herrschaftsgewalt, 2004, 150.

[95] Als „postnationales" Verfassungskonzept bei *I. Pernice*, The Treaty of Lisbon: Multilevel Constitutionalism in Action, The Columbia Journal of European Law 15 (2009), 349 (365). Die Koexistenz von mitgliedstaatlichen und unionaler Teilverfassungen wird auch als „Verfassungspluralismus" begriffen, s. *M. P. Maduro*, Der Kontrapunkt im Dienste eines europäischen Verfassungspluralismus, EuR 2007, 3 (15 f.). Zum Gedanken eines „Konstitutionalismus ohne pouvoir constituant" s. *ders.*, Intergouvernementalismus contra Konstitutionalismus: Braucht das transformierte Europa eine Verfassung?, Der Staat 46 (2007), 319 (343).

[96] *M. Ruffert*, Art. 9 EUV, in: C. Calliess/ders. (Hrsg.), EUV/AEUV, ⁴2011, Rn. 1.

andererseits ist die Rechtsfindung im Verfassungsverbund aufgrund der Komplementarität unterschiedlicher Teilverfassungen eine methodische Herausforderung, so dass letztlich eine Maßstabproblematik entsteht, welche die rechtliche Evaluierung von Strukturen und Kooperationsformen erschwert. Formell ist der Maßstab von sekundärrechtlich errichteten Strukturen und Verfahren das Primärrecht, materiell ist dieses wiederum – besonders in Bezug auf Demokratie – auch auf die nationalen Verfassungen angewiesen. Festzuhalten ist allenfalls, wie bereits auch auf (einzel-)staatlicher Ebene beobachtet, dass die Demokratieproblematik rechtlicher Natur ist: Zwar wird Demokratie auch als „Wert“ wahrgenommen, auf den die Union gründet und der allen Mitgliedstaaten gemeinsam ist[97], sie ist aber nicht bloß ein deklaratorischer oder axiologischer Begriff, der lediglich in die Richtung des ideell „Besseren“ zielt, sondern als geltendes Recht[98] zu verstehen, das Schranken für mitgliedstaatliches und unionales Handeln setzt[99] und als allgemeiner Rechtsgrundsatz mit eigenständigem, von anderen Rechtsbegriffen abgrenzbarem[100], normativem Gehalt zwar selbst nicht (direkt[101]) justiziabel ist[102], aber bei der Auslegung anderer Vorschriften des Primärrechts zu berücksichtigen ist[103]. Verfahren, Handlungen und Entscheidungen, die gegen die Vorgaben der Demokratie verstoßen, sind deswegen primärrechtswidrig[104]. Für diese Normativität des demokratischen Grundsatzes sprechen letztlich neben der Möglichkeit einer Sanktionierung eines Mitgliedstaats bei Verletzung der Demokratie[105] auch die detaillierten Regelungen, die den demokratischen Grundsatz

---

97 Freilich können auch aus „Werten“ normative Schlüsse gezogen werden, vgl. die nach der Lüth-Rechtsprechung des Bundesverfassungsgerichts anerkannte „objektive Wertordnung des Grundgesetzes“, die sich letztlich als *Rechts*erkenntnisquelle auswirkt. Allgemein zur Wertortung in der Europäischen Union *T. Rensmann*, Wertordnung und Verfassung, 2007, 329 f.

98 *M. Ruffert*, Art. 9 EUV, in: C. Calliess/ders. (Hrsg.), EUV/AEUV, ⁴2011, Rn. 23.

99 *A. v. Bogdandy*, Grundprinzipien, in: ders./J. Bast (Hrsg.), Europäisches Verfassungsrecht, ²2009, 29.

100 *P. M. Huber*, Art. 10 EUV, in: R. Streinz (Hrsg.), EUV/AEUV, ²2012, Rn. 7.

101 Anders etwa im Rahmen des Grundgesetzes, vgl. die Rechtsprechung des Bundesverfassungsgerichts zu Art. 38 GG und im europarechtlichen Kontext bereits BVerfGE 89, 155 (Rn. 91 f., 105).

102 *P. M. Huber*, Demokratie in Europa – Zusammenfassung und Ausblick, in: H. Bauer/ders./K.-P. Sommermann (Hrsg.), Demokratie in Europa, 2005, 491, 495. Zur rechtlichen und richterlich noch nicht konkretisierten Pflicht der Beachtung der Grundsätze der Demokratie s. *M. Nettesheim*, Rechtstaatliche Demokratie in der EU, in: T. Oppermann/C. D. Classen/ders., Europarecht, ⁶2014, § 15, Rn. 9.

103 *P. M. Huber*, Demokratie in Europa – Zusammenfassung und Ausblick, in: H. Bauer/ders./K.-P. Sommermann (Hrsg.), Demokratie in Europa, 2005, 491, 495. Dies explizit bestätigend EuGH, Urt. v. 9.3.2010, Rs. C-518/07 (Kommission/Deutschland), Slg. 2010 I-01885, Rn. 41: „Der Grundsatz der Demokratie gehört zur Gemeinschaftsrechtsordnung“, „ist in Art. 6 Abs. 1 EU ausdrücklich als Grundlage der Europäischen Union niedergelegt“ und „ist daher als den Mitgliedstaaten gemeinsamer Grundsatz bei der Auslegung eines sekundärrechtlichen Aktes […] zu berücksichtigen“.

104 *M. Ruffert*, Art. 10 EUV, in: C. Calliess/ders. (Hrsg.), EUV/AEUV, ⁴2011, Rn. 1.

105 Art. 7 EUV.

konkretisieren[106] sowie die explizite primärrechtliche Bezugnahme auf mitgliedstaatliche Gemeinsamkeiten[107], welche in erster Linie verfassungs*rechtlicher* Herkunft sind.

(2) Verbundspezifische Rechtsfindungsmethode: Nichtübertragbarkeitsgrundsatz, Öffnungsschranken, Elementartigkeit

Aus der wechselseitigen Natur des europäischen Verfassungsverbundes lässt sich in Bezug auf die zu Grunde zu legende Rechtserkenntnismethode schließen, dass bei der Konkretisierung von europäischen Verfassungsprinzipien und der Herausarbeitung rechtlicher Vorgaben und Maßstäben sowohl das Primärrecht als auch das mitgliedstaatliche Verfassungsrecht zu beachten sind. Während allgemein das mitgliedstaatliche Verfassungsrecht sowohl positiv für die Inhaltsgestaltung als auch negativ als Öffnungsschranke in Betracht kommt, ergibt sich in Bezug auf das Demokratieprinzip wegen des expliziten Verweises auf die mitgliedstaatlichen verfassungsrechtlichen *Gemeinsamkeiten* eine noch höhere Bedeutung mitgliedstaatlicher Verfassungsvorgaben. So nimmt auch der EuGH keine autonome Definition der Demokratie vor, sondern überlässt dies den Mitgliedstaaten[108].

Der Verweis auf das mitgliedstaatliche Verfassungsrecht hat jedoch die Verbundstruktur der Europäischen Union zu beachten: Europäische Demokratie kann nicht mit mitglied*staatlicher* gleichgesetzt werden und staatliche Strukturen sind nicht pauschal auf die Europäische Union übertragbar[109]. Eine Übertragung mitgliedstaatlicher Demokratieverständnisse wäre aufgrund ihrer Heterogenität und den maßgeblichen inhaltlichen Unterschieden zwischen ihnen ohnehin unmöglich: Die Übertragung *eines* nationalen Verständnisses würde eine gegen die Staatengleichheit[110] verstoßende normative Privilegierung gegenüber den übrigen Verfassungen bedeuten. Das „gemeinsame Minimum" ist somit aufgrund der Heterogenität der unterschiedlichen Demokratieverständnisse vielmehr über einzelne gemeinsame *Elemente*[111] zu bestimmen.

---

[106] Art. 9 ff. EUV.

[107] Art. 2 S. 2 EUV.

[108] EuGH C-145/04, 71, C-300/04, 44. Die Bedeutung dieser Rechtsprechung für die Erforschung des Inhaltes des europäischen Demokratieprinzips betonend *A. v. Bogdandy*, Democratic Legitimacy of Public Authority Beyond the State – Lessons from EU for International Organizations, Jean Monnet Working Papers Series 1/2011, NYU 2011, 6.

[109] Zum sog. Nichtübertragbarkeitsgrundsatz s. *G. Lübbe-Wolff*, Europäisches und nationales Verfassungsrecht, VVDStRL 60 (2001), 246 (247). Ebenfalls BVerfGE 123, 267, Rn. 219, 227, 266 f.: „Die Strukturen der EU dürfen nicht umstandslsos an den konkreten Ausprägungen des Demokratieprinzips in einem Vetrags- oder Mitgliedstaat gemessen werden".

[110] Zur Gleichwertigkeit mitgliedstaatlicher Verfassungen aufgrund der Staatengleichheit gem. Art. 6 Abs. 3 EUV s. *A. v. Bogdandy*, Grundprinzipien, in: ders./Bast, Europäisches Verfassungsrecht, ²2009, 31. Allgemeiner zur Staatengleichheit s. BVerfGE 123, 267, Rn. 292.

[111] Zur an einzelnen Elementen orientierten Rechtserkenntnisstruktur der europäischen Demokratie s. *P. M. Huber*, Rechnungslegung und Demokratie, AöR 133 (2008), 389 (399 f.).

Dies gilt auch aus grundgesetzlicher Perspektive: Die grundgesetzliche Öffnungsschranke ist in Bezug auf das europäische Demokratieprinzip zwar eine Struktursicherungsklausel, aber so auszulegen, dass sie keine „strukturelle Kongruenz“ verlangt und das grundgesetzliche „Demokratieprinzip nicht in gleicher Weise auf europäischer Ebene verwirklicht werden muss“[112]. Maßgeblich ist vielmehr die Bewahrung des auf grundgesetzlicher Ebene garantierten hinreichenden demokratischen Legitimationsniveaus: Durch die Flexibilität, die der normstrukturelle Prinzipiencharakter der Demokratie bietet, können die Legitimationsmodi grundsätzlich durch andere, verbundspezifische *Elemente* ergänzt und abgestützt werden, so dass insgesamt das hinreichende Niveau demokratischer Legitimation gewahrt bleibt und keine Senkung zulässig ist; m.a.W. kann der grundgesetzlich determinierte Kern des Demokratieprinzips auf unionaler Ebene zur Wahrung des grundgesetzlich geforderten Legitimationsniveaus[113] ergänzt werden. Senkungen[114] des demokratischen Legitimationsniveaus sind somit auch in Hinblick auf die Europäische Integration rechtfertigungsbedürftig, wobei die Teilnahme daran nicht als allgemeiner Rechtfertigungsgrund in Betracht kommen darf. Insgesamt dürfte festgehalten werden: Das europäische Demokratieprinzip formt sich aus einem mitgliedstaatlich determinierten Kern heraus, der durch unionale Elemente ergänzt werden kann, welche jedoch wiederum an Öffnungsschranken zur Wahrung des demokratischen Legitimationsniveaus zu messen sind.

(3) Zwischenergebnis

In der Europäischen Union ergibt sich das demokratische Legitimationserfordernis öffentlichen Handelns als Vorgabe des Europäischen Verfassungsverbundes, der die verfassungsrechtliche Legitimationsfunktion als staatenverbunspezifische Verfassung im funktionalen Sinne wahrnimmt. Das Demokratieprinzip gehört auch in der Europäischen Union zum geltenden Recht, dass als Prüfungsmaßstab für die verfassungsrechtliche Evaluierung und Auslegung des Sekundärrechts heranzuziehen ist. Dem mitgliedstaatlichen Teilverfassungsrecht kommt dabei eine zentrale Rolle zu, da es einerseits positiv das europäische Demokratieprinzip unter Beachtung des Nichtübertragbarkeitsgrundsatzes staatlicher Konzepte auf den Staatenverbund inhaltlich mitdeterminiert, anderseits die äußeren Schranken rechtfertigungsbedürftiger Senkungen des demokratischen Legitimationsniveaus festlegt.

---

[112] Art. 20 Abs. 1 GG, BVerfGE 123, 267, Rn. 266.

[113] Dass die Struktursicherungsklausel des Art. 23 GG keine Senkung des grundgesetzlich geforderten Legitimationsniveaus zulässt, ergibt sich aus dem Erfordernis der „Wahrung demokratischer Grundsätze“, welche naturgemäß im Sinne des grundgesetzlichen Demokratieprinzips zu verstehen sind.

[114] Zur Rechtfertigungsbedürftigkeit von Senkungen des demokratischen Legitimationsniveaus allgemein s. *P. M. Huber*, Die Rolle der nationalen Parlamente bei der Rechtssetzung der Europäischen Union, 2001, 7.

bb) Elemente mitgliedstaatlichen Teilverfassungsrechts

(1) Responsivität durch Wahlperiodität: Repräsentative Demokratie als politisch verantwortliche Herrschaft auf Zeit

Die Gemeinsamkeiten mitgliedstaatlichen Teilverfassungsrechts lassen sich wegen der Heterogenität der Demokratieverständnisse lediglich auf zwei Elemente reduzieren: die periodische Wahl der Repräsentanten und die rechtlich abgesicherte Responsivität der staatlichen Willensbildung[115]. Je nach Regierungssystem beträgt die Wahlperiodität der Regierungs- in parlamentarischen bzw. Exekutivspitze in präsidentiellen Systemen entweder vier[116] oder fünf Jahre[117]. Die Wahlperiodität stellt die Essenz repräsentativer Demokratie als Herrschaft auf Zeit sicher[118]: Der „ständige Wandel als das Andere der Demokratie"[119] besteht darin, dass die „herrschende Mehrheit immer wechseln kann"[120]. Demokratietheoretisch ist dies eine für repräsentativ-demokratische Systeme charakteristische Absicherung dafür, dass das Legitimationssubjekt in die Herrschaftsausübung eingebunden ist; zwar nicht durch direkte Teilnahme an der öffentlichen Entscheidungsfindung, wie in direktdemokratischen Konstellationen, oder durch ein imperatives Mandat, das ihm durch ein „Kündigungsrecht" ein jederzeitiges Einschalten in

---

[115] *P. M. Huber*, Rechnungslegung und Demokratie, AöR 133 (2008), (389) 399, zustimmend *A. Weber*, Europäische Verfassungsvergleichung, 2010, 7. Kap., Rn. 20. Bestätigend, dass sich das Modell repräsentativer Demokratie als Grundlage eines gemeineuropäischen Verfassungsprinzips durch den Vergleich mitgliedstaatlicher Verfassungen herausarbeiten lässt, *M. Ruffert*, Art. 10 EUV, in: C. Calliess/ders., EUV, [4]2011, Rn. 4. Dabei lässt sich feststellen, dass das Prinzip repräsentativer Demokratie eines der Leitprinzipien *aller* europäischen Verfassungssysteme ist, s. *K.-P. Sommermann*, Demokratiekonzepte im Vergleich, in: H. Bauer/P. M. Huber/ders. (Hrsg.), Demokratie in Europa, 2005, 191 (208). Zur Wahlperiodität als Element aller mitgliedstaatlicher Verfassungen *P. Craig*, Integration, Democracy, and Legitimacy, in: ders./G. de Burca (Hrsg.), The Evolution of EU Law, [2]2011, 30: „It is axiomatic within national systems that the voters can express their dislike of the incumbent party through periodic elections".

[116] Art. 65 BelgVerf, Art. 64 BulgVerf, Art. 32 Abs. 1 DänVerf, Art. 60 EstVerf, Art. 24 FinVerf, Art. 53 GrVerf, Art. 10 LetVerf, Art. 55 LitauVerf, Art. 52 Abs. 1 NiederlVerf, Art. 60 Abs. 1 RumVerf, Kap. 3 Abs. 3 SchwVerf, Art. 73, Abs. 1 SlovakVerf, Art. 81 SlovVerf, Art. 68 Abs. 4 SpanVerf, Art. 16 Abs. 1 TschechVerf.

[117] Art. 60 ItVerf, Art. 56 LuxVerf, Art. 76 Abs. 2 MaltVerf, Art. 121 Abs. 1 PortVerf, Art. 65 Abs. 1 ZypVerf. Gem. Art. 6 FranzVerf wird der Präsident für eine Amtszeit von fünf Jahren gewählt; im Vereinigten Königreich von Großbritannien gilt gem. Art. 1 Abs. 3 Fixed Term Parliamentary Act eine grundsätzliche Wahlperiodität von fünf Jahren.

[118] Zur Betonung des Elements der zeitlichen Begrenzbarkeit der demokratischen Herrschaft, welches schließlich eine herrschaftsbegrenzende Funktion hat, s. *K. Hesse*, Grundzüge des Verfassungsrechts der Bundesrepublik Deutschland, [20]1999, Rn. 139. Allgemein zur Demokratie als Herrschaft auf Zeit s. *J. J. Linz*, Democracy's Time Constraints, International Political Science Review 19 (1998), 19 f.: „Democracy is government pro tempore".

[119] *J. Derrida*, Schurken. Zwei Essays über die Vernunft, 2003, 48; allerdings spricht Derrida damit nicht den Machtwechsel innerhalb eines demokratischen Regierungssystems an, sondern die Gefahren, die für die Demokratie an sich durch einen Wahlsieg einer undemokratischen Partei entstehen können.

[120] BVerfGE 123, 267 (270), BVerfGE 5, 85 (198).

die Herrschaftsausübung erlaubt[121], sondern durch die sich stets wiederholende *Abwahl*möglichkeit[122] seiner Repräsentanten. So sind Repräsentanten gegenüber dem demokratischen Legitimationssubjekt *politisch* verantwortlich und die Wahlperiodität wird in Repräsentationssystemen durch die Ermöglichung jener politischen Verantwortlichkeit der Repräsentanten zu einem Korrelat direkten Regierens[123] und demokratischer Steuerung.

Darüber hinaus ist Verantwortlichkeit nicht ausschließlich *politisch* durch die Wahlperiodität herstellbar, sondern erlangt durch das zweite gemeinsame Merkmal der rechtlich abgesicherten Responsivität öffentlichen Handelns auch *rechtliche* Konturen: Responsivität[124] als Absicherungsmechanismus der effektiven

---

[121] Politische Verantwortung ergibt sich insofern aus der Wahlperiodität, als dem Wähler kein imperatives Mandat eingeräumt wird, wonach er jederzeit sein Repräsentationsmandat zurückziehen kann. Ideengeschichtlich geht der Gedanke eines „mandat imperatif" auf französisch-revolutionäre Konzeptionen zurück, in denen die Verhinderung einer „aristokratischen" Verselbständigung der Vertreter gegenüber der Vertretenen beabsichtigt war. Nach *Rousseau* dürften die gewählten Personen keine Repräsentanten des Volkes sein, sondern bloß dessen Bevollmächtigte und Stellvertreter („commissaires"), die gewährleisten, dass das Volk zwar corpore nicht direkt die Entscheidungen beschließt, jedoch anima aktiv mitbestimmen kann, s. *J.-J. Rousseau*, Vom Gesellschaftsvertrag (1762), 2015, 73: „Die Abgeordneten des Volkes sind also nicht seine Vertreter und können es gar nicht sein; sie sind nur seine Bevollmächtigten und dürfen nichts entscheidend beschließen. Jedes Gesetz, das das Volk nicht persönlich bestätigt hat, ist null und nichtig; es ist kein Gesetz."

Verfassungsrechtlich hat sich diese Konzeption des imperativen Mandates in keiner europäischen Verfassung durchgesetzt; das freie Mandat ist sogar explizit in den meisten mitgliedstaatlichen Verfassungen garantiert (vgl. Art. 38 Abs. 1 S. 3 GG, wonach „die Abgeordneten Vertreter des ganzen Volkes sind, an Aufträge und Weisungen nicht gebunden und nur ihrem Gewissen unterworfen sind" sowie Art. 27 Abs. 1 FranzVerf., wonach „jedes imperative Mandat nichtig ist") und lässt sich auch für die Abgeordneten des Europäischen Parlaments aus der repräsentativen Natur des europäischen Demokratieprinzips, der „Vertretung" der Unionsbürger im Europäischen Parlament gem. Art. 10 EUV sowie der Periodität der Europawahlen ableiten. Die Tatsache, dass in der Europäischen Union der Grundsatz eines freien Mandates als Verfassungsvorgabe und Bestandteil des Demokratieprinzips anerkannt ist, also nicht nur gegenüber dem Wähler, sondern auch gegenüber der jeweiligen Partei, zeigt auch die Aufnahme des Punktes einer Änderung des Art. 102 der serbischen Verfassung und der Abschaffung des imperativen Mandates als Voraussetzung für die Annahme des Antrages von Serbien auf Erhaltung des EU-Beitrittstatus, s. COM(2011) 668/12.10.2011 (SEC(2011) 1208), S. 6 sowie EUCO 4/12/2.3.12.

[122] *J. H. Ely*, Democracy or Distrust, 1981, 78, 103: „The desire of reelection, more than any community of interest, is our insurance policy. We retain the ability to turn them out of office"; „in a representative democracy value determinations are to be made by our elected representatives, and if in fact most of us disapprove we can vote them out of office".

[123] Zu der sich aus der Wahlperiodität ergebenden politischen Verantwortlichkeit als Grundlage von Responsivität der Hoheitsgewalt s. *S. Holmes*, Passions and Constraint: On the Theory of Liberal Democracy, 1995, 65: „frequent elections" turned out to be the only effective mechanism for guaranteeing „that the government in general should have a common interest with the people".

[124] Der aus der angelsächsischen Politikwissenschaft stammende Begriff der Responsivität („responsiveness") beschreibt in repräsentativ-demokratischen Systemen die Aufnahmebereitschaft von Wünschen und Interessen der Repräsentierten und ist zunächst auf die Analyse des Handelns einzelner Repräsentanten und nicht auf das gesamte System konzentriert, s. *K. Köh-*

Rückführung des Regierens auf das demokratische Legitimationssubjekt findet sich in Form von (parlamentarischen) Kontrollrechten der Exekutive[125] oder als Gesetzesvorbehalt bzw. Legalitätsprinzip[126] in mitgliedstaatlichen Verfassungen wieder. Grundsätzlich untersteht somit die Verwaltung als Teil der vollziehenden Gewalt einer politisch verantwortlichen Regierung[127] und hat ihr Handeln auf eine gesetzliche Grundlage zu stützen, was neben der Erfüllung rechtstaatlicher Funktionen auch der demokratischen Legitimation des Verwaltungshandelns dient[128]. Insgesamt dürfte festgehalten werden, dass das Prinzip der Verantwortlichkeit einen zentralen Bestandteil der Demokratieprinzipien mitgliedstaatlicher Verfassungen ausmacht[129].

(2) Egalitärer Grundsatz und Wahlgleichheit

Das mitgliedstaatliche Teilverfassungsrecht beruht auf demokratischer Gleichheit, welche ebenfalls als gemeinsamer demokratischer Grundsatz anzuerkennen ist: An den Wahlen nehmen *alle* Wahlberechtigten teil, jeder hat nur eine Stimme und ein Mehrfachstimmrecht ist ausgeschlossen[130]. Die *Wahl*gleichheit ist dagegen nicht den mitgliedstaatlichen Demokratieverständnissen gemeinsam: Sie

---

ler, Gerechtigkeit als Gleichheit?, 2010, 90 f. Darüber hinaus wird er auch insgesamt als Maß der Übereinstimmung zwischen dem Handeln des politischen Personals mit den Wünschen der Wähler eingesetzt, s. *B. Geissel*, Responsivität und Responsivitätswahrnehmung – Thesen zu einem undurchsichtigen Verhältnis, in: ZPol 14 (2004), 1239 (1240). In Anschluss dazu wird er (verfassungs-)rechtswissenschaftlich mit der demokratischen Verantwortlichkeit verknüpft und als „umfassende und stete Verantwortlichkeit der entscheidungsbefugten Organen und Amtswalter unmittelbar gegenüber dem Volk" (*S. Unger*, Das Verfassungsprinzip der Demokratie, 2008, 81) oder als „Effektivität des Verantwortungs-, Zurechnungs- und Kontrollzusammenhanges" (*U. Schliesky*, Das gemeinsame Fundament: Legitime Herrschaftsgewalt im europäischen Mehrebenensystem, in: J. Delbrück/D. Einsele [Hrsg.], Wandel des Staates im Kontext europäischer und internationaler Integration, 2006, 71 [96]) rezipiert.

[125] Dies gilt als in allen europäischen Verfassungen gewährleistet, s. *C. D. Classen*, Art. 23 GG, in: H. v. Mangoldt/F. Klein/C. Starck (Hrsg.), GG II, [6]2010, Rn. 20.

[126] *P. M. Huber*, Grundzüge des Verwaltungsrechts in Europa – Problemaufriss und Synthese, in: A. v. Bogdandy/S. Cassese/ders. (Hrsg.), IPE V, 2014, § 73, Rn. 35 f.

[127] Für die deutsche, britische, französische Verwaltung s. *T. v. Danwitz*, Europäisches Verwaltungsrecht, 2008, 36, 52.

[128] S. zur Betonung dieses Punktes am Beispiel des italienischen Verwaltungsrechts *T. v. Danwitz*, Europäisches Verwaltungsrecht, 2008, 72.

[129] *C. Calliess*, Optionen zur Demokratisierung der Europäischen Union, in: H. Bauer/P. M. Huber/K.-P. Sommermann (Hrsg.), Demokratie in Europa, 2005, 281 (284).

[130] *A. Weber*, Europäische Verfassungsvergleichung, 2010, 7. Kap. Rn. 35. Vgl. *M. Nettesheim*, Demokratisierung der EU und Europäisierung der Demokratietheorie – Wechselwirkungen bei der Herausbildung eines europäischen Demokratieprinzips, in: H. Bauer/P. M. Huber/K.-P. Sommermann, Demokratie in Europa, 2005, 143 (158): „Wenn demokratische Herrschaft dadurch gekennzeichnet ist, dass sie sich als Ausdruck der Selbstbestimmung der Beherrschten begreift, dann muss sie den Willen *aller* Beherrschten berücksichtigen".

wird nur in einigen Verfassungen gewährleistet[131], in anderen nicht[132]. Aus grundgesetzlicher Sicht stellt sie lediglich eine Öffnungsschranke dar, was auch in der Rechtsprechung des Bundesverfassungsgerichts ersichtlich wird: Das demokratische Legitimationspotential des Europäischen Parlaments wird nicht als mit dem des Bundestages gleichwertig anerkannt[133].

cc) Primärrechtliche Elemente: Duales Repräsentations- und Verantwortungsmodell

(1) Duales Legitimationskonzept repräsentativer Demokratie

Auf unionaler Ebene wird am Grundsatz repräsentativer Demokratie festgehalten und ein Modell dualer demokratischer Legitimationsvermittlung etabliert[134]. Dabei wirken zwei Legitimationsstränge zusammen: Der eine verläuft über die im Rat repräsentierten und gegenüber mitgliedstaatlichen demokratischen Legitimationssubjekten verantwortlichen Regierungen, der andere über die unmittelbaren Repräsentanten der Unionsbürger im Europäischen Parlament. Die Bedeutung des über die mitgliedstaatlichen Regierungen verlaufenden Legitimationsstrangs wird explizit unter Hervorhebung des Verantwortungselementes betont: „Die Mitgliedstaaten werden im Europäischen Rat von ihrem jeweiligen Staats- oder Regierungschef und im Rat von ihrer jeweiligen Regierung vertreten, die ihrerseits in demokratischer Weise gegenüber ihrem nationalen Parlament oder gegenüber ihren Bürgerinnen und Bürgern Rechenschaft ablegen müssen“[135]. Das Zusammenwirken der Legitimationsstränge wird bei der Wahrnehmung rechtssetzender Funktionen durch die Einbindung von Rat *und* Europäischem Parlament im Gesetzgebungsverfahren sichergestellt, beim Rechtsvollzug durch die Ernennung der Kommission vom Europäischen Rat und ihrer Verantwortung gegenüber dem Europäischem Parlament[136].

Aus grundgesetzlicher Sicht sind die Legitimationsstränge nicht gleichwertig, sondern der über das Europäische Parlament verlaufende erfüllt lediglich eine *abstützende* Funktion[137]: Er wirkt kompensatorisch dafür, dass im Rat nicht wie

---

[131] S. Art. 38 Abs. 1 GG, Art. 61 S. 2 BelgVerf, Art. 10 BulgVerf., Art. 60 S. 3 EstVerf, Art. 25 S. 2 FinVerf, Art. 3 Abs. 3 FranzVerf, Art. 6 LetVerf, Art. 56 LitauVerf, Art. 51 LuxVerf.

[132] Art. 31 Abs. 1 DänVerf, Art. 51 Abs. 3 Gr.Verf, Art. 16 Abs. 4 IrVerf, Art. 56 ItalVerf, Art. 53 NiedVerf.

[133] BVerfGE 123, 267, Rn. 284 ff. Dagegen *C. Schönberger*, Lisbon in Karlsruhe: Maastricht's Epigones At Sea, GLJ 10 (2009), 1201 (1211).

[134] Art. 10 Abs. 1 EUV.

[135] Art. 10 Abs. 2 S. 2 EUV. Der Repräsentationsgedanke wirkt in der englischen Fassung noch klarer: „represented“.

[136] Zur *demokratischen* Funktion des Europäischen Parlaments s. EuGH, Urt. v. 29. Oktober 1980, Rs. 138/79 (Roquette/Rat), Slg. 1980, I-03333, Rn. 33, Urt. v. 11. Juni 1991, Rs. C-300/89 (Kommission/Rat), Slg. 1991, I-02867, Rn. 20.

[137] Zur lediglich ergänzenden und abstützenden Legitimationsvermittlung durch das Euro-

im Rahmen intergouvernementaler Zusammenarbeit nach dem Grundsatz der Staatengleichheit ein Einstimmigkeitserfordernis notwendig ist, sondern auch Konstellationen von Mehrheitsentscheidungen vorgesehen sind. Dadurch werden nämlich nicht nur Verluste der Souveränität bewirkt, sondern indirekt auch demokratische: Wenn Regierungsvertreter im Rat überstimmt werden, wird das jeweilige Volk als demokratisches Legitimationssubjekt teilweise fremdbestimmt. Souveräne Gleichheit ist von demokratischer Gleichheit kategorial zu unterscheiden[138]. Diesem Grundgedanken trägt auch das Primärrecht insofern Rechnung, als es zwar von einer Repräsentation der Mitgliedstaaten im Rat ausgeht und somit die Kategorie staatlicher Souveränität anspricht, sich aber zugleich auf die demokratische Verantwortung der Regierungen gegenüber ihrem nationalen Legitimationssubjekt bezieht: Die sich aus dem mitgliedstaatlichen Teilverfassungsrecht ergebene parlamentarische Verantwortung der Regierung wird dadurch zur *Funktionsvoraussetzung* des ersten Legitimationsstranges und dadurch der demokratischen Legitimation der Europäischen Union insgesamt[139].

(2) Demokratische Verwaltungslegitimation im institutionellen Gleichgewicht

α) Legitimation der Kommission

Die Frage der demokratischen Legitimation unionaler Verwaltung hat neben dem strukturbedingten dualen Legitimationskonzept auch die Besonderheiten der unionalen Gewaltengliederung zu beachten: Die horizontale Aufgabenverteilung zwischen den Organen der Europäischen Union basiert nicht auf dem Gedanken klassischer Gewaltenteilung[140], sondern auf der Wahrnehmung unterschiedlicher Funktionen nach dem Grundsatz des institutionellen Gleichgewichtes, so dass herkömmliche gewaltenteilige Kategorien nicht ohne weiteres auf die Ebene der Europäischen Union übertragbar sind. Im Hinblick darauf lässt sich feststellen, dass Verwaltungs*funktionen* hauptsächlich von der Kommission wahrgenommen werden: „nach Maßgabe der Verträge nimmt sie Koordinierungs-, Exekutiv- und Verwaltungsfunktionen“[141] wahr und ist das unionale Organ, das sekundärrechtlich auch in den indirekten Vollzug eingeschaltet wird, so dass sie insgesamt als *Kern* der unionalen Exekutive bezeichnet werden kann[142]. Die Frage unionaler

päische Parlament wegen der mangelnden Wahlgleichheit der Wahlen zum Europäischen Parlament s. BVerfGE 123, 267, Rn. 262, BVerfGE 89, 155 (184).

[138] *C. Möllers*, Verfassunggebende Gewalt – Verfassung – Konstitutionalisierung, in: A. v. Bogdandy/J. Bast (Hrsg.), Europäisches Verfassungsrecht, ²2009, 227 (252).

[139] Eine mitgliedstaatliche normative Vorgabe wird zur Funktionsvoraussetzung des unionalen Demokratieprinzips und somit wiederum eine Vorgabe für die Mitgliedstaaten; dies stellt eine Konsequenz der Wechselseitigkeit des Europäischen Verfassungsverbundes als wechselseitiger Auffangordnung dar.

[140] *D. Curtin*, Exekutive Power of the European Union, 2009, 66.

[141] Art. 17 Abs. 1 S. 5 EUV.

[142] Vgl. *A. Wille*, The European Commission's Accountability Paradox, in: M. Bovens/

Verwaltungslegitimation ist somit in erster Linie mit der Legitimation der Kommission verbunden.

Die demokratische Legitimation der Kommission wird, wie die Legitimation der Europäischen Union insgesamt, im grundsätzlich dualistischen und am Verantwortungskonzept orientierten Legitimationsmodell hergestellt[143]. So wird der Kommissionspräsident nach Vorschlag des Rates vom Europäischen Parlament gewählt und die Kommission ist insgesamt als Kollegium gegenüber dem Europäischen Parlament verantwortlich; es kontrolliert ihr Handeln und hat die Möglichkeit eines Misstrauensantrages gegen sie[144]. Der Unterschied zur klassischen staatlichen Verwaltungslegitimation besteht hauptsächlich darin, dass die personelle Berufung nicht durch die Maxime politischer Verantwortlichkeit gekennzeichnet ist: Die Mitglieder der Kommission werden zwar aufgrund ihrer Staatsangehörigkeit berufen, sind jedoch gegenüber den mitgliedstaatlichen Regierungen *unabhängig* und nicht als deren Vertreter oder als Vertreter der Mitgliedstaaten anzusehen; sie haben ihre Tätigkeit ausschließlich im Hinblick auf das gemeineuropäische Gemeinwohl und unabhängig von mitgliedstaatlichen Teilinteressen auszuüben[145].

β) Legitimation des Unionsrechtsvollzugs

Die Legitimation des Unionsrechtsvollzugs ist differenziert im Hinblick darauf zu beantworten, ob er direkt durch die Kommission oder indirekt durch mitgliedstaatliche Behörden erfolgt. Der direkte Unionsrechtsvollzug lässt sich über die zwei Legitimationsstränge des dualen Legitimationsmodells legitimieren, der indirekte über insgesamt *drei*: Zu den zwei Strängen der unionalen Ebene tritt der dritte der jeweils in den Unionsrechtsvollzug eingebundenen und als funktionaler Teil der europäischen Verwaltung agierenden mitgliedstaatlichen Verwaltung hinzu[146]. Neben diesem *quantitativen* Vorsprung demokratischer Legitimation des mitgliedstaatlichen Unionsrechtsvollzugs ist auch ein *qualitativer* festzustellen: Der über das Europäische Parlament verlaufende Legitimationsstrang, der trotz seiner eigentlich abstützenden Funktion letztlich die Hauptrolle der demokratischen Kontrolle der Kommission und dadurch des direkten Unionsrechtsvollzugs übernimmt, erlaubt einen niedrigeren Grad demokratischer Steuerung als der dritte, genuin mitgliedstaatliche Strang; denn einerseits wird für die per-

---

D. Curtin/P. Hart (Hrsg.), The Real World of EU Accountability, 2010, 63 (64) sowie *C. Harlow*, Accountability in the European Union, 2002, 62: „the Union's core executive".

143 Allgemein dazu *E. Schmidt-Aßmann*, Verfassungsprinzipien für den Europäischen Verwaltungsverbund, in: W. Hoffmann-Riem/ders./A. Voßkuhle (Hrsg.), GVwR I, ^{2}2012, § 5, Rn. 60. *C. Harlow*, Accountability in the European Union, 2002, 71: „dual accountability".

144 Art. 17 Abs. 7 und 8 EUV.

145 Art. 17 Abs. 3 S. 2 und 3 EUV.

146 *C. Möllers*, Verwaltungsrecht und Politik, in: A. v. Bogdandy/S. Cassesse/P. M. Huber (Hrsg.), IPE V, 2014, § 93, Rn. 79.

sonelle Besetzung der Kommissionsspitze das Ergebnis der Wahlen zum Europäischen Parlament lediglich „berücksichtigt“[147], andererseits weisen jene Wahlen selbst faktische Steuerungsdefizite auf, da ihr *politisches Gravitationszentrum*[148] auf mitgliedstaatlicher Ebene verbleibt, die politische Evaluierung des unionalen Handelns kaum eine Rolle spielt und die Kommission für ihre jeweilige *„policy without politics“*[149] letztlich als *„governance without government“* nicht abwählbar ist[150].

Zwischen den beiden Unionsrechtsvollzugsalternativen lässt sich somit aus Sicht der demokratischen Verwaltungslegitimation ein *Vorrang* des mitgliedstaatlichen Vollzugs feststellen, der dem ohnehin geltenden Regel-Ausnahme-Verhältnis[151] eine *demokratische* Lesart verleiht: Das exekutiv-föderalistische Vollzugs-

---

147 Art. 17 Abs. 7 S. 1 EUV.

148 *P. M. Huber*, Demokratische Legitimation in der Europäischen Union, ZSE 3-4/2009, 364 (371), *C. Möllers*, Demokratische Ebenengliederung, in: I. Appel/G. Hermes/C. Schönberger (Hrsg.), Öffentliches Recht im offenen Staat, FS R. Wahl 2011, 759 (767). Vgl. ferner demokratietheoretisch *H. Abromeit*, Wozu braucht man Demokratie?, 2002, 197; politikwissenschaftlich *P. Mair*, The Limited Impact of Europe on National Party Systems, West European Politics 23 (2000), 27 (38): „second-order character of European elections“. Zu diesem Problem sowie allgemeiner dazu, dass auch das Handeln der Kommission politisch evaluationsfähig sein muss, s. *P. Craig*, Integration, Democracy, and Legitimacy, in: ders./G.de Burca (Hrsg.), The Evolution of EU Law, ²2011, 36, 40.

149 Zur Differenzierung zwischen policy als konkreter Sachpolitik und politics als wirklicher politischer Auseinandersetzung s. *C. Möllers*, Policy, Politics oder Politische Theorie?, in: C. Joerges/Y. Mény/J. H. H. Weiler (Hrsg.), Mountain or Molehill?: A Critical Appraisal of the Commission's White Paper on Governance, 2001, 1 (3).

150 Prominent *J. H. H. Weiler*, zuletzt in: *ders.*, Van Gend en Loos: The Individual as Subject and Object and the Dilemma of European Legitimacy, JMWP 10/14, 11: die wesentliche Voraussetzung repräsentativer Demokratie ist die Abwählbarkeit der Regierenden, was für Unionsorgane nahezu unmöglich erscheint. Zu den demokratischen Kontrolldefiziten der Kommission ebenfalls *C. Calliess*, Optionen zur Demokratisierung der Europäischen Union, in: H. Bauer/P. M. Huber/K.-P. Sommermann (Hrsg.), Demokratie in Europa, 2005, 281(294). Als zusätzliches Kontrolldefizit der Kommission erweist sich die Tatsache, dass es an einer individuellen Verantwortlichkeit der Kommissare für ihre Ressorts fehlt, s. *T. Groß*, Die öffentliche Verwaltung als normative Konstruktion, in: H.-H. Trute/ders./H. C. Röhl/C. Möllers (Hrsg.), Allgemeines Verwaltungsrecht – zur Tragfähigkeit eines Konzepts, 2008, 349 (360).

151 Zum Regel-Ausnahme-Verhältnis zwischen mitgliedstaatlichem und unionalem Unionsrechtsvollzug sowie dessen Ableitung aus dem Prinzip begrenzter Einzelermächtigung s. nur *E. Schmidt-Aßmann*, Das allgemeine Verwaltungsrecht als Ordnungsidee, ²2006, 7/8 f., *P. M. Huber*, Das Kooperationsverhältnis von Kommission und nationalen Verwaltungen beim Vollzug des Unionsrechts, in: C.-E. Eberle/M. Ibler/D. Lorenz (Hrsg.), Der Wandel des Staates vor den Herausforderungen der Gegenwart, FS W. Brohm, 2002, 127 (136), *W. Weiß*, Schnittstellenprobleme des europäischen Mehrebenenverwaltungsrechts, DV 38 (2005), 517 (531). Nunmehr zur Ableitung des Regel-Ausnahme-Verhältnisses aus Art. 291 AEUV als lex specialis s. *T. v. Danwitz*, Europäisches Verwaltungsrecht, 2008, 316 f., *C. Möllers/J. v. Achenbach*, Die Mitwirkung des Europäischen Parlaments an der abgeleiteten Rechtsetzung der Europäischen Kommission nach dem Lissaboner Vertrag, EuR 2011, 39 (43 f.). Dazu, dass die Kommission keine allgemeine Kompetenz zur Rechtsanwendung hat, s. *A. v. Bogdandy/J. Bast*, Die vertikale Kompetenzordnung der Europäischen Union, EuGRZ 2001, 441 (453). Relativierend dagegen unter der Ansicht, dass das Primärrecht keine feste Vorrangregel für die Zuordnung von Vollzugskompe-

modell ist dabei als die Regel anzusehen, der direkte Unionsrechtsvollzug durch unionale Behörden dagegen – wegen der entstehenden demokratischen Legitimationsdefizite – als die kompetenzrechtlich klar zu regelnde Ausnahme. Dies gilt umso mehr in Konstellationen, in denen der direkte Vollzug nicht durch die Kommission selbst erfolgt, sondern an andere unionale Einrichtungen delegiert wird: So haben auch die von der EuGH-Rechtsprechung vorgesehenen Delegationsschranken[152] neben ihrem originären, auf das institutionelle Gleichgewicht bezogenen Kontext auch eine demokratische Bedeutung[153].

(3) Zur demokratischen Bedeutung einer vertikalen Verwaltungskompetenzordnung

α) Verteilung politischer Verwaltungsverantwortlichkeit

In föderalen Systemen, mit welchen grundsätzlich auch die Europäische Union durch das ihr zugrundeliegende exekutiv-föderalistische Unionsrechtsvollzugsmodell strukturell vergleichbar ist[154], besteht die demokratische Bedeutung einer vertikalen Kompetenzordnung darin, dass sie die politische Verwaltungsverantwortlichkeit zwischen den Ebenen verteilt: Sie bestimmt, auf welcher Ebene und, dementsprechend, vor welchem Parlament und welchem Wahlvolk der Gesetzesvollzug politisch zu verantworten ist. Dass es dabei im horizontalen Vergleich zwischen den Ländern zu Divergenzen und unterschiedlichen ad hoc-Ergebnissen kommen kann, ist nicht problematisch, sondern vielmehr die Konsequenz der po-

---

tenzen zur europäischen oder mitgliedstaatlichen Ebene enthalte und lediglich das Subsidiaritätsprinzip als Kompetenzausübungsregel zu berücksichtigen sei, *E. Pache*, Verantwortung und Effizienz in der Mehrebenenverwaltung, VVDStRL 66 (2007), 106 (121 f.). Ebenfalls zur Bedeutung des Subsidiaritätsprinzips im Verwaltungsvollzug s. *S. Schreiber*, Verwaltungskompetenzen der Europäischen Gemeinschaft, 1997, 58, 165, 184 f., *G. Winter*, Kompetenzverteilung und Legitimation in der Europäischen Mehrebenenverwaltung, EuR 2005, 255 (261). Zu den Problemen der Relativierung der Vollzugskompetenzverteilung wegen der finalen Ausrichtung unionaler Kompetenzen ohne Differenzierung zwischen Rechtsnormen und Einzelfallentscheidungen bereits *H. D. Jarass*, Kompetenzverteilung zwischen der EG und den Mitgliedstaaten, AöR 121 (1996), 173 (182 f.).

[152] Grundlegend EuGH, Urt. v. 13.6.1958, Rs. 9/56 (Meroni & Co., Industrie Metallurgiche, SpA/Hohe Behörde der Europäischen Gemeinschaft für Kohle und Stahl), Slg. 1958, 11 f.

[153] An den Externalisierungs- und Delegationsschranken wird deutlich, dass sich das Unionsrecht grundsätzlich auch am Verantwortungskettenmodell orientiert, s. *H. Bauer*, Demokratie in Europa – Einführende Problemskizze, in: ders./P. M. Huber/K.-P. Sommermann (Hrsg.), Demokratie in Europa, 2005, 1 (9) mit Bezug auf Europäische Kommission, Mitteilung vom 13.12.2000, KOM (2000) 788, 4: „Die Instrumente müssen so konzipiert werden, dass die Kontinuität in der Verantwortungskette zwischen der Kommission und ihren Bevollmächtigten gewahrt wird und die ausreichende Überwachung durch die Kommission bei den Aufgaben, die sie an externe Einrichtungen vergibt, gewährleistet ist".

[154] *S. Kadelbach,* Demokratische Legitimation als Prinzip zwischenstaatlichen Handelns, in: S. Vöneky/C. Hagedorn/M. Clados/J. v. Achenbach (Hrsg.), Legitimation ethischer Entscheidungen im Recht – Interdisziplinäre Untersuchungen, 2008, 147 (159).

litischen Natur von administrativen Entscheidungsfreiräumen. So liegt der Verteilung der politischen Verwaltungsverantwortlichkeit in exekutiv-föderalistischen Systemen der Gedanke zu Grunde, die demokratische *Responsivität* des jeweiligen Teilvolks durch die *Steuerungskraft* periodischer Wahlen auch in dem Bereich zu sichern, in dem administrative Entscheidungen nicht vollständig vom Gesetz vorprogrammiert sind und politischer Spielraum besteht: „Die nach demokratischen Verfahren zu kommunikativer Macht verarbeitete öffentliche Meinung kann nicht selber ‚herrschen', sondern nur den Gebrauch der administrativen Macht in bestimmte Richtungen lenken"[155].

β) Unionsrechtliche Relativierung: Vollzugseffektivität und politische Unabhängigkeit

Das unionsrechtliche Vollzugmodell orientiert sich dagegen viel weniger an der Verteilung der politischen Verantwortlichkeit zwischen den unterschiedlichen Entscheidungsebenen, sondern ist eher darauf gerichtet, einen effektiven Unionsrechtsvollzug zu sichern: Im Ergebnis läuft dies auf eine *Einheitlichkeit* des Unionsrechtsvollzuges hinaus. Dem liegt einerseits die Überzeugung zu Grunde, dass die jeweiligen Kompetenzen[156] *final*[157] auf die unionale Ebene übertragen werden und es vielmehr auf die Verwirklichung einzelner Ziele ankommt, die ebenfalls auf unionaler Ebene bestimmt werden. Andererseits ergibt sich aus einer Reihe unionsrechtlicher Regelungen, dass dabei mitgliedstaatliche Behörden nicht als Teile mitgliedstaatlicher Verwaltungsapparate, die den Unionsrechtsvollzug auf mitgliedstaatlicher Ebene politisch zu verantworten haben, sondern als funktionale Teile der „europäischen Verwaltung" möglichst unabhängig von politischem Einfluss zu handeln haben[158]. Unklar ist, ob dies ein Ausfluss eines alternativen Verwaltungsideals und -bilds ist, wonach Verwaltungen allgemein gegenüber politischen Repräsentanten möglichst unabhängig sein sollten und ihr Handeln an objektivierten und expertokratischen Effizienz- und Rationalitätsvorstellungen zu orientieren haben[159], oder ob dahinter die Absicht steckt, das

---

[155] *J. Habermas*, Faktizität und Geltung, 1998, 364.

[156] Zur Koppelung von Demokratie und Kompetenzordnung s. *C. Calliess,* Die neue Europäische Union nach dem Vertrag von Lissabon, 2010, 185 f. Zu den Problemen eines derartigen Zusammenhangs dagegen relativierend *C. Möllers*, Demokratische Ebenengliederung, in: I. Appel/G. Hermes/C. Schönberger (Hrsg.), Öffentliches Recht im offenen Staat, FS R. Wahl 2011, 759 f.

[157] Allgemein zur Problematik der Finalität der EU s. *U. Haltern*, Finalität, in: A. v. Bogdandy/J. Bast (Hrsg.), Europäisches Verfassungsrecht, ^{2}2009, 279 f.

[158] In einigen Politikbereichen wird sogar eine „völlige Unabhängigkeit" mitgliedstaatlicher Behörden gefordert, s. EuGH, Urt. v. 9.3.2010, Rs. C-518/07 (Kommission/Deutschland), Slg. 2010 I-01885. Dazu *E. M. Frenzel*, „Völlige Unabhängigkeit" im demokratischen Rechtstaat, DÖV 2010, 925 f.

[159] Zum Thema von Rationalität und Bürokratie als Hoffnung und Sorge des europäischen Verwaltungsrechts zugleich s. *A. v. Bogdandy*, Verwaltungsrecht im europäischen Rechtsraum,

„europäische Gemeinwohl" „top-down" auf unionaler Ebene zu konkretisieren; bewirkt wird damit allenfalls eine Relativierung der politischen Verwaltungsverantwortlichkeit auf mitgliedstaatlicher Ebene und dadurch letztlich der demokratischen Steuerungskraft des dritten Legitimationsstranges des Unionsrechtsvollzugs.

dd) Zwischenergebnis

Untersucht man die rechtlichen Vorgaben des europäischen Demokratieprinzips, so ergibt sich ein grundsätzlich am Verantwortungsgedanken orientiertes duales Legitimationsmodell. In dessen Rahmen wird die Verwaltungslegitimation unterschiedlich im direkten und im indirekten Unionsrechtsvollzug hergestellt, wobei sich aus der Perspektive der demokratischen Legitimation ein Vorrang des indirekten gegenüber des direkten Vollzuges feststellen lässt: Letzterer lässt sich wegen seiner politischen Verantwortungsdefizite demokratisch nur als Ausnahme rechtfertigen. Dies lässt sich dadurch erklären, dass der direkte Unionsrechtsvollzug demokratische Legitimationsdefizite aufweist, die sich aus der defizitären politischen Verantwortlichkeit unionaler Entscheidungsträger ergeben und sie aufgrund der mangelnden Abwahlmöglichkeit als „governance without government" erscheinen lassen. Grundsätzlich käme somit eine Primärrechtswidrigkeit von sekundärrechtlichen Umgehungen dieses Regel-Ausnahme-Verhältnisses zwischen indirektem und direktem Unionsrechtsvollzug in Betracht. Die demokratische Funktion der vertikalen Verwaltungskompetenzverteilung wird allerdings praktisch durch die geforderte Effektivität des Unionsrechtsvollzugs relativiert, da sie Vereinheitlichungstendenzen und somit einen Einflussknick des dritten Legitimationsstranges bewirkt.

3. Legitimationsproblematik des Verwaltungsverbundes

a) Strukturelle Legitimationsdefizite: Kooperative Dualität

aa) Kooperative Dualität als Legitimationsherausforderung

Eine strikte Dichotomie zwischen direktem und indirektem Vollzug vermag das Modell des Unionsrechtsvollzuges allerdings nicht angemessen zu beschreiben, da dieser meist nicht isoliert, sondern im Rahmen des europäischen Verwaltungsverbundes als vertikale und horizontale Kooperationsaufgabe ausgestaltet ist: Das exekutiv-föderalistische Modell wird in ein „kooperativ-föderalistisches"[160] um-

---

in: ders./S. Cassese/P. M. Huber (Hrsg.), IPE IV, 2011, § 57, 7 f. Zur „Bürokratenherrschaft" im Europäischen Verwaltungsverbund und dem damit verbundenen expertokratischen Rationalitätsparadigma s. *E. Peuker*, Bürokratie und Demokratie in Europa. Legitimität im Europäischen Verwaltungsverbund, 2011, 221 f.

[160] Zum Begriff *R. Schütze*, From Dual to Cooperative Federalism, 2009. Zu Relativierungen

geformt. Für die Legitimation des Verwaltungsverbundes entsteht ein Spannungsverhältnis zwischen seinen strukturellen Eigenschaften und seiner funktionalen Ausrichtung: Strukturell bleiben die Behörden Teile ihres Verwaltungsapparates, der jeweils seiner eigenen Legitimation bedarf, funktional dient die Kooperation zwischen den Behörden der unionsweiten Effektivität des Unionsrechtsvollzugs; organisatorisches Trennungsprinzip und funktionale Einheitlichkeit fallen auseinander. Klassische verfassungsstaatliche Paradigmata der Verwaltungslegitimation können somit nicht auf das Konzept des Verwaltungsverbundes übertragen werden. Organisatorisch kann aufgrund des Bestehens des Verwaltungsverbundes aus Behörden unterschiedlicher und gleichrangiger Rechtsregime keine Rede von Hierarchie sein, ein Verbot der Mischverwaltung kann es aufgrund der Kooperationspflichten nicht geben[161]. Dies bereitet Schwierigkeiten für die Anpassung des kooperativen Verwaltungsvollzugs auf das duale Modell demokratischer Legitimation, da die vertikalen und horizontalen Kooperationskonstellationen zu Zusammenwirkungen und „Kreuzungen" der Legitimationsstränge führen: Je komplexer die Kooperation, umso intensiver die Gefährdung der Linearität der Legitimations- und Verantwortungsketten.

bb) Verantwortungsklarheit, Transparenz und Verfahrensorganisation

Um entsprechenden Senkungen des Legitimationsniveaus entgegenzusteuern, ist dem Steuerungscharakter des Verwaltungsorganisationsrechts[162] besondere Bedeutung zuzumessen. Da jedoch der Verwaltungsverbund keine einheitliche Organisationsstruktur bilden kann, sind verwaltungsorganisatorische Instrumente funktional in Instrumente über die *Organisation* der Verwaltungs*kooperation* umzuwandeln, was wiederum die Verknüpfung von Organisations- und Verfahrensrecht im Europäischen Verwaltungsrecht unterstreicht[163]. Für die Verwaltungslegitimation sind dabei zwei Maximen zu beachten: Einerseits ist eine Überwindung der Schnittstellenproblematik[164] durch die Herstellung von größtmögli-

---

des exekutiv-föderalistischen Modells *ders.*, From Rome to Lisbon: „Executive Federalism" in the (new) European Union, CMLR 47 (2010), 1385 f.

[161] *E. Schmidt-Aßmann*, Europäische Verwaltung zwischen Kooperation und Hierarchie, in: H.-J. Cremer/T. Giegerich/D. Richter/A. Zimmermann (Hrsg.), FS H. Steinberg, 2002, 1375 f., *I. Pernice*, The Treaty of Lisbon: Multilevel Constitutionalism in Action, The Columbia Journal of European Law, 15 (2009), 349 (383): „Multilevel Structure without Hierarchies".

[162] S. E. Schmidt-Aßmann/W. Hoffmann-Riem (Hrsg.), Verwaltungsorganisationsrecht als Steuerungsressource, 1997.

[163] Allgemein zu den drei Dimensionen des Verwaltungsrechts s. *C. Möllers*, Materielles Recht – Verfahrensrecht – Organisationsrecht, in: H.-H. Trute/T. Groß/H. C. Röhl/ders. (Hrsg.), Allgemeines Verwaltungsrecht – Zur Tragfähigkeit eines Konzepts, 2008, 489 f.

[164] *W. Weiß*, Schnittstellenprobleme des Europäischen Mehrebenenverwaltungsrechts, Die Verwaltung 38 (2005), 517 f.

cher *Verantwortungsklarheit*[165] und Transparenz[166] erforderlich, die ex ante klar abgrenzbare Kompetenz- und Aufgabenzuweisungen sicherstellt und dadurch ex post die demokratische Verantwortlichkeit jeder Behörde gegenüber ihren Kontrollinstanzen überhaupt ermöglicht; andererseits ist bei der Ausgestaltung der kooperativen Entscheidungsfindung und der entsprechenden Verwaltungsverfahren die Gewichtung von Kompetenz- und Machtverteilungsverhältnissen zu beachten, denn je nach Kooperationsdesign können Kompetenzzuweisungen umgangen werden und *faktische Hierarchien* mit Rückwirkungen auf das Verhältnis der Legitimationsstränge und das Legitimationsniveau entstehen. Letztlich hängt die Steuerung des Verwaltungsverbundes von der Organisation der Verwaltungskooperation ab.

cc) Typen demokratischer Legitimationsdefizite

Die sich daraus ergebenden Legitimationsprobleme des Europäischen Verwaltungsverbundes wurzeln im Kern in der Divergenz zwischen organisatorischer Trennung und funktionaler Einheitlichkeit: Dies führt sowohl zu Verantwortungsdiffusionen als auch zu legitimationsgefährdenden Wertungen in der sekundärrechtlichen Ausgestaltung kooperativer Verwaltungsverfahren. Deren Systematisierung lässt sich grundsätzlich in folgende Kategorien einteilen: Zurechnungsprobleme[167], transnationale Wirkungen des mitgliedstaatlichen Verwaltungshandelns[168] und vertikale Kompetenzverschiebungen zugunsten der unionalen Ebene ohne entsprechende legitimatorische Abstützung.

Als Zurechnungsprobleme verstehen sich Konstellationen, in denen aufgrund der Verwaltungskooperation zwischen Behörden unterschiedlicher Rechtsregime keine klare Zuordnung des nach außen wirkenden Verwaltungshandelns an bestimmte Hoheitsträger möglich ist und dadurch demokratische Kontrolle und Verantwortlichkeit erschwert werden. In erster Hinsicht erscheinen Zurechnungsprobleme als *kognitive Probleme* der *Ersichtlichkeit* demokratischer Verantwortlichkeit, da unklar ist, über welche Legitimationsstränge ein Kooperationsvorgang zu

---

165 Grundlegend *E. Schmidt-Aßmann*, Das allgemeine Verwaltungsrecht als Ordnungsidee, ²2006, 399 f. Zustimmend *E. Pache*, Verantwortung und Effizienz in der Mehrebenenverwaltung, VVDStRL 66 (2007), 106 (140), *K.-P. Sommermann*, Demokratiekonzepte im Vergleich, in: H. Bauer/P. M. Huber/ders. (Hrsg.), Demokratie in Europa, 2005, 191 (221).

166 Zur Transparenz als wesentlicher Funktionsbedingung der Demokratie in der EU s. *C. Calliess*, Optionen zur Demokratisierung der Europäischen Union, in: H. Bauer/P. M. Huber/K.-P. Sommermann (Hrsg.), Demokratie in Europa, 2005, 281 (307 f.), *M. P. Maduro*, Der Kontrapunkt im Dienste eines europäischen Verfassungspluralismus, EuR 2007, 3 (30).

167 *H. C. Röhl*, Verantwortung und Effizienz in der Mehrebenenverwaltung, DVBl. 2006, 1070 f.

168 Zum Problem demokratischer Legitimation transnationaler Wirkungen des Verwaltungshandelns besonders wenn diese ipso iure erfolgen und weniger wenn Anerkennungsbefugnisse vorgesehen sind s. *T. von Danwitz*, Europäisches Verwaltungsrecht, 2008, 636 Fn. 174 im Anschluss an *G. Sydow*, Verwaltungskooperation in der Europäischen Union, 2004, 245.

legitimieren ist sowie welcher der kooperierenden Hoheitsträger den maßgeblichen Einfluss auf das nach außen wirkende Verwaltungshandeln leistet. In Konstellationen transnationalen Verwaltungshandelns handelt es sich um strukturelle Mitbestimmungsprobleme, da Entscheidungen mitgliedstaatlicher Behörden auch in anderen Mitgliedstaaten Wirkungen aufweisen, in welchen die entscheidende Behörde keine politische Verantwortlichkeit trägt[169]. Kompetenz- und Machtverschiebungen entstehen schließlich durch eine hierarchische Ausgestaltung des kooperativen Unionsrechtsvollzugs zugunsten der unionalen Ebene: Entweder wird der Kommission oder einer anderen unionalen Einrichtung sekundärrechtlich die Befugnis eingeräumt, „das letzte Wort" zu haben, oder sie steuert den Unionsrechtsvollzug durch unverbindliche Maßnahmen, welche jedoch aufgrund von ihr eingeräumten Selbsteintritts- oder Vetorechten faktisch verbindliche Wirkungen aufweisen können. Kompensiert soll eine hierarchische Ausgestaltung des Unionsrechtsvollzugs im Grunde durch das europäische Ausschusswesen, die sog. Komitologie[170]; dabei wird die Kommission von einem aus mitgliedstaatlichen Vertretern bestehenden Ausschuss unterstützt, letztlich soll damit die primärrechtlich vorgesehene[171] Kontrolle der Kommission seitens der Mitgliedstaaten ermöglicht werden. Zwar ist die Kommission grundsätzlich an die Stellungnahmen des Ausschusses gebunden und kann nur in Ausnahmefällen unabhängig vom Ausschuss handeln[172], ob dadurch allerdings eine *demokratische* Legitimationsabstützung des unionalen Handelns geleistet werden kann, ist angesichts des Mehrheitsentscheidungsmodus innerhalb der Ausschüsse durchaus zweifelhaft[173].

b) Netzwerkspezifische demokratische Legitimationsproblematik: Machtverschiebungen

Besondere Relevanz erlangen aus demokratisch-legitimatorischer Sicht die Steuerungsgewinne der Kommission, die dadurch entstehen, dass sie als Netzwerkmitglied *unionsweit* in den indirekten Unionsrechtsvollzug eingebunden wird. Wegen der netzwerkinternen faktischen Hierarchisierung droht eine strukturelle *vertikale Machtverschiebung* auf die unionale Ebene stattzufinden, die angesichts der demokratischen Bedeutung des Regel-Ausnahme-Verhältnisses zwischen direktem und indirektem Vollzug legitimationsgefährdende Auswirkungen haben können: Mitgliedstaatliche Verwaltungen könnten unionsweit zu „nachgeordneten Vollzugsorganen der Kommission degradieren"[174]. Auch legitimationsauffangen-

---

169 *G. Sydow*, Verwaltungskooperation in der Europäischen Union, 2004, 243 f., *E. Schmidt-Aßmann*, Verfassungsprinzipien für den Europäischen Verwaltungsverbund, in: W. Hoffmann-Riem/ders./A. Voßkuhle, GVwR I, ^{2}2012, § 5, Rn. 62.

170 S. ausführlich Art. VO 182/2011.

171 Art. 291 Abs. 3 AEUV.

172 Art. 7 VO 182/2011.

173 Dazu IV.1.c).

174 *P. M. Huber*, Das Kooperationsverhältnis von Kommission und nationalen Verwaltungen

de *opt-out Optionen*[175] sind nicht vorhanden, da die Teilnahme an den Netzwerken sekundärrechtlich vorgegeben und verbindlich ist. Dazu kommt eine *horizontale Machtverschiebung* in der Gewaltenteilung: Wegen der politischen Unabhängigkeit der Kommission, der funktionalen Ausgliederung mitgliedstaatlicher Behörden aus den mitgliedstaatlichen Verwaltungsapparaten und der ebenfalls von ihnen geforderten politischen Unabhängigkeit auf der mitgliedstaatlichen Ebene wird die defizitäre politische Verantwortlichkeit beim Unionsrechtsvollzug zur Regel gemacht. Dies kann jedoch eine Umkehrung des Nichtübertragbarkeitsgrundsatzes bewirken: Zwar sind (mitglied)staatliche Demokratiekonzepte nicht auf die unionale Ebene pauschal übertragbar, durch Netzwerke wird jedoch das unionale Verwaltungskonzept auch auf den indirekten Vollzug und somit unionsweit auf die Ebene der mitgliedstaatlichen Verwaltung übertragen. Letztlich droht der unionsweite Unionsrechtsvollzug in Netzwerken als „policy without politics“[176] stattzufinden, so dass eine unionsweite „governance without government“ entsteht.

c) *Konsequenz: Zurechnungs- und Responsivitätsdefizite*

Die durch die Ausgestaltung des Verwaltungshandelns in Netzwerken verursachten Machtverschiebungen sowie generell deren Struktur und Funktionsweise intensivieren die allgemeinen demokratischen Legitimationsprobleme der Europäischen Union und des Europäischen Verwaltungsverbundes und lassen sich in zwei miteinander verknüpfte Kategorien aufteilen: in *Zurechnungsprobleme* aufgrund der netzwerkinternen Verwaltungskooperation und in *Responsivitätsprobleme* des Verwaltungshandelns wegen der vertikalen und horizontalen Machtverschiebungen. Zurechnungsprobleme entstehen in Netzwerken dadurch, dass die kooperierenden Behörden in dauerhafte und verstetigte Kooperations- und Koordinati-

beim Vollzug des Unionsrechts, in: C.-E. Eberle/M. Ibler/D. Lorenz (Hrsg.), Der Wandel des Staates vor den Herausforderungen der Gegenwart, FS W. Brohm, 2002, 127 (131). Vgl. im Kontext der Evaluierung des von der Kommission veröffentlichten Governance-Weißbuches *C. Möllers*, Policy, Politics oder Politische Theorie?, in: C. Joerges/Y. Mény/J. H. H. Weiler (Hrsg.), Mountain or Molehill?: A Critical Appraisal of the Commission's White Paper on Governance, 2001, 1 (8): „Die Kommission strebt eine eigene Organisationsmacht auch für die nationalen Verwaltungen an, bei der sich der Beitrag der Mitgliedstaaten auf die Zuverfügungsstellung von Sach- und Personalmitteln beschränkt“.

[175] Zur legitimatorischen Bedeutung von Opt-out Optionen in Governance-Netzwerken *J. Kersten*, Governance in der Staats- und Verwaltungsrechtswissenschaft, in: E. Grande/S. May (Hrsg.), Perspektiven der Governance-Forschung, Baden-Baden 2009, 45 f.

[176] Allgemein zum damit verbundenen Begriff des „Exekutivismus“ besonders im Rahmen neuartiger unionsrechtlicher Koordinationsmethoden s. *M. Dawson*, New Governance and the Transformation of European Law, 2011, 208, Fn. 129 und *I. Pernice*, Die Rettung des Euro und die Zukunft der EU, WHI-Paper 5/13, 9 sowie allgemeiner in einem hier nicht geteilten unions(rechts)kritischen Ton *K. A. Schachtschneider*, Prinzipien des Rechtstaates, 2006, 180, *ders.*, Die Republik der Völker Europas, in: R. Gröschner/M. Morlok (Hrsg.), Rechtsphilosophie und Rechtsdogmatik in Zeiten des Umbruchs, ARSP Beiheft 71, 1997, 153 (157).

onsstrukturen eingebunden sind, die organisatorisch und im Innenverhältnis zwar aus getrennten Hoheitsträgern bestehen, im Außenverhältnis jedoch einheitlich und funktional verselbständigt auftreten: Dies lässt nicht den tatsächlichen inhaltlichen Urheber der nach außen wirkenden Verwaltungsentscheidung oder der einzelnen Handlungsbeiträge erkennen, was wiederum die Beantwortung der Frage erschwert, in welchem der zusammenwirkenden Rechtsregime bzw. vor welchem demokratischen Legitimationssubjekt die demokratische Kontrolle und Verantwortlichkeit verortet werden muss. Strukturell wird dies freilich auch dadurch erschwert, dass die Netzwerkmitglieder formell gleichrangig und das Netzwerk nicht hierarchisch organisiert ist, so dass kein einheitlicher Verantwortungssammelpunkt möglich ist, wie dies auf der Ministerebene im verwaltungsorganisatorisch hierarchischem Verfassungsstaat der Fall ist. Dieses Zurechnungsproblem kann freilich durch erhöhte Transparenzvorgaben für die netzwerkinterne Verwaltungskooperation relativiert werden; dennoch ist damit das Legitimationsproblem der Netzwerke nicht gelöst, da Transparenz die fehlende Hierarchie aus legitimatorischer Sicht nur teilweise kompensieren kann: Lediglich die *Ersichtlichkeit* des Handelns wird dadurch verbessert, nicht die Gewichtung der Handlungsbeiträge innerhalb der Kooperation[177]. Damit ist man beim zweiten Problem, der reduzierten demokratischen *Responsivität* des Verwaltungshandelns, die wegen der vertikalen und horizontalen Machtverschiebungen zugunsten der Kommission versursacht wird: Ihre demokratische Verantwortlichkeit ist defizitär, die Rückführbarkeit ihres Handelns auf den Willen und die Präferenzen des demokratischen Legitimationssubjekts reduziert.

Die Zurechnungs- und Responsivitätsprobleme führen dazu, dass Netzwerke als europäische Governance-Modi nicht nur die von internationalen Governance-Netzwerken bekannten Legitimationsprobleme aufweisen, sondern innerhalb des Europäischen Verwaltungsverbundes diese sogar intensivieren. Im Gegensatz zu globalen Netzwerken sind sie sekundärrechtlich vorgesehen und somit *verbindliche* Kooperationsstrukturen, bieten dadurch keine *opt-out Optionen*, was unter Befürwortern der Governance durch Netzwerke als Legitimationsvoraussetzung im Falle unzureichender struktureller Legitimität anerkannt wird[178], und sind trotz formeller Gleichrangigkeit der kooperierenden Hoheitsträger wegen der Einbindung der Kommission faktisch *hierarchisch* organisiert. Was auf internationaler Ebene als staatlicher Souveränitätsverlust anerkannt wird, kann innerhalb des Europäischen Verfassungsverbundes als Senkung des demokratischen Legitimationsniveaus angesehen werden, wenn es nicht nach den Vorgaben des Demokratieprinzips „aufgefangen" wird; überdies existiert auf internationaler Ebene kein vergleichbares Erfordernis demokratischer Legitimation des Verwal-

---

177 Dazu näher C. III.3c)bb) (111 f.).

178 *J. Kersten,* Governance in der Staats- und Verwaltungsrechtswissenschaft, in: E. Grande/ S. May (Hrsg.), Perspektiven der Governance-Forschung, 2009, 45 f.

tungshandelns, so dass versucht wird, die Legitimität der internationalen Verwaltungskooperation hauptsächlich durch rechtstaatliche Elemente herzustellen[179]. So verstetigen Netzwerke auch die allgemein bekannten Legitimationsprobleme der europäischen Verwaltungskooperation: Die Struktur und Funktionsweise der Netzwerke erlaubt wegen der diversen Machtverschiebungs-, Zurechnungs- und Responsivitätsprobleme nicht deren Anpassung an das duale Legitimationskonzept der Europäischen Union bzw. das Legitimationsmodell des indirekten Unionsrechtsvollzuges. Netzwerke intensivieren dadurch das allgemeine Demokratiedefizit der Europäischen Union, indem sie die für den Unionsrechtsvollzug grundsätzlich auf mitgliedstaatlicher Ebene herzustellende demokratische Verantwortlichkeit faktisch auf die europäische Ebene und die Kommission verschieben: So verlieren mitgliedstaatliche Parlamente an Einfluss, was durch die nur abstützende Funktion des Europäischen Parlaments nicht kompensiert werden kann. Letztlich kann dies nicht mit der Begründung gerechtfertigt werden, dass die *Effektivität* des Unionsrechtsvollzuges mit dessen unionsweiter *Einheitlichkeit* gleichzusetzen ist: für Mehrebenen-Systeme und -Rechtsordnungen und erst recht für einen Staatenverbund ist es genau kennzeichnend, dass dieselbe Regelung aufgrund administrativer Entscheidungsspielräume nicht komplett einheitlich vollzogen wird, sondern durch die Verteilung der politischen Verantwortlichkeit gegenüber den unterschiedlichen demokratischen Legitimationssubjekten auch Divergenzen entstehen können. Besonders bei der rein politischen Entscheidungsfindung ist dies von zentraler Bedeutung, so dass allgemein gelten dürfte: je politischer die Entscheidungsfindung innerhalb der Netzwerke, desto fragwürdiger ihre demokratische Legitimität.

d) Zwischenergebnis: Erfordernis alternativen Zugangs

Die durch Netzwerke vertieften und verstetigten demokratischen Legitimationsdefizite der Verwaltungskooperation im europäischen Verwaltungsverbund führen dazu, dass erhebliche Zweifel daran bestehen, ob sie den normativen Anforderungen des europäischen Verfassungsverbundes genügen: Als verfassungsrechtlich erforderlich erscheint deswegen das Herausarbeiten von Lösungsansätzen. Im Nachfolgenden werden Rekonstruktionsoptionen zweier demokratischer Grundkategorien, des Legitimationssubjekts und der Verantwortung, untersucht

---

[179] Vgl. *G. Dimitropoulos*, Akkreditierung und Zertifizierung im Internationalen Verwaltungsverbund, 2012, 326: „deswegen kann die Legitimation der internationalen Verbundverwaltung keine demokratische Legitimation sein". Dass dies vor dem Hintergrund intensivierter internationaler Verwaltungskooperation und Bedeutungsgewinnen des Global Governance nicht unproblematisch ist, zeigt die Suche nach allgemeingültigen globalen demokratischen Grundsätzen mit der Maxime einer Entwicklung von Möglichkeiten einer demokratischen Legitimation auch auf internationaler Ebene, s. exemplarisch *C. Walter,* Constitutionalizing (Inter) national Governance – Possibilities for and Limits to the Development of an International Constitutional Law, German Yearbook of International Law 44 (2001), 170 f.

und daran anknüpfend demokratietheoretische Alternativen und funktionale Äquivalente geprüft.

III. Rekonstruktion demokratischer Grundkategorien: Legitimationssubjekt und Verantwortung

1. Normstrukturbedingte Flexibilität: Demokratie als Rechtsprinzip

a) Rechtstheoretische Unterscheidung zwischen Rechtsregeln und -Prinzipien

aa) Rechtsphilosophischer Hintergrund

Die Unterscheidung zwischen Regeln und Prinzipien geht auf *Dworkins* rechts-*philosophische* Kritik am Rechtspositivismus *Harts* zurück[180], welche die für die angelsächsische Rechtsphilosophie der letzten Jahrzehnte prägende und nunmehr als beendet geltende[181] Hart-Dworkin-Debatte ausgelöst hatte. Als gedanklicher Ausgangspunkt der Debatte gilt die Rechtsphilosophie *Radbruchs*, womit sich *Hart* zur Entwicklung des Verhältnisses zwischen Recht und Moral auseinandersetzte und dabei größtenteils die „Radbruchsche Formel" rezipierte[182]. *Dworkin* teilt Normen allgemein in Regeln und Prinzipien ein und legt dafür einen logischen Unterschied beider Kategorien zugrunde: Regeln seien als „all-or-nothing-standards"-Normen[183] mit einem „Alles-oder-nichts"-Charakter, welche entweder erfüllt oder nicht erfüllt sein können; sind sie erfüllt, führen sie „automatisch" zu Rechtsfolgen[184]. Auf der anderen Seite weisen Prinzipien als keine „Alles-oder-nichts"-Normen eine offene Struktur auf und sind nicht nur als „entweder

---

180 Kritisiert wird von *Dworkin* in einer Reihe von Schriften das Standardwerk von *H.L.A. Hart*, The Concept of Law, ²1997. Übersicht und Auswertung der Hart-Dworkin-Debatte bei *S.J. Shapiro*, The Hart-Dworkin-Debate: A Short Guide for the Perplexed, University of Michigan Law School Public Law and Legal Theory Working Paper Series 77/2007 und *J. Saurer*, Die Hart-Dworkin-Debatte als Grundlagenkontroverse der angloamerikanischen Rechtsphilosophie: Versuch einer Rekonstruktion nach fünf Jahrzehnten, ARSP 98 (2012), 214–232.

181 *Hart* hat der rechtstheoretischen Regel-Prinzipien-Unterscheidung in einem Postscript zur zweiten Auflage seines „The Concept of Law" explizit zugestimmt, sie mit rechtspositivistischen Ansätzen als vereinbar erklärt und letztlich bestritten, die Unterscheidung jemals verneint oder abgelehnt zu haben; was er letztlich nicht teilt, ist die naturrechtliche Argumentation *Dworkins*, dass aus der Unterscheidung zwischen Regeln und Prinzipien eine Unmöglichkeit folge, rechtliche Wertungen aus dem positiven Recht zu entnehmen und dadurch auf naturrechtliche-moralische Ansätze zurückgreifen zu müssen, s. *H.L.A. Hart*, The Concept of Law, ²1997, 238f., 259f.

182 *J. Saurer*, Die Hart-Dworkin-Debatte als Grundlagenkontroverse der angloamerikanischen Rechtsphilosophie: Versuch einer Rekonstruktion nach fünf Jahrzehnten, ARSP 98 (2012), 214 (215).

183 *R.M. Dworkin*, Is Law A System Of Rules?, in: R.M. Dworkin (Hrsg.), The Philosophy of Law, 1997, 38 (45).

184 *R.M. Dworkin*, Is Law A System Of Rules?, in: R.M. Dworkin (Hrsg.), The Philosophy of Law, 1997, 38 (46).

erfüllt oder nicht" anzusehen, sondern können „mehr" oder „weniger" erfüllt sein. Die Unterscheidung hat praktische Konsequenzen in Fällen von Normkollisionen: Regeln können stricto sensu nicht gegeneinander kollidieren, denn aufgrund ihres Anwendungsbereiches ist für jede bestimmte Sachverhaltskonstellation jeweils nur eine Regel anwendbar bzw. andere Regeln bleiben aus demselben Grund unanwendbar. Prinzipien können dagegen miteinander kollidieren, weil sie keine mit dem Anwendungsbereich der Rechtsregeln vergleichbare „Beseitigungsfunktion" haben; vielmehr wird in Kollisionsfällen die prinzipienimmanente Dimension diverser *Gewichtungen* sichtbar, die für die Kollisionsauflösung beachtet werden muss und bei Regeln nicht festzustellen ist[185]. Die Unterscheidung zwischen Regeln und Prinzipien ist im Rahmen der Hart-Dworkin-Debatte insofern rechts*philosophischer Natur,* als sie auf die naturrechtliche Argumentation *Dworkins* gegen den Rechtspositivismus gestützt wird: Die Existenz von Prinzipien zeige auf, dass es innerhalb des Rechts zu Wertungen kommen könne, die rechtspositivistisch nicht zu erfassen seien und für *Dworkin moralischer* Natur sind.

bb) Rechtstheoretische Rezeption

Die Unterscheidung zwischen Regeln und Prinzipien wurde in die Rechtstheorie durch die Alexysche Prinzipientheorie rezipiert, wodurch letztlich ihr Übergang von der rechtsphilosophischen auf die rechtstheoretische Ebene ermöglicht wurde. *Alexy* hat die Unterscheidung zwischen Regeln und Prinzipien insofern rekonstruiert, als er sie juridifizierte, von der Dworkinschen moralischen – und somit außerrechtlichen – Argumentation ablöste und zu einer Rechtsfrage machte[186]: Dadurch können schließlich auch alle *Rechts*normen auf den alternativen Status von *Rechts*regeln und *Rechts*prinzipien zurückgeführt werden[187]. Als zentrales Paradigma dafür wurden durch eine prinzipientheoretische Rekonstruktion der Bundesverfassungsgerichtsrechtsprechung Grundrechte des Grundgesetzes zugrunde gelegt: Grundrechte werden als Rechtsprinzipien qualifiziert, welche sich, anders als Rechtsregeln, nicht gegeneinander ausschließen, sondern miteinander kollidieren können und dadurch eine Abwägung erforderlich machen. Der maßgebliche Unterschied[188] zur Dworkinschen Unterscheidung ist, dass in der Prinzipientheorie die Rechtsprinzipien nicht e contrario als keine „alles-oder-nichts"-Normen definiert werden, sondern inhaltlich als *Optimierungsgebote* verstanden

[185] „The dimension of weight or importance", s. *R. M. Dworkin*, Is Law A System Of Rules?, in: R. M. Dworkin (Hrsg.), The Philosophy of Law, 1997, 38 (47).

[186] *J. Saurer*, Die Hart-Dworkin-Debatte als Grundlagenkontroverse der angloamerikanischen Rechtsphilosophie: Versuch einer Rekonstruktion nach fünf Jahrzehnten, ARSP 98 (2012), 214 (218).

[187] *R. Alexy*, Theorie der Grundrechte, ²1994, 77: „Jede Norm ist entweder eine Regel oder ein Prinzip".

[188] *R. Alexy*, Theorie der Grundrechte, ²1994, 77 mit Fn. 27.

werden: anders als Rechtsregeln ordnen sie kein „reales", sondern ein „ideales" Sollen an, das „nicht voraussetzt, dass das was gesollt ist, in vollem Umfang tatsächlich und rechtlich möglich ist, dafür aber möglichst weitgehende und approximative Erfüllung verlangt"[189]. Dadurch legen Rechtsprinzipien keine Entscheidung zwingend fest, sondern geben lediglich die Gründe an, die für die eine oder andere Entscheidung sprechen[190]. Für Rechtsnormkonflikte folgt daraus, dass Rechtsregeln alternativ je nach Subsumtion, Anwendungsbereich und Vorrangsregeln[191] zur Anwendung kommen, während bei kollidierenden Rechtsprinzipien eine Abwägungsentscheidung die Lösung bietet: Rechtsprinzipien werden somit insgesamt zu Spezifizierungs-, Abwägungs- und Optimierungsgeboten[192]. So besteht die durch die Prinzipientheorie bezweckte Juridifizierung letztlich darin, dass Rechtsprinzipien als Optimierungsgebote *Rechts*normen sind, die als deontologische Begriffe das Gesollte vorgeben, während die Dworkinschen „morals" Werte und somit bloß axiologische Begriffe sind, die nicht aussagen was gesollt, sondern was besser ist[193].

Die Kritik an der Prinzipientheorie setzt genau an der Eigenschaft von Rechtsprinzipien als Optimierungsgeboten an, denn dadurch wird als Unterscheidungskriterium zwischen Rechtsregeln und Rechtsprinzipien nicht die offene Struktur und inhaltliche Allgemeinheit letzterer zugrunde gelegt, sondern im Grunde deren *Geltung*[194]; geben sie nämlich lediglich Gründe für eine Entscheidung vor und werden sie in Kollisionsfällen sogar von Rechtsregeln verdrängt, muss angenommen werden, dass sie selbst eigentlich nur „prima facie" gelten. Dies steht wiederum ihrer Natur als Rechts*normen* entgegen; nach der Rechtstheorie Kelsens, welche auch von Rechtsprinzipientheoretikern als Grundlage anerkannt wird, ist die binäre Struktur und die (volle) Geltung ein immanenter Bestandteil aller Rechtsnormen[195]. Festzuhalten ist jedenfalls, dass trotz aller Kritik an der Prinzipientheorie die grundsätzliche normstrukturelle Unterscheidung zwischen Rechtsre-

---

189 *R. Alexy*, Zum Begriff des Rechtsprinzips, in: ders. (Hrsg.), Recht, Vernunft, Diskurs. Studien zur Rechtsphilosophie, 1995, 177 (204). Der Gebotscharakter von Rechtsregeln, die entweder erfüllt oder nicht erfüllt werden können, wird demnach als „reales Sollen" gekennzeichnet.

190 *R. Alexy*, Zum Begriff des Rechtsprinzips, in: ders. (Hrsg.), Recht, Vernunft, Diskurs. Studien zur Rechtsphilosophie, 1995, 177 (182).

191 *S. Unger*, Das Verfassungsprinzip der Demokratie, 2008, 94.

192 Zu diesem Ergebnis mit Blick auf das grundgesetzliche Demokratieprinzip kommen *S. Unger*, Das Verfassungsprinzip der Demokratie, 2008, 108 sowie *M. Morlok*, Demokratie und Wahlen, in: P. Badura/H. Dreier (Hrsg.), FS 50 Jahre Bundesverfassungsgericht, Bd. 2, 2001, 559 (562 ff.).

193 *R. Alexy*, Rechtsregeln und Rechtsprinzipien, in: ARSP, Beiheft 25 (1985), 13 (24).

194 Kritik bei *J. H. Klement*, Vom Nutzen einer Theorie, die alles erklärt, JZ 63 (2008), 756 f. Zu Überblick und Auswertung der Kritik an der Prinzipientheorie im verfassungsrechtlichen Kontext s. *U. Volkmann*, Grundzüge einer Verfassungslehre der Bundesrepublik Deutschland, 2013, 113 f.

195 *J. H. Klement*, Vom Nutzen einer Theorie, die alles erklärt, JZ 63 (2008), 756 (758).

geln und Rechtsprinzipien auch unter Prinzipientheoriekritikern anerkannt ist[196]: Rechtsprinzipien weisen eine offene Struktur und größere Allgemeinheit auf[197]. Dabei ist jedoch „nicht abstrakt von verfassungsrechtlichen Regeln nach Prinzipien zu suchen, sondern vielmehr von der Regel zum Prinzip zu denken“[198]: Dies entspricht rechtsmethodisch der grundsätzlich rechtsdogmatischen Maxime, dem positiven Recht normative Wertungen zu entnehmen[199] und es anhand deren auszulegen, weiterzuentwickeln und zu evaluieren. Welche die inhaltlichen Maßstäbe eines Rechtsprinzips sind, kann nicht durch die Prinzipientheorie selbst festgestellt werden[200], da sie lediglich eine deskriptive Theorie ist: Vielmehr sind sie auf dem Wege der Verfassungsauslegung zu ermitteln, darunter auch der Auslegung jener Rechtsregeln, durch welche sich das Rechtsprinzip entfaltet.

b) Demokratie als flexible Struktur

aa) Die Lehre des demokratischen Legitimationsniveaus

Vor dem Hintergrund der rechtstheoretischen Prinzipientheorie lässt sich die vom Bundesverfassungsgericht entwickelte Lehre des demokratischen Legitimationsniveaus erklären: Da grundgesetzliche Demokratie sich sowohl durch konkrete grundgesetzliche Rechtsregeln entfaltet als auch normstrukturell ein Verfassungsrechts*prinzip*[201] darstellt, ist die Einhaltung demokratischer Vorgaben auf zwei Ebenen festzustellen; einerseits sind die Tatbestandsvoraussetzungen der „alles-oder-nichts“-Rechtsregeln zu erfüllen, andererseits kann das zugleich in offenen Verfassungsnormen verankerte Demokratieprinzip i. S. eines komparativen Verständnisses[202] *graduell auf unterschiedlichen qualitativen Stufen* erfüllt sein. Seine binäre Rechtsnatur wird dadurch nicht in Frage gestellt. Insgesamt ist

---

196 *J. H. Klement*, Vom Nutzen einer Theorie, die alles erklärt, JZ 63 (2008), 756 (760, 763).

197 S. nur *U. Volkmann*, Grundzüge einer Verfassungslehre der Bundesrepublik Deutschland, 2013, 116 f., *U. Schliesky*, Souveränität und Legitimität von Herrschaftsgewalt, 2004, 613, mit Verweis auf *K. Larenz/C.-W. Canaris*, Methodenlehre der Rechtswissenschaft, ³1995, 308.

198 *J. H. Klement*, Schlusswort, JZ 64 (2009), 560 (561).

199 *C. Möllers*, Methoden, in: W. Hoffmann-Riem/E. Schmidt-Aßmann/A. Voßkuhle (Hrsg.), GVwR I, ²2012, § 3, Rn. 35.

200 Da die Prinzipientheorie eine rechtstheoretische Struktur- und keine normative, materiell-inhaltliche Vorgaben enthaltende Verfassungstheorie ist, s. *U. Volkmann*, Grundzüge einer Verfassungslehre der Bundesrepublik Deutschland, 2013, 114.

201 Zur rechtstheoretischen und dogmatischen Normstruktur des grundgesetzlichen Demokratieprinzips als Verfassungs*prinzips* grundlegend *S. Unger*, Das Verfassungsprinzip der Demokratie, 2008. Zum Prinzipiencharakter des Demokratieprinzips bereits *P. M. Huber*, Volksgesetzgebung und Ewigkeitsgarantie, 2003, 28f: „Demokratie als optimierungsbedürftiges Verfassungsprinzip“.

202 Zur Erfassung von Demokratie (auch) als komparativem Begriff bereits *A. v. Bogdandy*, Demokratisch, demokratischer, am demokratischsten? Zur Steigerungsfähigkeit eines Verfassungsprinzips am Beispiel einer Neugestaltung der Verordnungsgebung, in: J. Bohnert/Ch. Gramm/U. Kindhäuser/J. Lege/A. Rinken/G. Robbers (Hrsg.), Verfassung, Philosophie, Kirche, FS A. Hollerbach 2001, 363 (367 f.): „Komparative Begriffe gestatten die Ordnung von

ein *hinreichendes* Niveau demokratischer Legitimation herzustellen; wird diese Maxime verfehlt, kommt eine Verfassungswidrigkeit der das Demokratieprinzip verletzenden Akte öffentlicher Gewalt in Betracht. Senkungen demokratischer Legitimation sind zwar zulässig, aber nur solange sie gerechtfertigt sind und insgesamt die demokratische Legitimation auf hinreichendem Niveau bleibt. Für das europäische Demokratieprinzip im Verfassungsverbund dürfte aus grundgesetzlicher Sicht Vergleichbares gelten. Einerseits entfaltet es sich durch Rechtsregeln, andererseits stellt es selber ein allgemeines Rechtsprinzip dar[203]. Die prinzipienbedingte Flexibilität der Legitimationsvermittlung durch das europäische Demokratieprinzip wird letztlich dadurch ersichtlich, dass der demokratische Legitimationsbeitrag des Europäischen Parlaments die durch Mehrheitsentscheidungen im Europäischen Rat verursachten Senkungen des Legitimationsniveaus abstützt.

bb) Flexible Optimierungsbedürftigkeit: Legitimationsniveau als Legitimationseffektivität

Zentral bei der Lehre des hinreichenden Legitimationsniveaus ist die Frage des Kriteriums, anhand dessen das jeweils hergestellte Niveau zu evaluieren ist. Die Rechtsprechung des Bundesverfassungsgerichts[204] begreift das Niveau demokratischer Legitimation nach der *Effektivität* der Legitimationsvermittlung: maßgeblich für ein hinreichendes Legitimationsniveau ist nicht ein konkreter Modus demokratischer Legitimation, sondern ihre effektive Herstellung. Insofern ist das Demokratieprinzip zwar auf Optimierung angelegt, im Übrigen jedoch *flexibel*[205]: Legitimationsmodi und deren Zusammenwirkung können unterschiedlich ausgestaltet sein, das Legitimationsniveau auf unterschiedliche Weise hergestellt werden. Für die demokratische Verwaltungslegitimation folgt daraus, dass nicht der jeweilige Legitimationsbeitrag der einzelnen Legitimationsmodi je für sich, sondern deren bausteinartiges Zusammenwirken maßgeblich ist. Die Flexibilität relativiert zwar nicht den Legitimationsherstellungswert bestehender Strukturen, bedeutet jedoch, dass sie nicht exklusiv sind; deswegen verlangt die grundgesetzliche Struktursicherungsklausel keine strukturelle Kongruenz und dadurch sind auch Abweichungen vom verwaltungsorganisatorischen Regeltypus der linear verantwortlichen und hierarchisch organisierten Verwaltung möglich. Zwar sind „Abweichungen in der Organisationsform begründungs- und rechtfertigungsbedürftig, weil insoweit die Vermutung besteht, dass eine Abweichung auch die Ef-

---

Gegenständen danach, ob sie eine ihnen gemeinsame Eigenschaft in höherem, geringerem oder gleichem Maße aufweisen als andere Gegenstände".

[203] Zur Natur des europäischen Demokratieprinzips als Rechtsregel und Rechtsprinzip s. *M. Ruffert*, Art. 10 EUV, in: C. Calliess/ders. (Hrsg.), EUV/AEUV, [4]2011.

[204] S. die grundlegende Rechtsprechung BVerfGE 93, 37 (66), 83, 60 (72), ferner BVerwGE 106, 64 (74).

[205] *S. Unger*, Das Verfassungsprinzip der Demokratie, 2008, 104 f.

fektivität des institutionellen Arrangements beeinträchtigt"[206], sie sind jedoch unter Wahrung des hinreichenden Legitimationsniveaus durchaus denkbar.

cc) Maßstabproblematik demokratischer Legitimationsherstellung: Freiheit und Gleichheit

ὑπόθεσις μὲν οὖν τῆς δημοκρατικῆς πολιτείας ἐλευθερία ...
... καὶ γὰρ τὸ δίκαιον τὸ δημοτικὸν τὸ ἴσον[207]
Aristoteles, Politik, VI, 1317b

Als prominenter Kritikpunkt[208] bleibt der Maßstab für die Beurteilung der Legitimationseffektivität offen, welcher besonders für die Evaluierung alternativer Legitimationsherstellungsstrukturen wichtig ist: Die Prinzipientheorie leistet als *rechtstheoretischer* Ansatz lediglich einen Beitrag zur Erklärung der Norm*struktur* der Demokratie als Rechtsprinzip und ihrer Flexibilität, ihr Erkenntniswert über ihren normativen *Inhalt* bleibt jedoch begrenzt. Demokratische Kriterien lassen sich deswegen ausschließlich aus dem Verfassungsrecht selbst auf dem Wege seiner Auslegung herausarbeiten. Dabei zeichnet sich ein ambivalentes Verhältnis zwischen demokratischer Legitimationsdogmatik und *Demokratietheorie*[209] aus: Tradierte Dogmen stoßen wegen der inhaltlichen Flexibilität des Demokratieprinzips an ihre Leistungsgrenzen, die rechtliche Umsetzung alternativer demokratietheoretischer Konzepte und Modelle stößt an die Grenzen verbindlicher Verfassungsvorgaben. Dennoch sind beide aufeinander angewiesen: Die Demokratietheorie bietet mögliche Optionen, die Dogmatik setzt sie auf den normativen Prüfstand des geltenden (Verfassungs-)Rechts und der von ihm getroffenen Wertungen.

Unumgänglich ist allenfalls die Orientierung der gesamten demokratischen Legitimationsproblematik am grundsätzlichen Legitimationserfordernis der Hoheitsgewalt: Das demokratische Legitimationsniveau ist als Effektivitätsgrad der Erfüllung der Legitimations*funktion* von Demokratie aufzugreifen, wobei das Legitimationserfordernis wiederum auf der grundsätzlichen Freiheit der Herrschaftsunterworfenen bzw. der von der Herrschaftsausübung Betroffenen beruht. Handelt es sich dabei um individuelle Freiheit, kommt konsequenter Weise auch

---

[206] *H.-H. Trute*, Die demokratische Legitimation der Verwaltung, in: W. Hoffmann-Riem/E. Schmidt-Aßmann/A. Voßkuhle (Hrsg.), GVwR I, 2006, § 6, Rn. 14.

[207] *Aristoteles*, Politik, VI, 1317b: „Grundprinzip der demokratischen Verfassung ist die Freiheit"; „denn das demokratische Recht ist die Gleichheit [der Zahl]".

[208] Exemplarisch *M. Jestaedt*, Warum in die Ferne schweifen, wenn der Maßstab liegt so nah?, Der Staat 48 (2009), 497 (513): „Wie misst man *rechtlich* die ‚Verwirklichung' eines Rechtsprinzips?" (Hervorhebung im Original).

[209] Zur Verfassungsdemokratietheorie und dem Verhältnis zwischen Verfassungsrechtswissenschaft und Demokratietheorie s. *H.-D. Horn*, Demokratie, in: O. Depenheuer/C. Grabenwarter (Hrsg.), Verfassungstheorie, 2010, § 22, Rn. 1–4.

das Gleichheitselement hinzu[210]. Das Maß der Erfüllung der Legitimationsfunktion der Demokratie ist somit stets in Hinblick auf das rechtstaatliche Verteilungsprinzip zwischen Staat und Gesellschaft zu behandeln, da sich das Legitimationserfordernis der öffentlichen Gewaltausübung selbst erst daraus ergibt. Demokratie hat Freiheit und Gleichheit zusammenzuführen, um durch einen demokratischen Legitimationsmechanismus öffentliche Gewalt zu legitimieren, deswegen ist Demokratie mit Bezug auf das „Nebeneinander von Freiheit und Gleichheit" zu untersuchen[211]. Die genaue Ausgestaltung der legitimationsschaffenden Koexistenz von Freiheit und Gleichheit als Aufgabe der Demokratie ist aufgrund ihrer inhaltlichen Flexibilität offen und konkretisierungsbedürftig, die gleichzeitige Beachtung beider Elemente Voraussetzung ihrer Legitimationsfunktion.

dd) Zwischenergebnis

Deutsches und europäisches Demokratieprinzip entfalten sich durch Rechtsregeln und bilden zugleich (Verfassungs-)Rechtsprinzipien, die durch inhaltliche Allgemeinheit und Flexibilität gekennzeichnet sind. Die Erfüllung der Legitimationsfunktion von Demokratie wird nach dem hergestellten demokratischen Legitimationsniveau beurteilt; allenfalls muss dieses zumindest hinreichend sein. Maßgeblich dabei ist nicht die pauschale Einhaltung eines bestimmten Legitimationsmodus, sondern die durch das Zusammenwirken unterschiedlicher Legitimationsmodi erreichte Effektivität der Legitimationsvermittlung insgesamt. Dafür vermag die Prinzipientheorie als deskriptive Theorie selbst keine Kriterien zu leisten; diese sind vielmehr aus dem durch das rechtstaatliche Verteilungsprinzip ausgedrückten grundsätzlichen Legitimationserfordernis öffentlicher Gewalt herzuleiten bzw. der Freiheit der Herrschaftsgewaltunterworfenen. Die demokratischen Flexibilitätsspielräume erlauben zur Erhöhung des Legitimationsniveaus eine Rekonstruktion des Legitimationssubjekts und der Verantwortung als demokratischer Grundkategorien: Durch ihr ambivalentes Verhältnis liefern Demokratie-

---

210 Vgl. *Aristoteles*, Politik, VI, 1317b (4): „Denn das demokratische Recht ist die Gleichheit nach der Kopfzahl und nicht nach Wert und Würdigkeit"; zur Maßgeblichkeit individueller Gleichheit im liberalen Denken s. bereits *J. Locke*, Ein Brief über die Toleranz, 1957, 105: „Die Summe von allem, was wir hier bezwecken ist, dass *jedermann* eben die Rechte genießen soll, die anderen gewährt werden" (Hervorhebung v. *Verf.*).

211 Exemplarisch *S. Unger*, Das Verfassungsprinzip der Demokratie, 2008. Allgemeiner aus politikwissenschaftlicher Sicht *A. Benz*, Politikwissenschaftliche Diskurse über demokratisches Regieren im europäischen Mehrebenensystem, in: H. Bauer/P. M. Huber/K.-P. Sommermann (Hrsg.), Demokratie in Europa, 253 (260 f.): „die ‚herrschende' Vorstellung der Demokratie in der Europäischen Union beruht auf dem liberalen Modell, das sich auch im Verfassungsentwurf des Konvents niedergeschlagen hat" und wonach „Herrschaft durch gewählte Repräsentanten ausgeübt wird", wobei das „Ziel der Demokratie die Verwirklichung von Freiheit und Gleichheit der Bürger" ist. Zur (individuellen) Freiheit als *Geltungsgrund* der Demokratie *H. Dreier*, Grenzen demokratischer Freiheit im Verfassungsstaat, JZ 53 (1994), 741 (751).

theorie und Legitimationsdogmatik dafür (auch alternative) theoretische Optionen und deren normative Grenzen.

2. *Demokratisches Legitimationssubjekt*

a) *Theoretische Ansätze zum demokratischen Legitimationssubjekt*

aa) *Dogmatische Unterscheidung zwischen Legitimationssubjekt und -objekt*

In der demokratischen Legitimationsdogmatik ist die Unterscheidung zwischen demokratischem Legitimationssubjekt und -objekt zentral: Als Subjekt versteht sich der Ausgangspunkt der Legitimationsherstellung, als Objekt das legitimationsbedürftige öffentliche Handeln. Dass das demokratische Legitimationssubjekt auch als die Instanz begriffen werden kann, *gegenüber welcher* sich die öffentliche Gewalt zu legitimieren hat, bedeutet nicht, dass es nicht zugleich und primär das Subjekt ist, von dem hoheitliche Gewalt ihre Legitimität herleitet; diese Identität ist vielmehr Ausfluss der kreisförmigen Struktur demokratischer Herrschaftsausübung. Dabei haben sich in der demokratischen Legitimationsdogmatik zwei unterschiedliche Theorien über das Legitimationssubjekt herausgebildet[212]: Nach der holistisch-monistischen Demokratiekonzeption ist das Subjekt demokratischer Legitimation in der Kategorie des Volkes zu sehen, nach der individuell-pluralistischen im einzelnen Individuum. Diese auf unterschiedliche demokratietheoretische Annahmen aufbauende Divergenz führt zu einer Reihe von dogmatischen Konsequenzen.

bb) *Holistisch-monistisches Demokratiekonzept*

Im Verfassungsstaat wurde herkömmlicher Weise ein holistisch-monistisches Demokratiekonzept zugrunde gelegt, wonach das Subjekt demokratischer Legitimation im Volk als offener[213] zur Einheit verbundenen Menschengruppe[214] gesehen wurde. Anknüpfungspunkt des Ansatzes ist in der deutschen Staatsrechtsdogmatik der Wortlaut des Art. 20 Abs. 2 GG, wonach alle Staatsgewalt „vom Volke" ausgeht und von „ihm" mit Wahlen und Abstimmungen ausgeübt wird. Dass im Rahmen des Verfassungsstaates Demokratie an die Kategorie des Volkes geknüpft ist, stellt freilich keine zufällige terminologische Gemeinsamkeit in Europa dar, sondern spiegelt die Überzeugung der Kopplung von Demokratie und Volkssouveränität, von pouvoir constituant und pouvoir constitué: Das Volk ist

---

[212] Zu Überblick, Grundaussagen und Konsequenzen der beiden Konzepte s. *H.-H. Trute*, Die demokratische Legitimation der Verwaltung, in: W. Hoffmann-Riem/E. Schmidt-Aßmann/A. Voßkuhle (Hrsg.), GVwR I, [2]2012, § 6, Rn. 4 f., 17 f., *S. Unger*, Das Verfassungsprinzip der Demokratie, 2008, 56 f., *E. Peuker*, Bürokratie und Demokratie in Europa, 2011, 130 f., 144 f.

[213] Im Sinne einer unbestimmten Allgemeinheit, BVerfGE 83, 37, 55.

[214] BVerfGE 83, 37, 55.

nicht nur als Souverän die Quelle der Herrschaftsgewalt und Verfassungsgeber, er übt sie als „Demos" auch selbst aus. Neben Abstimmungen und direkt-demokratischen Elementen, die eher die Ausnahme bleiben, erfolgt die Gewaltausübung in der Regel repräsentativ von der durch Wahlen personell bestimmten parlamentarischen Volksvertretung: Das Volk bildet den gesellschaftlichen Ausgangspunkt der demokratischen Legitimation, das Parlament ihren staatlichen Sammelpunkt[215] und wird durch seine weiten Rechtsetzungs- und Kontrollbefugnisse zur „Mitte der Demokratie"[216]. Dadurch lässt sich das parlamentarische Prinzip wegen der Stabilisierungsfunktion der Volksrepräsentation zum originären Inhalt der Demokratie selbst[217] entwickeln, so dass demokratische Legitimation auf die Einheitlichkeit und, letztlich, „Einzigkeit des Legitimationsendpunktes"[218] beruht. Auch die kommunale Selbstverwaltung tritt im holistisch-monistischen Modell als eine kleine Wiederholung des parlamentszentrierten Modells auf, wobei anstelle des Staatsvolkes das territorial und arithmetisch begrenztere Kommunalvolk tritt[219]. Die Verwaltungslegitimation im holistisch-monistischen Modell verläuft notwendigerweise über das Parlament: Die lineare Legitimationskette durchläuft und verbindet Volk, Parlament und Verwaltung sowohl im materiell-inhaltlichen als auch im personellen Legitimationsmodus und demokratische Verwaltungslegitimation wird über einen *Zurechnungszusammenhang* vermittelt[220], der unausweichlich ein parlamentarischer ist.

cc) Individuell-pluralistisches Demokratiekonzept

(1) Demokratie jenseits des Staates: Entkoppelungserfordernis vom Souveränitätsgedanken

Außerhalb des Verfassungsstaates stößt die Leistungs- und Funktionsfähigkeit des holistisch-monistischen Modells an ihre Grenzen; es bleibt durch die Verknüpfung von Demokratie und Volkssouveränität per definitionem stets an das Volk als einheitlichen und ausschließlichen Ausgangspunkt demokratischer Legitimation gekoppelt und vermag die demokratische Legitimationsproblematik außerhalb tradierter einzelstaatlicher Strukturen nicht zu erfassen. Dies gilt insbesondere für die Frage der demokratischen Legitimation der Europäischen Union, da die Gesamtheit der Unionsbürger kein einheitliches Volk bildet, welches einen verfassungsgebenden pouvoir constituant oder einen das unionale Handeln legitimierenden „Demos" begründen kann. Deswegen ist entweder die Demokratiefä-

[215] *S. Unger*, Das Verfassungsprinzip der Demokratie, 2008, 62 f.
[216] *P. Kirchhof*, Das Parlament als Mitte der Demokratie, in: M. Brenner/P. M. Huber/M. Möstl (Hrsg.), Der Staat des Grundgesetzes – Kontinuität und Wandel, FS P. Badura, 2004, 237 f.
[217] *S. Unger*, Das Verfassungsprinzip der Demokratie, 2008, 62.
[218] *T. Groß*, Das Kollegialprinzip in der Verwaltungsorganisation, 1999, 166.
[219] *S. Unger*, Das Verfassungsprinzip der Demokratie, 2008, 65.
[220] *E. Schmidt-Aßmann*, Das Allgemeine Verwaltungsrecht als Ordnungsidee, [2]2004, 2/82.

higkeit der europäischen Ebene nach der „kein-Demos-These"[221] gänzlich zu verneinen, ein von Einheitlichkeits- und Homogenitätsvoraussetzungen befreiter „europäischer Demos" durch die „Entkopplung von Ethnos und Demos" anzuerkennen[222] oder von einem demokratietheoretischen Modell auszugehen, welches das demokratische Legitimationssubjekt nicht in einem einheitlichen Kollektiv, sondern im einzelnen Individuum sieht: Der Einzelne als grundsätzlich freier und sich-selbstbestimmender Mensch wird selbst zum gesellschaftlichen Ausgangspunkt der Legitimation von Herrschaftsausübung.

(2) Demokratietheoretische Grundaussagen

α) Hintergrund: Demokratietheorie Kelsens

Die Verortung der Demokratie im Individuum öffnet zwar Möglichkeiten für eine demokratische Legitimation jenseits des klassischerweise an die *Volks*souveränität gekoppelten Verfassungsstaates, ist jedoch demokratietheoretisch keine neue Erkenntnis: Erste Ansätze eines individuell-pluralistisch ausgerichteten Demokratiemodells sind bereits in der Demokratietheorie *Kelsens* zu finden. In seinen demokratietheoretischen Schriften[223] entkoppelte er Demokratie von der Kategorie des einheitlichen und (national und sprachlich) homogenen Volkes und knüpfte sie vielmehr an die gleiche Freiheit aller Individuen an: Wegen des Legitimationserfordernisses von Staatsgewalt wird von ihm individuelle Freiheit im Staats-Bürger-Verhältnis axiomatisch vorausgesetzt[224] und stellt dadurch auch das „Grundprinzip der Demokratie"[225] dar. Im Gegensatz zu dem ebenfalls von der grundsätzlichen individuellen Freiheit ausgehenden Rousseauschen Demokratieverständnis bleibt bei ihm jedoch Freiheit nicht ein bloß ideeller legitimatorischer Ausgangspunkt, sondern wirkt sich auch praktisch auf die Ausgestaltung von demokratischen Strukturen und Verfahren aus[226]: Durch Anwendung eines methodischen Individualismus begreift er die Autonomie des Einzelnen nicht nur als Ausgangs-, sondern als steten Bezugspunkt und Maß des Demokratischen. So wird individuelle Freiheit zwar auch wie bei Rousseau und Schmitt als ein „Na-

---

221 *H. Dreier*, Art. 20 GG, in: Dreier (Hrsg.) GG II, ²2006, Rn. 47, *S. Unger*, Das Verfassungsprinzip der Demokratie, 2008, 73.

222 *A. Peters*, Elemente einer Theorie der Verfassung Europas, 2001, 653 ff.

223 *H. Kelsen*, Vom Wesen und Wert der Demokratie, ¹1920, ²1929 und *H. Kelsen*, Foundations of Democracy, in: Ethics. An international Journal of Social, Political and Legal Philosophy, 66 (LXVI/Oct.1955), Nr. 1 II, 1–101, zuletzt herausgegeben von M. Jestaedt/O. Lepsius (Hrsg.), Verteidigung der Demokratie, 2006, 1–33, 149–228, 248–385.

224 *H. Dreier*, Grundlegung, Strukturelemente, Probleme, in: R. Walter/C. Jabloner (Hrsg.), Hans Kelsens Wege sozialphilosophischer Forschung, 1997, 79 (81).

225 *H. Kelsen*, Vom Wesen und Wert der Demokratie (²1929), in: M. Jestaedt/O. Lepsius (Hrsg.), Verteidigung der Demokratie, 2006, 149 (162/14).

226 *H. Dreier*, Grundlegung, Strukturelemente, Probleme, in: R. Walter/C. Jabloner (Hrsg.), Hans Kelsens Wege sozialphilosophischer Forschung, 1997, 79 (81).

turzustand" begriffen, sie löst sich jedoch nicht durch Verwandlung des Einzelnen in einen citoyen i. S. einer Rousseauschen „aliénation totale" bzw. seiner Schmittschen Zugehörigkeit zu einem nationalen Volk gänzlich auf, sondern erfährt lediglich *Metamorphosen*[227]: „Aus der Freiheit der Anarchie wird die Freiheit der Demokratie"[228]. *Kelsen* identifiziert nämlich das Spannungsverhältnis zwischen individueller Autonomie und kollektiver Herrschaft: Für ihn ist die „Identität von Subjekt und Objekt der Herrschaft" nicht wie nach Schmittschen Verständnis eine „Identität von Herrschern und Beherrschten" wegen einer ideellen Interessenidentität und Volkszugehörigkeit, sondern durch die Beibehaltung individuell-freiheitlicher Momente im demokratischen *Prozess* in Form von Mitbestimmungsrechten bei der Herrschaftsausübung. Demokratie wird dadurch zu einer inhaltsneutralen und offenen Herrschafts- und Entscheidungs*struktur*, die dem Einzelnen aufgrund seiner individuellen Freiheit Mitbestimmungsmöglichkeiten bei der Herrschaftsausübung bietet: Die *individuelle Mitbestimmungsmöglichkeit* wird schließlich zum wesentlichsten Merkmal der Demokratie[229].

β) (Verfassungs-)Rechtliche Umsetzung: Zweiter Senat des BVerfG

Dem von *Kelsen* eingeführten individuellen Ansatz folgt, wenn auch ohne expliziten Bezug, das Bundesverfassungsgericht in seinen Grundsatzentscheidungen[230] zur Europäischen Integration: Der zweite Senat knüpft die Fragen der demokratischen Legitimation des Integrationsprozesses an das grundgesetzliche Wahlrecht des Art. 38 GG, betrachtet dies als „elementaren Bestandteil des Demokratieprinzips" und verbindet letzteres mit der Menschenwürde: „Der Anspruch auf freie und gleiche Teilhabe an der öffentlichen Gewalt ist in der Würde des Menschen (Art. 1 Abs. 1 GG) verankert"[231]. So wird verfassungsrechtlich anerkannt, dass die Demokratie als „organisatorische Konsequenz der Menschenwürde"[232] „ihrem Wesen nach ein auf den einzelnen Menschen bezogenes Verfassungsprinzip ist"[233]

---

[227] *H. Dreier*, Grundlegung, Strukturelemente, Probleme, in: R. Walter/C. Jabloner (Hrsg.), Hans Kelsens Wege sozialphilosophischer Forschung, 1997, 79 (82f).

[228] *H. Kelsen*, Vom Wesen und Wert der Demokratie (^{2}1929), in: M. Jestaedt/O. Lepsius (Hrsg.), Verteidigung der Demokratie, 2006, 149 (156/6). Vgl. ebenfalls *ders.*,Was ist Gerechtigkeit, 1953, 6: „Die Freiheit der Anarchie verwandelt sich so zur Selbstbestimmung der Demokratie".

[229] *H. Kelsen,* Foundations of Democracy (1955), in: M. Jestaedt/O. Lepsius (Hrsg.), Verteidigung der Demokratie, 2006, 248 (252/3).

[230] BVerfGE 89, 155, BVerfGE 123, 267.

[231] BVerfGE 123, 267, Rn. 211. Mit diesen Überlegungen ist auch das Konzept des hinreichenden Niveaus der Legitimation des Bundesverfassungsgerichts vereinbar, das den rechtsprinzipiellen Charakter der Demokratie dadurch hervorhebt, dass stets ein hinreichendes Niveau demokratischer Legitimation erforderlich ist; dies ist je nach Mitwirkungsmöglichkeit des Einzelnen als Legitimationssubjekt zu beurteilen.

[232] *P. Häberle*, Die Menschenwürde als Grundlage der staatlichen Gemeinschaft, in: J. Isensee/P. Kirchhof (Hrsg.), HStR II, ^{3}2004 § 22, Rn. 67.

[233] *P. M. Huber*, Volksgesetzgebung und Ewigkeitsgarantie, 2003, 28 f.

und „der status activus des Einzelnen als seine Mitbestimmungsmöglichkeit an der Herrschaftsgewalt“[234] aufgefasst werden kann. Letztlich bestimmt sich nach jenen Mitbestimmungsmöglichkeiten auch der Effektivitätsgrad der Legitimationsherstellung und das Legitimationsniveau: „Ein mit Partizipationsmöglichkeiten hinreichender status activus, der dem Einzelnen rechtlich abgesicherte und effektive Möglichkeiten der Einflussnahme auf die Entscheidungen des für ihn maßgebenden Herrschaftsverbandes garantiert, ist daher der entscheidende Gradmesser für das demokratische Niveau einer Verfassungsordnung“[235].

(3) Konsequenzen: Pluralität, Struktur, Grenzen

Aus dem individuellen demokratietheoretischen Ansatz folgt eine Reihe von Konsequenzen für die Funktionsweise der Demokratie als Herrschaftsausübungsmodus, die Modi der demokratischen Legitimationsvermittlung und die dabei zu Grunde zu legende methodische Perspektive. In erster Linie ist die aus einem individuellen Legitimationssubjekt ausgehende Demokratie *plural,* da sie nicht auf die monistische Exklusivität des einheitlichen Volkes auf gesellschaftlicher und des Parlaments auf staatlicher Ebene beruht, sondern von jedem Einzelnen ausgeht und somit nicht ausschließlich über parlamentarische Legitimationsvermittlung herstellbar ist. Maßgeblich ist die Legitimationsvermittlung vom Individuum her durch seine Mitbestimmungsmöglichkeiten auf die Herrschaftsgewaltausübung. Denkbar sind unterschiedliche Legitimationsmodi, darunter neben den repräsentativen auch direktdemokratische Elemente: „Der Wesensgehalt von Demokratie ist die Beteiligung der Individuen an den Entscheidungen, von denen sie betroffen sind“[236], gleichgültig ob parlamentarisch oder über vergleichbar effektive Modi[237]. Ferner kann ein Demokratieverständnis, das an der Freiheit jedes einzelnen Individuums als Ausgangspunkt und Subjekt der Legitimation ansetzt, in Bezug auf Inhalte grundsätzlich nur *offen* und *neutral* sein: Jeder Einzelne kann im Rahmen seiner individuellen Freiheit selbst darüber entscheiden, wie die Herrschaftsausübung inhaltlich auszuformen ist und Demokratie bietet lediglich dafür *strukturell* die Möglichkeit, schreibt aber keine bestimmten Entscheidungsprogramme vor. So stellt eine individuell ausgerichtete Demokratie primär eine Struktur, keine Inhaltssteuerung dar. Freilich ist individuelle Freiheit in demokra-

---

[234] *P. M. Huber*, Die Vorgaben des Grundgesetzes für kommunale Bürgerbegehren und Bürgerentscheide, AöR 126 (2001), 165 (178).

[235] *P. M. Huber*, Volksgesetzgebung und Ewigkeitsgarantie, 2003, 29.

[236] *H. Abromeit,* Wozu braucht man Demokratie?, 2002, 165, 205, *U. Schliesky*, Der lange Weg von Athen nach Thessaloniki: Welchem Demokratiemodell folgt der Entwurf des Europäischen Verfassungsvertrages?, EuR 2004, 124 (130).

[237] Das Bundesverfassungsgericht scheint sogar direktdemokratischen Elementen den Vorrang zu geben, da es anerkennt, „dass nur das demokratisch legitimiert ist, was parlamentarisch verantwortet werden kann, soweit nicht das Volk unmittelbar selbst zur Entscheidung berufen ist“, s. BVerfGE 123, 267, Rn. 236, BVerfGE 89, 155, 212.

tischen Strukturen nicht grenzenlos: Einerseits wird sie *demokratieimmanent* dadurch begrenzt, dass sie allen Individuen aufgrund ihrer demokratischen Gleichheit zuerkannt wird, so dass die demokratische Entscheidungsfindung stets unter Inklusion aller gleich freien Individuen erfolgt und dadurch individuelle Freiheit bei der demokratischen Herrschaftsausübung als nur *ein* Freiheitsbeitrag unter Gleichen begrenzt bleibt. Andererseits wird die grundsätzliche Inhaltsneutralität der Demokratie *rechtstaatlich* begrenzt: Grundrechte als Freiheits-, Abwehr- und Gleichheitsrechte garantieren rechtstaatliche Freiheit und Gleichheit gegen die demokratische Entscheidungsfindung und setzen ihr dadurch inhaltliche Schranken. Demokratie wird somit im verfassungsrechtlichen Rahmen erst durch ihr Verhältnis zu Rechtstaat und Grundrechten von einer grundsätzlich inhaltsneutralen Entscheidungsfindungsstruktur zu einem an bestimmte Inhalte gebundenen Herrschaftsausübungsmodus; umgekehrt wird eine demokratiefördernde Funktion genau diesen Grundrechten zuerkannt, die nicht auf die Garantie rechtstaatlicher Freiheit und Gleichheit *gegen* die Herrschaftsausübung ausgerichtet sind, sondern zugleich demokratische Freiheit und Gleichheit *bei* der Herrschaftsausübung fördern und dadurch der grundsätzlichen Inhaltsneutralität und Entscheidungsoffenheit der Demokratie dienen. Allenfalls ist „die Autonomie der Bürger"[238] für die Demokratie wesenhaft.

b) Individuell-pluralistische Rekonstruktion der demokratischen Legitimationsproblematik

aa) Das Maß individuell-pluralistischer Demokratie: Legitimation durch Kompensation

(1) Legitimation durch Kompensation

Die Verortung des demokratischen Legitimationssubjektes im Einzelnen aufgrund gleicher demokratischer Freiheit aller Individuen lässt ein Spannungsverhältnis zwischen demokratischer Freiheit und Gleichheit aufkommen. Individuelle Freiheit im Kontext der demokratischen Legitimation als Mitbestimmungs*freiheit* der Herrschaftsgewaltausübung stößt an die Grenze individueller Gleichheit als Mitbestimmungsrecht *aller* Legitimationssubjekte; anders: „Während der demokratische Freiheitsgedanke fordert, dass man möglichst viel von seiner persönlichen Agenda positiv-gestaltend in den politischen Prozess einbringen kann, verlangt die demokratische Gleichheit die möglichst umfassende und gleichmäßige Einbindung aller Betroffenen in die Entscheidungsfindung"[239], so dass letztlich „das Maß demokratischer Freiheit mit der Beschränkung demokratischer Gleich-

---

238 *L. Heuschling*, Krise der Demokratie und der juristischen Demokratielehre in Frankreich, in: H. Bauer/P. M. Huber/K.-P. Sommermann (Hrsg.), Demokratie in Europa, 2005, 33 (66).

239 *S. Unger*, Das Verfassungsprinzip der Demokratie, 2008, 303.

heit zunimmt, und umgekehrt“[240]. Dieses spannungsvolle Nebeneinander von demokratischer Freiheit und Gleichheit spiegelt die Antithese zwischen individueller und kollektiver Selbstbestimmung; fraglich ist freilich, wie trotz dieser Antithese (demokratische) Legitimation von Herrschaftsgewalt hergestellt werden kann bzw. wie sich das Spannungsverhältnis zwischen Freiheit und Gleichheit durch die Demokratie in einen legitimationsleistenden Mechanismus umwandeln lässt. Ersichtlich wird dies durch die Erfassung von Freiheit und Gleichheit nicht im engen Rahmen des Demokratieprinzips als gegeneinander gerichtete individual-demokratische Momente, sondern weiter als Teil der in der Menschenwürde wurzelnden umfangreichen individuellen *Selbstbestimmung*: Wird diese Selbstbestimmung von (einseitig) verbindlicher Herrschaftsgewalt begrenzt, wandelt sie sich aufgrund der individuellen Gleichheit im Sinne einer Metamorphose von einem individuellen *Selbst*bestimmungsrecht in ein individuell-demokratisches *Mit*bestimmungsrecht der (auf einen selbst zurückwirkenden) Herrschaftsgewaltausübung. Demokratische Legitimation wird somit dadurch hergestellt, dass sie im Rahmen einer *Kompensation* Freiheit und Gleichheit verbindet: Von der Herrschaftsgewalt ausgehende Selbstbestimmungsverluste werden als Freiheitsbegrenzungen dadurch legitimiert, dass sie durch entsprechende Mitbestimmungsmöglichkeiten *ausgeglichen* werden. Umgekehrt ist die demokratische Legitimation des Hoheitshandelns als defizitär zu beurteilen, wenn es für Individuen verbindlich ist und ihnen trotz der Einschränkung ihrer umfangreichen Selbstbestimmung keine effektiven Mitbestimmungsmöglichkeiten jenes Hoheitshandelns gegeben werden. Gleichheit tritt somit in der Demokratie nicht nur als Gegensatz von Freiheit auf, sondern primär als legitimatorische Kompensation für die aus der Hoheitsausübung ausgehende Freiheitsbegrenzung. Der Gleichheitsgedanke ist somit aus der Perspektive des Einzelnen sowohl *freiheitsbeschränkend*, indem der Beitrag des Einzelnen auf die Herrschaftsausformung auf nur eine von vielen gleichwertigen Stimmen reduziert wird, als auch *freiheitsfördernd*, indem gewährleistet wird, dass einerseits alle Individuen denselben Beitrag leisten, ohne dass einige privilegiert werden, und dass es andererseits nur die gleichberechtigten Individuen sind, die kollektiv verbindliche Entscheidungen (selbst) mitbestimmen können, ohne dass sie insofern von anderen Instanzen fremdbestimmt werden. Kurz gefasst wird das Maß demokratischer Legitimation nach der Kompensation von Einschränkungen allgemeiner individueller *Selbst*bestimmungs*freiheit* durch entsprechende *Mit*bestimmungs*gleichheit* bestimmt.

(2) Mehrheitsprinzip als demokratisches Gleichheitspostulat

Zwar sind individuelle Freiheit und Gleichheit für die demokratische Legitimation gleichermaßen bedeutsam, eine höhere Komplexität mit entsprechendem Kon-

---

[240] *S. Unger*, Das Verfassungsprinzip der Demokratie, 2008, 304.

kretisierungsbedarf kommt jedoch der Gleichheit zu. Gewiss bedeutet freiheitliche Demokratie die ungebundene Hoheitsausgestaltung vom individuellen Legitimationssubjekt selbst, egalitäre Demokratie kann dagegen unterschiedliche Konsequenzen mit sich bringen. Zentral dabei sind allenfalls zwei: Erstens ist *allen* von verbindlichen Hoheitsentscheidungen betroffenen Individuen die Mitbestimmungsmöglichkeit anzuerkennen. Zweitens stellt das *Mehrheitsprinzip* den grundsätzlichen egalitär-demokratischen Entscheidungsfindungsmodus dar[241]: Aufgrund demokratischer Gleichheit sind die individuell-demokratischen Freiheits- und Mitbestimmungsrechte *qualitativ* gleichwertig, so dass für die Entscheidungsfindung ein *quantitatives*[242] Kriterium notwendig ist. Hoheitsentscheidungen sind für die demokratische Minderheit wegen ihrer gleichen Mitbestimmungsmöglichkeit ebenso verbindlich wie für die Mehrheit, da sie aufgrund der grundsätzlichen (Wahl-)Periodität demokratischer Herrschaftsausübung zur inhaltsgestaltenden Mehrheit werden kann.

(3) Direkt- und repräsentativ-demokratische Legitimation

Wegen der Pluralität demokratischer Legitimationsmodi, die durch das individuelle Legitimationssubjekt ermöglicht wird, kann demokratische Legitimation sowohl direkt als auch repräsentativ hergestellt werden. Unterschiedlich dabei ist lediglich der Modus der Mitbestimmung der Herrschaftsgewalt seitens der einzelnen Individuen: Bei der direkt-demokratischen Legitimationsvermittlung zielen die Mitbestimmungsbeiträge auf die inhaltliche Ausgestaltung der Herrschaftsgewaltausübung, bei der repräsentativ-demokratischen auf die personelle Bestimmung der Entscheidungsträger. Grundsätzlich ist deren demokratisches Legitimationsherstellungspotential gleichwertig, allerdings ist dafür in repräsentativ-demokratischen Strukturen die Gewährleistung ausreichender *politischer Verantwortlichkeit* der Entscheidungsträger erforderlich: Da der individuell-pluralistische Maßstab des Demokratischen stets die Mitbestimmungsmöglichkeit der Herrschaftsgewalt vom Legitimationssubjekt bleibt, ist die Delegation der Entscheidungsmacht an die Repräsentanten durch ein entsprechendes Verantwor-

---

241 S. nur *C. Möllers*, Demokratische Ebenengliederung, in: I. Appel/G. Hermes/C. Schönberger (Hrsg.), Öffentliches Recht im offenen Staat, FS R. Wahl, 2011, 759 (761): „Die Gleichheit des Rechtstatus aller Mitglieder des Legitimationssubjekts impliziert eine Mehrheitsregel für deren Entscheidungen".

242 Vgl. *J. Derrida*, Schurken. Zwei Essays über die Vernunft, 2003, 50, 56: „Im Namen des Paares von Freiheit und Gleichheit akzeptiert man ein Gesetz der Zahl"; „das genau ist in vielerlei Hinsicht, vielleicht sogar immer, die Frage der Demokratie, man weiß es seit Platon und Aristoteles; sie ist eine Rechenfrage, eine Frage des Zahlenrechnens, der numerischen Gleichheit". Ferner *C. Lefort*, Die Frage der Demokratie, in: U. Rödel (Hrsg.), Autonome Gesellschaft und libertäre Demokratie, 1990, 281 (295): „Die Zahl tritt an die Stelle der Substanz". Vgl. bereits *Aristoteles*, Politik, VI, 1317b: „Denn das demokratische Recht ist die Gleichheit nach der Kopfzahl und nicht nach Wert und Würdigkeit".

tungs- und Kontrollverhältnis zwischen Legitimationssubjekt und Entscheidungsträger sicherzustellen. Die Unterscheidung zwischen direkter und repräsentativer Legitimationsvermittlung stellt allerdings keine abschließende Dichotomie dar, da aufgrund der Flexibilität, die der Prinzipiencharakter des Demokratieprinzips ermöglicht, sowohl kombinierende als auch alternative Formen demokratischer Legitimation denkbar sind, was sich insbesondere im Rahmen der demokratischen Verwaltungslegitimation und der Legitimation administrativer Entscheidungsfindung feststellen lässt.

bb) Das Verhältnis zwischen Demokratie- und Rechtstaat

διοικοῦνται δ' αἱ μὲν τυραννίδες καὶ ὀλιγαρχίαι τοῖς τρόποις τῶν ἐφεστηκότων, αἱ δὲ πόλεις αἱ δημοκρατούμεναι τοῖς νόμοις τοῖς κειμένοις[243]
Aischines, Gegen Timarchos, 1,4

(1) Antagonismus: Rechtstaat als Schranke von Demokratie

Das individual-pluralistische Demokratiemodell bietet Anlass, das Verhältnis zwischen Demokratie- und Rechtsstaatsprinzip zu überdenken. Dabei ist auf deren unterschiedliche Zielrichtungen hinzuweisen, welche in einem gegenseitigen Spannungsverhältnis auftreten können und das Rechtstaatsprinzip als Schranke der Demokratie erscheinen lassen: Während Demokratie als organisatorisch-formales Formprinzip aus einer Machtperspektive Herrschaft erst *ermöglicht*, zielt der Rechtstaat als material-verfahrensmäßiges Formprinzip auf die *Begrenzung* der Herrschaft durch ihre Bindung an das Recht[244]. Demokratie ist als Herrschaftsausübung an die Vorgaben des formellen und materiellen Rechtstaats bzw.

---

[243] „In Autokratien und Oligarchien wird dem Charakter der Regierenden nach regiert, in demokratischen Staaten dagegen nach den bestehenden Gesetzen" (Übersetzung v. *Verf.*).

[244] Diese unterschiedliche Zielrichtung wird durch die Bezeichnung des Demokratie- als organisatorisch-formales und des Rechtstaats- als materiell-verfahrensrechtliches Formprinzip deutlich, s. *E.-W. Böckenförde*, Demokratie als Verfassungsprinzip, in: J. Isensee/P. Kirchhof (Hrsg.), HStR II, 2004, § 24, Rn. 83. Zu Rechtsstaats- und Demokratieprinzip als „kollidierende Verfassungsgüter" s. *P. M. Huber*, Die entfesselte Verwaltung, StWStP 1998, 423 (443), *ders.*, Die gleiche Freiheit der Unionsbürger, ZaöRV 68 (2008), 307 (323). Zum Antagonismus zwischen Demokratie- und materiellem Rechtstaatsprinzip *D. Grimm*, Reformalisierung des Rechtsstaats als Demokratiepostulat?, in: *O. Eberl* (Hrsg.), Transnationalisierung der Volkssouveränität. Radikale Demokratie diesseits und jenseits des Staates, 2011, 19 f. Zu den unterschiedlichen Funktionen von Demokratie und Rechtstaat s. *K. Hesse*, Grundzüge des Verfassungsrechts der Bundesrepublik Deutschland, 20 1999, Rn. 272: „Die Demokratie akzentuiert stärker das bewegende und gestaltende, der Rechtstaat stärker das beharrende und bewahrende Moment". Zum Rechtstaat als Schranke der Demokratie jedoch im Rahmen eines nicht freiheitlich-egalitären Demokratieverständnisses *C. Schmitt*, Verfassungslehre, 10 2010, 200. Allgemeiner zu den Grenzen demokratischer Freiheit s. *H. Dreier*, Grenzen demokratischer Freiheit im Verfassungsstaat, JZ 53 (1994), 741 f. Ideengeschichtlich *J. Habermas*, Zur Legitimation durch Menschenrechte, in: ders., Die postnationale Konstellation, 1998, 170 (174 f.).

die Grundrechte gebunden, grundrechtliche Freiheit dient als Grenze demokratischer Freiheit und grundrechtliche Gleichheit schützt den Einzelnen vor Ungleichbehandlungen des durch demokratische Gleichheit Entschiedenen. Dennoch kann aus verfassungsrechtsvergleichender Perspektive beobachtet werden, dass in konstitutionalisierten Demokratien eine enge Bindung von Demokratie und Grundrechten festzustellen ist: „Politische Rechte und Bürgerrechte sind nahezu symmetrisch“[245]. Fraglich ist demnach, ob diese Beobachtung auch normative Verbindungslinien zwischen Demokratie- und Rechtsstaatsprinzip widerspiegelt.

(2) Individuell-demokratischer Perspektivenwechsel: positive und negative Freiheit

Das herkömmliche antagonistische Verhältnis kann durch das individual-pluralistische Demokratiemodell umgekehrt werden, da durch die Anerkennung des einzelnen Individuums als demokratischem Legitimationssubjekt Rechtstaat und Demokratie denselben legitimatorischen Ausgangspunkt haben: Demokratische Freiheit wird im Verhältnis zwischen Legitimationssubjekt und -objekt zu *positiver*, grundrechtliche Freiheit im Verhältnis zwischen Herrschaftsausübung und Betroffenen zu *negativer* Freiheit. Die Unterscheidung zwischen positiver und negativer Freiheit erinnert an die Statuslehre *G. Jellineks*[246] und geht philoso-

[245] *M. G. Schmidt*, Geschichtliche Entwicklungslinien der Demokratie, in: H. Bauer/P. M. Huber/K.-P. Sommermann (Hrsg.), Demokratie in Europa, 2005, 21 (28).

[246] Zur klassischen Statuslehre *G. Jellineks*, die zwischen negativem, positivem und aktivem Status des Individuums gegenüber des Staates unterscheidet, s. *G. Jellinek*, System der subjektiven öffentlichen Rechte (^{2}1905), 1963, 86 f. Problematisch für die Anschlussfähigkeit der Statuslehre an ein umfangreiches und individuell ausgerichtetes Freiheits- bzw. ein egalitär-liberales Selbstbestimmungsverständnis ist, dass die einzelnen Status als sekundär gegenüber der Grundform des passiven Status, des status subiectionis gesehen werden, was eine grundsätzliche Unterworfenheit des Einzelnen unter den Staat impliziert, s. *G. Jellinek*, System der subjektiven öffentlichen Rechte (^{2}1905), 1963, 86: „Durch die die Basis aller staatlichen Wirksamkeit bildende Unterwerfung unter den Staat befindet sich der Einzelne innerhalb der individuellen Pflichtsphäre, im passiven Status, im status subiectionis, in dem die Selbstbestimmung und daher die Persönlichkeit ausgeschlossen ist. Absolute Persönlichkeit des Einzelnen, die an keinem Punkte zur prinzipiellen Unterwerfung unter den Staatswillen verpflichtet wäre, ist eine mit dem Wesen des Staates unvereinbare Vorstellung, die nur in der naturrechtlichen Spekulation von der mythischen vorstaatlichen Persönlichkeit anzutreffen ist. Alle Persönlichkeit ist daher relativ, d. h. beschränkt.“ Eingehend zu diesem Problem s. *K. Hesse*, Grundzüge des Verfassungsrechts der Bundesrepublik Deutschland, ^{20}1999, Rn. 281 und weiterführend im europäischen Kontext *J. Saurer*, Der Einzelne im europäischen Verwaltungsrecht, 2014, 77 f.: „Es wird schnell deutlich, dass die Aussagekraft der Jellinekschen Strukturbildung für die rechtliche Gegenwart der Europäischen Union enge Grenzen aufweist“ und „längst überholt ist“, da „der Aufstieg des grund- und menschenrechtlichen Paradigmas in der zweiten Hälfte des 20. Jahrhunderts den Einzelnen der Vorstellungswelt einer grundsätzlichen Unterworfenheit unter den Staat enthebt und ihn zur originären Kategorie werden lässt“. Allerdings könnte der Ansatz *Jellineks* insofern fruchtbar gemacht werden, als im Rahmen der Statuslehre die vier Status eine „aufsteigende Linie“ bilden und somit in dieselbe Richtung weisen und nicht gegensätzlich zueinander sind, s. *G. Jellinek*, System der subjektiven öffentlichen Rechte (^{2}1905), 1963, 87 f.:

phisch auf *Berlin* zurück[247], der im Staats-Bürger-Verhältnis zwischen beiden Freiheitsbegriffen differenzierte. Allerdings stellte er zwischen ihnen einen „völligen Gegensatz“[248] fest, denn es handele sich nicht „um zwei verschiedene Deutungen eines einzigen Begriffs“ der Freiheit, sondern „um zwei grundverschiedene, unvereinbare Einstellungen zu den Zielen des Lebens“; die Maxime der positiven Freiheit sei nämlich die individuelle Selbstverwirklichung als „Freiheit zur“ Befolgung eines bestimmten Lebensleitbildes und ziele wegen ihrer gesellschaftlich-politischen Voraussetzungen auf die Kontrolle der Staatsgewalt, während dagegen die negative Freiheit als individuelle Selbstbestimmung als „Freiheit von“ der Staatsgewalt die Begrenzung letzterer bezwecke. Erklären lässt sich das von *Berlin* festgestellte gegensätzliche Verhältnis zwischen positiver und negativer Freiheit dadurch, dass er bei der Untersuchung der positiven Freiheit nicht das heutzutage geltende freiheitlich-egalitäre Demokratiemodell vor Augen hatte, sondern die Demokratiekonzepte von *Rousseau* und *Hegel*: In einem auf den Interessenkampf zwischen Volk und Monarchie zugeschnittenen Kontext wird von ihm positive „Freiheit“ mit der *Volks*souveränität gleichgesetzt, so dass Selbstbestimmung erst als politische Selbstverwirklichung durch die Volkszugehörigkeit und die ideelle Interessenidentität von Volk und Individuum ermöglicht werden kann. Im Rahmen freiheitlich-egalitärer Demokratie greift die Feststellung eines „völligen Gegensatzes“ jedoch zu kurz[249], denn das Verhältnis zwischen positiver und negativer Freiheit ist vielmehr als ein komplementäres zu erfassen, wobei demokratische und rechtstaatliche Freiheit als Teilausprägungen des Einzelnen gegenüber der Herrschaftsgewalt zu verstehen sind. Durch die rechtstaatlich-grundrechtliche Freiheit werden Freiheitsbereiche gegenüber hoheitlichem Handeln unabhängig von der politisch bedingten und durch Mehr- und Minderheitsverhältnisse ausgeformten inhaltlichen Ausfüllung der Herrschaftsgewaltausübung garantiert, durch die demokratische Freiheit wird dem Einzelnen viel-

---

„Diese vier Status bilden eine aufsteigende Linie, indem das Individuum zuvörderst dem Staate Gehorsam leistend der Persönlichkeit bar erscheint, hierauf ihm eine selbständige, staatsfreie Sphäre zuerkannt wird, sodann der Staat selbst sich zu Leistungen an das Individuum verpflichtet, bis schließlich der individuelle Wille an der staatlichen Herrschaftsübung teilnimmt oder sogar als Träger des staatlichen Imperiums anerkannt wird“. Zu Möglichkeiten einer Weiterentwicklung der Jellinekschen Statuslehre s. *W. Brugger*, Georg Jellineks Statuslehre: national und international, AöR 136 (2011), 1 (33 f., 41 f.).

[247] *I. Berlin*, Zwei Freiheitsbegriffe, in: *ders.*, Freiheit: Vier Versuche, 2006, 197 (201 f.). Der Aufsatz wurde erstmals im Jahr 1958 mit dem Titel „Two Concepts of Liberty“ veröffentlicht und geht auf die Antrittsvorlesung Berlins aus jenem Jahr an der Universität Oxford zurück, s. *I. Berlin*, Two Concepts of Liberty, in: H. Hardy (Hrsg.), Liberty, 2002, 166 f.

[248] *I. Berlin*, Zwei Freiheitsbegriffe, in: *ders.*, Freiheit: Vier Versuche, 2006, 197 (249).

[249] Zutreffende Kritik aus freiheitlich-demokratischer Sicht bei *S. Holmes*, Passions and Constraint: On the Theory of Liberal Democracy, 1995, 28f: „Berlin employs the term ‚positive liberty‘ in an ambivalent sense. He uses it to mean both the romantic realization of the real self and the democratic organization of government. This is an unfortunate conflation, however, since collective self-rule and individual self-fulfillment have no necessary connection to each other“.

mehr die Mitbestimmung jener Herrschaftsgewalt ermöglicht. Positive und negative Freiheit bekommen dieselbe Zielrichtung, nämlich die freiheitlich-egalitäre Legitimation von Herrschaftsgewalt: Individuelle Selbstbestimmung prägt sich im Staat-Bürger-Verhältnis durch die Mitbestimmung der Herrschaftsgewaltausübung unter Wahrung einer grundrechtlich garantierten Freiheitssphäre aus.

(3) Konsequenz

Dadurch wird schließlich ein Perspektivenwechsel auf das Verhältnis zwischen Demokratie- und Rechtstaatsprinzip ermöglicht: Sie stehen aus herrschaftslegitimatorischer Sicht nicht antagonistisch zueinander, sondern bilden zwei zusammenwirkende Facetten *der vom Individuum ausgehenden* Legitimation von Herrschaftsgewalt. Dies gilt für das Verhältnis der Demokratie sowohl zum formalen als auch zum materiellen Rechtstaat[250], so dass ein isoliertes Verständnis der beiden Grundsätze unvollständig wäre[251]: Einerseits empfängt der (formale) Rechtstaat von der Demokratie das (parlamentarische) Gesetz als zentrales Gestaltungsmittel[252], andererseits ist Demokratie „ohne grundrechtlichen Freiheitsschutz nicht denkbar“[253]. So ergibt sich ein Verhältnis wechselseitiger Voraussetzbarkeit zwischen Demokratie und Grundrechten, das zunehmend anerkannt[254] wird und für die Herausarbeitung von alternativen Legitimationsmodi

[250] Unter formellem Rechtstaat versteht man in erster Linie die Gesetzmäßigkeit der Verwaltung, die Gewaltenteilung, die Unabhängigkeit der Gerichte und den Rechtsschutz gegen Akte öffentlicher Gewalt, als materieller Rechtstaat werden die Grundrechte angesprochen, s. nur *E. Schmidt-Aßmann*, Der Rechtstaat, in: J. Isensee/P. Kirchhof (Hrsg.), HStR II, ³2004, § 26, Rn. 18–19.

[251] Mit Blick auf das Grundgesetz würde ein isoliertes Verständnis gegen die Einheit der Verfassung verstoßen, s. *K. Hesse*, Grundzüge des Verfassungsrechts der Bundesrepublik Deutschland, ²⁰1999, Rn. 275.

[252] *E. Schmidt-Aßmann*, Der Rechtstaat, in: J. Isensee/P. Kirchhof (Hrsg.), HStR II, ³2004, § 26, Rn. 96. Durch das demokratisch zustande gekommene Gesetz lässt sich letztlich positive und negative Freiheit verbinden, s. *S. Holmes*, Passions and Constraint: On the Theory of Liberal Democracy, 1995, 33: „to be free included the right to obey laws made by oneself or one's representatives“.

[253] *M. Nettesheim*, Demokratisierung der EU und Europäisierung der Demokratietheorie – Wechselwirkungen bei der Herausbildung eines europäischen Demokratieprinzips, in: H. Bauer/P. M. Huber/K.-P. Sommermann (Hrsg.), Demokratie in Europa, 2005, 143 (158).

[254] Allgemein zum Verhältnis wechselseitiger Voraussetzbarkeit zwischen positiver und negativer Freiheit *S. Holmes*, Passions and Constraint: On the Theory of Liberal Democracy, 1995, 28, 30: „political participation has obviously proved to be an indispensable tool for protecting individuals against capricious, corrupt and tyrannical government“; „not only is positive liberty a necessary precondition for negative liberty, but negative liberty is a necessary precondition for positive liberty“. Vgl. demokratietheoretisch *L. Heuschling*, Krise der Demokratie und der juristischen Demokratielehre in Frankreich, in: H. Bauer/P. M. Huber/K.-P. Sommermann (Hrsg.), Demokratie in Europa, 2005, 33 (56): „Die Gewährung individueller Autonomie ist eine logische Voraussetzung der Entfaltung der politischen Autonomie“, so dass „unter dem Namen ‚Demokratie‘ die Menschenrechte als Surrogat einer abwesenden Mitbestimmung präsentiert werden“. Philosophisch grundlegend zum „internen Zusammenhang zwischen Demokratie und

insbesondere im Hinblick auf postnationale Konstellationen von Herrschaftsgewaltausübung jenseits des Verfassungsstaats hilfreich ist. Als paradigmatisch dafür dürfte somit die Beobachtung gelten, dass auch klassische rechtstaatliche *Verfahrens*elemente zugleich demokratische Qualität erlangen können, wenn sie sich an den legitimationsschaffenden Maßstäben des individual-pluralistischen Demokratiemodells orientieren: Insbesondere subjektive (Verwaltungsverfahrens-) Rechte erlangen eine demokratische Facette in dem Maße, in dem sie zur gleichen Selbstbestimmung der vom Verwaltungshandeln Betroffenen beitragen. Für die demokratische Verwaltungslegitimation bedeutet dies, dass sich neben dem Vorrang und Vorbehalt des Gesetzes auch weitere Berührungspunkte zwischen Demokratie- und formellem und materiellem Rechtstaatsprinzip ergeben können: Die Einhaltung von verfassungsrechtlichen Verfahrens- und Kompetenzregeln als Teil des formellen Rechtstaats und grundrechtlicher Garantien als materiell-rechtstaatliche Forderung können zu Vorgaben von Demokratie- und Rechtstaatsprinzip zugleich werden und durch ihr komplementäres Zusammenwirken zur demokratischen Legitimation der Verwaltungstätigkeit gegenüber den Betroffenen beitragen. Letztlich haben Demokratie und Rechtstaat ohnehin die gemeinsame Funktion, Herrschaftsausübung zu legitimieren, und umso mehr werden sie verkoppelt, als sie auch den gemeinsamen Ausgangspunkt haben.

c) Anwendung auf das Beispiel der Europäischen Union

aa) Demokratietheoretische Erfassung des dualen Legitimationsmodells der EU

(1) Individual-pluralistische Demokratie im dualen Legitimationsmodell

Im Rahmen der für die Erfassung demokratischer Legitimationsfragen jenseits des Verfassungsstaates geeigneten individuell-pluralistischen Demokratietheorie hat sich eine demokratietheoretische Erfassung des dualen Legitimationsmodells der Europäischen Union herausgebildet[255]. Zentral ist dabei, dass das Subjekt de-

---

Rechtstaat" sowie die „Unteilbarkeit von liberalen und politischen Grundrechten" *J. Habermas*, Zur Legitimation durch Menschenrechte, in: *ders.*, Die postnationale Konstellation, 1998, 170 (176 f.), *ders.*, Faktizität und Geltung, 1998, 142, 155 f. Aus rechtswissenschaftlicher Sicht zur rechtstaatlich-demokratischen „Doppelfunktion" der Grundrechte bereits *H. Dreier*, Dimensionen der Grundrechte, 1993, 38 f. Ähnlich *S. Kadelbach*, Grundrechtedemokratie als Vorbild?, in: C. Franzius/F. C. Mayer/J. Neyer (Hrsg.), Strukturfragen der Europäischen Union, 2010, 259 (270): „Grundrechte sind so zugleich Voraussetzungen politischer Gestaltung und Begrenzung der normativen Reichweite des Mehrheitswillens". Zum Zusammenhang von Bürgerrechten und Demokratie s. *C. Calliess*, Bürgerrechte als Ersatz für Demokratie?, in: C. Franzius/F. C. Mayer/J. Neyer (Hrsg.), Strukturfragen der Europäischen Union, 2010, 231 (241 f., 242): „Demokratie realisiert sich in Grundrechten als ‚funktionaler Teil staatlicher Verfahren'".

[255] Zur demokratietheoretischen Erfassung des dualen Legitimationsmodells europäischer Rechtsetzung s. *J. v. Achenbach*, Theoretische Aspekte des dualen Konzepts demokratischer Legitimation für die Europäische Union, in: S. Vöneky/C. Hagedorn/M. Clados/J. v. Achenbach (Hrsg.), Legitimation ethischer Entscheidungen im Recht, 2009, 191 f.

mokratischer Legitimation des unionalen Handelns nicht in den europäischen Völkern, sondern in den *Unionsbürgern* gesehen wird. Diese wählen direkt ihre Repräsentanten im Europäischen Parlament und sind zugleich die Wähler der im Rat vertretenen mitgliedstaatlichen Regierungen, welche wiederum ihnen gegenüber demokratisch verantwortlich sind. Für die Europäische Union ist aus demokratietheoretischer Sicht die Orientierung am individual-pluralistischen Legitimationsmodell in zweifacher Hinsicht hilfreich. Einerseits wird dadurch das „kein-Demos-Argument" beseitigt und die grundsätzliche Möglichkeit für Demokratie jenseits des Verfassungsstaates anerkannt. Andererseits wird eine theoretische Erklärung der Legitimationsvermittlungsfähigkeit des Europäischen Parlaments ermöglicht, dessen Legitimationsbeitrag erst durch das abstützende[256] Zusammenwirken mit dem ersten Legitimationsstrang geleistet wird: „Je höher das unionale Legitimationsniveau ausfällt, desto eher kann auf mitgliedstaatliche Legitimationsbeiträge verzichtet werden und je niedriger es ist, desto höher muss das über nationale Parlamente vermittelte Legitimationsniveau sein"[257]; dafür müssen jedoch beide Legitimationsstränge vom *selben* Legitimationssubjekt ausgehen, welches auf unionaler und mitgliedstaatlicher Ebene gleichzeitig *nur* der einzelne Unionsbürger sein kann[258]. Dies erklärt demokratietheoretisch auch die Rolle des Parlaments und seine zunehmende Einbindung in Gesetzgebungsverfahren: Der Einzelne kann wegen der unmittelbaren Anwendbarkeit des Unionsrechts direkt durch die unionsrechtliche Begründung von neuen Rechten und Pflichten davon betroffen sein[259], das europäische Parlament wird dessen Repräsentationsorgan bei der Ausübung der auch ihn betreffenden Hoheitsgewalt auf unionaler Ebene[260]. Auch im individual-pluralistisch ausgerichteten dualen Legitimationsmodell der Europäischen Union bedeutet somit demokratische Selbstbestimmung, „dass die Adressaten zwingender Gesetze zugleich deren Autoren sind"[261].

---

[256] BVerfGE 123, 267, Rn. 262, BVerfGE 89, 155, 184.

[257] *P. M. Huber*, Demokratie in Europa – Zusammenfassung und Ausblick, in: H. Bauer/ders./K.-P. Sommermann (Hrsg.), Demokratie in Europa, 2005, 491, 504, *C. Calliess*, Demokratieprinzip im Europäischen Staaten- und Verfassungsverbund, in: J. Bröhmer/R. Bieber/ C. Calliess/C. Langenfeld/S. Weber/J. Wolf (Hrsg.), Internationale Gemeinschaft und Menschenrechte, FS für G. Ress, 2005, 399 (402).

[258] *J. v. Achenbach*, Theoretische Aspekte des dualen Konzepts demokratischer Legitimation für die Europäische Union, in: S. Vöneky/C. Hagedorn/M. Clados/J. v. Achenbach (Hrsg.), Legitimation ethischer Entscheidungen im Recht, 2009, 191 (206).

[259] Grundlegend EuGH, Urt. v. 5.2.1963, Rs. C-26/62 (Van Gend en Loos/Administratie der Belastingen), Slg. 1963, 3 f.

[260] *J. v. Achenbach*, Theoretische Aspekte des dualen Konzepts demokratischer Legitimation für die Europäische Union, in: S. Vöneky/C. Hagedorn/M. Clados/J. v. Achenbach (Hrsg.), Legitimation ethischer Entscheidungen im Recht, 2009, 191 (197 f.).

[261] *J. Habermas*, Zur Verfassung Europas, 2011, 49.

(2) Demokratische Mehrebenen-Problematik: Demokratie und Subsidiaritätsprinzip

Ferner lässt sich fragen, wie aus dem Blickwinkel des individuell-pluralistischen Demokratieprinzips die Problematik von Mehrebenensystemen aufgefasst werden kann bzw. ob es für das demokratische Legitimationssubjekt und das erreichte Legitimationsniveau einen Unterschied macht, auf welcher Ebene die hoheitliche Entscheidungsfindung stattfindet. Denkbar wären zwei gegensätzliche Ansätze: Nimmt man die Maximierung individueller Mitbestimmungsmöglichkeiten als Maßstab, würde der jeweilige Mitbestimmungsanteil bei zunehmender Anzahl mitbestimmender Bürger entsprechend abnehmen und die Bürgernähe[262] bekäme einen originär demokratischen Gehalt; nimmt man die Problemlösungsfähigkeit einer Ebene als Maßstab, könnte je nach öffentlicher Aufgabenerledigung gegebenenfalls auch eine höhere Ebene bevorzugt werden: „Wenn ein System desto demokratischer ist, je stärker es seinen Bürgern die Möglichkeit gibt, sich in Angelegenheiten, die ihnen wichtig sind, selbst zu regieren, dann wäre in vielen Fällen ein großes System demokratischer als ein kleines, da seine Kapazität, bestimmte Aufgaben zu meistern – man denke an Landesverteidigung und Umweltverschmutzung – größer wäre“[263]. Keinem der beiden Ansätze kann allerdings zugestimmt werden: Nach dem individuell-demokratischen Legitimationsmechanismus wird Legitimation *durch Kompensation* als gleiche Mitbestimmungsmöglichkeit hergestellt, so dass es dabei nicht auf die Maximierung der Problemlösungsfähigkeit oder des eigenen Mitbestimmungsanteils, sondern auf die Sicherstellung jeweils gleicher Mitbestimmungsmöglichkeit ankommt. Nur wenn jene differenziert auf den unterschiedlichen Ebenen ausfällt, wird eine demokratische Bedeutung des Subsidiaritätsprinzips[264] ersichtlich: Dies dürfte aufgrund der bereits festgestellten Defizite für das Verhältnis zwischen direktem und indirektem Unionsrechtsvollzug gelten, so dass die demokratische Funktion der vertikalen Kompetenzordnung auch im Rahmen individuell-pluralistischer Demokratiemodelle von erheblicher Bedeutung ist. Anders stellt sich die Frage nur, wenn der mitgliedstaatliche Vollzug *transnationale* Wirkungen aufweist, da er politisch nur im Staat der erlassenden Behörde verantwortet werden kann: Zu fordern ist dann nicht etwa die Variante des direkten Unionsrechtsvollzugs, sondern vielmehr die Erhöhung materiell-inhaltlicher Vorgaben[265] unter Beteiligung des Eu-

[262] Vgl. explizit Art. 1 S. 2 und Art. 10 Abs. 3 S. 2 EUV.

[263] *J. Habermas*, Zur Verfassung Europas, 2011, 51 mit Verweis auf *R. A. Dahl*, Federalism and the democratic process, in J. R. Pennock/J. W. Chapman (Hrsg.), Nomos 25, Liberal Democracy (1983), 95 (105).

[264] Abstrakt und rechtordnungsunabhängig kann somit nicht davon ausgegangen werden, dass das Subsidiaritätsprinzip an sich eine demokratische Kategorie darstellt, s. dazu *C. Möllers*, Demokratische Ebenengliederung, in: I. Appel/G. Hermes/C. Schönberger (Hrsg.), Öffentliches Recht im offenen Staat, FS für Rainer Wahl, 2011, 759 (772).

[265] *T. v. Danwitz*, Europäisches Verwaltungsrecht, 2008, 636 f.

ropäischen Parlaments oder die Sicherstellung zusätzlicher demokratischer Mitbestimmungsoptionen für Betroffene.

bb) Rückwirkungen auf die Legitimation des Unionsrechtsvollzugs

(1) Optionen individuell-pluralistischer Verwaltungslegitimation

Im Rahmen des individuell-pluralistischen Demokratiemodells lässt sich auch die demokratische Verwaltungslegitimation nach individual-demokratischen Maßstäben und Legitimationsmechanismen neu evaluieren. Grundsätzlich dürfte sich eine hohe Anschlussfähigkeit an die Befunde des klassischen Modells feststellen lassen: So bleibt die Bedeutung einer ununterbrochenen Legitimationskette erheblich, sofern sie vom Einzelnen ausgeht und über parlamentarisch vermittelte sachlich-inhaltliche und personelle Legitimation einen normativen Legitimationszusammenhang zwischen demokratischen Mitbestimmungsmöglichkeiten und Herrschaftsgewaltausübung herstellen kann. Dagegen kann dem institutionellen Legitimationsbaustein grundsätzlich keine originär demokratische Funktion zukommen, da er als Garant der Eigenständigkeit der Verwaltung vielmehr *verfassungsrechtliche* Legitimation leistet, in der Gewaltenteilung verortet[266] ist und grundsätzlich nicht auf die Ermöglichung individueller Mitbestimmungsmöglichkeiten des Verwaltungshandelns ausgerichtet ist. So gilt auch im Kontext des individuell-pluralistischen Demokratiemodells, dass die Eröffnung von administrativen Gestaltungsspielräumen seitens des parlamentarischen Gesetzgebers durch entsprechende politische Verwaltungsverantwortlichkeit zu legitimieren ist. Der Zugewinn der Anerkennung des Einzelnen als demokratisches Legitimationssubjekt besteht jedoch in der Relativierung der Exklusivität parlamentarischer Legitimationsvermittlung, was für die Verwaltungslegitimation Möglichkeiten zusätzlicher demokratischer Mitbestimmungsformen eröffnet: Diese wirken mit den klassischen Legitimationsbausteinen zusammen und vermögen das gesamte demokratische Legitimationsniveau zu erhöhen. Voraussetzung eines Legitimationspotentials alternativer Instrumente ist jedenfalls, dass sie auf die Inklusionsoptimierung des Einzelnen ausgerichtet sind und ihm dadurch zusätzliche Optionen der *Bestimmung*[267] von Herrschaftsgewaltausübung ermöglichen; bloße Informationsrechte oder Transparenzvorschriften können dies zwar ergänzend erleichtern, per se aber keine demokratische Legitimation herstellen.

Letztlich wird durch die Pluralisierung der Legitimationsmodi auch die Möglichkeit eröffnet, demokratische Legitimationsmomente in den institutionellen Baustein einzubauen. Zusätzliche Inklusions- und Mitbestimmungsmöglichkei-

---

266 *H.-H. Trute*, Die demokratische Legitimation der Verwaltung, in: W. Hoffmann-Riem/ E. Schmidt-Aßmann/A. Voßkuhle (Hrsg.), GVwR I, ^{2}2012, § 6, Rn. 8.

267 Das Element der Bestimmung im Kontext von Mindestkriterien demokratischer Legitimation betonend *C. Möllers*, Gewaltengliederung, 2005, 48 f.

ten können als Formen wirksamer Betroffenenpartizipation direkt in Verfahren administrativer Entscheidungsfindung verortet werden oder Modelle autonomer[268] Legitimation bilden. Allerdings ist stets der Inhaltsneutralität und Ergebnisoffenheit des individuell-ausgerichteten Demokratieprinzips Rechnung zu tragen: Der *demokratische* Legitimationswert administrativer Verfahren besteht primär in der Pluralisierung der Mitbestimmungsmöglichkeiten des Legitimationssubjekts, nicht in der „Richtigkeitsgewähr"[269] der Entscheidungsfindung durch prozedurale Vorkehrungen. Der Wert prozeduraler Mechanismen, die der Verwaltung den Zugang zu Informationen und unterschiedlichen Ansichten vermitteln, ist zwar unbestreitbar, zumal sie bei der Entscheidungsfindung das ihr zu Grunde liegende *Wissen* erweitern und vertiefen können, sie können jedoch lediglich ergänzend zur demokratischen Verwaltungsverantwortlichkeit eingesetzt werden: Da sie, ähnlich wie administrative Transparenzanforderungen, *kognitiv* orientiert sind, können sie die auch aus *voluntativen* Momenten bestehende individuelle Mit*bestimmung* zwar unterstützen, jedoch nicht ersetzen.

(2) Flexibilisierung der Netzwerklegitimation als Zwischenergebnis

Der Erkenntnisgewinn ist auch für die Legitimation des Unionsrechtsvollzugs groß: Die Exklusivität der parlamentarischen Legitimationsvermittlung wird relativiert und der Vollzug ist vielmehr individuell gegenüber den betroffenen Einzelnen demokratisch zu verantworten. Für Netzwerke sind dabei Formen autonomer Legitimation praktisch von geringer Bedeutung, da sie als unionsweit aufgestellte hybride Kooperationsformen eigenständig bleibender Verwaltungseinheiten nur schwer „autonom" legitimiert werden können. Vielmehr ist deswegen an der individuell-ausgerichteten demokratischen Verantwortlichkeit anzusetzen und aufgrund der heuristischen Natur des Verantwortungsbegriffs zu prüfen, welche Flexibilitätsoptionen er in einem individuell-ausgerichteten Demokratiemodell bietet.

3. Demokratische Verantwortung

a) Verantwortung als heuristischer Begriff

Im Rahmen des öffentlichen Rechts wird davon ausgegangen, dass Verantwortung keinen rechtsdogmatischen, sondern einen heuristischen Begriff darstellt[270].

---

[268] *H.-H. Trute*, Die demokratische Legitimation der Verwaltung, in: W. Hoffmann-Riem/E. Schmidt-Aßmann/A. Voßkuhle (Hrsg.), GVwR I, ²2012, § 6, Rn. 55.

[269] *W. Hoffmann-Riem*, Eigenständigkeit der Verwaltung, in: ders./E. Schmidt-Aßmann/A. Voßkuhle (Hrsg.), GVwR I, ²2012, § 10, Rn. 100.

[270] Zur heuristischen Natur des Verantwortungsbegriffs s. *E. Schmidt-Aßmann*, Das allgemeine Verwaltungsrecht als Ordnungsidee ²2006, 170; zustimmend *E. Pache*, Verantwortung und Effizienz in der Mehrebenenverwaltung, in: VVDStRL 66 (2007), 107 (113 Fn. 21) und

Rechtsdogmatisch ist der Begriff „schillernd“[271] und somit stark ausfüllungsbedürftig sowie kontextabhängig[272], so dass seine Bedeutung ad hoc je nach Rechtsgebiet und Rechtsverhältnis erst rechtswissenschaftlich herauszuarbeiten ist. Dies ist dadurch zu erklären, dass heuristische Begriffe in der Wissenschaftslehre allgemein als Hilfsmittel zum Auffinden von Fragen und Annäherungen an mögliche Lösungen verstanden werden und nicht das Endprodukt der Forschung darstellen bzw. „als Namen für das Unbekannte die Richtung vorgeben“[273]. Im rechtswissenschaftlichen Kontext sind somit heuristische Begriffe nicht-dogmatische Begriffe mit dogmatischem Wert[274]; sie deuten unterschiedliche dogmatische Konstellationen und Problematiken an, ohne sie endgültig zu lösen. Lösungen werden erst durch die Weiterentwicklung der Dogmatik ermöglicht und sind letztlich ihr überlassen.

Diese heuristische Natur des Verantwortungsbegriffs führt dazu, dass ihm im weiten Spektrum des öffentlichen Rechts unterschiedliche normative Bedeutungen zukommen[275]. So wird er im Kontext der Privatisierung in Bezug auf die Aufgabenteilung zwischen Staat und Privaten[276], im Bundesstaat und der Europäischen Union als Element vertikaler Kompetenzordnungen und Zurechnungsbegriff[277] und im Rahmen institutioneller (Verfassungs-)Strukturen im Hinblick auf das Verhältnis zwischen (Verfassungs-)Organen und Institutionen eingesetzt oder

---

H. C. Röhl, Verwaltungsverantwortung als dogmatischer Begriff?, Die Verwaltung, Beiheft 2 (1999), 33 (46): „Der Begriff der Verantwortung sei zunächst zu heuristischen Zwecken gedacht, also ohne dogmatische Bedeutung gemeint“.

[271] *C. Möllers/J. P. Terhechte*, Europäisches Verwaltungsrecht und Internationales Verwaltungsrecht, in: J. P. Terhechte (Hrsg.), Verwaltungsrecht der Europäischen Union, 2011, § 40, Rn. 15. Das Umgreifen von mindestens drei unterschiedlichen Relationen betont *E. Schmidt-Aßmann*, Das allgemeine Verwaltungsrecht als Ordnungsidee, ²2006, 170.

[272] *A. Voßkuhle*, Beteiligung Privater an der Wahrnehmung öffentlicher Aufgaben und staatliche Verantwortung, VVDStRL 62 (2003), 266 (270 Fn. 9), *H. Dreier*, Verantwortung im demokratischen Verfassungsstaat, in: U. Neumann/L. Schulz (Hrsg.), Verantwortung in Recht und Moral, 2000, 9 (9 ff.), *H. C. Röhl*, Verantwortung und Effizienz in der Mehrebenenverwaltung, DVBl. 2006, 1070 (1070).

[273] *J. H. Klement*, Verantwortung, 2006, 47 mit Verweis auf den archimedischen etymologischen sowie den wohl kantischen wissenschaftlichen Ursprung der Heuristik als Wegweiser der Forschung, s. *I. Kant*, Kritik der reinen Vernunft, 1781, 671: „Auf solche Weise ist die Idee eigentlich nur ein heuristischer und nicht ostensiver Begriff und zeigt an, nicht wie ein Gegenstand beschaffen ist, sondern wie wir, unter der Leitung desselben, die Beschaffenheit und Verknüpfung der Gegenstände der Erfahrung überhaupt suchen sollen“.

[274] *J. H. Klement*, Verantwortung, 2006, 49.

[275] Zu einem Überblick der Bedeutungen des Verantwortungsbegriffes im grundgesetzlichen Kontext s. *M. Sachs*, Bürgerverantwortung im demokratischen Verfassungsstaat, DVBl. 1995, 873 f.

[276] *R. Pitschas*, Verwaltungsverantwortung und Verwaltungsverfahren. Strukturprobleme, Funktionsbedingungen und Entwicklungsperspektiven eines konsensualen Verwaltungsrechts, 1990, 10 ff., *A. Voßkuhle*, Beteiligung Privater an der Wahrnehmung öffentlicher Aufgaben und staatliche Verantwortung, VVDStRL 62 (2003), 266 f.

[277] *H. C. Röhl*, Verantwortung und Effizienz in der Mehrebenenverwaltung, DVBl. 2006, 1070 f.

auch als klassische dogmatische Kategorie des öffentlichen Haftungsrechts und Verwaltungsprozessrechts verstanden. Besondere Schwierigkeiten bereitet das rechtsdogmatische Arbeiten mit dem Verantwortungsbegriff im Rahmen des europäischen Verfassungs- und Verwaltungsrechts, da nicht nur sprachlich bedingte Inhaltsdivergenzen drohen[278], sondern auch diverse unions(verfassungs)rechtliche Spezifika die Verallgemeinerung von Erkenntnissen erschweren. Vielmehr ist auch an diesem Punkt rechtsmethodisch eine funktionale Analyse der unterschiedlichen Konstellationen erforderlich.

b) Dimensionen demokratischer Verantwortung

aa) Agenturtheoretische Grundlagen politischer Verantwortung: Repräsentation

Wirft man einen Blick auf die Ausgestaltung der Verantwortungsverhältnisse im Kontext repräsentativ-demokratischer Legitimationsmodelle, so stellt man fest, dass ihre theoretischen Grundlagen aus der *Agenturtheorie*[279] bekannt sind. Diese befasst sich allgemein mit den Problemen, die durch die Delegation von Aufgaben entstehen[280]: In agenturtheoretischen Konstellationen existieren mindestens zwei gegenüber stehende Instanzen[281], deren Verhältnis dadurch gekennzeichnet ist, dass die verantwortliche Instanz nicht „für sich selbst“, sondern „für einen anderen“ handelt[282] und, zweitens, dabei einen Entscheidungsspielraum hat[283]. Dabei wird die verantwortliche Instanz kontrolliert: Die Kontrolle umfasst grundsätzlich die Evaluierung der Einhaltung des zugewiesenen Tätigkeitsbereiches, der

---

278 Während der Begriff „accountability“ üblicherweise in der deutschsprachigen Literatur mit demokratischer Verantwortung gleichgesetzt wird, wird er in der deutschen Fassung des Art. 10 Abs. 2 S. 2 EUV nicht als „Verantwortung“, sondern als „Rechenschaft“ übersetzt.

279 Allgemein untersuchen agenturtheoretische Principal-Agent-Modelle die Beziehung zwischen Auftraggeber (Principal) und Auftragnehmer (Agent) und gehen der Frage nach, auf welche Art und Weise sicherstellt werden kann, dass der Auftragnehmer effektiv und effizient im Auftrag des Auftraggebers tätig ist, vgl. *N. J. Saam*, Prinzipale, Agenten und Macht. Eine machttheoretische Erweiterung der Agenturtheorie und ihre Anwendung auf Interaktionsstrukturen in der Organisationsberatung, 2002, 6 f. Zur agenturtheoretischen Erfassung von politischen Repräsentanten der Wähler im Kontext demokratischer und parlamentarischer Repräsentation s. *A. Fritzsche,* Die „Verhaltensregeln für Mitglieder des Deutschen Bundestages“, HFR 2004, 35 f.

280 *U. Sacksofsky*, Anreize, in: W. Hoffmann-Riem/E. Schmidt-Aßmann/A. Voßkuhle (Hrsg.), GVwR II, ²2012, § 40, Rn. 45 f.

281 *W. Kahl*, Begriff, Funktionen und Konzepte von Kontrolle, in: W. Hoffmann-Riem/E. Schmidt-Aßmann/A. Voßkuhle (Hrsg.), GVwR III, ²2009, § 47, Rn. 63, *U. Scheuner*, Verantwortung und Kontrolle in der demokratischen Verfassungsordnung, in: T. Rittersprach/W. Geiger (Hrsg.), FS für G. Müller, 1970, 379 (391).

282 *W. Kahl*, Begriff, Funktionen und Konzepte von Kontrolle, in: W. Hoffmann-Riem/E. Schmidt-Aßmann/A. Voßkuhle (Hrsg.), GVwR III, ²2009, § 47, Rn. 63.

283 *U. Sacksofsky*, Anreize, in: W. Hoffmann-Riem/E. Schmidt-Aßmann/A. Voßkuhle (Hrsg.), GVwR II, ²2012, § 40, Rn. 45 f.

Aufgabenerledigung aufgrund der abgelegten Rechenschaft sowie Sanktionsmöglichkeiten, so dass Verantwortung letztlich in der *Kompetenzeinhaltung*-, der *Rechenschaft*- und der *Einstandspflicht* besteht.

In repräsentativ-demokratischen Modellen lässt sich dieses agenturtheoretische Modell für die Erklärung des Verhältnisses politischer Verantwortlichkeit zwischen Repräsentierten und Repräsentanten anwenden: Letztere sind gegenüber ersteren in dem Sinne verantwortlich, dass sie von ihnen gewählt und abgewählt werden können sowie im Hinblick darauf kontrolliert werden. Demokratietheoretisch stellen die politische Verantwortung und Kontrolle der Repräsentanten *keinen Selbstzweck* dar, sondern bilden einen Modus für die Ermöglichung der Selbstbestimmung des demokratischen Legitimationssubjekts bzw. ihrer Mitbestimmung der Herrschaftsgewaltausübung: Durch die Kontrolle der Repräsentanten wird die Prüfung ihrer Tätigkeit bzgl. der Umsetzung von Wahlversprechen und der Wert- und Interessenrepräsentation ermöglicht und dementsprechend für deren Wieder- oder Abwahl entschieden. Umgekehrt folgt aus der Verantwortlichkeit[284] auch die *Steuerungsfunktion der Wahl* und die *Responsivität* des Modells: Repräsentanten sind darauf angewiesen, bei der Herrschaftsausübung Wahlversprechen und Wählerinteressen zu berücksichtigen, da sie wegen der Wahlperiodität nur „auf Zeit" gewählt sind und sie dadurch einen Anreiz zur Wiederwahl haben. Verantwortung ist im Kontext demokratischer Legitimation von Herrschaftsgewalt somit in erster Linie als *politische* Verantwortung und Kontrolle zwischen Repräsentiertem und Repräsentanten zu verstehen.

bb) Demokratische Verantwortung in der politischen Organisation öffentlicher Gewalt

Ferner lässt sich feststellen, dass sich der Verantwortungsgedanke auch auf die politische Organisation von Herrschaftsgewalt erstreckt: Das lineare Kettenmodell demokratischer Legitimation sowie die Legitimationsstränge der Europäischen Union beruhen auf aufeinander folgenden Verantwortungsverhältnissen. So ist die Regierung gegenüber dem Parlament bzw. die Kommission gegenüber dem Europäischen Parlament in dem Sinne demokratisch verantwortlich, als sie ihm gegenüber ebenfalls nach agenturtheoretischer Vorstellung sowohl *Rechenschaftspflichten* abzulegen haben als auch für die politischen Folgen ihres Han-

[284] Zum begrifflichen Unterschied zwischen Verantwortung und Verantwortlichkeit ist zu betonen, dass er ohne erhebliche rechtsdogmatische Bedeutung ist; weder im Grundgesetz noch in der Literatur können sich aus der Differenzierung rechtliche Folgen ergeben, s. *V. Mehde*, Die Ministerverantwortlichkeit nach dem Grundgesetz, DVBl. 2001, 13 (14). Während Verantwortung ein heuristischer Rechtsbegriff ist, der sich auf unterschiedliche Rechtsbeziehungen bezieht, stellt Verantwortlichkeit bloß die deskriptive Bezeichnung des Zustandes dar, eine Verantwortung jeglicher Art zu tragen bzw. „verantwortlich zu sein". Siehe im politikwissenschaftlichen Kontext *W.-D. Narr*: Ethik und Politik – Skizze einer Physik der Sitten, in: I. Fetscher/H. Münkler (Hrsg.), Politikwissenschaft. Begriffe – Analysen – Theorien, 1985, 69 (82).

delns i. S. einer *Einstandspflicht* einzustehen haben: Die parlamentarische Kontrolle enthält entsprechend sowohl Informationsrechte über die Regierungs- bzw. Kommissionstätigkeit als auch Sanktionsmöglichkeiten i. S. eines Misstrauensvotums[285].

cc) Demokratische Verwaltungsverantwortung: politische und rechtliche Momente

Der Verantwortungsgedanke erhält im Hinblick auf die demokratische Verantwortung der Verwaltung *rechtliche* Konturen. Denn nicht ausschließlich ihre Kontrolle seitens repräsentierten Wählern oder dem Parlament, sondern auch die Einhaltung des demokratisch zustande gekommenen Gesetzes und die entsprechende Kontrolle der Gerichte machen ihre demokratische Verantwortlichkeit aus[286]. Allerdings führt auch die gerichtliche Rechtskontrolle im Rahmen eines Verwaltungsprozesses zu Rechenschaftspflichten der Verwaltung und gegebenenfalls zu Einstandspflichten für die begangene Rechtsverletzung. Demokratische Verwaltungsverantwortlichkeit versteht sich somit sowohl als *politische* Verantwortlichkeit der Exekutivspitze gegenüber politischen Instanzen als auch als *rechtliche* Verantwortlichkeit durch Kontrollen seitens der Gerichtsbarkeit, wobei in Konstellationen administrativer Letztentscheidungsbefugnisse erstere an Bedeutung gewinnen.

c) Rekonstruktion demokratischer Verwaltungsverantwortung im individuell-pluralistischen Demokratiemodell

aa) Demokratische Verwaltungsverantwortung als individuelle Verwaltungskontrolle

Rekonstruiert man den Verantwortungsgedanken, um ihn auf das individuell-pluralistische Demokratiemodell zuzuschneiden, kann er aus dem Blickwinkel demokratischer Legitimation als ein Instrument für die Mitbestimmungsmöglichkeit des Einzelnen betrachtet werden. Wie in der klassischen Konstellation repräsentativer Demokratie ist die demokratische Verantwortlichkeit kein Selbstzweck, sondern ein Sicherungsmodus einer effektiven demokratischen Mitbestimmung. Da der Einzelne jedoch selbst das demokratische Legitimationssubjekt ist und mit seinen Mitbestimmungsmöglichkeiten demokratische Legitimation vermittelt, wird die Frage der Verantwortung von Hoheitsträgern mit den Kontrollmöglichkeiten seitens des Einzelnen verbunden und lässt sich der agenturtheoretischen Pflichtentrias der Kompetenzeinhaltungs-, Rechenschafts- und Einstandspflicht

[285] Art. 17 Abs. 8 EUV und Art. 234 AEUV.

[286] Vgl. *C. Harlow*, Accountability in the European Union, 2002, 72: „legal accountability as an essential facet of democratic accountability".

anpassen: Hoheitsträger haben gegenüber dem Einzelnen ihre Kompetenzen einzuhalten, Rechenschaft über ihre Handlungen abzulegen und für die Folgen einzustehen. Verantwortung wird dadurch mit den Fragen der Kompetenzverteilung und der Zurechnung ergänzt, da „der Bürger wissen können muss, wen er wofür – auch durch Vergabe oder Entzug seiner Wählerstimme – verantwortlich machen kann“[287] bzw. welchen Hoheitsträger er gerichtlich angreifen kann. Maßgeblich dabei ist, dass ex ante und ex post Verantwortung[288], also die Kompetenzzuweisung und die Einstandspflicht, nicht auseinander fallen dürfen, da sonst die Effektivität der demokratischen Kontrolle und letztlich die Mitbestimmung des Einzelnen entsprechend abnehmen. Insgesamt darf festgehalten werden, dass im individuellen Demokratiemodell demokratische Verwaltungsverantwortung gegenüber dem Einzelnen als demokratischem Legitimationssubjekt herzustellen ist: Aufgrund der rechtlichen Komponenten der Verwaltungsverantwortung ist die politische und rechtliche Kontrollmöglichkeit des Einzelnen als demokratische Mitbestimmungsmöglichkeit anzusehen. Auch hier gilt, dass „Kontrolle verfassungstheoretisch das Korrelat zur Verantwortung bildet“ und „in der Sprache der Verfassungsdogmatik einen unmittelbar aus dem Demokratieprinzip fließenden Imperativ darstellt“[289]: Letztlich handelt es sich somit bei der demokratischen Verantwortung um einen Modus, der sicherstellt, dass Herrschaftsausübung auf den Einzelnen zurückgeführt werden kann.

bb) Demokratische Verwaltungsverantwortung und Governance: „Accountability“

Anders als in der tradierten öffentlich-rechtlichen Legitimationsdogmatik ist im Rahmen der Governance-Analyse und insbesondere im Hinblick auf die Legitimation supranationaler Organisationen und der Europäischen Union nicht die Rede von Verantwortung, sondern von „Accountability“. Letztlich soll diese einen Maßstab der demokratischen Verwaltungslegitimation darstellen. Was allerdings mit „Accountability“ rechtlich gemeint sein soll, ist ziemlich offen und stark kontextabhängig; der Begriff wird sogar in seinem ursprünglichen völkerrechtlichen Kontext als vage angesehen[290], teilweise als Verfassungsprinzip eingeordnet[291] und in rechtswissenschaftlichen Untersuchungen vom jeweiligen Ver-

---

[287] BVerfGE 119, 331 (Rn. 158).

[288] Dazu allgemein *H. C. Röhl,* Verwaltungsverantwortung als dogmatischer Begriff?, DV 1999, Beiheft 2, 33 (36).

[289] *W. Kahl*, Begriff, Funktionen und Konzepte von Kontrolle, in: W. Hoffmann-Riem/E. Schmidt-Aßmann/A. Voßkuhle (Hrsg.), GVwR III, ²2013, § 47, Rn. 63 und 64.

[290] Zur Vagheit des Accountability-Begriffs und dessen unterschiedliche Formen im Rahmen des Völkerrechts s. *A. Tzanakopoulos,* Disobeying the Security Council, 2011, 2 f.

[291] Zur Einordnung von Accountability als Verfassungsprinzip neben Demokratie, Gewaltenteilung oder Rechtstaat im britischen Verfassungsrecht s. *C. Turpin/A. Tomkins*, British Government and the Constitution, ⁶2007, 132.

fasser erneut definiert[292]. Insgesamt scheint im administrativen Kontext „Accountability“ ein politikwissenschaftliches Konstrukt darzustellen, das unabhängig von präzisen rechtlichen Zusammenhängen und Fixierungen den *Gesamtgrad der Kontrollierbarkeit* einer Einrichtung beschreiben möchte[293]: In Betracht kommen neben klassischen parlamentarischen auch gerichtliche, inneradministrative oder Budget-Kontrollen sowie gesellschaftliche Kontrollen des administrativen Handelns aufgrund transparenter Entscheidungsfindungsprozesse[294]. Durch diesen Kontrollmix seitens unterschiedlicher öffentlicher und gesellschaftlicher Instanzen sollen Rationalität, Gemeinwohlorientierung und letztlich Responsivität administrativen Handelns gemessen werden: Je weiter die Kontrollierbarkeit der

[292] Problematisch ist insbesondere die Abgrenzung zwischen accountability und responsibility, zumal in den meisten mitteleuropäischen Sprachen nicht zwischen jenen Begriffen differenziert wird, s. *M. Bovens*, Analyzing and Assessing Accountability: A Conceptual Framework, ELJ 13 (2007), 447 (450), *R. Mulgan*, “Accountability“: An Ever Expanding Concept?, Public Administration 78 (2000), 555 (557 f.), *C. Harlow*, Accountability in the European Union, 2002, 14. Dies kann auch dadurch bestätigt werden, dass deutsche Rechtswissenschaftler die parlamentarische Verantwortung der Regierung ansprechen, wenn die Frage nach „accountability“ der Verwaltung im deutschen Verfassungsrecht aufgeworfen wird, s. *E. Schmidt-Aßmann/C. Möllers*, The Scope and Accountability of Executive Power in Germany, in: P. Craig/A. Tomkins, The Executive and Public Law, 2006, 268 (279). Zu Überblicken des accountability-Konzepts s. *C. Harlow*, Accountability in Global Administrative Law, in: G. Anthony/J. B. Auby/J. Morison/T. Zwart (Hrsg.), Values in Global Administrative Law, 2011, 173 (174 ff.) und *M. Bovens/D. Curtin/P. Hart*, Studying the Real World of EU Accountability: Framework and Design, in: M. Bovens/D. Curtin/P. Hart, The Real World of EU Accountability, 2010, 31 (32 ff.). Als besonders prominent gilt dabei die Definition von *Bovens*, dem zahlreiche rechtswissenschaftliche Untersuchungen der angelsächsischen und niederländischen Literatur folgen; nach *Bovens* ist unter accountability das „Verhältnis zwischen einem Akteur und einem Forum zu verstehen […], bei dem der Akteur die Pflicht hat, seine Handlungsweise zu erklären und zu rechtfertigen, das Forum Fragen stellen und Handlungen beurteilen kann und der Akteur eventuelle Konsequenzen tragen muss“, s. *M. Bovens*, Analyzing and Assessing Accountability: A Conceptual Framework, ELJ 13 (2007), 447 (450). Agenturtheoretisch kann accountability als die Gesamtheit der Instrumente der ex post Kontrolle aufgefasst werden, s. *M. Busuioc*, Accountability, Control and Independence: The Case of European Agencies, ELJ 15 (2009), 599 (606).

[293] Zu accountability als „Gesamtbegriff“ s. *C. Harlow*, Accountability in Global Administrative Law, in: G. Anthony/J. B. Auby/J. Morison/T. Zwart (Hrsg.), Values in Global Administrative Law, 2011, 173 (178). In diesem Gesamtbegriff werden – wie in der Governance-Forschung üblich – rechtliche und deskriptive Ansätze und Befunde ohne Differenzierung zusammengeführt, so dass letztlich accountability vielmehr als ein Analysemaßstab der administrativen Kontrollierbarkeit zu verstehen ist.

[294] Vgl. nur die unterschiedlichen Accountability-Typen von „political“, „legal“, „administrative“ und „professional“ accountability bei *M. Bovens/D. Curtin/P. Hart*, Studying the Real World of EU Accountability: Framework and Design, in: M. Bovens/D. Curtin/P. Hart (Hrsg.), The Real World of EU Accountability, 2010, 42 f. sowie *C. Harlow*, Accountability in the European Union, 2002, 108 f.: „Accountability through Audit“. Vgl. *J. Scott/D. M. Trubek*, Mind the Gap: Law and New Approaches to Governance in the European Union, ELJ 8 (2002), 1 (8): „new governance posits heterarchy, and often looks outside of the courts in seeking to secure real accountability“. Zur Ambivalenz zwischen Accountability und Transparenz s. *C. Hood*, Accountability and Transparency: Siamese Twins, Matching Parts, Awkward Couple?, in: D. Curtin/P. Mair/Y. Papadopoulos (Hrsg.), Accountability and European Governance, 2012, 61 f.

Verwaltung und je transparenter ihre Tätigkeit, desto höher sei letztlich ihre Legitimation einzuschätzen.

Der rechtswissenschaftliche Wert von „Accountability" sowie das Eingliederungspotential des Konzepts in die Legitimationsdogmatik sind in zweierlei Hinsicht problematisch: Einerseits orientiert sich der Ansatz an Annahmen der sog. Output-orientierten Verwaltungslegitimation, andererseits wertet er auch empirische Befunde als demokratische Legitimationsbeiträge. Problematisch dabei ist nicht die Relativierung der Bedeutung linearer Legitimationsketten an sich, sondern der Evaluierungsmaßstab der Verwaltungslegitimation: Nicht die Mitbestimmungsmöglichkeiten des Legitimationssubjekts, sondern die Effektivität der administrativen Aufgabenerfüllung und die gesellschaftliche Akzeptanz des Verwaltungshandelns werden dafür zugrunde gelegt. Dies gilt insbesondere in jenen Konstellationen, in denen Accountability lediglich in bloßen Rechenschaftspflichten, Informationskontrollen und erhöhter Transparenz besteht[295]: Dadurch bleiben die für die Mitbestimmungsmöglichkeit des Legitimationssubjekts so wichtigen politischen *Einstandspflichten* als Bestandteile demokratischer Verantwortlichkeit ausgeklammert[296]. Im Gegensatz zum Verantwortungsmodell knüpft der Accountability-Ansatz nicht an die umfassende politische Verantwortlichkeit *personeller* Entscheidungsträger, sondern versucht durch umfangreiche *institutionelle* Rechenschaftspflichten den administrativen Einrichtungen Anreize für „gute" Ergebnisse und zur Erhaltung eines hohen gesellschaftlichen Reputations- und Vertrauensniveaus zu bieten. Das Verantwortungs- und das Accountability-Modell folgen zur Herstellung administrativer Responsivität unterschiedlichen *Steuerungs*ansätzen: Ersteres zielt darauf, die politischen Momente des Verwaltungshandelns mit der Wahlperioditāt und der Steuerungskraft von periodisch stattfindenden Mehrheitsentscheidungen zu verbinden, letzteres will administratives Handeln vom Politischen abkoppeln, es „objektivieren" und seine „demokratische" Evaluierung an der Erreichung von gesetzlich nur programmatisch definierten Zielen vornehmen. Ungeachtet der allgemeinen demokratietheoretischen Probleme derartiger an Output und Vertrauen anknüpfenden Legitimationskonzep-

[295] So die Rezeption des Begriffs im unionsrechtlichen Kontext bei *A. v. Bogdandy/J. Bast/ F. Arndt*, Handlungsformen im Unionsrecht, ZaöRV 66 (2002): „Es ist in erster Linie das erlassene Organ, das gegenüber einer demokratischen Öffentlichkeit Rechenschaft abzulegen hat über die Erwägungen, die zur Annahme des Akts geführt hat (accountability), und für die durch ihn ausgelösten Folgen die Verantwortung übernimmt (responsibility)".

[296] Vgl. *C. Möllers*, Policy, Politics oder Politische Theorie?, in: C. Joerges/Y. Mény/ J. H. H. Weiler (Hrsg.), Mountain or Molehill?: A Critical Appraisal of the Commission's White Paper on Governance, 2001, 1 (5): „Zu einem demokratischen Konzept wird der Begriff der Verantwortlichkeit erst, wenn die Verantwortungszurechnung auch zu Sanktionen führen kann". Zutreffend differenzieren daher *Harlow/Rawlings* zwischen unterschiedlichen Formen von Sanktionen und Einstandspflichten und unterstreichen die Bedeutung von institutionellen Reaktionsmöglichkeiten in Fällen von Zielverfehlungen, s. *C. Harlow/R. Rawlings*, Promoting Accountability in Multilevel Governance: A Network Approach, ELJ 13 (2007), 542 (545 f.).

te[297] wird das defizitäre demokratische Legitimationspotential bloßer Rechenschaft in Fällen administrativer Ziel*verfehlungen* evident: Zwar machen administrative Einrichtungen die Informationen über die Ergebnisse ihres Handelns öffentlich und der Gesellschaft zugänglich, dem demokratischen Legitimationssubjekt steht jedoch keine Mitbestimmungsmöglichkeit auf die (künftige) Herrschaftsgewaltausübung zur Verfügung[298].

Insgesamt kann somit festgehalten werden, dass mehr „Accountability" allein nicht unbedingt mehr Demokratie bedeutet[299]: Demokratische Legitimation lässt sich ohnehin „nicht durch eines ihrer Momente wie Verantwortung ersetzen"[300] und insbesondere dann nicht, wenn die Frage des demokratischen Legitimationssubjekts ausgeblendet bleibt[301].

d) Zwischenergebnis: Demokratische Verwaltungsverantwortung in Netzwerken

Durch die Analyse und Rekonstruktion des Verantwortungsbegriffs nach den Maßstäben des individuell-pluralistischen Demokratiemodells werden die Legitimationsprobleme von europäischen Netzwerken bestätigt: Erstens kann der indirekte Unionsrechtsvollzug wegen der Steuerung der Netzwerke seitens der Kommission nicht vollständig auf mitgliedstaatlicher Ebene demokratisch verantwortet werden, während die demokratische Verantwortlichkeit der Kommission ohnehin defizitär ist[302]; zweitens erlaubt die Verwaltungskooperation innerhalb der Netzwerke nicht die Zurechenbarkeit des nach außen wirkenden Verwaltungshandelns an bestimmte – demokratisch verantwortliche – Hoheitsträger, so dass die Urheber von Entscheidungen nicht ausreichend ersichtlich sind und dadurch die Steuerung der Herrschaftsgewaltausübung durch die Mitbestimmungsmöglichkeiten des demokratischen Legitimationssubjekts ebenfalls als defizitär zu beurteilen ist. Um einem hinreichenden demokratischen Legitimationsniveau zu genügen, ist deswegen entweder die Orientierung an alternativen demokratietheoretischen Ansätzen oder die verfassungs- und verwaltungs*rechtswissenschaftliche* Entwicklung von funktionalen Äquivalenten erforderlich, welche die defizitäre Verantwortlichkeit innerhalb der Netzwerke zu mildern vermögen.

---

[297] Dazu unter C.IV.1 (115 f.).

[298] Umgekehrt ist somit auch fraglich, ob Zielerfüllungen als demokratisch legitimiert zu betrachten sind oder ob es sich dabei vielmehr um lediglich *empirisch* feststellbare „demokratische" Reflexe handelt.

[299] *D. Curtin*, Executive Power of the European Union, 2009, 247: „More accountability is not necessarily more democracy". Vgl. ferner *M. Ruffert*, Was ist „Democratic Governance?", in: S. Botzem/J. Hofmann/S. Quack/G. F. Schuppert/H. Straßheim (Hrsg.), Governance als Prozess, 2009, 55 (66): „Demokratie erschöpft sich nicht in accountability".

[300] *J. Habermas*, Zur Verfassung Europas, 2011, 54 Fn. 72.

[301] So können Kontrollen des demokratischen Legitimationssubjekts nicht mit Kontrollen anderer Instanzen oder „der Gesellschaft" gleichgesetzt werden.

[302] So im Ergebnis auch *H.-H. Trute*, Die demokratische Legitimation der Verwaltung, in: W. Hoffmann-Riem/E. Schmidt-Aßmann/A. Voßkuhle (Hrsg.), GVwR I, ²2012, § 6, Rn. 111.

IV. Von demokratietheoretischen Alternativen zu funktionalen Äquivalenten: Demokratie durch Individualrechtsschutz

1. Demokratietheoretische Alternativen

a) Komplexe Demokratietheorie: Demokratische Legitimation durch Output

aa) Grundaussagen

Die auf die Arbeiten *Scharpfs* zurückgehende *komplexe Demokratietheorie* bildet die wichtigste demokratietheoretische Alternative zum Legitimationsketten- und Verantwortungsmodell demokratischer Legitimation und wurde besonders im Hinblick auf die Europäische Union (weiter)entwickelt[303]. Zentral dabei ist, dass im Rahmen einer systemtheoretischen Erfassung des politischen Systems anhand des Staat-Bürger-Verhältnisses zwischen zwei „demokratischen" Perspektiven differenziert wird[304]: Politischer Input bezieht sich auf die Mitbestimmungs- und Inklusionsmöglichkeiten bei der Ausübung von Herrschaftsgewalt, politischer Output auf die Ergebnisse öffentlichen Handelns. Während nach klassischen Demokratiemodellen lediglich Input als Legitimationsherstellungsmodus in Betracht kommt, vertritt die komplexe Demokratietheorie, dass der Qualität politischer Leistungen ebenfalls ein demokratisches Legitimationspotential anzuerkennen sei. Dafür wird eine Reihe empirischer Argumente vorgebracht, die das tradierte Input-orientierte Demokratiemodell als „utopisch" und anpassungsbedürftig erscheinen lassen: Die Tatsache, dass „kein Einzelner unter modernen Bedingungen in der Lage ist, sich auch nur einigermaßen zu informieren über die Fragen, die in einem Partizipationsmodell gleichberechtigt auf seiner politischen Tagesordnung stehen müssten"[305] und dass die Gruppenmitgliedschaft in einem pluralistischen Demokratiemodell unzureichend sein kann, da „die Berücksichtigung gesellschaftlicher Interessen nicht in erster Linie durch das Ergebnis allgemeiner Wahlen vermittelt werden", sondern „von dem relativen Einfluss interessierter Gruppen abhängt"[306], gelte um so mehr in postnationalen Konstellationen

[303] Grundlegend *F. Scharpf*, Demokratietheorie zwischen Utopie und Anpassung, 1970, 66 f., *ders.*, Regieren in Europa: effektiv und demokratisch, 1999, *ders.*, Legitimationskonzepte jenseits des Nationalstaats, in: G. F. Schuppert/I. Pernice/U. Haltern (Hrsg.), Europawissenschaft, 2005, § 20, 705–741. Ansätze einer komplexen Demokratietheorie bereits bei *F. Naschold*, Organisation und Demokratie: Untersuchung zum Demokratisierungspotential in komplexen Organisationen, 1969.

[304] *F. Scharpf*, Demokratietheorie zwischen Utopie und Anpassung, 1970, 21 f., *ders.*, Regieren in Europa: effektiv und demokratisch, 1999, 16 f. Die Unterscheidung geht zurück auf das systemtheoretische Politikmodell von *D. Easton*, A System Analysis of Political Life, 1965, s. dazu *A. Benz*, Politikwissenschaftliche Diskurse über demokratisches Regieren im europäischen Mehrebenensystem, in: H. Bauer/P. M. Huber/K.-P. Sommermann (Hrsg.), Demokratie in Europa, 2005, 253 (267 f.).

[305] *F. Scharpf*, Demokratietheorie zwischen Utopie und Anpassung, 1970, 58.

[306] *F. Scharpf*, Demokratietheorie zwischen Utopie und Anpassung, 1970, 29, 47.

grenzüberschreitenden Regierens, in denen Kompetenzverlagerungen zugunsten inter- und supranationalen Stellen jenseits des Verfassungsstaats und zu Lasten gewählter Repräsentanten stattfinden. Aufgrund dieser Defizite der Input-Legitimation versucht die komplexe Demokratietheorie als „empirisch informierte, normative Demokratietheorie"[307] das Verhältnis zwischen Input und Output zu rekonstruieren, Letzterem ein demokratisches Legitimationspotential anzuerkennen und dafür normative Argumente zu liefern. Zwar wird das grundsätzliche Legitimationserfordernis von Herrschaftsgewalt nicht bestritten[308], demokratische Legitimation sei aber am Maßstab von *Lincolns* Gettysburg Address zu messen, wonach legitime Herrschaft als „Regierung des Volkes, *durch* das Volk und *für* das Volk" begriffen wird[309]. Neben Input als Regierung durch das Volk wird somit auch Output als Regierung für das Volk zu einem demokratischen Element, die *Effektivität* und Problemlösungsfähigkeit öffentlichen Handelns zu einem Maßstab demokratischer Legitimation und statt der in Wahlverfahren begrenzten *Präferenzen* der Wähler seien aus deren *Interessen* resultierende objektivierte Anforderungen an die öffentliche Entscheidungsfindung gestellt[310]: Je effektiver die Gemeinwohlverwirklichung seitens der Herrschaftsgewalt, desto demokratisch legitimer ihr Handeln.

Für die demokratische Legitimationsproblematik der Europäischen Union folgt aus der Anerkennung der Output-orientierten Legitimation, dass das dreifache Input-Defizit[311] für das demokratische Legitimationsniveau der unionalen Ebene durch die Effektivität ihrer Problemlösungsfähigkeit ausgeglichen werden könnte. Es „gibt keinen Grund, warum sich die Ausübung öffentlicher Gewalt auf europäischer Ebene nicht ebenfalls auf Output-orientierte Legitimitätskonzepte stützen könnte", welche „Entscheidungen begünstigen, die sich als Verwirkli-

[307] *F. Scharpf*, Demokratietheorie zwischen Utopie und Anpassung, 1970, 92.

[308] Ausführlich dazu *F. Scharpf*, Legitimationskonzepte jenseits des Nationalstaats, in: G. F. Schuppert/I. Pernice/U. Haltern (Hrsg.), Europawissenschaft, 2005, § 20, 705 (706 f.).

[309] Vgl. „it is rather for us to be here dedicated to the great task remaining before us [...] that government of the people, by the people, for the people, shall not perish from the earth". Der von Abraham Lincolns Rede vom 19. November 1863 in Gettysburg stammende Satz wurde vom französischen Verfassungsgeber in Art. 2 Abs. 5 FranzVerf. aufgenommen. S. dazu *L. Heuschling*, Krise der Demokratie und der juristischen Demokratielehre in Frankreich, in: H. Bauer/P. M. Huber/K.-P. Sommermann (Hrsg.), Demokratie in Europa, 2005, 33 (44).

[310] *F. Scharpf*, Legitimationskonzepte jenseits des Nationalstaats, in: G. F. Schuppert/I. Pernice/U. Haltern (Hrsg.), Europawissenschaft, 2005, § 20, 705 (711). Paradigmatisch wird auf den Amtseid des Art. 56 GG zurückgegriffen, aus welchem eine negative (i. S. des Verbots des Amtsmissbrauchs) sowie eine positive (i. S. einer Problemlösungspflicht) Komponente abgeleitet wird.

[311] *F. Scharpf*, Regieren in Europa. Effektiv und demokratisch?, 1999, 167: „Mangel einer präexistierenden kollektiven Identität, das Fehlen europaweiter politischer Diskurse und die Abwesenheit einer europaweiten institutionellen Infrastruktur politischer Parteien und gemeinsamer Medien, welche die politische Verantwortlichkeit von Amtsinhabern gegenüber einer europäischen Wählerschaft sicherstellen könnte".

chung konsensualer Gemeinwohlvorstellungen rechtfertigen lassen“[312]; maßgeblich für die demokratische Legitimation der Europäischen Union sei vielmehr ihre Problemlösungsfähigkeit in den einzelnen Politikbereichen. Aus diesem Grund genüge die starke Stellung der defizitär politisch verantwortlichen Exekutiven zwar nicht den klassischen Input-Anforderungen, sei aber trotzdem grundsätzlich demokratisch legitim: Durch ihren technokratischen Sachverstand ermögliche sie nämlich die effiziente und gemeinwohlorientierte Problembewältigung und Integrationszielverwirklichung[313]. Deswegen sei das Input-Defizit der Europäischen Union nicht insgesamt als ein Demokratiedefizit zu evaluieren, sondern vielmehr als der Preis der wirtschaftlichen Integration unter Wahrung mitgliedstaatlicher Souveränität: die auf mitgliedstaatlicher Ebene festzustellende Exklusivität Input-orientierter demokratischer Legitimation sei nicht auf den europäischen Staatenverbund übertragbar und könne durch die Output-orientierte Legitimation so ergänzt werden, dass sich der demokratische Maßstab verändere und letztlich nicht von einem Demokratiedefizit auszugehen sei[314].

Die Theorie sieht die Ergänzung der Legitimationsfähigkeit von Demokratie durch die Output-Legitimation aus zwei Gründen für erforderlich. Der erste Grund bezieht sich auf ein – nach dieser Ansicht – Strukturproblem der repräsentativen Demokratie, das damit verbunden sei, dass Entscheidungen grundsätzlich nach dem Mehrheitsprinzip getroffen werden und die Regierten jeweils nach individualistischen Kriterien ihre Inklusion ausüben, so dass im Ergebnis die „Verlierer“ aus ihrer Sicht Sonderopfer für die Allgemeinheit aufgrund des Prinzips der „greatest happiness of the greatest number“[315] leisten[316]. Dagegen sei es durch die Output-Perspektive möglich, objektive Interessen *aller* Regierten zu verfolgen, ohne dass solche individuellen Opfer notwendig sind. Der Anwendungsbereich der Output-Legitimation wird jedoch nicht auf alle Entscheidungen erstreckt, sondern nur auf diejenigen, deren „Ergebnis bei objektiver Betrachtung niemandem schlechter und mindestens einige besser stellen würde als im Status Quo“[317].

Der zweite Grund bezieht sich auf die Erkenntnis, dass Input-Legitimation in Mehrebenensystemen wie insbesondere der Europäischen Union defizitär ist[318]. Der grundlegende institutionelle Mechanismus der repräsentativen Demokratie

---

[312] *F. Scharpf*, Regieren in Europa. Effektiv und demokratisch?, 1999, 168.

[313] *M. Nettesheim*, Rechtstaatliche Demokratie in der EU, in: T. Oppermann/C. D. Classen/ders. (Hrsg.), Europarecht, [6]2014, § 15, Rn. 14 mit auf Verweis *G. Majone*, The Regulatory State and Its Legitimacy Problems, West European Politics 22 (1999), 1 f.

[314] *G. Majone*, Dilemmas of European Integration, 2009, 24 f., 28, 40.

[315] *O. Höffe*, Politische Gerechtigkeit. Grundlegung einer kritischen Philosophie von Recht und Staat, 1987.

[316] *F. Scharpf*, Legitimationskonzepte jenseits des Nationalstaats, in: G. F. Schuppert/I. Pernice/U. Haltern (Hrsg.), Europawissenschaft, 2005, § 20, 705 (711).

[317] *F. Scharpf*, Legitimationskonzepte jenseits des Nationalstaats, in: G. F. Schuppert/I. Pernice/U. Haltern (Hrsg.), Europawissenschaft, 2005, § 20, 705 (712).

[318] *F. Scharpf*, Regieren in Europa. Effektiv und demokratisch?, 1999, 165.

bestehe nämlich in der Abhängigkeit der Regierenden vom Ausgang allgemeiner Wahlen[319]: je mehr die Entscheidungsmacht auf unterschiedliche Akteure – insbesondere verschiedener Ebenen – verteilt wird, desto diffuser wird die politische Verantwortlichkeit eines jeden Beteiligten, desto geringer die politische Wirkung der Drohung „to throw the rascals out" und desto geringer der Legitimationseffekt eines positiven oder negativen Ausgangs allgemeiner Wahlen[320].

bb) Kritik: Output-Orientierung als Gleichheitsproblem

„ἂν ᾖ τὸ πλῆθος μὴ λίαν ἀνδραποδῶδες (ἔσται γὰρ ἕκαστος μὲν
χείρων κριτὴς τῶν εἰδότων, ἅπαντες δὲ συνελθόντες ἢ βελτίους ἢ οὐ χείρους),
καὶ ὅτι περὶ ἐνίων οὔτε μόνον ὁ ποιήσας οὔτ᾽ ἄριστ᾽ ἂν κρίνειεν,
ὅσων τἆργα γινώσκουσι καὶ οἱ μὴ ἔχοντες τὴν τέχνην,
[…] *ἀλλὰ καὶ βέλτιον ὁ χρώμενος αὐτῇ κρινεῖ*"[321]
Aristoteles, Politik, 1282a, 14–21

(1) Demokratietheoretische Kritik

Ideengeschichtlich stellt der Gedanke der Legitimation von Herrschaftsgewalt durch die Erzielung von gemeinwohlerfüllenden Entscheidungen kein Novum der komplexen Demokratietheorie dar: Während es *Scharpf* selbst bewusst ist, dass dieser Ansatz mit klassischer Input-orientierter Demokratie unvereinbar und vielmehr mit republikanischen Demokratievorstellungen verbunden ist[322], versuchte bereits die aufgeklärte Monarchie, sich durch ihre Gemeinwohlorientierung gegenüber den Beherrschten zu legitimieren und dies ohne den Anspruch, „demokratisch" zu sein[323]. Auch die Legitimität der öffentlichen Entscheidungsfindung von nicht demokratisch gewählten und unabhängigen Experten geht auf Platon zurück, der ohnehin die Herrschaftsgewaltausübung den „Sachverständigen" anvertrauen wollte[324]; dass dies keine *demokratische* staatstheoretische Vorstellung

---

319 *F. Scharpf*, Legitimationskonzepte jenseits des Nationalstaates, in: G. F. Schuppert/I. Pernice/U. Haltern (Hrsg.), Europawissenschaft, 2005, § 20, 705 (718).

320 *F. Scharpf*, Legitimationskonzepte jenseits des Nationalstaates, in: G. F. Schuppert/I. Pernice/U. Haltern (Hrsg.), Europawissenschaft, 2005, § 20, 705 (718).

321 „Einerseits ist die Bevölkerung nicht willenlos knechtisch (da jeder allein zwar eine schlechtere Einsicht als Sachverständige hat, aber alle zusammen, wenn sie sich versammeln, entweder besser oder zumindest nicht schlechter sind als Sachverständige), andererseits ist in einigen Angelegenheiten nicht die fertigende Person der beste Beurteiler, sondern diejenigen, die selbst keine Experten sind und die Sache benutzen werden" (Übersetzung v. *Verf.*).

322 *F. Scharpf*, Regieren in Europa. Effektiv und demokratisch?, 1999, 168.

323 Vgl. *P. M. Huber*, Demokratische Legitimation in der Europäischen Union, ZSE 7 (2009), 364 (367): „ein auf Akzeptanz stoßender *output,* eine ‚gute Politik', hängt nicht (nur) von der Legitimations- oder Regierungsform ab; auch *Friedrich der Große* hat – gemessen an den Maßstäben des 18. Jahrhunderts – eine verhältnismäßig ‚gute Politik' für seine Untertanen betrieben; eine Demokratie war Preußen deshalb nicht".

324 Vgl. *Platon*, Kriton, § 48 α: „οὐκ ἄρα, ὦ βέλτιστε, πάνυ ἡμῖν οὕτω φροντιστέον τί

war, gilt als Selbstverständlichkeit. Da sich aber aufgrund der normativen Offenheit der Demokratietheorie und der bereits an anderer Stelle festgestellten Heterogenität der Demokratiebegriffe nahezu jede Herrschaftsform mit gemeinwohlorientierten Intentionen selbst als „demokratisch" bezeichnen könnte, bedarf es einer kritischen Rekonstruktion der Output-Legitimation, um überhaupt feststellen zu können, was dabei normativ auf dem Spiel steht.

Die Kritik ist bereits bei der Auslegung der Lincolnschen Gettysburg Address anzusetzen: Dass die Regierung nicht nur „durch", sondern auch „für" das Volk sein soll, bedeutet freilich nicht, dass diese beiden Elemente getrennt voneinander zu verstehen sind und nicht die Beherrschten selbst über (ihr eigenes) Gemeinwohl entscheiden; vielmehr soll damit die in nicht direktdemokratischen Konstellationen durchgehend gegebene Dichotomie zwischen Regierenden und Regierten beleuchtet werden sowie die Gefahr, dass erstere *im Eigeninteresse* statt gemeinwohlorientiert handeln. Diese, bereits bei der aristotelischen Regimeunterscheidung[325] fundamentale kategoriale Unterscheidung zwischen Herrschaftssubjekten und Herrschaftsmaßstab führt zur Feststellung, dass „für das Volk" in erster Hinsicht *negativ* als „nicht für die Regierenden" auszulegen ist.

Dies führt weiterhin zum Problem objektivierter Gemeinwohlvorstellungen, die die Anerkennung der Output-Legitimation mit sich bringt: Gemeinwohl wird nicht als eine erst durch die kollektive Selbstbestimmung oder die individuelle Mitbestimmung von Betroffenen auszuformende Maxime begriffen, sondern als ein objektiver Wert, der entweder als unbestreitbar erscheint oder nur durch speziellen Sachverstand erfasst und konkretisiert werden kann. Durch die Vernachlässigung des für die Demokratie so zentralen Politischen erscheint auch der intrinsische Wert der Wahl und sonstiger Mitbestimmungsmöglichkeiten als geradezu irrelevant für die demokratische Legitimation[326]. Eine Objektivierung des öffentlichen Handelns ist letztlich auch mit der prinzipiellen inhaltlichen Offenheit des Demokratieprinzips nicht vereinbar: „Das demokratische Prinzip schafft die formale Legitimation aus dem Willen des Volkes, ohne aber damit zugleich die materiale Übereinstimmung mit dem Gemeinwohl zu gewährleisten; seine Freiheitlichkeit widerstreitet jeder Gemeinwohldefinition, das Gute und Richtige bleibt auch nach der verbindlichen Entscheidung offen und diskutabel"[327].

ἐροῦσιν οἱ πολλοὶ ἡμᾶς, ἀλλ᾽ ὅτι ὁ ἐπαΐων περὶ τῶν δικαίων καὶ ἀδίκων, ὁ εἷς, καὶ αὐτὴ ἡ ἀλήθεια" („Also haben wir uns keineswegs so viel damit zu befassen, was die vielen Leute über uns sagen werden, sondern vielmehr damit, was einzig der *Sachverständige* über Recht und Unrecht sagen wird; und das, was er sagen wird, ist die Wahrheit"; Übersetzung v. *Verf.*).

325 Dazu *M. G. Schmidt*, Demokratietheorien, 5 2010, 30 f.

326 *G. Schaal*, Oligarchie als bessere Demokratie, in: O. W. Lembcke/C. Ritzi/ders. (Hrsg.), Zeitgenössische Demokratietheorie, Bd. 1: Normative Demokratietheorien, 2012, 445 (450).

327 *H.-D. Horn*, Demokratie, in: O. Depenheuer/C. Grabenwarter (Hrsg.), Verfassungstheorie, 2010, § 22, Rn. 40.

(2) Rechtswissenschaftliche Kritik

Die (verfassungs-)rechtswissenschaftliche Kritik an der Output-orientierten Legitimation kann an zahlreichen Aspekten ansetzen. Aus Sicht klassischer demokratischer Legitimationsdogmatik ist problematisch, dass die Anerkennung einer demokratischen Output-Legitimation ein Zusammenfallen von demokratischem Legitimationssubjekt und -objekt mit sich bringen würde[328]: Hoheitsentscheidungen würden sich *selbst* aufgrund ihrer Qualität und Gemeinwohlorientierung demokratisch legitimieren und dadurch das Volk oder den Einzelnen als sich selbstbestimmendes demokratisches Legitimationssubjekt verdrängen. Dies führt weiterhin zu einer Relativierung der rechtsdogmatischen Unterscheidung zwischen Demokratie und *materiellem* Rechtstaat, da Demokratie für die Herrschaftsausübung lediglich vorgibt, *wer* nach *welchen* Entscheidungsfindungsmodi entscheidet und nicht *wie* inhaltlich zu entscheiden ist[329]. Auch das rechtsdogmatische Verständnis des Gemeinwohls wird erschüttert, da es im Rahmen der klassischen demokratischen Legitimationsdogmatik nicht einen objektiven, „vor-demokratischen“[330] Maßstab, sondern vielmehr eine durch demokratische Entscheidungsmodi erst inhaltlich auszuformende und erst dadurch in rechtliche Vorgaben transformierte Maxime für das öffentliche Handeln darstellt. Schließlich würde die Anerkennung einer Output-Legitimation die Sphäre des Rechtlichen und des Faktischen vermischen: Demokratische Legitimation dient nämlich als rechtlicher Vorgang zur Legitimität von Herrschaftsgewalt, die jedoch von ihrer faktischen Akzeptanz zu unterscheiden ist[331]; bestenfalls folgt Akzeptanz aus Legitimität, sicherlich aber kann faktische Akzeptanz keine rechtliche Legitimität herstellen[332].

Neben den (selbstverständlichen) Anschlussproblemen an die klassische Input-orientierte demokratische Legitimations*dogmatik* bringt eine demokratische Output-orientierte Legitimation rechtswissenschaftlich erhebliche *normative* Probleme mit sich: Sie bedeutet die Relativierung von demokratischer Freiheit und Gleichheit. Das bereits von *Kelsen*[333] erwähnte entstehende *Freiheits*problem wird dadurch verursacht, dass demokratische Legitimation von der freien kollektiven Selbst- bzw. individuellen Mitbestimmung der Herrschaftsausübung abge-

---

328 So zutreffend *O. Lepsius*, Diskussionsbeitrag, VVDStRL 66 (2007), 192 (193).

329 *C. Möllers*, Braucht das öffentliche Recht einen neuen Methoden- und Richtungsstreit?, VerwArch 90 (1999), 187 (200 f.), *S. Unger*, Das Verfassungsprinzip der Demokratie, 2008, 278.

330 *S. Unger*, Das Verfassungsprinzip der Demokratie, 2008, 279.

331 Vgl. zum Unterschied zwischen Legitimität und Akzeptanz *U. Schliesky*, Souveränität und Legitimität von Herrschaftsgewalt, 2004, 170: „Akzeptanz bedeutet die Befolgung von Herrschaftsgewalt“.

332 *P. M. Huber*, Demokratie in Europa – Zusammenfassung und Ausblick, in: H. Bauer/ders./K.-P. Sommermann (Hrsg.), Demokratie in Europa, 2005, 491 (512): „Insoweit folgt Akzeptanz aus Legitimität, nicht Legitimität aus Akzeptanz“.

333 *H. Kelsen*, Foundations of Democracy (1955), in: M. Jestaedt/O. Lepsius (Hrsg.), Verteidigung der Demokratie, 2006, 248 (251/2 f., 273/18 f.).

koppelt wird: Die demokratischen Mitbestimmungsmöglichkeiten werden ausschließlich als von „objektiven“ Interessen zu unterscheidende subjektive „Präferenzen“ im Kontext allgemeiner Wahlen verstanden und deswegen als steuerungsineffektiv und unzureichend empfunden, während weitere, durch das flexible individuell-pluralistische Demokratiemodell ermöglichte Mitbestimmungsmöglichkeiten nicht untersucht werden. Noch maßgeblicher ist jedoch die Relativierung der *Gleichheit*: Da eine Output-Legitimation Hoheitsentscheidungen ohne Inklusion und Mitbestimmungsmöglichkeit *aller* Betroffenen als demokratisch legitim anerkennt, entsteht bei fehlender (und rechtlich ohnehin nur schwer feststellbarer) Einstimmigkeit unter ihnen eine „demokratisch“ hervorgerufene *Ungleichbehandlung*; während dies in der Input-orientierten Demokratie zwischen Mehr- und Minderheit auch möglich ist, fehlt hier wegen mangelnder politischer Verantwortlichkeit und Abwahlmöglichkeit der Entscheidungsträger seitens der Betroffenen sowohl die Möglichkeit der Minderheit, künftig zur Mehrheit zu werden, als auch die politisch maßgebliche – Ungleichbehandlungen bereits präventiv abwendende – Steuerungsfunktion der (Ab-)Wahl. Insgesamt scheint der Gedanke der Output-Legitimation mit einem *egalitären* Politikverständnis, das diesem der Demokratie entspricht, als unvereinbar[334].

cc) Auswertung

Die (verfassungs)rechtlichen Probleme einer Output-Orientierung setzen einer Aufnahme der Befunde der komplexen Demokratietheorie in die demokratische Legitimationsdogmatik Schranken, so dass sie insgesamt keine Option für die demokratische Legitimität von Netzwerken darstellen dürften; sie sind vielmehr als ein theoretischer politikwissenschaftlicher Ansatz zu verstehen, dessen rechtliche und praktische Umsetzbarkeit begrenzt bleibt. Während dies den bundesverfassungsgerichtlichen Erkenntnissen entspricht, sind auf unionaler Ebene die Tendenzen gegenüber einer Output-orientierten demokratischen Legitimation unklar: Die Kommission favorisiert derartige Ansätze bezüglich ihrer eigenen (technokratischen) Legitimation[335], die EuGH-Rechtsprechung befasst sich nicht direkt mit Fragen der demokratischen Legitimation und behandelt sie vielmehr im Rahmen des institutionellen Gleichgewichtes. Einerseits setzt sie dadurch der Delegation von Entscheidungsbefugnissen auf politisch unabhängige Agenturen und Einrichtungen Schranken, andererseits fordert sie auf mitgliedstaatlicher Ebene

---

334 *C. Möllers*, Verwaltungsrecht und Politik, in: A. v. Bogdandy/S. Cassese/P. M. Huber (Hrsg.), IPE V, 2014, § 93, Rn. 23. Zur Bedeutung von Input-orientierter Legitimation auch für die EU s. *P. Craig*, Integration, Democracy, and Legitimacy, in: ders./G.de Burca (Hrsg.), The Evolution of EU Law, ²2011, 39: „There is a symbiotic connection between electoral accountability, development of voter preferences, understanding of EU issues, and construction European identity, which are both articulated through and fostered by input democracy".

335 Vgl. Mitteilung der Kommission v. 25. Juli 2001 „Europäisches Regieren – Ein Weißbuch", KOM(2001) 428 endg. C 287 v.12.10.2001.

die politische Unabhängigkeit von benannten administrativen Stellen gegenüber nationaler politischer Einflussnahme[336].

Einzelne Elemente des Output-orientierten Legitimationsmodells können für die demokratische Verwaltungslegitimation fruchtbar gemacht werden und sogar Eingang in die Legitimationsdogmatik finden, solange und soweit sie das Input-orientierte Modell nicht (defizithinnehmend) ersetzen oder (defizitausgleichend) ergänzen wollen, sondern seine Funktionsfähigkeit i. S. der Effektivitätsförderung demokratischer Mitbestimmung und öffentlicher Verantwortlichkeit optimieren. Im Rahmen der Verwaltungslegitimation im Europäischen Verwaltungsverbund und insbesondere von Netzwerken kommen somit Elemente in Betracht, die Lücken und Ineffektivitäten des Input-Modells relativieren und seine Anpassung auf die europäischen Verwaltungskooperationsstrukturen fördern. Dies dürfte insbesondere für das Element der *Transparenz* der Verwaltungskooperation gelten: Zwar leistet sie nicht nach dem Anspruch Output-orientierter Ansätze einen eigenständigen oder ergänzenden Legitimationsbeitrag, doch sie vermag die Anpassung von Kooperationstrukturen auf die Dualität des linearen Input-Modells durch die Ermöglichung der Zurechnungs- und Verantwortungs*ersichtlichkeit* für das demokratische Legitimationssubjekt zu erleichtern.

b) Verwaltungslegitimation durch Vertrauen

Vergleichbar mit der Output-orientierten Legitimation ist das Konzept einer *Verwaltungslegitimation durch Vertrauen*. Es basiert ebenfalls auf dem Gedanken, dass das lineare Kettenmodell bei der Erledigung komplexer Verwaltungsaufgaben besonders in postnationalen Kooperationsstrukturen nicht funktionsfähig ist und durch eine Vertrauensmaximierung in die administrative Entscheidungsfindung ersetzt werden kann. Zwei Formen eines legitimationsschaffenden Vertrauens – „*der* Verwaltungen gegenseitig und *in die* Verwaltungen"[337] – werden diskutiert: Dabei handelt es sich um die Maximierung entweder des *gesellschaftlichen* Vertrauens in unabhängige Verwaltungseinheiten[338] oder des gegenseitigen *interadministrativen* Vertrauens zwischen kooperierenden Hoheitsträgern im Rahmen des europäischen Verwaltungsverbundes[339].

---

336 Vgl. *C. Möllers*, Verfassungsgebende Gewalt – Verfassung – Konstitutionalisierung, in: A. v. Bogdandy/J. Bast (Hrsg.), Europäisches Verfassungsrecht, 2009, 270, Fn. 265.

337 *E. Schmidt-Aßmann*, Verfassungsprinzipien für den Europäischen Verwaltungsverbund, in: W. Hoffmann-Riem/ders./A. Voßkuhle (Hrsg.), GVwR I, ^{2}2012, § 5, Rn. 62.

338 Zu den verwaltungswissenschaftlichen Dimensionen des Vertrauens in die öffentliche Verwaltung s. *D. Rölle/S. Druml*, Vertrauen in die öffentliche Verwaltung, DÖV 2013, 540 f.

339 Allgemein zur Vertrauensbildung als Grundlage der EU *I. Pernice*, Die horizontale Dimension des Europäischen Verfassungsverbundes. Europäische Justizpolitik im Lichte von Pupino und Darkanzali, in: H.-J. Derra (Hrsg.), Freiheit, Sicherheit und Recht, FS J. Meyer, 2006, 359 (367 f.), *A. Benz*, Politikwissenschaftliche Diskurse über demokratisches Regieren im europäischen Mehrebenensystem, in: H. Bauer/P. M. Huber/K.-P. Sommermann (Hrsg.), Demokratie

Prima facie ist die Erhöhung gesellschaftlichen Vertrauens in die administrative Entscheidungsfindung per se zu begrüßen, es ist allerdings zweifelhaft, ob dadurch ein *demokratischer* Legitimationsbeitrag geleistet werden kann: Denn die Vertrauensverstärkung soll nicht durch eine Optimierung der Mitbestimmungsmöglichkeiten des demokratischen Legitimationssubjekts hergestellt werden, sondern sich vielmehr als Effekt erhöhter Transparenz[340] und diverser Rechenschaftsplichten ergeben, welche den Entscheidungsträgern Anreize für die Erhaltung ihrer *gesellschaftlichen Reputation*[341] liefern sollen. Zwar können derartige Instrumente Einfluss auf die Steuerung der administrativen Entscheidungsfindung haben; aus welchen Gründen dies jedoch bezüglich der demokratischen Qualität jener Steuerung problematisch ist, wurde bereits im Rahmen der Differenzierung zwischen Verantwortung und Accountability festgestellt[342]: erstens ist fraglich, wie das gesellschaftliche Vertrauen festzustellen und an welchem Maßstab es zu evaluieren ist und zweitens zeigen sich die demokratischen Defizite derartiger Steuerungsmodi spätestens in Konstellationen administrativer Ziel*verfehlungen* auf, da dem demokratischen Legitimationssubjekt keine Reaktionsmöglichkeiten geboten werden. An diesem Punkt zeigen sich auch die Grenzen der Leistungsfähigkeit des Modells einer Legitimation durch Vertrauen: „Wenn eine unabhängige Behörde ihre Reputation verliert, kann sie ihre Tätigkeit faktisch nicht fortsetzen" und „der Gesetzgeber muss dann tätig werden und eine neue Institution schaffen"[343] – dies ist für zentrale Institutionen wie die Kommission schon rechtlich nicht möglich.

Auf der anderen Seite ist auch die Betonung des interadministrativen Vertrauens „in die rechtstaatliche und demokratische Struktur der mitgliedstaatlichen

in Europa, 2005, 253 (257f.). Zum gegenseitigen Vertrauen als Funktionsvoraussetzung des europäischen Verwaltungsverbundes s. *H.C. Röhl*, Konformitätsbewertung im europäischen Produktsicherheitsrecht, in: E. Schmidt-Aßmann/B. Schöndorf-Haubold (Hrsg.), Der Europäische Verwaltungsverbund, 2005, 153 (172f.), *ders.*, Akkreditierung und Zertifizierung im Produktsicherheitsrecht: Zur Entwicklung einer neuen Europäischen Verwaltungsstruktur, 2000, 46f., *ders.*, Verantwortung und Effizienz in der Mehrebenenverwaltung, DVBl. 2006, 1070 (1079), *ders.*, Staatliche Verantwortung in Kooperationsstrukturen, DV 29 (1996), 499, *G. Sydow*, Verwaltungskooperation in der EU, 2004, 248, *C. Franzius*, Neue Organisationsformen im Verwaltungsrecht, VBlBW 30 (2009), 121f., *ders.*, Europäisches Vertrauen? Eine Skizze, HFR 2010, 159f.

[340] Zur Bedeutung von „Transparenz als Vertrauensgarant" und zum „zirkulären Zusammenspiel von Transparenz, Vertrauen und Legitimation" s. *M. Eifert*, Legitimationsstrukturen internationaler Verwaltung, in: H.-H. Trute/T. Groß/H.C. Röhl/C. Möllers (Hrsg.), Allgemeines Verwaltungsrecht – Zur Tragfähigkeit eines Konzepts, 2008, 307 (329f., Fn. 101).

[341] *P. Rosanvallon*, Demokratische Legitimität, 2010, 121 erhebt die öffentliche Reputation zum Legitimitätsmaßstab unabhängiger Institutionen, welche innerhalb einer „Ökonomie der Legitimität agieren, von der ihre Glaubwürdigkeit und damit ihr gesellschaftlicher Einfluss abhängt".

[342] S. dazu eingehend C.III.3.c) bb) (111f.).

[343] So *P. Rosanvallon*, Demokratische Legitimität, 2010, 121.

Verwaltungen"[344] zwischen kooperierenden Hoheitsträgern des europäischen Verwaltungsverbundes zwar zu begrüßen, als demokratischer Legitimationsmodus jedoch problematisch: Da jede administrative Einrichtung gegenüber ihrem eigenen demokratischen Legitimationssubjekt verantwortlich ist und ihr Handeln dementsprechend gesteuert wird, kann das interadministrative Vertrauen in die *demokratische* Entscheidungsfindung eher zu Divergenzen als zur Kohärenzsicherung führen[345]. Ein im Rahmen alternativer Ansätze für die Legitimation von Netzwerken vorgeschlagenes öffentliches „naming and shaming" seitens anderer Netzwerkmitglieder kann zwar Reputationsverluste verursachen[346], zugleich aber wegen des faktischen Harmonisierungsdrucks eher als Schwächung statt als Stärkung demokratischer Legitimation wirken. Vielmehr ist das Vertrauensmodell *rechtsstaatlicher* Natur: Es fordert bei der Verwaltungskooperation die Einhaltung gemeinsamer rechtstaatlicher (Verfahrens-)Grundsätze und die Berücksichtigung einer europäisierten Gemeinwohlvorstellung im Rahmen des Unionsrechtsvollzugs, so dass es sich vielmehr als eine Vertrauensbildung *durch Recht* verstehen lässt[347]. Die rechtsdogmatische Grundlage dafür bietet der Loyalitätsgrundsatz, die Grenze ist in der Verfahrensautonomie der Mitgliedstaaten zu sehen.

c) *Verwaltungslegitimation durch Deliberation: Komitologie*

Als alternativer Ansatz für die demokratische Verwaltungslegitimation und besonders des europäischen Ausschusswesens kommt schließlich die deliberative Demokratietheorie in Betracht[348]: Legitimation soll dabei nicht über die Mitbe-

---

344 *H.-H. Trute*, Die demokratische Legitimation der Verwaltung, in: W. Hoffmann-Riem/ E. Schmidt-Aßmann/A. Voßkuhle (Hrsg.), GVwR I, ²2012, § 6, Rn. 115.

345 Allgemein zur Fragmentierung als Demokratieproblem s. *C. Möllers*, Fragmentierung als Demokratieproblem?, in: C. Franzius/F. C. Mayer/J. Neyer (Hrsg.), Strukturfragen der Europäischen Union, 2010, 150 f.

346 *M. Eifert*, Legitimationsstrukturen internationaler Verwaltung, in: H.-H. Trute/T. Groß/ H. C. Röhl/C. Möllers (Hrsg.), Allgemeines Verwaltungsrecht – Zur Tragfähigkeit eines Konzepts, 2008, 307 (321, Fn. 59): „Reputationsverluste durch peer review und öffentliches ‚naming and shaming' werden als das zentrale Mittel zur Sicherung von accountability in Netzwerken angesehen". Zu Ineffizienzen und Problemen derartiger Soft Law-Koordination und der Vorzugswürdigkeit völkervertraglicher Kooperationen am Beispiel internationaler Finanzregulierung s. *E. F. Greene/J. L. Boehm*, The Limits of „Name-and-Shame" in International Financial Regulation, Cornell Law Review 97 (2012), 1083 f.

347 Allgemein zur Vertrauensbildung durch Recht *E. Schmidt-Aßmann/G. Dimitropoulos*, Vertrauen in und durch Recht, in: M. Weingardt (Hrsg.), Vertrauen in der Krise, 2011, 129. Als rechtlicher Maßstab dafür bieten sich die unionsgrundrechtlich (Art. 41 GrCh) garantierten Ausprägungen des Grundsatzes des „good governance" an; zu den damit verbundenen rechtsdogmatischen Herausforderungen s. *P.-M. Efstratiou,* Der Grundsatz der guten Verwaltung als Herausforderung an die Dogmatik des nationalen und europäischen Verwaltungsrechts, in: H.-H. Trute/T. Groß/H.-C. Röhl/C. Möllers (Hrsg.), Allgemeines Verwaltungsrecht – Zur Tragfähigkeit eines Konzepts, 2008, 281 f.

348 Die Deliberation wird als „vernünftiger Prozess" verstanden, der „auf argumentative Überzeugung ausgerichtet ist", s. *M. Ruffert*, Art. 11 EUV, in: C. Calliess/ders. (Hrsg.), EUV/

stimmung der Betroffenen, sondern über den Argumentaustausch im Rahmen von Beratungen im Vorfeld der Entscheidungsfindung hergestellt werden, so dass statt der Rückführbarkeit der Entscheidungsfindung auf Selbstbestimmungsakte vielmehr ihre *rationale* Nachvollziehbarkeit maßgeblich ist[349]. Schon die Anerkennung eines demokratischen Legitimationspotentials von Rationalität zeigt konzeptionelle Verbindungslinien zu der Output-orientierten Legitimation auf, da sie eine Objektivierung der administrativen Entscheidungsfindung impliziert. Zudem ist gegensätzlich zum Konzept deliberativer Demokratietheorie im unionsrechtlichen Kontext der Ort der Deliberation nicht die „autonome Öffentlichkeit", sondern die weitgehend intransparenten Ausschüsse der sog. Komitologie[350]. Grenzen einer deliberativen Legitimation ergeben sich auch aus (unions)verfassungsrechtlicher Sicht: Aus dem Primärrecht ergeben sich keine Anhaltspunkte dafür, dass das in den Verträgen verankerte duale demokratische Legitimationsmodell Möglichkeiten deliberativer Legitimation vorsieht, zumal die Verträge nur Rat und europäisches Parlament als Quellen demokratischer Legitimationsvermittlung anerkennen und die bloße Zulassung von Formen abgeleiteter Rechtsetzung selbst keine entsprechende Legitimationsleistung erzeugt[351]. Allgemein ändert an den verfassungsrechtlichen Problemen der deliberativen Demokratiekonzeption auch die Umstrittenheit der Frage nichts, ob es sich dabei von einem expertokratischen oder politischen Ansatz handelt, zumindest nicht für das europäische Ausschusswesen: Als expertokratischer Ansatz ist er derselben Kritik mit der komplexen Demokratietheorie ausgesetzt, als politischer Ansatz ist er insofern problematisch, als Ausschussmitglieder nur als Vertreter der mitgliedstaatlichen Verwaltungen verstanden werden können und die demokratische Legitima-

---

AEUV, [4]2011, Rn. 5, *ders.*, Was ist „Democratic Governance?", in: S. Botzem/J. Hofmann/S. Quack/G. F. Schuppert/H. Straßheim (Hrsg.), Governance als Prozess, 2009, 55 (66). Prägend für die deliberative Demokratietheorie allgemein *J. Habermas*, Faktizität und Geltung, 1998, 349 f.: „Deliberative Politik – ein Verfahrensbegriff der Demokratie". Im Kontext der EU wurde der demokratietheoretische Ansatz als „deliberativer Supranationalismus" entwickelt und insbesondere im Hinblick auf die Legitimation der Komitologie eingesetzt, s. *C. Joerges*, „Deliberative Supranationalism" – Two Defences, ELJ 8 (2002), 133 f. Zu demokratietheoretischer Kritik von deliberativen Gremien im Kontext der EU s. *H. Abromeit*, Wozu braucht man Demokratie?, 2002, 200.

[349] *C. Möllers*, Verwaltungsrecht und Politik, in: A. v. Bogdandy/S. Cassese/P. M. Huber (Hrsg.), IPE V, 2014, § 93, Rn. 19, 45. Vgl. *C. Landwehr*, Demokratische Legitimation durch rationale Kommunikation, in: O. W. Lembcke/C. Ritzi/G. S. Schaal (Hrsg.), Zeitgenössische Demokratietheorie, Bd. 1, 2012, 355 (360): „Deliberation bezeichnet die argumentative Suche nach und die Gewichtung von Gründen für und gegen Handlungsoptionen durch eine Gruppe".

[350] Zur „Zivilgesellschaft als soziale Grundlage autonomer Öffentlichkeiten" s. *J. Habermas*, Faktizität und Geltung, 1998, 363. Zur Transparenzproblematik der Komitologie s. nur *D. Curtin*, Executive Power of the European Union, 2009, 226 f., *G. J. Brandsma*, Backstage Europe, 2010, 15 f., 18 f., 21 f.

[351] *C. Möllers/J. v. Achenbach*, Die Mitwirkung des Europäischen Parlaments an der abgeleiteten Rechtsetzung der Europäischen Kommission nach dem Lissaboner Vertrag, EuR 2011, 39 (55, 60).

tionsherstellung wegen der – von der politischen zu unterscheidenden – souveränen Gleichheit an der Mehrheitsregel scheitert[352].

d) Zwischenbilanz: verfassungsrechtliche Defizite internationaler Legitimationskonzepte

Allgemein bleibt bezüglich alternativer demokratischer Ansätze festzuhalten, dass sie aus (verfassungs)rechtlicher Sicht als Option für die Behebung des demokratischen Legitimationsdefizits von Netzwerken durchaus problematisch sind: Je politischer die administrative Entscheidungsfindung, desto erheblicher die demokratische Bedeutung der von expertokratischen Modellen vernachlässigten freiheitlich-egalitären Legitimationsherstellung. Zwar bieten sie anspruchsvolle theoretische Rekonstruktionsmöglichkeiten tradierter Konzepte und zielen darauf, die demokratische Legitimationsproblematik möglichst *pragmatisch* zu erfassen, genau dies stellt aber wiederum deren rechtliches Problem dar: Sie vermischen Normatives und Faktisches, hindern dadurch ihre Eingliederung in rechtsdogmatische Kategorien und scheinen eher für die internationale Ebene der Verwaltungskooperation als für das europäische Verwaltungsrecht geeignet zu sein. Nicht nur stammt eine Reihe jener Legitimationskonzepte aus dem Bereich des global governance, sondern im internationalen Kontext gibt es keine mit der Europäischen Union vergleichbare rechtliche Verankerung des Demokratieprinzips, die Politisierung des administrativen Handelns ist geringer, es sind grundsätzlich – im Gegensatz zu den europäischen Behördennetzwerken – opt-out-Optionen vorgesehen[353] und, allgemein, wird die rechtliche Gleichordnung der Akteure nicht in gleichem Maße durch eine faktische Vertikalisierung und Hierarchisierung wie im unionsrechtlichen Kontext relativiert[354].

---

[352] Da das Prinzip souveräner Gleichheit von der demokratischen Gleichheit zu unterscheiden ist, s. dazu *C. Möllers*, Verfassunggebende Gewalt – Verfassung – Konstitutionalisierung, in: A. v. Bogdandy/J. Bast (Hrsg.), Europäisches Verfassungsrecht, [2]2009, 227 (252), *M. Kaufmann*, Europäische Integration und Demokratieprinzip, 1997, 344 ff.

[353] Die Existenz von opt-out-Optionen ist durch die souveränitätsbedingte konsensuale Grundlage internationaler Verwaltungsbeziehungen zu erklären. Zur Bedeutung von opt-out-Optionen für die Legitimation von Netzwerken allgemein *J. Kersten*, Governance in der Staats- und Verwaltungsrechtswissenschaft, in: E. Grande/S. May (Hrsg.), Perspektiven der Governance-Forschung, 2009, 45 f.

[354] Zur Feststellung dieses Unterschiedes zwischen europäischer und globaler Governance s. *P. M. Huber,* Das Kooperationsverhältnis von Kommission und nationalen Verwaltungen beim Vollzug des Unionsrechts, in: C.-E. Eberle/M. Ibler/D. Lorenz (Hrsg.), Der Wandel des Staates vor den Herausforderungen der Gegenwart, FS W. Brohm, 2002, 127 (137).

2. Demokratische Legitimationsverstärkung durch Rechtsschutzoptimierung: Potentiale einer funktionalen Äquivalenz

a) Funktionaler Perspektivenwechsel: Demokratie (auch) durch Individualrechtsschutz

aa) Funktionale Äquivalenz statt theoretische Alternativen

Die Grenzen demokratietheoretischer Alternativen, die sich aus der positivrechtlichen Ausgestaltung und den normativen Forderungen des Demokratieprinzips im europäischen Verfassungsverbund ergeben, richten das Untersuchungsinteresse auf die Auffindung funktionaler Äquivalente innerhalb der geltenden Rechts- und Verfassungsordnung. Nicht ein anderes theoretisches Verständnis des Inhaltes demokratischer Legitimation durch die Relativierung der Bedeutung des demokratischen Inputs, sondern vielmehr die Untersuchung der Funktion bestehender rechtlicher Instrumente und Institute für die demokratische Verwaltungslegitimation ist dafür erforderlich. Der Blick richtet sich auf die Funktion des Individualrechtsschutzes: Herkömmlicher Weise ist er zwar rechtsdogmatisch im Rechtstaatsprinzip verortet und zielt auf den Schutz des Einzelnen vor subjektiven Rechtsverletzungen seitens der öffentlichen Gewalt, dadurch erfüllt er jedoch eine Kontrollfunktion öffentlichen Handelns, die als Sicherstellungsmodus von Legalität und rechtlicher Verantwortlichkeit der Herrschaftsgewaltausübung wirkt. Im Kontext des europäischen Verfassungs- und Verwaltungsrechts werden dadurch Parallelen zur Frage demokratischer Verwaltungslegitimation aufgezeigt: Demokratisches Legitimationssubjekt ist der Einzelne und demokratische Verantwortlichkeit der Verwaltung beinhaltet neben dem politischen auch ein rechtliches Verantwortungselement; zudem sind Rechtstaat und Demokratie nicht nur beide auf die Herstellung der Legitimation von Herrschaftsgewalt ausgerichtet und erfüllen jeweils eine eigenständige Legitimationsfunktion, sondern werden durch das parlamentarische – das heißt im Kontext demokratischer Legitimation, durch das *demokratisch legitimierte* – Gesetz verkoppelt und haben den Einzelnen als gemeinsamen legitimatorischen Ausgangspunkt. Ein Perspektivenwechsel auf den Individualrechtsschutz, so dass seine Funktion für die demokratische Legitimation in den Blick genommen wird, ist letztlich auch unter rechtstheoretisch-normstrukturellen Gesichtspunkten möglich: Wegen ihrer *prinzipiencharakter*bedingten Flexibilität steht Demokratie gegenüber funktionalen Äquivalenten klassischer Input-Legitimation offen.

bb) Zum klassischen Verhältnis zwischen Demokratie und Individualrechtsschutz

Das herkömmliche Verständnis des Verhältnisses zwischen Demokratie und Individualrechtsschutz setzte Überlegungen über Möglichkeiten demokratischer

Legitimation durch Rechtsschutz aus zwei Gründen Grenzen. *Erstens* ist der Rechtsschutz mit dem Rechtstaatsprinzip verbunden[355], welches klassischer Weise antagonistisch zum Demokratieprinzip steht, da es darauf zielt, die Herrschaftsausübung, auch die demokratische, durch Recht zu begrenzen[356]. Dabei geht es primär um die Spannungslage zwischen individueller Freiheit und kollektiver Selbstbestimmung, was wiederum die *zweite* Problematik des Verhältnisses zwischen Rechtsschutz und Demokratie erklärt: Die Frage nach demokratischen Aspekten des Rechtsschutzes wurde stets mit der „objektiven" Rechtmäßigkeitskontrolle in Zusammenhang gebracht, mit der Frage also, ob es dem Einzelnen möglich gemacht werden solle, sich um die gerichtliche Durchsetzung rechtlich geschützter „Gemeinwohlbelange" zu sorgen[357]. Das französische Rechtsschutzsystem, in dessen Zentrum die „objektive" Rechtmäßigkeit des Verwaltungshandelns steht, bejaht dies, das deutsche dagegen nicht, da es sich an der sog. Schutznormtheorie orientiert: Zwischen Allgemein- und Individualinteressen wird strikt unterschieden und der gerichtliche Rechtsschutz bleibt auf den Schutz subjektiv-öffentlicher Rechte begrenzt. Entsprechend ist auch das Menschenbild der Rechtsschutzersuchenden: Der seine Individualrechte und Privatinteressen gerichtlich verteidigende Einzelne wird als eigennützlicher „Bourgeois"[358] angesehen, die Rechtsschutzgarantie als eine „Bastion der Individualität"[359].

cc) Individualrechtsschutz in der Dogmatik des individuell-pluralistischen Demokratieprinzips

Die Relativität einer strikten Unterscheidung zwischen Allgemein- und Individualinteresse sowie zwischen „objektiver" Rechtskontrolle und Individualrechtsschutz hatte sich bereits seit den ersten Schritten der Schutznormtheorie gezeigt: „Jede Norm, die dem Schutz von Individualinteressen dient, dient gleichzeitig auch indirekt dem Allgemeininteresse"[360] und ohnehin „kann die Verwaltungs-

---

[355] Vgl. *P. M. Huber*, Art. 19 Abs. 4 GG, in: H. v. Mangoldt/F. Klein/C. Starck (Hrsg.), GG I, ^{6}2010, Rn. 332, 347 m.V.a. den vielzitierten Ausdruck von *R. Thoma*, Über die Grundrechte im Grundgesetz für die Bundesrepublik Deutschland, in: H. Wandersleb/E. Traumann (Hrsg.), Recht – Staat – Wirtschaft, Bd. 3, 1951, 9: Rechtsschutzgarantie als „Schlussstein im Gewölbe des Rechtsstaates".

[356] S. dazu m. w. N. bereits C. III.2.b) bb) (98 f.).

[357] Übersicht der Problematik mit Bezügen zur historischen Entwicklung des Rechtsschutzes bei *E. Rehbinder/H.-G. Burgbacher/R. Knieper*, Bürgerklage im Umweltrecht, 1972, 55 f., *B. W. Wegener*, Rechtsschutz für gesetzlich geschützte Gemeinwohlbelange als Forderung des Demokratieprinzips?, HFR 3/2000, 1 f.

[358] *P. M. Huber*, Art. 19 Abs. 4 GG, in: H. v. Mangoldt/F. Klein/C. Starck (Hrsg.), GG I, ^{6}2010, Rn. 348.

[359] *E. Schmidt-Aßmann*, Art. 19 VI GG, in: T. Maunz/G. Dürig (Hrsg.), GG, 2014, Rn. 8.

[360] *O. Bühler,* Die subjektiven öffentlichen Rechte und ihr Schutz in der deutschen Verwaltungsrechtsprechung, 1914, 44, allerdings in Anlehnung an die nunmehr verfassungs- und grundrechtlich schwer anschlussfähige These *G. Jellineks*, Individualinteressen seien „durch das öffentliche Recht immer nur dann geschützt, wenn der Gesetzgeber ihre Befriedigung für

rechtspflege auch bloß dem objektiven Rechte dienen, der aufrechtzuerhaltenden Rechtsordnung, und dadurch mittelbar den durch diese geschützten Interessen, die nicht notwendig die bestimmte Form von subjektiven Rechten an sich tragen"[361]. Dieser Tatsache ist sich auch die grundgesetzliche Dogmatik insofern bewusst, als sie zwar die Wirkung des Individualrechtsschutzes auch als „objektiver" Rechtmäßigkeitskontrolle anerkennt, sie jedoch lediglich als „Reflex" und nicht als integrale (Teil-)Funktion des Individualrechtsschutzes behandelt[362]. Praktische Auswirkungen hat das auf die Rechtsschutz*eröffnung*: Die an subjektiv-öffentliche Rechte gekoppelte Klagebefugnis bleibt eng. Dies ändert sich im Kontext des Unionsrechts: Rechtsschutzwürdige Rechte sind zwar auch grundsätzlich subjektiv, jedoch viel weiter als die subjektiv-öffentlichen Rechte der Schutznormlehre, da sogar rechtlich geschützte Interessen eine Rechtswegeröffnung begründen können[363]. Veranlasst wird dies wegen der Orientierung des Unionsrechts am französischen Rechtsschutzmodell; bezweckt wird dadurch, den Einzelnen zu „mobilisieren"[364], die effektive Durchsetzung des Unionsrechts auf dem Wege seiner Rechtsschutzmöglichkeiten zu unterstützen. Praktisch handelt es sich um eine „objektive" Unionsrechtskontrolle, die besonders für die Fälle des indirekten Unionsrechtsvollzugs durch mitgliedstaatliche Behörden von Bedeutung ist.

Ein Perspektivenwechsel erfolgt erst, wenn man diese Erkenntnisse mit den Aussagen des individuell-pluralistischen Demokratieprinzips in Zusammenhang bringt: Der Einzelne erlangt durch die weiteren Klagebefugnisse des Unionsrechts entsprechend erweiterte Kontrollmöglichkeiten der Herrschaftsgewaltausübung. Ob dabei für ihn selbst die „objektive" Rechtmäßigkeit oder der Schutz seiner rein „subjektiven" Freiheits- und Gleichheitsinteressen maßgeblich ist, bleibt unerheblich; im Rahmen des individuell-pluralistischen Demokratieprinzips ist die Individualität des Individualrechtsschutzes nicht gegensätzlich zum Demokratieprinzip, sondern dessen Voraussetzung, zumal der Einzelne selbst und nicht ein ihm gegenüberstehendes Kollektiv als demokratisches Legitimationssubjekt anerkannt wird. So wirkt sich im Ergebnis die „Objektivität" der Rechtmäßigkeitskontrolle, welche nach herkömmlichem Verständnis der Demokratie einen „überindividuellen Rechtsschutz"[365] durch weitere Klagebefugnisse ermöglichen sollte, zu Gunsten der „Individualität" aus: Im Rahmen des individu-

---

im Allgemeininteresse gelegen ansieht". Zur heutigen Bedeutsamkeit von *Bühlers* Begriffsbestimmung des subjektiven öffentlichen Rechts s. *P. M. Huber*, Konkurrenzschutz im Verwaltungsrecht, 1991, 101.

361 *O. Mayer*, Deutsches Verwaltungsrecht I (^{3}1924), 2004, 132.

362 *P. M. Huber*, Art. 19 Abs. 4 GG, in: H. v. Mangoldt/F. Klein/C. Starck (Hrsg.), GG I, ^{6}2010, 342 f., vgl. *E. Schmidt-Aßmann*, Art. 19 IV GG, in: T. Maunz/G. Dürig (Hrsg.), GG, 2014, Rn. 9.

363 Dazu D. I.1.b) bb).

364 Grundlegend dazu *J. Masing*, Die Mobilisierung des Bürgers für die Durchsetzung des Rechts, 1997, 42. Dazu ferner D. I.2.b) bb) (151 f.).

365 Zum Begriff *S. Schlacke*, Überindividueller Rechtsschutz. Phänomenologie und Syste-

ell ausgerichteten Demokratieprinzips ist „Individualität" aber nicht gegensätzlich zur Demokratie, sondern macht sogar ihren zentralen Kernbestandteil aus. Ob dabei der Einzelne altruistisch oder egoistisch, als „Bourgeois" oder „citoyen", zum Schutz seiner Individualinteressen oder (seiner subjektiven Auffassung) des Allgemeininteresses zur Bestreitung des Rechtswegs motiviert und mobilisiert wird, bleibt ihm selbst überlassen.

Dass aus dem Individualrechtsschutz sogar ein demokratischer Legitimationsbeitrag entstehen kann, ist der Normstruktur der Demokratie als Rechts*prinzip* zu verdanken: Die normstrukturbedingte Flexibilität des Demokratieprinzips ist für unterschiedliche Modi der Legitimationsherstellung offen, so dass nicht die Art, sondern vielmehr die Effektivität der Legitimationsherstellung und das durch das Zusammenwirken unterschiedlicher Modi erreichte demokratische Legitimationsniveau maßgeblich sind. So steht der Aufnahme in die demokratische Legitimationsdogmatik einer vom demokratischen Legitimationssubjekt ausgehenden, da von ihm veranlassten, gerichtlichen Verwaltungskontrolle nichts entgegen, da „nicht nur die reziproke Kompensation einzelner Legitimationsbausteine der herkömmlichen Legitimationsdogmatik, sondern sogar eine Totalsubstitution eines ausfallenden Legitimationsstranges durch gleichwertige andere Legitimationsvermittlungsvorgänge möglich ist"[366]. Als Modus der Sicherstellung rechtlicher Verantwortlichkeit kann der Individualrechtsschutz zur Funktionsfähigkeit der ohnehin vom Individuum ausgehenden Legitimationskette beitragen und sogar als Element in sie aufgenommen werden[367]: Der Individualrechtsschutz wird selbst zu einem Instrument der Herrschaftsausübung und -mitbestimmung, dadurch letztlich zu einem individuell-pluralistischen demokratischen Legitimationsbaustein. Dies liefert die dogmatischen Voraussetzungen dafür, dass sich das Demokratieprinzip tatsächlich „in bürgerschaftlicher Partizipation an *allen* drei

---

matik überindividueller Klagebefugnisse im Verwaltungs- und Gemeinschaftsrecht, insbesondere am Beispiel des Umweltrechts, 2008.

366 *W. Kahl*, Begriff, Funktionen und Konzepte von Kontrolle, in: W. Hoffmann-Riem/E. Schmidt-Aßmann/A. Voßkuhle (Hrsg.), GVwR III ²2013, § 47, Rn. 64. Legitimationsdogmatisch sind somit zwar weitere Legitimationsvermittlungsmodi zulässig, jedoch nur solche, die einen defizitären oder gänzlich ausfallenden Baustein so ersetzten, dass eine Zusammenwirkung mit den noch bestehenden Bausteinen ermöglicht wird und dazu führt, dass das endgültig erzielte Legitimationsniveau nicht niedriger ist als das herkömmliche; eine derartige Zusammenwirkung ist insbesondere dann möglich, wenn der alternative Legitimationsvermittlungsmodus dieselbe oder sogar eine stärkere Funktion als der defizitäre Baustein erfüllt. In Konstellationen ineffektiver Legitimationsvermittlung über den personellen Baustein wegen defizitärer politischer Verantwortlichkeit und Kontrolle kann die Stärkung des materiellen Bausteines durch die rechtliche Kontrolle im Rahmen des Individualrechtsschutzes in Betracht gezogen werden; die funktionale Verknüpfung soll über das Verantwortungselement erfolgen, so dass im Ergebnis eine rechtsstaatliche Verstärkung demokratischen Inputs erzielt werden kann.

367 Diese Möglichkeit identifizierend, allerdings im Sinne eines citoyen-orientierten Bürger„engagements" und nicht eines individuell-pluralistischen Demokratiemodells, wonach die Legitimationskette vom Individuum selbst ausgeht, s. *G. Lübbe-Wolff*, Europäisches und nationales Verfassungsrecht, VVDStRL 60 (2001), 247 (279).

Gewalten konkretisieren kann“[368], der Individualrechtsschutz eine demokratiespezifische Funktion erfüllt[369] und das Klagerecht (auch) „bei den politischen Mitbestimmungsrechten verortet“ wird, der Gerichtsaal zum „neuen Forum der Demokratie“ wird und der „Richter, neben dem Parlamentarier und der Exekutive, ihre neue Figur“[370] ausmacht.

dd) Rechtstaatliche und demokratische Legitimation durch Individualrechtsschutz

Somit lässt sich der Individualrechtsschutz funktional in die Verwaltungslegitimationsdogmatik des individuell-pluralistischen Demokratiemodells eingliedern: Der Einzelne bestimmt die Herrschaftsgewaltausübung durch Mitbestimmungsakte als Modi demokratischen Inputs mit und kann dabei sowohl seine Inklusionsmöglichkeit selbst als auch die Einhaltung seiner von ihm inhaltlich mitdeterminierten Rechte gerichtlich kontrollieren und durchsetzen lassen. Seine demokratische *Freiheit* bleibt dadurch nicht auf politische Mitbestimmungsakte beschränkt, sondern erstreckt sich durch seine Möglichkeit, die gerichtliche Verwaltungskontrolle zu veranlassen, auch auf die Ebene des Rechts. Als Anknüpfungselement dafür bietet sich der rekonstruierte Verantwortungsbegriff des individuell-pluralistischen Demokratiemodells an: Da demokratische Verwaltungsverantwortung aus politischer und rechtlicher Verantwortlichkeit der Herrschaftsgewalt gegenüber dem demokratischen Legitimationssubjekt besteht, sichert die gerichtliche Verwaltungskontrolle im Rahmen des Individualrechtsschutzes die rechtliche Verantwortlichkeit der öffentlichen Hand und leistet dadurch einen demokratischen Verwaltungslegitimationsbeitrag. Im Gegensatz zur Output-orientierten Legitimation trägt die demokratische Legitimation durch Individualrechtsschutz auch dem *Gleichheitselement* Rechnung: Durch die Koppelung der Aktivierung der Individualrechtsschutzgarantie an die subjektive Betroffenheit in eigenen Rechten und Interessen reagiert sie auch auf Begrenzungen und Einengungen des demokratischen Legitimationssubjekts[371]. Insgesamt kann gesagt werden: Wird der Einzelne vom politischen Prozess durch die Anerkennung individueller Rech-

---

[368] (Hervorh. v. *Verf.*). Zur Beobachtung einer Konkretisierung des Demokratieprinzips durch Partizipation an allen drei Gewalten als Konsequenz eines pluralen Gemeinwohlverständnisses ohne nähere dogmatische Differenzierung s. *C. Calliess,* Bürgerrechte als Ersatz für Demokratie?, in: C. Franzius/F. C. Mayer/J. Neyer (Hrsg.), Strukturfragen der Europäischen Union, 2010, 231 (242).

[369] Bereits *P. M. Huber*, Art. 19 Abs. 4 GG, in: H. v. Mangoldt/F. Klein/C. Starck (Hrsg.), GG I, ^{6}2010, Rn. 351: „Der Individualrechtsschutz besitzt eine *demokratiespezifische Ventil- und Kompensationsfunktion* und trägt so zum demokratischen Legitimationsniveau staatlicher Entscheidungen bei“ (Hervorhebung im Original).

[370] So die demokratietheoretische Forderung von *L. Heuschling*, Krise der Demokratie und der juristischen Demokratielehre in Frankreich, in: H. Bauer/P. M. Huber/K.-P. Sommermann (Hrsg.), Demokratie in Europa, 2005, 33 (62).

[371] Dazu näher im Kontext des europäischen Individualrechtsschutzes D. I.3.b) bb) (1) (174 f.).

te oder Interessen „begünstigt", so ist er im Fall einer Verletzung jener Rechte oder Interessen von der Herrschaftsausübung „betroffen" und hat ein Interesse daran, die gerichtliche Kontrolle der Herrschaftsgewalt zu veranlassen.

Insgesamt stellt der Individualrechtsschutz durch die Kombination seiner rechtstaatlichen und demokratischen Funktion ein zentrales Legitimationselement der Herrschaftsgewalt dar: Er trägt *retrospektiv* dazu bei, dass demokratische Freiheit und Gleichheit i. S. der freien Mitbestimmung der Herrschaftsgewaltausübung durch alle Betroffene mit gleichen Mitteln wahrgenommen werden können (*demokratisches Element*) und das demokratisch Entschiedene durchgesetzt wird (*demokratisches* und *formell-rechtstaatliches Element*), ohne dabei grundrechtliche Freiheits- und Gleichheitsrechte zu verletzen (*materiell-rechtstaatliches Element*). Zugleich vermag er auch *prospektiv*[372] der demokratischen *Steuerungs*funktion zu dienen: Dadurch, dass der vom Verwaltungshandeln in seinen subjektiven Rechten betroffene Einzelne dieses gerichtlich anfechten und kontrollieren lassen und entsprechend Schadensersatz verlangen kann, wirken Primär- und Sekundärrechtsschutz auch als ein demokratisch-legitimatorischer Rechtsmäßigkeits*anreiz* für die Verwaltung. So kann es durch diese demokratischen Dimensionen des Individualrechtsschutzes sogar gelingen, die rechtstaatliche Rechtsschutz- mit der demokratischen Steuerungsperspektive wieder zu verbinden: Einflussknicks sind letztlich auch Eingriffe[373].

b) Dogmatik einer demokratischen Verwaltungslegitimation durch Individualrechtsschutz

aa) Problematik demokratischer Gewaltenteilung

War die Gewaltenteilung ursprünglich als Mittel zur Balancierung gedacht und wurde sie zum Organisationsmittel von Staatsgewalt mit dem Zweck ihrer Begrenzung zugunsten individueller Freiheit[374], so steht sie nun vor der Herausfor-

---

[372] Die prospektive Funktion des Individualrechtsschutzes wird im Rahmen grundgesetzlicher Dogmatik lediglich als Reflex i. S. eines „edukatorisch-präventiven Effektes" für das Verwaltungshandeln wahrgenommen, s. *P. M. Huber*, Art. 19 Abs. 4 GG, in: H. v. Mangoldt/ F. Klein/C. Starck (Hrsg.), GG I, ⁶2010, Rn. 345. Zur „Präventivfunktion" der Klagemöglichkeit, die die „antizipierende Berücksichtigung unterrepräsentierter" Interessen bereits in „der behördlichen Entscheidung zu erzwingen" vermag, s. *E. Rehbinder/H.-G. Burgbacher/R. Knieper*, Bürgerklage im Umweltrecht, 1972, 137.

[373] Zur Unterscheidung zwischen Rechtsschutz- und Steuerungsperspektive und der Verortung ersterer im Rechtstaat- und letzterer im Demokratieprinzip sowie der Parallelität von Eingriffen und Einflussknicks s. *P. M. Huber*, Die entfesselte Verwaltung, StWStP 1998, 423 f.; letztlich lassen sich Einflussknicks von Steuerungsmöglichkeiten des demokratischen Legitimationssubjekts als Eingriffe in dessen Freiheit verstehen.

[374] *E. Forsthoff*, Rechtstaat im Wandel, 1964, 51: „Diese Technisierung lässt sich an allen Institutionen des Rechtstaates nachweisen. Sie liegt für die Gewaltenteilung besonders deutlich zu Tage. Ursprünglich als Mittel nicht nur zur Hemmung, sondern auch zur Balancierung gemeint, hat sie in der modernen Staatenwelt diese umfassende Funktion verloren. Sie ist ein

derung ihrer demokratischen Funktion: Nicht einseitig die Begrenzung der Herrschaftsgewalt durch Gewaltenteilung, sondern allgemein ihre gewaltenteilige Organisation auch im Hinblick auf die Optimierung positiver individueller Freiheit durch Mitbestimmungsmöglichkeiten der Herrschaftsgewalt steht dabei im Vordergrund[375]. Diese Problematik wird besonders im Rahmen der Untersuchung einer demokratischen Legitimation durch Individualrechtsschutz evident, denn durch die Anerkennung einer demokratischen Funktion der gerichtlichen Kontrolle erscheint eine Verschiebung des demokratisch-legitimatorischen Schwerpunktes von den grundsätzlich politisch verantwortlichen Gewalten auf die politisch unabhängige Judikative möglich. Im Kontext der Auffindung funktionaler Äquivalenz zwischen Input-Legitimation und Individualrechtsschutz wäre so demokratietheoretisch nicht viel gewonnen: Eine expertokratisch orientierte Output-Legitimation, diesmal durch juristischen Sachverstand, müsste mittelbar anerkannt werden. Rechtsvergleichend lässt sich feststellen, dass Rechtsordnungen dieses Problem eines „gouvernement des juges“[376] grundsätzlich durch eine Begrenzung des Umfangs der gerichtlichen Befugnisse zu lösen versuchen: Durch eine Art „trade-off“-Verhältnis zwischen gerichtlicher Kontrolldichte und Umfang der Klagemöglichkeiten werden im Rahmen des Verwaltungsrechtsschutzes enge Klagebefugnisse grundsätzlich mit hoher inhaltlicher Kontrollintensität des Verwaltungshandelns kombiniert, bei weiteren Klagebefugnissen bleibt die gerichtliche Nachprüfung begrenzt[377]. Jene Beobachtungen werfen allgemein die Fragen auf, wie der klassische Gegensatz zwischen Demokratieprinzip und Rechtsschutz mit der demokratischen Funktion des Rechtsschutzes in Einklang gebracht werden kann sowie welche demokratischen Schranken sich für die Rolle der Gerichtsbarkeit in der Gewaltenteilung ergeben.

---

technisches Mittel zur Organisation der Staatsgewalt geworden und erfüllt als solches ihren Zweck, die Staatsgewalt zugunsten der individuellen Freiheit zu begrenzen, durchaus“.

375 Allgemein für die Untersuchung der Gewaltenteilung aus Sicht individueller Selbstbestimmung prägend *C. Möllers*, Gewaltengliederung, 2005, 81 f.

376 Der Ausdruck geht zwar auf den französischen Rechtsvergleicher *E. Lambert* und seine Schrift „Le gouvernement des juges et la lutte contre la législation sociale aux États-Unis“ aus dem Jahre 1921 zurück und bezog sich ursprünglich auf die Kritik der inhaltlichen Verfassungskontrolle der Gesetze seitens des Supreme Court, wird aber mittlerweile allgemeiner in Diskussionen über die Grenzen der Dritten Gewalt eingesetzt, s. dazu *C. Hillgruber,* Gouvernement des juges – Fluch oder Segen? – Eine Einführung, in: ders. (Hrsg.), Gouvernement des juges – Fluch oder Segen?, 2014, 11 f.

377 Paradigmatisch dafür der Vergleich zwischen deutscher und französischer Verwaltungsrechtsschutzkonzeption, vgl. *T. v. Danwitz*, Europäisches Verwaltungsrecht, 2008, 65 f. Ferner zu einem derartigen funktionalen Zusammenhang D. I.2.b) bb) (158 f.).

bb) *Individualrechtsschutz als gerichtliche Legitimationsverstärkung*

(1) *Ely's prozedurale Theorie der Legitimationsverstärkung*

Das allgemeine Problem wurde extensiv im Hinblick auf die demokratische Legitimation der US-amerikanischen Verfassungsgerichtsbarkeit in Verfassungsauslegungsfragen diskutiert. Fraglich war dabei, ob und unter welchen Voraussetzungen ein Primat verfassungsgerichtlicher Verfassungsauslegung gegenüber politischen Mehrheitsentscheidungen als demokratisch legitim anzuerkennen ist. Nach der vieldiskutierten Theorie *Ely's* sind politische Aufgaben zwar grundsätzlich von politisch verantwortlichen Organen zu erfüllen, so dass sich die Rolle der Verfassungsgerichtsbarkeit auf die Kontrolle der Einhaltung der *Verfahren* demokratischer Entscheidungsfindung zu beschränken hat; sind jedoch die demokratischen Mitbestimmungsmöglichkeiten im Rahmen jener Verfahren defizitär, kann eine erhöhte Rolle der dritten Gewalt in Betracht kommen: Die gerichtliche Kontrolle wird in derartigen Fällen zu einer *Repräsentationsverstärkung*[378]. Als klassisches Defizit demokratischer Repräsentation werden dabei Ausschlüsse vom oder Ineffektivitäten des Wahlrechts anerkannt[379], während die institutionelle Legitimation der Gerichtsbarkeit nicht primär darin gesehen wird, dass sie aufgrund ihres juristischen Sachverstands allgemein mit Verfahrensfragen vertrauter ist, sondern vielmehr darin, dass sie eine unabhängige *Perspektive* auf den politischen Prozess hat[380]. Trotz der Tatsache, dass sich die Theorie *Ely*'s auf die *Verfassungs*gerichtsbarkeit und -auslegung bezieht, auf die besonderen US-amerikanischen Repräsentationsprobleme insbesondere von Minderheiten zugeschnitten zu sein scheint[381] und eher das Verhältnis zwischen Verfassungsgerichtsbarkeit

[378] *J. H. Ely*, Democracy and Distrust. A Theory of Judicial Review, 1981, 87 f., 101 f., 103: „participation-oriented, representation reinforcing approach to judicial review". Nach *Ely*'s Theorie sind im Rahmen repräsentativer Demokratie Werturteile von den politisch verantwortlichen Repräsentanten zu treffen und grundsätzlich hat sich die demokratische Funktion der gerichtlichen Kontrolle auf die Einhaltung der repräsentationsermöglichenden Verfahren (*process*) zu beschränken („policing the mechanisms by which the system seeks to ensure that our elected representatives will actually represent"); eine intensivere gerichtliche Kontrolle rechtfertigen dagegen nur Defizite demokratisch-repräsentativer Verfahren, welche entweder wegen ineffektiver Repräsentationskanäle oder durch Minderheitsdiskriminierungen entstehen können. Zutreffend ist die Feststellung, dass die Theorie der Repräsentationsverstärkung im Ergebnis „zwischen materiellen und prozeduralen Theorien anzusiedeln ist", s. *T. Rensmann*, Wertordnung und Verfassung, 2007, 247 Fn. 24. Allgemeiner zu *Ely's* Theorie der Repräsentationsverstärkung s. *J. Riecken*, Verfassungsgerichtsbarkeit in der Demokratie, 2003 sowie *U. Haltern*, Verfassungsgerichtsbarkeit, Demokratie und Mißtrauen, 1998, 256 f.

[379] *J. H. Ely*, Democracy and Distrust. A Theory of Judicial Review, 1981, 117: „Unblocking stoppages in the democratic process is what judicial review ought preeminently to be about, and the denial of the vote seems the quintessential stoppage".

[380] *J. H. Ely*, Democracy and Distrust. A Theory of Judicial Review, 1981, 73 f., 102 f.: „The Court as Referee".

[381] Vgl. *C. Möllers*, Legalität, Legitimität und Legitimation des Bundesverfassungsgerichts, in: M. Jestaedt/O. Lepsius/ders./C. Schönberger, Das entgrenzte Gericht, 2011, 281 (334): „Dieses sehr spezifisch auf die Gesellschaftsstruktur und das Mehrheitswahlrecht der USA zuge-

und Legislative betrifft, ist das ihr zugrunde liegende Input-orientierte Demokratieverständnis an die hier behandelte Problematik[382] anknüpfbar: Demokratie wird auch im Rahmen der Theorie prozeduraler Repräsentationsverstärkung als Input-orientierte und ergebnisoffene *Struktur* begriffen, in der die Entscheidungsfindung dem demokratischen Legitimationssubjekt und seiner Repräsentanten überlassen wird und in der Regel durch Mehrheitsentscheidungen und politische Verantwortlichkeit erfolgt. Darüber hinaus spricht *Ely* sogar konkret das hier diskutierte Problem der Delegation von Entscheidungsbefugnissen auf politisch nur defizitär verantwortliche administrative Einrichtungen an[383]: Auch in diesen Fällen ist wegen der niedrigeren Steuerungskraft von Wahlen das demokratische Verfahren als defizitär anzusehen, so dass die Gerichtsbarkeit sicherzustellen hat, dass die politischen Entscheidungen von gewählten Repräsentanten getroffen werden; gerichtlich sichergestellt muss dabei, dass die gewählten Repräsentanten den administrativen Stellen politische Anweisungen geben und diese auch eingehalten werden.

(2) Gerichtliche Legitimationsverstärkung als zweitbeste Lösung

An diesen Grundgedanken hat sich auch die hier diskutierte demokratische Legitimationsvermittlung durch Individualrechtsschutz zu orientieren: in einem Input-basierten demokratischen Legitimationsmodell bleibt die *demokratische* Funktion des Rechtsschutzes grundsätzlich darauf beschränkt, die strukturelle und prozedurale Einhaltung von demokratischen Mitbestimmungsmöglichkeiten sowie des dadurch entstandenen Rechtes zu kontrollieren. Entsprechend sind auch demokratische Legitimationsdefizite zu behandeln: Die Optimierung klassischer Input-Legitimation bleibt für die Erhöhung des demokratischen Legitimationsniveaus erste Priorität, eine demokratische Legitimationsverstärkung durch Individualrechtsschutz kommt erst als *zweitbeste* Lösung in Betracht. Insgesamt gilt somit, dass „Rechtskontrolle als Minus zur politischen Kontrolle angestrebt wird, wenn letztere wegen fehlender politischer Teilhabe nicht zu erlangen ist" und muss dabei, „um annähernd funktional äquivalent zu sein, umfassend sein"[384]: Denn die Verwaltungskontrolle „sollte primär politisch sein und durch demokra-

---

schnittene Argument [der Intensivierung der gerichtlichen Prüfung, wenn es um die Angelegenheiten bestimmter Minderheiten geht, die im demokratischen Prozess nicht repräsentiert werden] bedarf allerdings für andere Rechtsordnungen der Modifikation, doch kann der Gedanke des Demokratieschutzes allgemeiner formuliert werden".

382 Zur Relevanz von *Ely's* Theorie für den europäischen Rechtsschutz bzw. die gerichtliche Kontrolle von Netzwerken s. *K. Lenaerts*, The European Court of Justice and Process-Oriented Review, Yearbook of European Law 31 (2012), 3 f., *C. Harlow/R. Rawlings*, Promoting Accountability in Multilevel Governance: A Network Approach, European Law Journal, 2007, 542 (547 f.).

383 *J. H. Ely*, Democracy and Distrust. A Theory of Judicial Review, 1981, 131–134.

384 *E. Rehbinder/H.-G. Burgbacher/R. Knieper*, Bürgerklage im Umweltrecht, 1972, 57.

tische Partizipation erfolgen“ und „wo stattdessen die Rechtskontrolle als ‚zweitbeste‘ Lösung gewählt wird, ist das demokratische Element zwar reduziert, aber nicht aufgehoben“, da „es als Initiierungs- und Interessenrepräsentationsrecht vor Gericht fortlebt“[385].

cc) Demokratische Legitimation durch Rechtsschutz in der EU: Rechtsprechungstendenzen

(1) BVerfG: Gerichtliche Kontrolle der Effektivität demokratischen Inputs

Die dogmatische Entwicklung der demokratischen Funktion des Individualrechtsschutzes wird durch Ansätze und Tendenzen der Rechtsprechung begünstigt. So beschränkt sich das Bundesverfassungsgericht[386] nicht nur auf die Anerkennung des Einzelnen als demokratisches Legitimationssubjekt, sondern akzeptiert auch die Möglichkeit einer Verletzung des Wahlrechts als ausreichende Beschwerdebefugnis für die Zulassung von Verfassungsbeschwerden: Wahlrecht und Individualrechtsschutz werden direkt über den Einzelnen als ihren gemeinsamen Nenner in Verbindung gebracht. Dadurch wird jedoch nicht das ergebnisoffene und strukturell-prozessuale Demokratieverständnis aufgegeben, denn die demokratische Entscheidungsfindung bleibt stets den demokratisch verantwortlichen Bundesorganen und insbesondere dem Parlament als „Mitte“ repräsentativer Demokratie überlassen. Eine erhöhte Rolle kommt dem Bundesverfassungsgericht im Sinne einer gerichtlichen Legitimationsverstärkung erst in Konstellationen zu, in denen jene demokratisch verantwortlichen Organe zugunsten gubernativer oder exekutiver Entscheidungsfindung auf unionaler[387] oder bundesstaatlicher[388] Ebene *umgangen* werden.

(2) EuGH: Demokratische Legitimationsverstärkung durch Rechtsschutz

Interessant ist die Beobachtung einer vergleichbaren Entwicklung auf der unionalen Ebene, wenn auch mit einer anderen rechtsdogmatischen Begründung: Nicht direkt das Demokratieprinzip, sondern das Prinzip des institutionellen Gleichgewichtes kann zu einer Erhöhung der Bedeutung der gerichtlichen Kontrolle führen und dadurch eine (demokratische) Legitimationsverstärkung durch Rechtsschutz bewirken. Das Prinzip des institutionellen Gleichgewichtes gebietet es nämlich, dass das Europäische Parlament die Beachtung seiner Befugnisse gerichtlich überprüfen lassen kann und vor dem EuGH dafür aktiv legitimiert ist: Da die Befugnisse jenes Organs „Bestandteil des von den Verträgen gewollten

---

385 *E. Rehbinder/H.-G. Burgbacher/R. Knieper*, Bürgerklage im Umweltrecht, 1972, 137.
386 BVerfGE 89, 155 und BVerfGE 113, 273.
387 BVerfGE 134, 366 (EZB).
388 BVerfGE 130, 318 (Beteiligungsrechte des Bundestages/EFSF).

institutionellen Gleichgewichts sind", „verlangt dessen Wahrung, dass eventuelle Verstöße gegen diesen Grundsatz geahndet werden können", so dass der EuGH „in der Lage sein muss, die Aufrechterhaltung des institutionellen Gleichgewichts und folglich die richterliche Kontrolle der Beachtung der Befugnisse des Parlaments [...] durch einen Rechtsbehelf sicherzustellen, der ihm die Erfüllung seiner Aufgabe ermöglicht"[389]. Im Ergebnis wird dadurch die Effektivität demokratischen Inputs auf unionaler Ebene durch einen Modus demokratischen Rechtsschutzes abgesichert. In dieselbe Richtung weist auch die Rechtsprechung zu den sog. Externalisierungs- und Delegationsschranken, wonach der Kommission bei der Übertragung von Entscheidungsbefugnissen auf Agenturen und sonstige Einrichtungen Grenzen gesetzt werden[390]: Da diese zwar auch vom Europäischen Parlament kontrolliert werden, ihre Einbindung in das duale Legitimationsmodell jedoch im Vergleich zur Kommission defizitär ist, ist aus dem Blickwinkel einer demokratischen Legitimationsverstärkung durch Rechtsschutz sowohl der Ansicht zuzustimmen, dass der gerichtlichen Kontrollierbarkeit ihres Handelns eine noch höhere legitimatorische Bedeutung zukommt und somit „vor allem ein vollständiger Rechtsschutz gewährleistet sein muss"[391], als auch die nunmehr akzeptierte direkte gerichtliche Anfechtbarkeit der Handlungen der EU-Agenturen zu begrüßen[392].

---

389 EuGH, Urt. v. 22.5.1990, Rs. C-70/88 (Europäisches Parlament/Rat), Slg. 1990 I-02041, Rn. 21–23.

390 Grundlegend EuGH, Urt. v. 13.6.1958, Rs. 9/56 (Meroni & Co., Industrie Metallurgiche, SpA/Hohe Behörde der Europäischen Gemeinschaft für Kohle und Stahl), Slg. 1958 00011.

391 Vgl. bereits Generalanwalt *K. Roemer*, Schlussanträge Rs. 20/56 (Meroni/Hohe Behörde), Slg. 1958, 51/87 (115): „Diese Übertragung muss durch Gesetz angeordnet und in ihrem Inhalt genau bestimmt sein, und es muss nicht nur eine ausreichende Kontrolle durch den Staat, sondern vor allem auch ein vollständiger Rechtsschutz gegen Akte derartiger Verbände gewährleistet sein; der Rechtsschutz kann dadurch erreicht werden, dass Maßnahmen solcher Verbände denjenigen staatlicher Behörden gleichgestellt werden, so dass sie nach allgemeinen Regeln des Verwaltungsrechts anfechtbar sind". Zur Bedeutung der gerichtlichen Kontrolle mit Blick auf einen „spezifisch demokratischen Gehalt der Meroni-Rechtsprechung" s. *C. Görisch,* Demokratische Verwaltung durch Unionsagenturen, 2009, 369 f. und 380 f. Zur Erforderlichkeit einer „ausgeprägten Rechtskontrolle" bei zunehmender Unabhängigkeit von politischem Einfluss s. *A. Fischer-Lescano/T. Tohidipur*, Europäisches Grenzkontrollregime. Rechtsrahmen der europäischen Grenzschutzagentur FRONTEX, ZaöRV 67 (2007), 1219 (1234), *R. Uerpmann*, Mittelbare Gemeinschaftsverwaltung durch gemeinschaftsgeschaffene juristische Personen des öffentlichen Rechts, AöR 125 (2000), 551 (571 f.).

392 Das EuG hat die direkte Anfechtbarkeit von Handlungen der EU-Agenturen auf der Grundlage eines von der EuGH-Rechtsprechung ableitbaren Grundsatzes bejaht, wonach „jede Handlung einer Gemeinschaftseinrichtung, die dazu bestimmt ist, Rechtswirkungen gegenüber Dritten zu erzeugen, gerichtlich nachprüfbar sein muss", EuG, Urt. v. 8.8.2008, Rs. T-411/06 (Sogelma/EAR), Slg. 2008 II-02771, Rn. 37. Zur Bedeutung des Urteils als Fortführung und Weiterentwicklung der Les Verts-Rechtsprechung (EuGH, Urt. v. 3.4.1986, Rs. 294/83, Les Verts/Parlament, Slg. 1986, 1339) mit Blick auf die Expansion der Agenturen und deren Befugnisse s. *J. Saurer*, Der Rechtsschutz gegen Entscheidungen und Fachgutachten der Europäischen Agenturen nach dem Sogelma-Urteil des EuG, DVBl. 2009, 1021 f.

Auf der Ebene des mitgliedstaatlichen Vollzugs des Unionsrechts sind die Generalanwälte *P. Léger* und *G. Tesauro* noch einen Schritt weiter gegangen und haben eine Verbindung zwischen Rechtsschutz und Demokratieprinzip über die Transparenzfunktion des Rechts des Zugangs auf Dokumente entwickelt: „Die Kenntnis der Bürger von den Tätigkeiten der Verwaltung ist eine Garantie für ihr ordnungsgemäßes Funktionieren“, da „die Kontrolle durch die Bürger, die den Staatsorganen ihre Legitimation verleihen, diese Organe dazu bewegt, die ursprünglichen Absichten der Bürger wirkungsvoll zu verfolgen, und kann somit Vertrauen begründen, was ein Pfand [...] für das ordnungsgemäße Funktionieren des demokratischen Systems darstellt“[393]; „es ist somit das Demokratieprinzip [...], das vorschreibt, dass der Zugang zu Dokumenten nicht nur dem Adressaten einer hoheitlichen Maßnahme eingeräumt wird“[394]. Zwar mag die Rechtsprechung der Unionsgerichte diesen hohen Anforderungen nicht vollständig nachgekommen zu sein[395], der Gedanke eines demokratischen Legitimationsbeitrags der gerichtlichen Kontrolle scheint ihr aber durchaus zugrunde zu liegen. Besonders prägnant zeigt sich dies im Hinblick auf Stellen, die wegen ihrer Unabhängigkeit von der jeweiligen mitgliedstaatlichen Regierung defizitär politisch verantwortlich sind, da ihre Kontrolle durch die zuständigen Gerichte als Voraussetzung ihrer Vereinbarkeit mit dem europäischen Demokratieprinzip gesehen wird[396]. Im Gegensatz zur grundgesetzlichen Dogmatik und der Rechtsprechung des Bundesverfassungsgerichts hat die unionale Gerichtsbarkeit zwar noch keine präzise dogmatische Aufarbeitung des Demokratieprinzips vorgenommen, da sie aber die demokratische Bedeutung der gerichtlichen Kontrolle akzeptiert und sie insbesondere in Konstellationen defizitärer politischer Verwaltungsverantwortlichkeit als Legitimationsverstärkung betrachtet, dürfte sie für die dogmatische Entwicklung einer demokratischen Legitimationsfunktion des Individualrechtsschutzes bereits genügend normative Anhaltspunkte enthalten.

---

[393] Generalanwalt *P. Léger,* Schlussanträge v. 10.7.2001, Rs. C-353/99 P (Rat/Hautala), Slg. 2001 I-09565, Rn. 52 f.

[394] Generalanwalt *G. Tesauro,* Schlussanträge v. 28.11.1995, Rs. C-58/94 (Niederlande/Rat), Slg. 1996 I-02169, Rn. 19.

[395] So *C. Harlow/R. Rawlings*, Promoting Accountability in Multilevel Governance: A Network Approach, European Law Journal 2007, 542 (547) m. w. N.

[396] EuGH, Urt. v. 9.3.2010, Rs. C-518/07 (Kommission/Deutschland), Slg. 2010 I-01885, Rn. 39 f., 42, 46: „Dieser Grundsatz [der Demokratie] bedeutet nicht, dass es außerhalb des klassischen hierarchischen Verwaltungsaufbaus keine öffentlichen Stellen geben kann, die von der Regierung mehr oder weniger unabhängig sind“, da „das Bestehen und die Bedingungen für das Funktionieren solcher Stellen in den Mitgliedstaaten durch Gesetz und in einigen Mitgliedstaaten sogar in der Verfassung geregelt sind, und diese Stellen an das Gesetz gebunden sind und der Kontrolle durch die zuständigen Gerichte unterliegen“, so dass der Umstand, dass ihnen „eine von der allgemeinen Staatsverwaltung unabhängige Stellung zukommt, für sich allein noch nicht geeignet ist, diesen Stellen die demokratische Legitimation zu nehmen“. Zur Notwendigkeit der Gewährleistung einer Kontrolle durch unabhängige Gerichte für die Legitimation unabhängiger Verwaltungseinheiten s. *T. Groß,* Unabhängige EU-Agenturen – eine Gefahr für die Demokratie?, JZ 67 (2012), 1087 (1092).

dd) Administrativer Politisierungsgrad und gerichtliche Kontrollmodi

(1) Der Politisierungsgrad als Maßstab der Legitimationsdogmatik

„δεῖ τοὺς νόμους εἶναι κυρίους κειμένους ὀρθῶς,
τὸν ἄρχοντα δέ, ἄν τε εἷς ἄν τε πλείους ὦσι,
περὶ τούτων εἶναι κυρίους περὶ ὅσων ἐξαδυνατοῦσιν οἱ νόμοι λέγειν
ἀκριβῶς διὰ τὸ μὴ ῥᾴδιον εἶναι καθόλου διορίσαι περὶ πάντων“[397]
Aristoteles, Politik,1282b, 1–7

Eine auf dem individuell-pluralistischen Demokratiekonzept basierende Legitimationsdogmatik erkennt zwar die demokratische Legitimationsfunktion des Individualrechtsschutzes an, bewertet ihn jedoch lediglich als zweitbeste Lösung: Zu erklären ist dies wegen der *politischen* Verantwortlichkeit legislativer oder exekutiver Gewalt. Der Politisierungsgrad der Entscheidungsfindung wird dadurch zu einem Maßstab der Legitimationsdogmatik und zu einem Kriterium der horizontalen Verteilung von Letztentscheidungsbefugnissen in der Gewaltenteilung. Was allerdings „politisch“ ist, ist eine Frage, die von jeder Rechtsordnung unterschiedlich beantwortet wird, da es nahezu unmöglich ist, eine klare Abgrenzung zwischen Politik, Recht und Sachverstand vorzunehmen, und es vielmehr auf das jeweilige Verwaltungsideal ankommt[398]. Aus dem Blickwinkel des individuell-pluralistischen Demokratieprinzips, das input-orientiert und als ergebnisof-

[397] „Herrschen müssen die ordnungsgemäß zustande gekommenen Gesetze; die Regierenden dagegen, ob einer oder mehrere, haben lediglich in jenen Konstellationen Hoheitsentscheidungen zu treffen, in denen detaillierte gesetzliche Vorgaben nicht möglich sind, zumal es nicht leicht ist, gesetzlich alles zu regeln“ (Übersetzung v. *Verf.*).

[398] *C. Möllers*, Verwaltungsrecht und Politik, in: A. v. Bogdandy/S. Cassesse/P. M. Huber (Hrsg.), IPE V, 2014, § 93, Rn. 3, 7, 10. Vgl. zur Unterscheidung von Recht und Politik ferner *W. Hoffmann-Riem*, Eigenständigkeit der Verwaltung, in: ders./E. Schmidt-Aßmann/A. Voßkuhle (Hrsg.), GVwR I, ²2012, § 10, Rn. 44. Gründlicher Überblick der allgemeinen Diskussion über die Unterscheidbarkeit von Recht und Politik bei *U. Haltern*, Verfassungsgerichtsbarkeit, Demokratie und Mißtrauen, 1998, 81 f. In Bezug auf die Trennung zwischen Politik und Sachverstand kann auf den von hohem administrativen Sachverstand geprägten unionsrechtlichen Kontext angewiesen werden, wo sich bereits am Beispiel klassischer Binnenmarktregulierung zeigen lässt, dass von politikfreier „Objektivität“ nur schwer die Rede sein kann: Der Hintergrund des Unionsrechts beinhaltet sowohl klassische Homo oeconomicus-orientierte als auch verhaltensökonomische Erwägungen, so dass Inhalte unionaler Gesetzgebung letztlich von einer (politischen) *Abwägung* zwischen der Optimierung von Allokationseffizienz und diversen grundrechtlichen Vorgaben abhängen, s. dazu exemplarisch *J. U. Franck/K. P. Purnhagen*, Homo Economicus, Behavioural Sciences, and Economic Regulation: On the Concept of Man in Internal Market Regulation and its Normative Basis, in: K. Mathis (Hrsg.), Law and Economics in Europe, 2014, 329 f. Kritisch zum Problem der Trennung zwischen Politik und Ökonomie *G. Majone*, Rethinking european integration after the dept crisis, The European Institute of UCL Working Paper No. 3/2012, 1 (12 f.): „The basic fallacy of neofunctionalism was the assumption that political integration could be achieved through economic integration“. Zur Schwierigkeit einer Unterscheidung zwischen „politischen“ und „technischen“ Entscheidungsgegenständen wegen der „politischen Dimension vermeintlich technischer Fragen“ s. *G. Hermes*, Legitimationsprobleme unabhängiger Behörden, in: H. Bauer/P. M. Huber/K.-P. Sommermann (Hrsg.), Demokratie in Europa, 2005, 457 (475).

fene Struktur angelegt ist, dürfte jedoch grundsätzlich gelten, dass das „Demokratische mit dem Politischen fast deckungsgleich“[399] sein muss: Politisch ist in dem Sinne alles, was auf der Basis gleicher individueller Selbstbestimmung *möglicher*weise entschieden werden kann und nicht von vornherein „alternativlos“ ist. Allgemein lassen sich die Grenzen politischer Gestaltungs*möglichkeit* nicht nur naturwissenschaftlich und verfassungsrechtlich bestimmen[400], sondern sie lassen sich auch für jede Gewalt je nach Natur und Eigenart ihrer Funktion differenziert festlegen[401]. So stößt der Gesetzgeber wegen des abstrakt-generellen ex-ante-Charakters der gesetzgeberischen Tätigkeit bei der gesetzlichen Programmierung komplexer zukunftsbezogener Verwaltungsaufgaben an die faktischen Grenzen seiner politischen Gestaltungsmöglichkeit, so dass er gerichtlich nur begrenzt kontrollierbare administrative Letztentscheidungsfreiräume einzuräumen hat und das Erfordernis politischer Verantwortlichkeit auf das dadurch „politisierte“ Verwaltungshandeln übertragen wird[402]. Anders: Je offener die Spielräume, die der Gesetzgeber der Verwaltung einräumt, desto eher wird der administrative Gesetzesvollzug zur politischen Gestaltungsaufgabe, welche ihrerseits durch entsprechende politische Verwaltungsverantwortlichkeit zu legitimieren ist[403]. Ist die politische Verantwortlichkeit der Verwaltung jedoch defizitär, wie dies besonders im Kontext des europäischen Verwaltungs(kooperations)rechts der Fall ist, ergibt sich aus Sicht der demokratischen Legitimation ein Erfordernis, den administrativen Gesetzesvollzug dennoch auf eine Weise zu steuern, die seine gerichtliche

---

[399] So die deskriptive Feststellung in gegenwartskritischem Ton bei *J. Derrida*, Schurken, 2003, 48. Allgemein zur Frage der „politischen Differenz“ als Unterscheidung zwischen „Politik“ und „dem Politischen“ *T. Bedorf*, Das Politische und die Politik – Konturen einer Differenz, in: ders./K. Röttgers, Das Politische und die Politik, 2010, 13 f.

[400] Neben den naturwissenschaftlichen Regeln, die der Vertretbarkeit politischer Ansichten faktische Grenzen setzen, dürften im Übrigen die rechtlichen Grenzen der politischen Gestaltungsmöglichkeit von den Verfassungsnormen gezogen werden und insbesondere von denen, die unter Ewigkeitsgarantie stehen und somit durch demokratische Verfahren nicht geändert werden können.

[401] Zur Rekonstruktion des legitimatorischen Potentials der drei Gewalten je nach ihrer Funktion grundlegend *C. Möllers*, Gewaltengliederung, 2005, 94 f.

[402] *C. Starck*, Das Verwaltungsermessen und dessen gerichtliche Kontrolle, in: E. Franßen/K. Redeker/O. Schlichter/D. Wilke (Hrsg.), Bürger – Richter – Staat, FS H. Sendler, 1991, 167 f., *W. Hoffmann-Riem*, Eigenständigkeit der Verwaltung, in: ders./E. Schmidt-Aßmann/A. Voßkuhle (Hrsg.), GVwR I, ²2012, § 10, Rn. 89 f. Dazu, dass das Kriterium der bestmöglichen Aufgabenerfüllung für sich allein keine Rechtfertigung einer administrativen Entscheidungsbefugnis darstellt, s. *M. Jestaedt*, Maßstäbe des Verwaltungshandelns, in: H.-U. Erichsen/D. Ehlers (Hrsg.), Allgemeines Verwaltungsrecht, ¹⁴2010, Rn. 35.

[403] Zum Gesetzesvollzug als politischer Gestaltungsaufgabe „je nach der Offenheit der verwendeten Rechtsbegriffe und Ermessensspielräume“ s. *I. Pernice*, Kompetenzabgrenzung im Europäischen Verfassungsverbund, JZ 55 (2000), 866 (872). Vgl. ferner *C. Möllers*, Verwaltungsrecht und Politik, in: A. v. Bogdandy/S. Cassesse/P. M. Huber (Hrsg.), IPE V, 2014, § 93, Rn. 3: „je mehr eigenständige Willensbildungsprozesse und Gestaltungsoptionen der Gesetzgeber an die Verwaltung weiterleitet, desto eher wird man von einem ‚politischen‘ Recht sprechen können“.

Kontrollierbarkeit als Voraussetzung einer Legitimationsverstärkung durch Individualrechtsschutz sicherstellen kann. In Anlehnung an den von der Grundrechtsdogmatik bekannten Gedanken des *Grundrechtsschutzes durch Organisation und Verfahren*[404] ist man auch hier auf den Verfahrensgedanken angewiesen: Aus demokratischer Sicht bietet es sich an, die administrative Entscheidungsfindung bei Abnahme ihrer materiellrechtlichen Steuerungsdichte durch *verwaltungsverfahrensrechtliche* Vorgaben zu dirigieren, so dass der eine (demokratisch-)legitimatorische Funktion erfüllende gerichtliche Individualrechtsschutz an der Verfahrenskontrolle ansetzen kann. So lässt sich letztlich auch der Kreis des arbeitsteiligen Zusammenwirkens demokratischer Legitimationsherstellung zwischen den Gewalten schließen: Im individual-pluralistischen Demokratiemodell sind eigenständige Gestaltungs- und Willensbildungsprozesse auch administrativer Form entweder politisch zu verantworten oder zu verrechtlichen – und Recht spricht nun einmal der Richter.

(2) Zum Funktionswandel des Verfahrensgedankens

Im Rahmen der deutschen verwaltungsrechtlichen Dogmatik kommt dem Verwaltungsverfahrensrecht eine eher zweitrangige Rolle zu, da es auf die Erfüllung einer *dienenden Funktion*[405] für den Vollzug materiellrechtlicher Vorgaben an das Verwaltungshandeln beschränkt bleibt. Dies führt einerseits aus der rechtsstaatlichen Kontrollperspektive zu einer Verfahrensfehlerfolgenlehre, die von einer Relativität der Verfahrensfehler für die Rechtmäßigkeit des Verwaltungshandelns ausgeht[406], und andererseits aus der demokratischen Steuerungsperspektive zur Behandlung nicht primär des Verwaltungsverfahrensrechts, sondern vielmehr des Verwaltungs*organisationsrechts* als zentrale verwaltungsrechtliche Steuerungsressource[407]. Dagegen zeichnet sich für die Ermöglichung eines demokratischen Legitimationsbeitrages durch Individualrechtsschutz eine Funktions*pluralität* des

[404] Zum Grundrechtsschutz durch Organisation und Verfahren exemplarisch *P. M. Huber*, Grundrechtsschutz durch Organisation und Verfahren als Kompetenzproblem in der Gewaltenteilung und im Bundesstaat, 1988. Allgemein *R. Alexy*, Theorie der Grundrechte, ²1994, 428 f. Zur Abhängigkeit eines Grundrechtsschutzes durch Organisation und Verfahren von der materiellrechtlichen Vorzeichnung staatlicher Entscheidungen i. S. einer Bedeutungszunahme bei Abnahme der Regelungsdichte *W. Krebs*, Verwaltungsorganisation, in: J. Isensee/P. Kirchhof (Hrsg.), HStR V, ³2007, Rn. 79. Zu Möglichkeiten einer Annäherung zwischen deutscher und unionaler Verwaltungsrechtsdogmatik im Hinblick auf einen Grundrechtsschutz durch Verfahren auf der Basis gemeineuropäischer Ausgangspunkte *W. Kahl*, Grundrechtsschutz durch Verfahren in Deutschland und in der EU, VerwArch 95 (2004), 1–37.

[405] Zum klassischen Konzept der dienenden Funktion des Verwaltungsverfahrens s. nur *Ch. Quabeck*, Dienende Funktion des Verwaltungsverfahrens und Prozeduralisierung, 2010, 7 f.

[406] § 42, 45, 46 VwVrfG.

[407] Grundlegend die Beiträge in: E. Schmidt-Aßmann/W. Hoffmann-Riem (Hrsg.), Verwaltungsorganisationsrecht als Steuerungsressource, 1997, *G. F. Schuppert*, Verwaltungsorganisation und Verwaltungsorganisationsrecht als Steuerungsfaktoren, in: W. Hoffmann-Riem/E. Schmidt-Aßmann/A. Voßkuhle (Hrsg.), GVwR ²2012, § 16.

Verwaltungsverfahrensrechts aus: Nicht nur bietet es gerichtlich kontrollierbare rechtliche Vorgaben für das Verwaltungshandeln und erhöht dadurch die rechtliche Verwaltungsverantwortung (*Verrechtlichungs- und Kontrollfunktion*); es öffnet durch subjektive Verfahrensrechte auch inhaltliche Mitbestimmungsmöglichkeiten der administrativen Entscheidungsfindung durch die Betroffenen bzw. das demokratische Legitimationssubjekt (*individuell-demokratische Inklusionsfunktion)* und bildet schließlich durch die Kombination jener Funktionen ein Korrelat zu mangelnden oder defizitären materiell- und verwaltungsorganisatorischen Vorgaben bzw. eine zusätzliche Steuerungsressource (*Steuerungsfunktion*).

Im Kontext des Europäischen Verwaltungsverbundes und insbesondere von Netzwerken kommt letzterer Funktion besondere Bedeutung zu, da das Verwaltungshandeln nicht innerhalb einheitlicher Verwaltungseinheiten durch steuerndes Organisationsrecht erfolgt, sondern im Rahmen von Verwaltungskooperationsstrukturen stattfindet, welche nicht organisations- sondern verfahrensrechtlich gesteuert werden und das Verwaltungsverfahrensrecht als Kooperations*organisationsrecht* erscheinen lassen. Zugleich ist auch die Erfüllung der Verrechtlichungs- und Kontroll- als der demokratischen Inklusionsfunktion des Verwaltungsverfahrens für die europäische Verwaltungskooperation zwischen Hoheitsträgern unterschiedlicher Rechts- und Kontrollregime von erheblicher legitimatorischer Bedeutung: Für die Vermeidung von Rechtsschutzlücken, an denen letztlich eine demokratische Legitimationsherstellung durch Rechtsschutz scheitern kann, ist Verantwortungsklarheit durch die Sicherung der rechtlichen Verantwortlichkeit der einzelnen kooperierenden Hoheitsträger verfahrensrechtlich herzustellen. Schließlich ist die hier vertretene demokratische Legitimationsfunktion des Verwaltungsverfahrens von der *Luhmannschen* Konzeption einer Legitimation durch Verfahren[408] zu unterscheiden: Nach dem hier vertretenen Verständnis erlangt das Verwaltungsverfahren nur insofern eine demokratische Legitimationsfunktion, als es mit der gerichtlichen Kontrolle der Verwaltung zusammenhängt, dadurch dem Einzelnen neben Inklusions- auch Sanktionsmöglichkeiten bietet und somit letztlich zur *Legitimation durch Verantwortung* beiträgt.

c) Anwendung auf Netzwerke: Individualrechtsschutzoptimierung als zweitbeste Lösung

Vor diesem Hintergrund zeichnet sich für die Netzwerke des europäischen Verwaltungsverbundes folgendes Bild: Aufgrund ihrer demokratischen Verantwortungsprobleme verursachen sie ein demokratisches Legitimationsproblem. Da demokratische Entscheidungsfindung in der Regel durch politisch verantwortliche Entscheidungsträger zu erfolgen hat, haben sich Lösungsansätze des demokratischen Legitimationsproblems der Netzwerke primär auf die Stärkung politi-

---

408 *N. Luhmann*, Legitimation durch Verfahren,1983.

scher Verantwortlichkeit zu richten: Dies kann letztlich entweder durch eine weitgehende „Entflechtung" des Unionsrechtsvollzugs[409] oder allgemein durch eine Stärkung der demokratischen Input-Legitimation der unionalen Ebene und besonders der Kommission erfolgen[410]. Da allerdings ersteres nicht der Logik des europäischen Verwaltungsverbunds als zunehmend zusammenwachsender Verwaltungs*kooperations*ordnung entspricht[411] und die demokratische Legitimationsstärkung der Europäischen Union als de lege ferenda-Lösung ohne Änderungen der Verträge schwer denkbar ist, kann im Hinblick auf die Netzwerke die demokratische Funktion des gerichtlichen Rechtsschutzes als *zweitbeste Lösung* in Betracht kommen. Von zentraler Bedeutung dafür ist allerdings die Sicherstellung der Rechtsschutzeffektivität, welche jedoch in Netzwerken ebenfalls auf spezifische Probleme stößt und im Folgenden zu untersuchen ist.

---

[409] Allgemein zur Entflechtung als „systemkonforme" Lösungsvariante des verflechtungsbedingten Demokratieproblems offener Staaten *U. Di Fabio*, Das Recht offener Staaten, 1998, 129: „Die politische Gewalt im Staat müsste wieder klarer organisiert sein, Kompetenzen und Verantwortungen deutlicher hervortreten". Zur Entflechtung im grundgesetzlich-bundesstaatlichen Kontext *P. M. Huber*, Klarere Verantwortungsteilung von Bund, Ländern und Kommunen?, in: Verhandlungen des 65. Deutschen Juristentages, Bd. I, 2005: „Das Demokratieprinzip als Grundlage des Entflechtungsgebotes". Als Entflechtungsoption sollte wegen der mangelnden Tragfähigkeit einer derartigen Lösung jedoch nicht das Szenario gewählt werden, dass Mitgliedstaaten die Einhaltung des Unionsrechts aus innenpolitischen Gründen verweigern; so jedoch im Ergebnis wohl *F. Scharpf*, Legitimationskonzepte jenseits des Nationalstaats, in: G. F. Schuppert/I. Pernice/U. Haltern (Hrsg.), Europawissenschaft, 2005, § 20, 705 (731).

[410] Zu Optionen für eine Anhebung demokratischen Legitimationsniveaus *P. M. Huber*, Demokratische Legitimation in der Europäischen Union, ZSE 3-4/2009, 364 (378 f.), *C. Calliess*, Optionen zur Demokratisierung der Europäischen Union, in: H. Bauer/P. M. Huber/K.-P. Sommermann (Hrsg.), Demokratie in Europa, 2005, 281 f. Zur Komplexität des Vorhabens aus demokratietheoretischer Perspektive *H. Abromeit*, Wozu braucht man Demokratie?, 2002, 202 f.

[411] *P. M. Huber*, Das Kooperationsverhältnis von Kommission und nationalen Verwaltungen beim Vollzug des Unionsrechts, in: C.-E. Eberle/M. Ibler/D. Lorenz (Hrsg.), Der Wandel des Staates vor den Herausforderungen der Gegenwart, FS W. Brohm, 2002, 127 (137): Die „flächendeckende Kooperation ist mehr als ein heuristischer Befund" und vielmehr die „funktional-adäquate Konsequenz der Struktur der EU als Staaten- und Verfassungsverbund".

D. Rechtliche Verantwortung und Individualrechtsschutz

I. Rechtsschutzeffektivität in Netzwerken

1. Netzwerke als Rechtsschutzproblem: ein Problemaufriss

Die Eigenschaften der Netzwerke, ihr Aufbau und ihre Funktionsweise, die sie insgesamt als hoch verflochtene, hybride und polyzentrische funktionale Einheiten erscheinen lassen, wirken sich auch auf die Frage der Rechtsschutzeffektivität aus[1]. Dies lässt sich aus zwei Gründen erklären: *Erstens* stellt die Sicherung der Rechtsschutzeffektivität im Europäischen Verwaltungsverbund ohnehin eine Herausforderung dar, da die Garantie effektiven Rechtsschutzes zwar für den gesamten direkten und indirekten Unionsrechtsvollzug gilt, sich aber im Rahmen des prozessualen Trennungsprinzips zu entfalten hat und im Vergleich zu innerstaatlichen Konstellationen auf diverse strukturelle Defizite stößt[2]; darüber hinaus wirkt sich *zweitens* die in Netzwerken so schwere Zerlegung des Verwaltungshandelns in einzelne Handlungsbeiträge[3] negativ auf die Rechtsschutzeffektivität aus, da sie nicht nur die Zurechnung politischer, sondern auch rechtlicher Verantwortlichkeit erschwert. Vermag der Individualrechtsschutz jedoch einen demokratischen Legitimationsbeitrag zu leisten und demokratische Verantwortungs- und Legitimationsdefizite zu mildern, so ist in Netzwerken die Ermöglichung effektiven Rechtsschutzes von noch größerer Bedeutung als bisher angenommen. Deswegen hat sich die Untersuchung der Optimierung der Rechtsschutzeffektivität in Netzwerken auch an den Anforderungen des Demokratieprinzips zu orien-

---

[1] Vgl. *P. M. Huber*, Grundzüge des Verwaltungsrechts in Europa – Problemaufriss und Synthese, in: A. v. Bogdandy/S. Cassese/ders. (Hrsg.), IPE V, 2014, § 73, Rn. 80.

[2] Zu den aus dem prozessualen Trennungsprinzip resultierenden Rechtsschutzproblemen s. allgemein *J. Hofmann*, Rechtsschutz und Haftung im Europäischen Verwaltungsverbund, in: E. Schmidt-Aßmann/B. Schöndorf-Haubold (Hrsg.), Der Europäische Verwaltungsverbund, 2005, 353 (359 f.). Allgemein zu Rechtsschutzproblemen und -lücken im europäischen Verwaltungsrecht s. *R. Streinz*, Primär- und Sekundärrechtsschutz im Öffentlichen Recht, in: VVDStRL 61 (2002), 300 f., *P. M. Huber*, Art. 19 Abs. 4 GG, in: H. v. Mangoldt/F. Klein/C. Starck (Hrsg.), GG I, 62010, Rn. 526, *W. Kahl*, Lücken und Ineffektivitäten im Europäischen Verwaltungsverbund am Beispiel des Rechts auf Anhörung, DVBl. 2012, 602 f.

[3] *E. Schmidt-Aßmann*, Verfassungsprinzipien für den Europäischen Verwaltungsverbund, in: W. Hoffmann-Riem/ders./A. Voßkuhle (Hrsg.), GVwR I, 22012, § 5, Rn. 26: „Ihre Handlungen lassen sich auch nicht (mehr) vollständig in Handlungsbestandteile der beteiligten Verwaltungen zerlegen und diesen individuell zuordnen".

tieren: Rechtstaatliche und demokratische Rechtsschutzeffektivität lassen sich gemeinsam aus der Perspektive des Einzelnen, der zugleich demokratisches Legitimationssubjekt und Rechtsschutzsuchender ist, untersuchen. Aus jener gemeinsamen Perspektive wird eine funktionale und steuerungsorientierte Sicht ermöglicht, die die Bedeutung diverser Rechtsschutzdefizite zu unterstreichen und einzelne Optimierungsoptionen aufzuzeigen vermag: Maßgeblich dafür ist die Verknüpfung der Rechtsschutzfrage mit der Netzwerk*steuerung*, welche in erheblichem Maße durch netzwerkinterne oder unverbindliche Handlungen erfolgt, deren gerichtliche Kontrolle nach geltender Rechtslage defizitär ausfällt[4].

Nach einer Skizzierung der Rahmenbedingungen und der unterschiedlichen Kontrollmodi des Individualrechtsschutzes im Europäischen Verwaltungsverbund gilt es im Folgenden, die Rechtsschutzprobleme der Netzwerke aufzugreifen und die demokratische Legitimationsfunktion des Individualrechtsschutzes rechtsdogmatisch näher zu konkretisieren. Daran anknüpfend lassen sich Rechtsschutzdefizite und Optimierungsoptionen aus einer gemeinsamen Perspektive rechtstaatlicher und demokratischer Rechtsschutzeffektivität untersuchen. Im Anschluss an eine Darstellung des abwehrenden Individualrechtsschutzes an zwei charakteristischen Referenzgebieten kann schließlich das öffentliche Haftungsrecht im Lichte seiner funktionalen Vielfältigkeit untersucht werden: Insgesamt dürfte dabei die Anerkennung eines Komplementärverhältnisses[5] von Primär- und Sekundärrechtsschutz für die Sicherung demokratischer und rechtstaatlicher Rechtsschutzeffektivität in Netzwerken und somit für die Stärkung ihrer *Legitimation durch Verantwortung* von tragender Bedeutung sein.

---

[4] Neben der Unmöglichkeit einer direkten Anfechtung formell-rechtlich unverbindlicher Unionshandlungen gem. 263 Abs. 1 und 4 AEUV ist wegen der äußerst restriktiven Auslegung des Kriteriums unmittelbarer Betroffenheit nach der sog. *Plaumann*-Formel der EuGH-Rechtsprechung auch der Individualrechtsschutz gegen Unionshandlungen, die nicht direkt an den Rechtsschutzersuchenden gerichtet sind, problematisch, s. *P. M. Huber*, Art. 19 Abs. 4 GG, in: H. v. Mangoldt/F. Klein/C. Starck (Hrsg.), GG I, [6]2010, Rn. 529. Eingehend dazu D. I.3.a) bb) (164 f.).

[5] Zum Gedanken des Sekundärrechtsschutzes als Minus zum Primärrechtsschutz zur Gewährleistung effektiven Individualrechtsschutzes im Kontext der Subjektivierung und Demokratisierung des Verwaltungsrechts in Europa s. *P. M. Huber*, Grundzüge des Verwaltungsrechts in Europa – Problemaufriss und Synthese, in: A. v. Bogdandy/S. Cassese/ders., (Hrsg.), IPE V, 2014, § 73, Rn. 21. Grundlegend zum Komplementärverhältnis zwischen Primär- und Sekundärrechtsschutz *W. Höfling*, Primär- und Sekundärrechtsschutz im Öffentlichen Recht, VVDStRL 61 (2002), 260 (278). Näher zur Funktion des Sekundärrechtsschutzes als Minus zum Primärrechtsschutz D. I.3.c) bb) (187 f.).

2. Strukturbedingungen des Rechtsschutzes im Europäischen Verwaltungsverbund

a) Rechtsschutzeffektivität und prozessuales Trennungsprinzip

aa) Dogmatik des prozessualen Trennungsprinzips

(1) Völkerrechtliche Grundlagen

Die prozessrechtliche Komponente des organisatorischen Trennungsprinzips ist darin zu sehen, dass das Verwaltungshandeln im europäischen Verwaltungsverbund ausschließlich vor der Gerichtsbarkeit der jeweilig handelnden Behörde anfechtbar ist: So ist das Verwaltungshandeln der unionalen Organe und Einrichtungen vor den Unionsgerichten und das mitgliedstaatliche Verwaltungshandeln vor den Gerichten des jeweiligen Mitgliedstaates gerichtlich angreifbar. Dadurch ergibt sich ein auf die Koexistenz unionaler und mitgliedstaatlicher (Verwaltungs-) Gerichtsbarkeit gründendes *duales* Rechtsschutzsystem, das sich strukturell an einer strikten Unterscheidung zwischen direktem und indirektem Unionsrechtsvollzug orientiert.

Die Anpassungsfähigkeit dieses prozessualen Trennungsprinzips auf komplexere Vollzugsstrukturen wird durch seine rigiden rechtsdogmatischen Grundlagen erschwert: Es ist im Völkerrecht verankert und folgt aus dem die Staatenimmunität begründenden Grundsatz „par in parem non habet jurisdictionem“[6], welcher sich wiederum aus dem Grundsatz der souveränen Gleichheit der Staaten[7] ergibt. Hoheitsakte fremder Staaten können grundsätzlich keinen Klagegegenstand in einem gerichtlichen Erkenntnisverfahren darstellen[8], da dies auf die staatengleichheitswidrige Entstehung einer hierarchisch höheren gerichtlichen Kontrollinstanz im Staat des den ausländischen Hoheitsakt prüfenden Gerichts hinauslaufen würde. Zulässig ist lediglich eine inzidente Prüfung ausländischer Hoheitsakte als präjudiziell bedeutsame Handlungen, da dies vielmehr eine Frage des materiellen Rechts ist: Im Grunde wird nämlich die Anerkennung eines ausländischen Hoheitsaktes geprüft, wofür es keine allgemeine völkerrechtliche Pflicht gibt[9] und wegen der äußeren Souveränität der Staaten auch nicht geben kann. So gelten Hoheitsakte ohne Weiteres nur im Erlassstaat und entfalten

[6] *J. Hofmann*, Rechtsschutz und Haftung im Europäischen Verwaltungsverbund, 2004, 173, *ders.*, Rechtsschutz und Haftung im Europäischen Verwaltungsverbund, in: E. Schmidt-Aßmann/B. Schöndorf-Haubold (Hrsg.), Der Europäische Verwaltungsverbund, 2005, 353 (361).

[7] Auch ausdrücklich in Art. 2 Abs. 1 der Charta der Vereinten Nationen verankert.

[8] Maßgeblich ist an diesem Punkt die Unterscheidung zwischen Hoheitsakten (acte iure imperii) und nichthoheitlichem Handeln (acta iure gestionis), wofür jedoch keine völkerrechtlichen Abgrenzungsregeln existieren; nach der Rechtsprechung des Bundesverfassungsgerichts bestimmt sich diese Frage nach der lex fori, s. eingehend dazu *J. Hofmann*, Rechtsschutz und Haftung im Europäischen Verwaltungsverbund, 2004, 174.

[9] *J. Hofmann*, Rechtsschutz und Haftung im Europäischen Verwaltungsverbund, 2004, 176.

grundsätzlich keine Rechtswirkungen *für* und *in* anderen Staaten; diese können selbst nach ihrem innerstaatlichen Recht die Anerkennungsverfahren und -grenzen bestimmen. Die souveräne Staatengleichheit bedeutet somit für das Prozessrecht grundsätzlich ein doppeltes Verbot: keine direkte gerichtliche Anfechtungsmöglichkeit und keine materielle Anerkennungspflicht ausländischer Hoheitsakte; umgekehrt machen der grundsätzliche Ausschluss der Anfechtbarkeit ausländischer Hoheitsakte *vor* und die ebenfalls grundsätzliche Möglichkeit ihrer inzidenten Rechtsmäßigkeitskontrolle *von* den Gerichten eines souveränen Staates das prozessuale Trennungsprinzip aus.

(2) Unionsrechtliche Ausgestaltung

Diese völkerrechtlichen Grundlinien gelten auch im Kontext der Europäischen Union als *Staaten*verbund, unter dem Vorbehalt allerdings, dass durch die Verträge keine abweichenden und somit gegenüber völkerrechtlichen Grundsätzen als lex specialis vorrangig anwendbare Regelungen getroffen werden. So gelten mangels abweichender unionsrechtlicher Regelung im Horizontalverhältnis zwischen den Mitgliedstaaten weiterhin die völkerrechtlichen Grundsätze: Ein im Rahmen des indirekten Unionsrechtsvollzugs erlassener mitgliedstaatlicher Akt kommt als Klagegegenstand nur vor den Gerichten des Erlassstaates in Betracht und führt vor Gerichten eines anderen Mitgliedstaates zu einem Verfahrenshindernis[10]. Hoheitsakte anderer Mitgliedstaaten sind, ebenfalls nach den allgemeinen Regeln des Völkerrechts, lediglich *präjudiziell* gerichtlich überprüfbar[11], so dass das Gericht sie im Falle einer (Unions-)Rechtswidrigkeit als nichtig behandeln und im vorliegenden Fall unanwendbar lassen kann. Der Unterschied des Unionsrechts zu den rein völkerrechtlichen Fallkonstellationen ist nicht prozessrechtlicher, sondern materiell-rechtlicher Natur und besteht freilich im Überprüfungsmaßstab des ausländischen Hoheitsaktes, da dieser primär vom Unionsrecht selbst und nicht bzw. nur subsidiär vom mitgliedstaatlichen Recht festgelegt wird[12].

Anders stellt sich die Sache im Vertikalverhältnis zwischen unionaler und mitgliedstaatlicher Ebene dar, wo sich der sui generis-Charakter der Europäischen Union und der europäischen Rechtsordnung ausdrückt: Die unionale Gerichtsbarkeit beruht nicht auf völkerrechtlichen, sondern auf primärrechtlichen Grundlagen und das vertikale Trennungsprinzip ergibt sich aus der ausschließlichen Kompetenz der unionalen Gerichtsbarkeit zur Rechtmäßigkeitskontrolle von Handlun-

[10] *T. Groß*, Die administrative Föderalisierung der EG, JZ 53 (1994), 596 (603 f.), *J. Hofmann*, Rechtsschutz und Haftung im Europäischen Verwaltungsverbund, 2004, 178.

[11] *J. Hofmann*, Rechtsschutz und Haftung im Europäischen Verwaltungsverbund, 2004, 181.

[12] *J. Hofmann*, Rechtsschutz und Haftung im Europäischen Verwaltungsverbund, 2004, 181.

gen der Unionsorgane[13]. In diesem Sinne haben die Mitgliedstaaten eine Kompetenzübertragung[14] auf die unionale Ebene vorgenommen: Mitgliedstaatliche Gerichte haben bei Infragestellung der Rechtmäßigkeit von Unionshandlungen den EuGH über das Vorabentscheidungsverfahren anzurufen[15] und sind nicht dazu befugt, selbst Handlungen der Unionsorgane für ungültig zu erklären[16], da die Ungültigkeitserklärung grundsätzlich nur der Unionsgerichtsbarkeit zusteht und Klagen gegen Handlungen der Unionsorgane vor mitgliedstaatlichen Gerichten unzulässig sind [17]. Die normative Rechtfertigung dafür wird im Erfordernis einheitlicher Unionsrechtsanwendung und unionsweiter Rechtssicherheit gesehen, welche durch Meinungsverschiedenheiten zwischen mitgliedstaatlichen Gerichten über die Gültigkeit von Unionshandlungen gefährdet wäre[18].

Nicht in der Kompetenzübertragung enthalten ist allerdings die gerichtliche Kontrolle mitgliedstaatlicher Handlungen, die im Rahmen des Unionsrechtsvollzugs stattfinden: Die Unionsgerichtsbarkeit ist „nicht für die Entscheidung über die Rechtmäßigkeit einer von einer nationalen Behörde vorgenommenen Handlung zuständig“, was auch dann gilt, „wenn die Handlung Teil eines gemeinschaftlichen Entscheidungsprozesses in dem Sinne ist, dass sich aus der in diesem Bereich geltenden Zuständigkeitsverteilung zwischen den nationalen Behörden und den Gemeinschaftsorganen eindeutig ergibt, dass die Handlung der nationalen Behörde die gemeinschaftliche Beschlussinstanz bindet und demzufolge den Inhalt der zu treffenden Gemeinschaftsentscheidung bestimmt“[19]. Eine Überprüfung der Unionsrechtsmäßigkeit mitgliedstaatlicher Handlungen ist primärrechtlich nur im Rahmen des Vertragsverletzungsverfahrens auf Antrag der Kommis-

---

[13] Vgl. Art. 256, 263, 264, 265, 267 und 268 AEUV.

[14] Ausdrücklich ist die Rede von „Kompetenzübertragung“ bei EuGH, Urt. v. 23.4.1986, Rs. 294/83 (Parti écologiste „Les Verts“/Europäisches Parlament), Slg. 1986, I-1339, Rn. 23.

[15] Art. 267 Abs. 1 bis 3 AEUV.

[16] Grundlegend EuGH, Urt. v. 22.10.1987, Rs. C-314/85 (Foto-Frost/Hauptzollamt Lübeck-Ost), Slg. 1987, 4225 f. Rn. 15 und 17.

[17] *H. C. Röhl*, Verantwortung und Effizienz in der Mehrebenenverwaltung, DVBl. 2006, 1070 (1073). Eine Ausnahme ist allerdings im Hinblick auf die verfassungsrechtlichen Grenzen des Vorrangs des Unionsrechts denkbar, da das Bundesverfassungsgericht auf der Grundlage der Integrationsschranke gem. Art. 79 Abs. 3 GG eine Identitäts- und Ultra-vires-Kontrolle des Unionsrechts entwickelt hat, wonach es die Kompetenz behält, „die Integrationsverantwortung im Fall von ersichtlichen Grenzüberschreitungen bei Inanspruchnahme von Zuständigkeiten durch die Europäische Union [...] und zur Wahrung des unantastbaren Kerngehalts der Verfassungsidentität des Grundgesetzes im Rahmen einer Identitätskontrolle einfordern zu können“, s. BVerfGE 123, 267 (353). Allgemein zur Problematik s. *K. F. Gärditz*, Europäisches Unionsrecht als Gegenstand des nationalen Rechtsschutzes, in: H.-W. Rengeling/A. Middeke/M. Gellermann (Hrsg.), Handbuch des Rechtsschutzes in der Europäischen Union, [3]2014, § 35, Rn. 16 f., 20 f.

[18] EuGH, Urt. v. 22.10.1987, Rs. C-314/85 (Foto-Frost/Hauptzollamt Lübeck-Ost), Slg. 1987, 4225 f. Rn. 15.

[19] EuGH, Urt. v. 3.12.1992, Rs. C-97/91 (Oleificio Borelli SpA/Kommission), Slg. 1992, I-6313, Rn. 9 und 10.

sion oder eines anderen Mitgliedstaates vorgesehen[20], da im Vorabentscheidungsverfahren der EuGH ausschließlich über die Auslegung der Verträge sowie über die Gültigkeit und Auslegung der Handlungen der Unionsorgane entscheidet[21] und somit nur indirekt über die Rechtmäßigkeit mitgliedstaatlichen Handelns[22]. Schließlich ist festzuhalten, dass im Gegensatz zum völkerrechtlich etablierten horizontalen prozessualen Trennungsprinzip mitgliedstaatliche Gerichte zwar eine inzidente Rechtmäßigkeitsprüfung von Unionsakten vornehmen können, jedoch über das Vorabentscheidungsverfahren den EuGH anrufen müssen, wenn sie eine Handlung der Unionsorgane für unionsrechtswidrig und somit nichtig halten: Sie dürfen nicht selbst die (Unions-)rechtswidrigkeit einer Unionshandlung feststellen und im ihnen vorliegenden Fall unanwendbar lassen[23].

---

[20] Art. 258 und 259 AEUV.

[21] Art. 267 AEUV: „Der Gerichtshof der Europäischen Union entscheidet im Wege der Vorabentscheidung a) über die Auslegung der Verträge, b) über die Gültigkeit und die Auslegung der Handlungen der Organe, Einrichtungen oder sonstigen Stellen der Union".

[22] Der EuGH ist nämlich „weder dazu befugt, über die Richtigkeit der Auslegung nationaler Rechtsvorschriften durch das vorlegende Gericht zu entscheiden, noch sich im Rahmen eines Vorabentscheidungsersuchens zur Vereinbarkeit dieser Vorschriften mit dem Gemeinschaftsrecht zu äußern", s. EuGH, Urt. v. 3.10.2000, Rs. C-58/98 (Corsten), Slg. 2000 I-07919, Rn. 24. Denn es ist „nicht Sache des Gerichtshofes, im Rahmen eines Vorabentscheidungsersuchens über die Auslegung nationaler Vorschriften zu befinden und zu entscheiden, ob deren Auslegung durch das vorlegende Gericht richtig ist", s. EuGH, Urt. v. 2.6.2005, Rs. C-136/03 (Dörr und Ünal), Slg. 2005 I-04759, Rn. 46. Dies „zu prüfen, ist Sache des nationalen Gerichts", s. EuGH, Urt. v. 9.12.2010, Rs. C-300/09 und C-301/09 (Staatssecretaris van Justitie/F. Toprak und I. Oguz), Slg. 2010 I-12845, Rn. 62. Dem EuGH „steht es lediglich zu, die Vorschriften des Gemeinschaftsrechts auszulegen, um dem vorlegenden Gericht alle sich aus dem Gemeinschaftsrecht ergebenden zweckdienlichen Hinweise zu geben, damit es den bei ihm anhängigen Rechtsstreit entscheiden kann", EuGH, Urt. v. 3.10.2000, Rs. C-58/98 (Corsten), Slg. 2000 I-07919, Rn. 24. Die Tatsache allerdings, dass der EuGH den mitgliedstaatlichen Gerichten Hinweise liefert, damit sie die jeweilige Frage selbstständig beurteilen, „nimmt oftmals faktisch das Ergebnis schon vorweg", so *K. F. Gärditz*, Europäisches Unionsrecht als Gegenstand des nationalen Rechtsschutzes, in: H.-W. Rengeling/A. Middeke/M. Gellermann (Hrsg.), Handbuch des Rechtsschutzes in der Europäischen Union, [3]2014, § 35 Rn. 20. Zur Kompetenzabgrenzungsthematik s. *A. Middeke*, Das Vorabentscheidungsverfahren, in: H.-W. Rengeling/ders./M. Gellermann (Hrsg.), Handbuch des Rechtsschutzes in der Europäischen Union, [3]2014, § 10, Rn. 32.

[23] EuGH, Urt. v. 22.10.1987, Rs. C-314/85 (Foto-Frost/Hauptzollamt Lübeck-Ost), Slg. 1987, 4225 f. Rn. 14f: Mitgliedstaatliche Gerichte „können die Gültigkeit einer Gemeinschaftshandlung prüfen und, wenn sie die Gründe, die von den Parteien vor ihnen für die Ungültigkeit vorgebracht werden, für nicht zutreffend halten, diese Gründe mit der Feststellung zurückweisen, dass die Handlung in vollem Umfang gültig ist. Denn wenn sie so vorgehen, stellen sie die Existenz der Gemeinschaftshandlung nicht in Frage. Sie sind dagegen nicht befugt, Handlungen der Gemeinschaftsorgane für ungültig zu erklären", denn durch die Befugnisse des Vorabentscheidungsverfahrens soll „im wesentlichen gewährleistet werden, dass das Gemeinschaftsrecht von den nationalen Gerichten einheitlich angewandt wird", wobei „dieses Erfordernis der Einheitlichkeit besonders zwingend ist, wenn die Gültigkeit einer Gemeinschaftshandlung in Frage steht", da „Meinungsverschiedenheiten der Gerichte der Mitgliedstaaten über die Gültigkeit von Gemeinschaftshandlungen geeignet wären, die Einheit der Gemeinschaftsrechtsordnung selbst aufs Spiel zu setzen und das grundlegende Erfordernis der Rechtssicherheit zu be-

Insgesamt bleibt festzuhalten, dass sich das prozessuale Trennungsprinzip an einer strikten Differenzierung zwischen direktem und indirektem Unionsrechtsvollzug orientiert: Eine direkte gerichtliche Anfechtung von Handlungen und Handlungsbeiträgen kommt ausschließlich vor der Gerichtsbarkeit der jeweilig handelnden Behörde in Betracht. Allerdings besteht ein Unterschied zwischen der vertikalen und der horizontalen Komponente des prozessualen Trennungsprinzips, der nicht prozessualer, sondern materiell-rechtlicher Natur ist und die inzidente Überprüfbarkeit bzw. Anerkennung fremder Hoheitsakte seitens mitgliedstaatlicher Gerichte betrifft: Zwar haben sie ein inzidentes Überprüfungsrecht sowohl von administrativen Akten anderer Mitgliedstaaten als auch von unionalen Handlungen, sind aber nur dazu befugt, die Rechtswidrigkeit ersterer festzustellen und sie deswegen als nichtig zu behandeln, während sie diese Möglichkeit nicht haben, wenn sie eine Handlung der *Unionsorgane* für rechtswidrig halten; in diesem Fall entscheidet die unionale Gerichtsbarkeit über das Vorabentscheidungsverfahren *erga omnes* über ihre Unionsrechtsmäßigkeit. Dies bringt wiederum eine Relativierung der Vorgaben des völkerrechtlichen Trennungsprinzips zugunsten der unionalen Ebene mit sich, da den mitgliedstaatlichen Gerichten die grundsätzliche, völkerrechtlich anerkannte Möglichkeit der inzidenten Rechtmäßigkeitskontrolle und ihr zufolge die Möglichkeiten einer eventuellen Anerkennungs- und Anwendbarkeitsverweigerung von außerstaatlichen Hoheitsakten genommen wird.

bb) Garantie effektiven Rechtsschutzes

(1) Systematik

Neben dem prozessualen Trennungsprinzip bildet die Garantie effektiven Rechtsschutzes die zweite Säule des europäischen Rechtsschutzsystems. Bereits vor Inkrafttreten der Grundrechtecharta hatte die ständige EuGH-Rechtsprechung die Garantie aus der Natur der Europäischen Union als *Rechtsgemeinschaft* hergeleitet: Die Handlungen der Organe der Europäischen Union seien wegen ihrer rechtsgemeinschaftlichen Natur auf ihre Vereinbarkeit mit den Verträgen und den allgemeinen Rechtsgrundsätzen hin zu kontrollieren, was wiederum mit sich bringe, dass die Einzelnen einen effektiven gerichtlichen Schutz ihrer aus dem Unionsrecht hergeleiteten Rechte in Anspruch nehmen können müssen[24]. Des Weiteren gehört die Garantie effektiven Rechtsschutzes selbst zu den sich aus den gemeinsamen Verfassungsüberlieferungen der Mitgliedstaaten ergebenden Rechtsgrund-

---

einträchtigen". Dazu *H. C. Röhl*, Verantwortung und Effizienz in der Mehrebenenverwaltung, DVBl. 2006, 1070 (1073).

[24] EuGH, Urt. v. 25.7.2002, Rs. C-50/00 P (Unión de Pequeños Agricultores/Rat), Slg. 2002, I-6677, Rn. 38 und 39, EuGH, Urt. v. 15.51986, Rs. 222/84 (Johnston), Slg. 1986, 1651, Rn. 18.

sätzen und stellt auch wegen seiner Verankerung in der EMRK[25] einen allgemeinen Grundsatz des Unionsrechts dar[26].

Seit ihrer Aufnahme in die Grundrechtecharta ist die Garantie effektiven Rechtsschutzes auch primärrechtlich explizit[27] verankert. Rechtsdogmatisch sind jedoch sowohl ihr Gehalt als auch ihre Rechtsfolgen nicht unproblematisch: *Erstens* ist bei der Auslegung der Unionsgrundrechte zu berücksichtigen, dass sie die gleiche Bedeutung und Tragweite mit den entsprechenden Rechten der EMRK haben[28] und sich zugleich an den gemeinsamen Verfassungsüberlieferungen orientieren, was wiederum dazu führt, dass sie von einer anfänglich gemeinsamen mitgliedstaatlichen Verfassungsüberlieferung und somit Vorgabe für das Handeln der *Unions*organe in eine umfassende und generelle Vorgabe für die Mitgliedstaaten umgewandelt werden können[29]. Betrachtet man nämlich das ambivalente Verhältnis zwischen Unionsgrundrechten und Grundfreiheiten im Lichte der EuGH-Rechtsprechung, wonach Beeinträchtigungen von Grundfreiheiten nur zulässig sind, wenn sie nicht gleichzeitig zu einer Verletzung eines Unionsgrundrechts führen[30], stellen Unionsgrundrechte im Ergebnis sowohl eine selbständige Kategorie von Rechtfertigungsgründen[31] als auch – wegen ihrer daraus folgenden Verbindlichkeit für die Mitgliedstaaten – Schranken-Schranken dar[32]. *Zweites* ist ihr Verhältnis zum ebenfalls primärrechtlich verankerten *prozessualen Trennungsprinzip* unklar, da Unionsgrundrechte nicht andere primärrechtliche Regelungen überformen können bzw. nicht die in den Verträgen festgelegten Zuständigkeiten und Aufgaben ändern und im Rahmen der in den Verträgen festgelegten Bedingungen und Grenzen ausgeübt werden: Durch die Aufnahme des sich auf Art. 13 Abs. 1 EMRK gestützten Art. 47 GRCh wurde nämlich darauf abge-

---

[25] EuGH, Urteil v. 25.7.2002, Rs. C-50/00 P (Unión de Pequeños Agricultores/Rat), Slg. 2002, I-6677, Rn. 38 und 39, EuGH, Urteil v. 15.1.1986, Rs. 222/84 (Johnston), Slg. 1986, 1651, Rn. 18.

[26] EuGH, Urteil v. 27.11.2001, Rs. C-424/99 (Kommission/Österreich), Slg. 2001, I-9285, Rn. 45 mit Verweis auf EuGH, Urteil v. 15.5 1986, Rs. 222/84 (Johnston), Slg. 1986, 1651, Rn. 18, Urteil v. 3.12.1992 Rs. C-97/91 (Oleificio Borelli/Kommission) Slg. 1992, I-6313, Rn. 14, Urteil v. 11.1.2001Rs. C-1/99 (Kofisa Italia), Slg. 2001, I-207, Rn. 46 und Urteil Rs. C-226/99 (Siples), Slg. 2001, I-277, Rn. 17.

[27] Art. 6 Abs. 1 S. 2 EUV.

[28] Ausdrücklich Art. 52 Abs. 3 GRCh. Dazu *J. Kokott/C. Sobotta*, Die Charta der Grundrechte der Europäischen Union nach dem Inkrafttreten des Vertrags von Lissabon, EuGRZ 2010, 265 (267), *B. Fassbender*, Der einheitliche Gesetzesvorbehalt der EU-Grundrechtecharta und seine Bedeutung für die deutsche Rechtsordnung, NVwZ 2010, 1049 (1051 ff.).

[29] *P. M. Huber*, Unitalisierung durch Gemeinschaftsgrundrechte – Zur Überprüfungsbedürftigkeit der ERT-Rechtsprechung, EuR 2008, 190 (193).

[30] EuGH, Urt. v. 18.6.1991, Rs. C-260/89 (Elliniki Radiophonia Tiléorassi AE), Slg, 1991 I-02925, Rn. 43. EuGH, Urt. v. 11.7.2002, Rs. C-60/00 (Mary Carpenter/Secretary of State for the Home Department), Slg. 2002 I-06279, Rn. 40.

[31] *R. Streinz*, Europarecht, 92012, Rn. 844.

[32] *V. Skouris*, Das Verhältnis von Grundfreiheiten und Grundrechten im europäischen Gemeinschaftsrecht, DÖV 2006, 89 (96).

zielt, die bereits etablierte Rechtsprechung des EuGH über die Anerkennung des Rechtes auf einen wirksamen Rechtsbehelf bei einem Gericht als allgemeinen Grundsatz des Unionsrechts auch grundrechtlich zu garantieren, ohne jedoch das in den Verträgen vorgesehene Rechtsschutzsystem und insbesondere die Bestimmungen über die Zulässigkeit direkter Klagen beim Gerichtshof der Europäischen Union zu ändern[33].

Insgesamt ergibt sich der Gehalt der Garantie effektiven Rechtsschutzes dreidimensional aus mitgliedstaatlicher, unionaler und EMRK-Grundrechtsordnung und hat sich dabei im Rahmen des primärrechtlich verankerten prozessualen Trennungsprinzips zu entfalten. Für den Unionsrechtsvollzug bestimmen sich die genauen Anforderungen der grundrechtlich garantierten Rechtsschutzeffektivität je nach dem, ob es sich um *direkten* oder *indirekten* Unionsrechtsvollzug handelt: Da die unionsgrundrechtliche Garantie als Minimalerfordernis für die Mitgliedstaaten beim Unionsrechtsvollzug verbindlich ist, kann ein nach mitgliedstaatlichem Verfassungsrecht garantierter effektiverer Rechtsschutz gelten, soweit er sich im Rahmen des unionsrechtlichen prozessualen Trennungsprinzips bewegt. Dies gilt auch für die grundgesetzliche Rechtsschutzgarantie, deren Gehalt im Folgenden ebenfalls von Bedeutung sein wird.

(2) Funktion

Der unions(grund)rechtlich garantierte Rechtsschutz besteht im *Gericht*s-schutz[34]: „Jede Person, deren durch das Recht der Union garantierten Rechte oder Freiheiten verletzt worden sind, hat das Recht [...], *bei einem Gericht* einen wirksamen Rechtsbehelf einzulegen“[35]. Insofern unterscheidet sich Art. 47 GRCh von Art. 13 EMRK, da letzterer bei Verletzung eines in der EMRK anerkannten Rechtes, das Recht auf Erhebung einer wirksamen Beschwerde allgemein bei einer innerstaatlichen Instanz und nicht zwingend bei einem Gericht garantiert[36]. Diesbezüglich muss es sich um ein „unabhängiges, unparteiisches und zuvor durch Gesetz errichtetes Gericht“ handeln[37], so dass im Ergebnis von ei-

---

[33] So ausdrücklich die Erläuterung des Konvents zu Art. 47 GRCh, ABl. 2007, Nr. C 303/29.

[34] *E. Schmidt-Aßmann*, Verfassungsprinzipien für den Europäischen Verwaltungsverbund, in: W. Hoffmann-Riem/ders./A. Voßkuhle (Hrsg.), GVwR I, ^{2}2012, § 5, Rn. 71.

[35] Art. 47 S. 1. GRCh.

[36] *R. Streinz*, Art. 47 GRCh, in: ders. (Hrsg.), EUV/AEUV, ^{2}2012, Rn. 2, *H. J. Blanke*, Art. 47 GRCh, in: C. Calliess/M. Ruffert (Hrsg.), EUV/AEUV, ^{4}2011, Rn. 1, *P. Voet van Vormizeele*, Art. 47 GRCh, in: J. Schwarze (Hrsg.), EU-Kommentar, ^{3}2012, Rn. 1.

[37] Art. 47 S. 2 GRCh. Die Gesichtspunkte, auf die sich der EuGH nach ständiger Rechtsprechung stützt, um zu beurteilen, ob es sich bei einer Einrichtung von einem „Gericht“ handelt – allerdings im Rahmen der Frage der vorlageberechtigten mitgliedstaatlichen Instanzen im Vorabentscheidungsverfahren –, sind insbesondere die gesetzliche Grundlage der Einrichtung, der ständige Charakter, die obligatorische Gerichtsbarkeit, das streitige Verfahren, die Anwendung von Rechtsnormen durch diese Einrichtung sowie deren Unabhängigkeit, s. EuGH, Urt. v.

nem Recht auf ein *Gerichts*verfahren[38] ausgegangen werden kann. Trotz seiner Orientierung an Art. 6 Abs. 1 EMRK begrenzt sich dies – in Anlehnung an die EuGH-Rechtsprechung und die Anerkennung des Rechtsschutzes als Konsequenz der Natur der Europäischen Union als Rechtsgemeinschaft – nicht nur auf zivil- und strafrechtliche Streitigkeiten[39] und garantiert somit einen i. S. v. Art. 52 Abs. 3 S. 2 GRCh weiter gehenden Schutz als das in der EMRK verankerte Grundrecht; alle Streitigkeiten, die ihren Grund im Unionsrecht haben[40] und somit auch öffentlich-rechtliche Streitigkeiten sowie der gesamte direkte und indirekte Verwaltungsvollzug des Unionsrechts werden vom Grundrecht auf Rechtsschutz vor einem Gericht erfasst.

Dabei ist das Grundecht auf Rechtsschutz ein *akzessorisches* Recht, da es erst gewährleistet wird, wenn ein durch das Unionsrecht garantiertes Recht oder eine Freiheit verletzt worden ist[41]. Rechtsschutz ist im Unionsrecht somit *Individualrechtsschutz*; die objektiv-rechtlichen Vorgaben des unionalen Rechtsschutzsystems aus Art. 19 Abs. 1 EUV werden mit den entsprechenden subjektivrechtlichen Vorgaben aus Art. 47 GRCh ergänzt[42]. Divergenzen ergeben sich allerdings zur grundgesetzlichen Rechtsweggarantie im Hinblick auf die gerichtlich geschützten subjektiven Rechte. In der grundgesetzlichen Dogmatik lassen sich subjektive öffentliche Rechte nach h. M. durch die Schutznormtheorie identifizieren[43], wonach sie sich als durch öffentlich-rechtliche Normen geschützte Individualinteressen[44] definieren lassen. Der Schutzcharakter solcher Normen ist durch ihre Auslegung zu bestimmen und was dafür maßgeblich ist, gehört zu den zentralen Problemkreisen der sich stets weiterentwickelnden deutschen Verwaltungsrechtsdogmatik. Allgemein scheinen jedoch dafür mindestens zwei Merkmale der auszulegenden Norm erforderlich zu ein, nämlich ihr rechtlich zwingender Charakter und das Schutzziel der Interessen eines bestimmten und nicht notwendig begrenzten Personenkreises[45]. Kann durch die Auslegung kein Schutzcharakter der Norm festgestellt werden, weil sie im Interesse der Allgemeinheit erlassen

---

29.11.2001, Rs. C-17/00 (François De Coster/College des bourgmestre et échevins de Watermael-Boitsfort), Slg. 2001, I-9490, Rn. 10 mit weiteren Rechtsprechungsverweisen.

38 *R. Streinz*, Art. 47 GRCh, in: ders. (Hrsg.), EUV/AEUV, ²2012, Rn. 2.

39 Erläuterung des Konvents zu Artikel 47 CRCh, ABl. 2007, Nr. C 303/30 mit ausdrücklichem Verweis auf EuGH, Urt. v. 23.4.1986, Rs. C-294/83 (Parti écologiste „Les Verts"/Europäisches Parlament), Slg. 1986, I-1339, Rn. 23. Auch der EGMR legt jedoch den Begriff eng aus und orientiert sich diesbezüglich an der englischen und französischen Fassung der EMRK, s. *R. Streinz*, Art. 47 GRCh, in: ders. (Hrsg.), EUV/AEUV, ²2012, Rn. 2.

40 *H. J. Blanke*, Art. 47 GRCh, in: C. Calliess/M. Ruffert (Hrsg.), EUV/AEUV, ⁴2011, Rn. 3.

41 *S. Magiera*, Bürgerrechte und justitielle Grundrechte, in: D. Merten/H.-J. Papier (Hrsg.), HGR VI/1, 2010, § 161, Rn. 68.

42 *E. Schmidt-Aßmann*, Verfassungsprinzipien für den Europäischen Verwaltungsverbund, in: W. Hoffmann-Riem/ders./A. Voßkuhle, GVwR I, ²2012, § 5, Rn. 72.

43 *P. M. Huber*, Art. 19 Abs. 4 GG, in: H. v. Mangoldt/F. Klein/C. Starck (Hrsg.), GG I, ⁶2010, Rn. 390 f.

44 *P. M. Huber*, Allgemeines Verwaltungsrecht, ²1997, 111.

45 *P. M. Huber*, Allgemeines Verwaltungsrecht, ²1997, 111 f., *H. Maurer*, Allgemeines Ver-

wurde, sind gegebenenfalls entstandene Vorteile oder Begünstigungen einzelner Personen nicht rechtlicher, sondern faktischer Natur und sind lediglich als gerichtlich nicht durchsetzungsbedürftige „Reflexe" zu behandeln[46].

Dagegen ist das Unionsrecht bei der Gewährung von Rechten „tendenziell großzügiger"[47]. Zwar kann in der Rechtsprechung des EuGH eine mit der deutschen Schutznormtheorie vergleichbare[48] Orientierung am Schutzzweck der unionsrechtlichen Norm festgestellt werden, so dass es grundsätzlich erforderlich ist, dass sie im konkreten Fall Individualbegünstigungen vermitteln will[49]. Dennoch ist das Erfordernis solcher Begünstigungen weiter als das Konzept des subjektiven öffentlichen Rechts, da anerkannt wird, dass auch aus Normen, die auf den Schutz eines „typisierten Interesses der Gesamtheit"[50] gerichtet sind, Individualbegünstigungen entnommen werden können. Im Ergebnis ist davon auszugehen, dass bereits die Bezugnahme einer Norm auf personenbezogene Rechtsgüter und die faktische Betroffenheit von einer Maßnahme[51] ausreichend ist[52].

Erklären kann man dies durch *Funktion* des unionalen Individualrechtsschutzes, welche nicht bloß im Schutz von individuellen Interessen bei der Verletzung von unionsrechtlich garantierten Rechten besteht, sondern auch die Bewirkung einer objektiven Rechtmäßigkeitskontrolle des öffentlichen Handelns ist für das Unionsrecht ein Wesensmerkmal des Rechtsschutzes: Einzelne Individuen werden durch ihre Rechtsschutzmöglichkeiten mobilisiert[53], um durch die gerichtliche Verwaltungskontrolle den effektiven Unionsrechtsvollzug zu sichern. Nach der Rechtsprechung des EuGH stellt „die Wachsamkeit der an der Wahrung ihrer Rechte interessierten Einzelnen eine wirksame Kontrolle dar, welche die durch

---

waltungsrecht, [15]2004 § 8, Rn. 8 f., *A. Scherzberg*, Subjektiv-öffentliche Rechte, in: H.-U. Erichsen/D. Ehlers (Hrsg.), Allgemeines Verwaltungsrecht, [14]2010, § 12, Rn. 11.

[46] *P. M. Huber*, Art. 19 Abs. 4 GG, in: H. v. Mangoldt/F. Klein/C. Starck (Hrsg.), GG I, [6]2010, Rn. 389.

[47] *K. F. Gärditz*, Verhältnis des Unionsrechts zum Recht der Mitgliedstaaten, in: H.-W. Rengeling/A. Middeke/M. Gellermann (Hrsg.), Handbuch des Rechtsschutzes in der Europäischen Union, 2014, § 35, Rn. 59.

[48] *O. Dörr/C. Lenz*, Europäischer Verwaltungsrechtsschutz, 2006, 127 m.w.V. auf *F. Schoch*, Individualrechtsschutz im deutschen Umweltrecht unter dem Einfluss des Gemeinschaftsrechts, NVwZ 1999, 457 (464), *D. Ehlers*, Die Europäisierung des Verwaltungsprozessrechts, DVBl. 2004, 1441 (1445).

[49] *P. M. Huber*, Recht der Europäischen Integration, [2]2002, § 25, 12, *ders.*, Art. 19 Abs. 4 GG, in: H. v. Mangoldt/F. Klein/C. Starck (Hrsg.), GG I, [6]2010, Rn. 412.

[50] *F. Schoch*, Europäisierung des Allgemeinen Verwaltungsrechts und des Verwaltungsprozessrechts, NordÖR 2002, 1 (8).

[51] *T. v. Danwitz*, Europäisches Verwaltungsrecht, 2008, 514.

[52] *O. Dörr/C. Lenz*, Europäischer Verwaltungsrechtsschutz, 2006, Rn. 433 m.w.V. in Fn. 224. Entsprechend weit wird auch die Verletzung gefasst, da „bloß tatsächliche Nachteile in seinen geschützten Individualbegünstigungen" ausreichend sein dürften, s. *F. Schoch*, Individualrechtsschutz im deutschen Umweltrecht unter dem Einfluss des Gemeinschaftsrechts, NVwZ 1999, 457 (464).

[53] Grundlegend *J. Masing*, Die Mobilisierung des Bürgers für die Durchsetzung des Rechts, 1997, 42.

die Kommission und die Mitgliedstaaten […] ausgeübte Kontrolle ergänzt“[54]. Dieser konzeptuelle Unterschied, der die objektive Rechtsmäßigkeitskontrolle der öffentlichen Gewalt nicht bloß als einen „Reflex“ der individuell ausgerichteten Rechtsschutzgarantie[55], sondern als eine ihrer zentralen Funktionen begreift, erklärt letztlich die weiteren Möglichkeiten einer Rechtsschutzeröffnung. Der grundgesetzlichen Rechtsweggarantie steht dies nicht entgegen, solange allerdings die Rechtswegbestreitung für den Einzelnen nicht in eine Pflicht umgewandelt wird[56].

b) Modus gerichtlicher Kontrolle: Zur Frage der Kontrolldichte

aa) Rechtsschutzeffektivität und Modus gerichtlicher Kontrolle im Verwaltungsverbund

Während das Zusammenspiel von prozessualem Trennungsprinzip und Garantie effektiven Rechtsschutzes die Frage der Zuständigkeitsverteilung zwischen den Gerichtsbarkeiten der einzelnen kooperierenden Behörden betrifft und insofern für die Sicherung der Lückenlosigkeit des Rechtsschutzes von Bedeutung ist, darf darüber hinaus nicht die Bedeutung des gerichtlichen Kontrollmodus unterschätzt werden: Von ihm hängt nämlich auch die Kontrollierbarkeit des Verwaltungshandelns ab, zwar nicht im Sinne seiner Anfechtbarkeit, sondern im Sinne der jeweils zugrunde gelegten Kontrollmaßstäbe sowie der Grenzen der gerichtlichen Überprüfung administrativer Entscheidungsfindung. Vor dem Hintergrund, dass sich einerseits die gerichtliche Kontrolle als *Rechts*kontrolle nicht weiter erstrecken kann als die rechtliche Determinierung der administrativen Tätigkeit, sowie andererseits die Möglichkeiten einer rechtlichen Vorprogrammierung administrativer Entscheidungsfindung je nach den Anforderungen der jeweiligen Verwaltungsaufgabe variabel sind, lassen sich zwei unterschiedliche Modelle gerichtlicher Kontrolle beobachten: Auf der einen Seite steht das für die grundgesetzliche Dogmatik charakteristische Modell einer vollständigen *inhaltlichen* gerichtlichen Überprüfung des Verwaltungshandelns, auf der anderen Seite jenes der gerichtli-

---

[54] EuGH, Urt. v. 5.2.1963, Rs. 26/62 (van Gend & Loos/Administratie der Belastingen), Slg. 1963, 1 (26).

[55] So für die grundgesetzliche Rechtsschutzgarantie *P. M. Huber*, Art. 19 Abs. 4 GG, in: H. v. Mangoldt/F. Klein/C. Starck (Hrsg.), GG I, [6]2010, Rn. 343.

[56] Zur Kombinationsmöglichkeit unionsrechtlicher und grundgesetzlicher Rechtsschutzvorgaben durch die Eingliederung unionsrechtlich radizierter Individualbegünstigungen und Klagemöglichkeiten in die Dogmatik des Art. 19 Abs. 4 GG über die Figur des subjektiv-öffentlichen Rechts und auf der gedanklichen Grundlage, dass „die Inanspruchnahme von Individualrechtsschutz, selbst wenn sie der Sicherung individueller Autonomiebedürfnisse dient, stets auch eine objektive Rechtmäßigkeitkontrolle der öffentlichen Hand bewirkt, und damit zur Durchsetzung des demokratisch legitimierten Rechts beiträgt“ s. ausführlich *P. M. Huber*, Art. 19 Abs. 4 GG, in: H. v. Mangoldt/F. Klein/C. Starck (Hrsg.), GG I, [6]2010, Rn. 342, 410–413.

chen *Verfahrens*kontrolle[57]. Zwar lässt sich a priori nicht eines der beiden Modelle als für die Rechtsschutzeffektivität vorzugswürdig erwiesen, da sie im Kontext der jeweiligen Rechtsordnung und im Lichte der jeweils geltenden verfassungsrechtlichen Anforderungen gesehen werden müssen, für die Rechtsschutzeffektivität im Europäischen Verwaltungsverbund spielt die Frage des Kontrollmodus dennoch eine erhebliche Rolle. Denn *erstens* lässt sich feststellen, dass je nach handelnder Behörde ein unterschiedliches gerichtliches Kontrollregime gilt, da Fragen der gerichtlichen Kontrolle größtenteils im Rahmen der mitgliedstaatlichen Verfahrensautonomie beantwortet werden[58] und somit vertikale wie horizontale Divergenzen möglich sind. So können letztlich für die einzelnen Handlungsbeiträge des kooperativen Verwaltungshandelns jeweils unterschiedliche Kontrollmaßstäbe gelten. *Zweitens* kann die Frage der gerichtlichen Kontrolldichte mittelbar auch die Überprüfbarkeit von kooperativen Verbundelementen beeinflussen: Wird nämlich eine geringe Kontrolldichte des auf dem Wege der Verwaltungskooperation zustande gekommenen Verwaltungshandelns ohne verfahrensrechtliche Absicherung anerkannt, kann dadurch eine Rechtsschutzlücke entstehen: Einerseits ist eine direkte Anfechtbarkeit von Verbundelementen ohne Außenwirkung wegen mangelnder unmittelbarer und individueller Betroffenheit grundsätzlich ohnehin nicht möglich[59], andererseits werden durch die reduzierte Kontrolldichte auch die Möglichkeiten einer inzidenten Kontrollierbarkeit der Verbundelemente und einer entsprechenden Vorlage vor dem EuGH wegen mangelnder Entscheidungserheblichkeit der Frage[60] erheblich begrenzt.

---

[57] Die Grundlage der unterschiedlichen Modelle gerichtlicher Kontrolle hängt letztlich mit den unterschiedlichen Vorstellungen über die Bedeutung der materiellen Rechtmäßigkeit abschließender Verwaltungsentscheidungen einerseits und der Verfahrensförmlichkeit des Verwaltungshandelns andererseits zusammen, s. zu den divergierenden Ansätzen zu Verfahrensbedeutung und Kontrolldichte *P. M. Huber*, Grundzüge des Verwaltungsrechts in Europa – Problemaufriss und Synthese, in: A. v. Bogdandy/S. Cassese/ders., (Hrsg.), IPE V, 2014, § 73, 120 f., 185.

[58] Allgemein zur mitgliedstaatlichen Verfahrensautonomie im Rahmen des Rechtsschutzes *T. v. Danwitz*, Europäisches Verwaltungsrecht, 2008, 277 f. Zur Problematik von unionsrechtlichen Vorgaben für die gerichtliche Kontrolldichte auf mitgliedstaatlicher Ebene s. D. II.1.b) bb) (2) α) (210 f.).

[59] Allgemein zu Rechtsschutzdefiziten beim Rechtsschutz gegen Handlungen, die nicht direkt an den Rechtsschutzsuchenden adressiert sind, s. *P. M. Huber*, Art. 19 Abs. 4 GG, in: H. v. Mangoldt/F. Klein/C. Starck (Hrsg.), GG I, [6]2010, Rn. 529. Näher D. I.3.a) bb) (164 f.).

[60] Dies lässt sich dadurch erklären, dass das Kriterium der Erforderlichkeit der Vorlage zur Klärung der Rechtsmäßigkeits- bzw. Auslegungsfrage einer Unionsmaßnahme im „Beurteilungsermessen" des vorlegenden Gerichts liegt, s. EuGH, Urt. v. 16.12.1981, Rs. 244/80 (Foglia/Novello), Slg. 1981 03045, Rn. 15 und 16: „Da die Hauptsache vor dem innerstaatlichen Gericht anhängig ist und dieses die Verantwortung für die zu fällende Entscheidung zu tragen hat, ist es dabei dessen Aufgabe, im Hinblick auf den ihm zur Entscheidung vorgetragenen Sachverhalt zu beurteilen, ob für den Erlass seines Urteils die Beantwortung einer Frage im Wege der Vorabentscheidung erforderlich ist". Bei objektiv mangelnder Erforderlichkeit kann sogar eine Unzulässigkeit einer Vorlage in Betracht kommen, s. EuGH, Urt. v.17.5.1994, Rs. C-18/93 (Corsica Ferries/Corpo dei piloti del porto di Genova), Slg. 1994 I-01783, Rn. 14: „Was schließlich die Erheb-

bb) Modell vollständiger gerichtlicher Überprüfung

(1) Grundsatz

Nach dem der grundgesetzlichen Dogmatik zugrundeliegendem Modell vollständiger gerichtlicher Überprüfung folgt „aus dem Anspruch aus Art. 19 Abs. 4 GG auf eine wirksame gerichtliche Kontrolle grundsätzlich die Pflicht der Gerichte, die angefochtenen Akte der öffentlichen Gewalt in *rechtlicher* und *tatsächlicher* Hinsicht vollständig zu überprüfen, [so dass] eine Bindung der Gerichte an die von der Exekutive getroffenen Feststellungen und Wertungen dem Grundgesetz fremd ist“[61]. Dabei besteht die vollständige gerichtliche Tatsachenkontrolle darin, dass Gerichte nicht an die von der Verwaltung festgestellten Sachverhaltselemente gebunden sind und im Falle von Zweifeln an ihrer Richtigkeit auch eigene Ermittlungen vornehmen müssen[62], während die vollständige gerichtliche *Rechts*kontrolle die Rechts*auslegungs*- und die Rechts*anwendungs*kontrolle bzw. die Kontrolle der von der Verwaltung vorgenommenen Definition und Subsumtion umfasst[63].

Schranken der gerichtlichen Verwaltungskontrolle werden lediglich im Hinblick auf die normstrukturelle Unterscheidung zwischen Tatbestands- und Rechtsfolgenseite einer von der Verwaltung angewandten Norm ersichtlich[64]: Während

lichkeit der Fragen angeht, so hat der Gerichtshof entschieden, dass er für eine Beantwortung gegenüber dem vorlegenden Gericht nicht zuständig ist, wenn die ihm vorgelegten Fragen keinen Zusammenhang mit den Gegebenheiten oder dem Gegenstand des Ausgangsrechtsstreits aufweisen und folglich für die Entscheidung des Ausgangsrechtsstreits nicht objektiv erforderlich sind“. Dafür legt der EuGH allerdings eine Offensichtlichkeitsprüfung zugrunde, s. EuGH, Urt. v. 7.12.2000, Rs. C-79/99 (Julia Schnorbus/Land Hessen), Slg. 2000 I-10997, Rn. 23: Der Gerichtshof ist zwar „grundsätzlich gehalten, über ihm vorgelegte Fragen zu befinden, wenn diese die Auslegung des Gemeinschaftsrechts betreffen“, allerdings kann „etwas anderes nur dann gelten, wenn offensichtlich ist, dass die erbetene Auslegung in keinem Zusammenhang mit der Realität oder dem Gegenstand des Ausgangsrechtsstreits steht, wenn das Problem hypothetischer Natur ist oder wenn der Gerichtshof nicht über die tatsächlichen oder rechtlichen Angaben verfügt, die für eine zweckdienliche Beantwortung der ihm vorgelegten Fragen erforderlich sind“. Allgemein zur Frage der Entscheidungserheblichkeit des Vorabentscheidungsersuchens und der Maßgeblichkeit der subjektiven Einschätzung des vorlegenden Gerichts s. *A. Middeke*, Das Vorabentscheidungsverfahren, in: H.-W. Rengeling/ders./M. Gellermann (Hrsg.), Handbuch des Rechtsschutzes in der Europäischen Union, [3]2014, § 10, Rn. 47 f., 53 f.

[61] BVerfGE 103, 142 (162); vgl. nur BVerfGE 15, 275 (282); 61, 82 (110 f.); 78, 214 (226). Zum daraus folgenden Grundsatz vollständiger Überprüfung s. *E. Schmidt-Aßmann*, Art. 19 Abs. 4 GG, in: T. Maunz/G. Dürig (Hrsg.), GG, 2014, Rn. 183.

[62] *E. Schmidt-Aßmann*, Das allgemeine Verwaltungsrecht als Ordnungsidee, [2]2006 , IV Rn. 63. Auch eine generelle Begrenzung der gerichtlichen Überprüfbarkeit des von der Verwaltung dargestellten Sachverhalts auf eine bloße Vertretbarkeitskontrolle würde den Anforderungen des Art. 19 Abs. 4 GG nicht genügen, s. *E. Schmidt-Aßmann*, Art. 19 Abs. 4 GG, in: T. Maunz/G. Dürig (Hrsg.), GG, 2014, Rn. 183 mit Verweis auf BVerfGE 84, 34 (49).

[63] *E. Schmidt-Aßmann*, Das allgemeine Verwaltungsrecht als Ordnungsidee, [2]2006, IV Rn. 62–64, *ders.*, Art. 19 Abs. 4 GG, in: T. Maunz/G. Dürig (Hrsg.), GG, 2014, Rn. 183.

[64] Zu dieser Unterscheidung in der verwaltungsrechtlichen Dogmatik s. *P. M. Huber*, Allgemeines Verwaltungsrecht, [2]1997, 121 f.

bei *gebundenen* Verwaltungsentscheidungen die Auslegung und Anwendung der Norm auf der Tatbestands- *und* der Rechtsfolgenseite inhaltlich kontrolliert werden, wird bei Entscheidungen mit einem *Ermessen auf der Rechtsfolgenseite* die gerichtliche Kontroll*intensität*[65] insofern reduziert, als die Verwaltung zwischen mehreren gleichwohl rechtmäßigen Handlungsalternativen und somit Rechtsfolgen frei wählen kann; ihr bleibt ein Handlungsspielraum offen, in den die gerichtliche Rechtskontrolle nicht eingreifen kann. Dennoch ist die gerichtliche Verwaltungskontrolle trotz reduzierter Kontrolldichte vollständig: Als *Rechts*kontrolle beschränkt sie sich auf die Einhaltung rechtlicher Vorgaben und die administrative Wahlfreiheit ist genau von der das Ermessen einräumenden Norm rechtlich vorgesehen.

(2) Normative Ermächtigungslehre und administrative Letztentscheidungsbefugnis

Von der Konstruktion des Verwaltungsermessens sind Konstellationen zu unterscheiden, in denen der Verwaltung keine Handlungsalternativen aufgrund eines Ermessens auf der Rechtsfolgenseite der anzuwendenden Norm eingeräumt werden, sondern auf der Tatbestandsseite ein unbestimmter Rechtsbegriff auftritt: Der Unterschied zu Ermessensentscheidungen besteht darin, dass die Verwaltung nicht direkt zwischen verschiedenen Rechtsfolgen auswählt, sondern wegen möglichen *Auslegungs*alternativen des unbestimmten Rechtsbegriffes als Tatbestandselements zu entsprechenden unterschiedlichen Rechtsfolgen gelangen kann. Für die gerichtliche Verwaltungskontrolle ist fraglich, ob nach dem Grundsatz vollständiger Überprüfung die Auslegung des unbestimmten Rechtsbegriffes den Gerichten vorbehalten ist oder ob der Verwaltung ein gerichtlich nur begrenzt kontrollierbarer *Beurteilungsspielraum*[66] bei der Konkretisierung des Unbestimmtheitsmoments des unbestimmten Rechtsbegriffes anzuerkennen ist. Die Frage ist nach der *normativen Ermächtigungslehre*[67] im Hinblick darauf zu beantworten, ob die den unbestimmten Rechtsbegriff enthaltende Norm darauf abzielt, der Verwaltung die Befugnis zur abschließenden und gerichtlich nicht ersetzbaren Auslegung einzuräumen bzw. eine gesetzgeberisch bezweckte *administrative Letztentscheidungsermächtigung*[68] enthält. Durch die auch vom Bundesverfas-

---

[65] Im Folgenden wird der Begriff der Kontrollintensität als Gesamtbegriff für Kontrolldichte, -breite und -tiefe verwendet. Zur Unterscheidung s. *W. Hoffmann-Riem*, Verwaltungskontrolle – Perspektiven, in: ders./E. Schmidt-Aßmann (Hrsg.), Verwaltungskontrolle, 2001, 325 (346).

[66] Grundlegend *O. Bachof*, Beurteilungsspielraum, Ermessen und unbestimmter Rechtsbegriff im Verwaltungsrecht, JZ 10 (1955), 97 (100).

[67] Grundlegend *E. Schmidt-Aßmann*, Art. 19 Abs. 4 GG, in: T. Maunz/G. Dürig (Hrsg.), GG, 2014, Rn. 184 f.

[68] *E. Schmidt-Aßmann*, Art. 19 Abs. 4 GG, in: T. Maunz/G. Dürig (Hrsg.), GG, 2014, Rn. 188.

sungsgericht[69] ausdrücklich anerkannte normative Ermächtigungslehre wird somit im Hinblick auf die gerichtliche Verwaltungskontrolle die kategoriale Unterscheidung zwischen Tatbestands- und Rechtsfolgenseite einer Norm relativiert und vielmehr untersucht, ob mit dem jeweiligen Entscheidungsfreiraum zugleich eine *administrative Letztentscheidungsbefugnis* einräumt wird[70] oder ob es bei der gerichtlichen Letztentscheidungsbefugnis bleibt.

Aus Sicht der grundrechtlich garantierten vollständigen Überprüfung ist die dadurch bewirkte Reduzierung[71] der gerichtlichen Kontrollintensität aus dem akzessorischen Charakter[72] der Rechtsweggarantie zu erklären: Da sich die geschützten Rechtspositionen nicht aus Art. 19 Abs. 4 GG selbst ergeben, sondern ihm vorausgesetzt werden[73], „endet die gerichtliche Kontrolle dort, wo das materielle Recht der Exekutive in verfassungsrechtlich unbedenklicher Weise Entscheidungen abverlangt, ohne dafür hinreichend bestimmte Entscheidungsprogramme vorzugeben[74], so dass Art. 19 Abs. 4 GG normativ eröffneten Gestaltungs-, Ermessens- und Beurteilungsspielräumen der Behörden nicht von vornherein entgegen steht"[75]. Das von der Rechtsschutzgewährleistung erfasste Recht besteht darin, „dass die Verwaltung ihre Letztentscheidungsbefugnis in einer ermächtigungszweckkonformen, d.h. einer ermessensfehler- bzw. beurteilungsfehlerfreien Weise ausübt"[76]. Schließlich ist auch die Tatsache, dass durch den administrativen Letztentscheidungsfreiraum subjektive Vorteile berührt werden, für die Aktivierung der Rechtsschutzgarantie nicht von Belang, da es für „Reflexe" keiner gerichtlichen Durchsetzung bedarf[77]; vielmehr würde eine inhaltliche Kontrolle des gesetzlich gewollten administrativen Letztentscheindungfreiraums sogar eine gegen den Wortlaut von Art. 19 Abs. 4 GG verstoßende und somit unzulässige Zweckmäßigkeitskontrolle und keine Rechtmäßigkeitskontrolle darstellen[78]. Schranken für die Einräumung von administrativen Letztent-

---

[69] BVerfGK 16, 418 (Abs. 54) mit ausdrücklichem Verweis auf *E. Schmidt-Aßmann*, Art. 19 Abs. 4 GG, in: T. Maunz/G. Dürig (Hrsg.), GG, 2014, Rn. 183.

[70] *M. Jestaedt*, Maßstäbe des Verwaltungshandelns, in: H.-U. Erichsen/D. Ehlers (Hrsg.), Allgemeines Verwaltungsrecht, [14]2010, § 11, Rn. 27, 33.

[71] Explizit *E. Schmidt-Aßmann*, Art. 19 Abs. 4 GG, in: T. Maunz/G. Dürig (Hrsg.), GG, 2014, Rn. 188.

[72] BVerfGE 103, 142 (162).

[73] BVerfGE 129, 1 (Rn. 66); Ständige Rechtsprechung, vgl. BVerfGE 61, 82 (110); 78, 214 (226); 83, 182 (194f.); 84, 34 (49).

[74] BVerfGE 88, 40 (56f.); 103, 142 (156f.).

[75] BVerfGE 103, 142 (162) mit Verweis auf BVerfGE 61, 82 (111); 88, 40 (56).

[76] *M. Jestaedt*, Maßstäbe des Verwaltungshandelns, in: H.-U. Erichsen/D. Ehlers (Hrsg.), Allgemeines Verwaltungsrecht, [14]2010, § 11, Rn. 38.

[77] *P. M. Huber*, Art. 19 Abs. 4 GG, in: H. v. Mangoldt/F. Klein/C. Starck (Hrsg.), GG I, [6]2010, Rn. 389.

[78] *M. Jestaedt*, Maßstäbe des Verwaltungshandelns, in: H.-U. Erichsen/D. Ehlers (Hrsg.), Allgemeines Verwaltungsrecht, [14]2010, § 11, Rn. 38.

scheidungsbefugnissen und deren Ausfüllung ergeben sich aus den materiellen Grundrechten und dem von ihnen vermittelten verfahrensrechtlichen Schutz[79].

cc) Funktionale Bedeutung der gerichtlichen Verfahrenskontrolle

(1) Prozessuale Bedeutung des Verwaltungsverfahrens und Kompensationsfunktion

Im Gegensatz zur grundgesetzlichen Rechtsschutzdogmatik wird in anderen mitgliedstaatlichen Rechtsordnungen nicht strikt zwischen Tatbestands- und Rechtsfolgenseite einer Norm differenziert[80], sondern vielmehr insgesamt danach gefragt, ob unabhängig von der Normstruktur eine administrative Letztentscheidungsbefugnis vorliegt oder nicht: Dementsprechend wird die Frage nach der gerichtlichen Kontrolldichte des Verwaltungshandelns beantwortet[81]. Auswirkungen hat dies insbesondere für die Funktion des *Verwaltungsverfahrens*: Während die deutsche Verwaltungsrechtsdogmatik vielmehr ergebnisorientiert an den Normen des materiellen Rechts arbeitet und dem Verwaltungsverfahren eine lediglich dienende Funktion für die Umsetzung materiellrechtlicher Vorgaben einordnet, wird im europäischen Verwaltungsrecht von einem „prozeduralen Eigenwert" des Verwaltungsverfahrens ausgegangen, der bei administrativen Letztentscheidungsbefugnissen eine Kompensationsfunktion erfüllt und entsprechend zunimmt[82].

(2) EuGH: funktionaler Zusammenhang zwischen Kontrolldichte und Verfahrenskontrolle

So unterscheidet sich der EuGH in seiner Rechtsprechung von dem der deutschen Dogmatik zugrundeliegenden Modell vollständiger Überprüfung des Verwaltungshandelns, denn er folgt bei der Tatsachenkontrolle der Konzeption der „qualification juridique des faits" des französischen Verwaltungsrechts und erachtet die Würdigung von Tatsachen „als grundlegenden Bestandteil einer umfassenden Entscheidungsfreiheit der Verwaltung"[83]. Was die rechtliche Kontrolldichte des Handelns der Unionsorgane betrifft, lässt sich feststellen, dass diese zwar diffe-

---

79 *M. Jestaedt*, Maßstäbe des Verwaltungshandelns, in: H.-U. Erichsen/D. Ehlers (Hrsg.), Allgemeines Verwaltungsrecht, [14]2010, § 11, Rn. 39.

80 Zur Singularität der deutschen Ermessenslehre s. *P. M. Huber*, Allgemeines Verwaltungsrecht [2]1997, 132 f.

81 Zur reduzierten gerichtlichen Kontrolldichte des Verwaltungshandelns im französischen, englischen, italienischen und spanischen Verwaltungsrecht im Vergleich zum deutschen s. *T. v. Danwitz*, Europäisches Verwaltungsrecht, 2008, 47, 65 f., 82 f. 120 f.

82 *W. Kahl*, Lücken und Ineffektivitäten im Europäischen Verwaltungsverbund am Beispiel des Rechts auf Anhörung, DVBl. 2012, 602 f., 608, *R. Wahl*, Das Verhältnis von Verwaltungsverfahren und Verwaltungsprozessrecht in europäischer Sicht, DVBl. 2003, 1285 (1287 f.).

83 *T. v. Danwitz*, Europäisches Verwaltungsrecht, 2008, 299.

renziert je nach Rechtsgebiet ausfällt[84], grundsätzlich jedoch auf eine Kontrolle des Verwaltungsverfahrens beschränkt bleibt: „Soweit jedoch die Organe der Gemeinschaft über einen solchen Beurteilungsspielraum verfügen, kommt eine umso größere Bedeutung der Beachtung der Garantien zu, die die Gemeinschaftsrechtsordnung in Verwaltungsverfahren gewährt"[85]. Letztlich wird da durch ein *funktionaler Zusammenhang* zwischen administrativer Entscheidungsfreiheit und richterlicher Verfahrenskontrolle etabliert, wodurch gewährleistet werden soll, dass bei administrativen Letztentscheidungsbefugnissen alle auf dem Spiel stehenden Interessen berücksichtigt werden[86]. Insgesamt betrachtet der EuGH Verwaltungsverfahren und Rechtsschutz als zwei komplementäre Elemente eines Systems, welche die rechtstaatliche Ausrichtung der Europäischen Union sichern sollen[87].

c) Zwischenergebnis: Strukturelle Fragmentierung des europäischen Rechtsschutzes

Insgesamt lässt sich eine weitgehende Dualität des europäischen Rechtsschutzsystems feststellen: Die Zuständigkeit der Gerichtsbarkeit, vor welcher einzelne Handlungen des Unionsrechtsvollzugs anfechtbar sind, hängt von der jeweils handelnden Behörde ab und kann mittelbar auch den Modus ihrer gerichtlichen Kontrolle bestimmen. Anfechtbarkeit und Kontrollierbarkeit des Verwaltungshandelns richten sich im Europäischen Verwaltungsverbund somit in erster Hinsicht danach, ob es sich um direkten oder indirekten Vollzug des Unionsrechts handelt sowie nach den Zulässigkeitsvoraussetzungen und den Kontrollmodi der jeweils zuständigen Gerichtsbarkeit. Diese Fragmentierung des Rechtsweges kann jedoch in Verbundkonstellationen problematisch werden, in denen Behörden unterschiedlicher Hoheitsträger horizontal oder vertikal kooperieren und deren Handeln vor unterschiedlichen Gerichtsbarkeiten anfechtbar ist: Eine Zerlegung des Verwaltungshandelns und eine Zurechnung einzelner Handlungsbeiträge ist für die Bestimmung des jeweils zuständigen Gerichts, die Rechtswegeröffnung und die Festlegung der Kontrollmaßstäbe erforderlich. Ob davon die Rechtsschutzef-

---

84 Zu beobachten sind Konstellationen „hoher", „mittlerer" und „tiefer" Kontrolldichte, s. dazu *P. Craig*, EU Administrative Law, ^{2}2012, 408 f.

85 Grundlegend EuGH, Urt. v. 3.4.1990, Rs C-268/90 (Hauptzollamt München-Mitte/TU München), Slg. 1991, 5469, Rn. 14.

86 *J. Schwarze*, Strenge richterliche Verfahrenskontrolle bei weitem administrativem Ermessen – Anmerkungen zur Entscheidungspraxis der Gemeinschaftsgerichte auf dem Gebiet des europäischen Wirtschaftsrechts, in: P. Fischer/M. M. Karollus/S. Stadlmeier (Hrsg.), Die Welt im Spannungsfeld zwischen Regionalisierung und Globalisierung, FS H. Fr. Köck, 2009, 321 (339 f.).

87 *J. Schwarze*, Verfahren und Rechtsschutz im europäischen Wirtschaftsrecht, DVBl. 2010, 1325 (1332 f.). Zur Thematik bereits *ders.*, Der funktionale Zusammenhang zwischen Verwaltungsverfahrensrecht und verwaltungsgerichtlichem Rechtsschutz, 1974.

fektivität beeinträchtigt wird, hängt maßgeblich von der Zerlegbarkeit des jeweiligen kooperativen Verwaltungshandelns ab: Je komplexer diese ist, desto größer ist das Risiko, dass die strukturelle Rechtsschutzfragmentierung zu Rechtsschutzlücken und entsprechenden Defiziten der Rechtsschutzeffektivität führt. Im Folgenden ist diese Problematik im Hinblick auf Netzwerke zu untersuchen und zwar im Lichte der besonderen Anforderungen, die das Demokratieprinzip an die Rechtsschutzeffektivität zur Sicherung ihrer Legitimation stellt.

3. Rechtsschutzproblematik in Netzwerken

a) Risiken für Rechtsschutzlücken

aa) Fragmentierter Rechtsschutz gegen funktionale Einheiten

Die funktionale Einheitlichkeit des Netzwerkhandelns stellt im fragmentierten Rechtsschutzsystem des Europäischen Verwaltungsverbundes ein erhöhtes Risiko für die Rechtsschutzeffektivität dar: Einerseits können die Schwierigkeiten der Zerlegbarkeit des kooperativen Verwaltungshandelns der Netzwerke in einzelne Handlungsbeiträge und deren Zurechnung an bestimmte kooperierende Behörden Rechtsschutzlücken verursachen, andererseits kann die gerichtliche Kontrolle wegen der unterschiedlichen Kontrollmaßstäbe der einzelnen Gerichtsbarkeiten uneinheitlich ausfallen und die Kontrollierbarkeit der netzwerkinternen Entscheidungsfindung in Frage stellen. Dogmatisch lässt sich dies dadurch erklären, dass sich im Gegensatz zu vergleichbaren Konstellationen des innerstaatlichen Verwaltungsrechts[88] die gerichtliche Verwerfungskompetenz bei Anfechtung des letzten Handlungsbeitrags nicht auf die behördlichen Handlungen anderer Mitgliedstaaten bzw. der Union erstreckt werden kann: Bei ausländischen mitgliedstaatlichen Handlungen der horizontalen Kooperation stoßen die Gerichte an die völkerrechtlichen Grenzen ihrer Zuständigkeit, Unionshandlungen der vertikalen Kooperation können von mitgliedstaatlichen Gerichten nicht ohne Weiteres als rechtswidrig behandelt werden und ihre Rechtswidrigkeit ist grundsätzlich erst über das Vorabentscheidungsverfahren feststellbar[89]. Ob die Effektivität des Individualrechtsschutzes über das Vorabentscheidungsverfahren gewährleistet werden kann sowie welche Bedeutung eine direkte Anfechtbarkeit von netzwerkinternen und nicht direkt an den Rechtsschutzsuchenden gerichteten Handlungen hat, ist im Folgenden unter besonderer Beachtung der demokratischen Legitimationsfunktion des Individualrechtsschutzes zu untersuchen.

---

[88] Vgl. *B. Gerstner-Heck*, § 9 VwVfG, in: J. Bader/M. Ronellenfitsch (Hrsg.), VwVfG, 2010, Rn. 37.

[89] Zur mangelnden Befugnis mitgliedstaatlicher Gerichte, die Rechtswidrigkeit von Handlungen der Unionsorgane festzustellen, s. grundlegend EuGH, Urt. v. 22.10.1987, Rs. C-314/85 (Foto-Frost/Hauptzollamt Lübeck-Ost), Slg. 1987 04199, Rn. 15 f. Zu Ausnahmen D. I.2.a) aa) (2) (148 f.).

bb) Von der Plaumann-Formel zur ‚Jacobs gap'

(1) Klagemöglichkeit im europäischen Individualrechtsschutz

α) Allgemeine Voraussetzung: Beeinträchtigung durch verbindliche Rechtswirkungen

Im Rahmen des prozessualen Trennungsprinzips richten sich die Voraussetzungen der Anfechtung des Netzwerkhandelns nach dem jeweiligen Handlungsbeitrag; Handlungen der unionalen Ebene sind dabei auf dem Wege der Nichtigkeitsklage gem. Art. 263 AEUV gerichtlich angreifbar. Allerdings kommen nicht alle Handlungen als Klagegegenstände in Betracht, sondern nur jene, die „verbindliche Rechtswirkungen erzeugen"[90]. Dabei ist für die Erzeugung verbindlicher Rechtswirkungen nicht auf die Form der Handlung[91], sondern inhaltlich[92] auf „ihr Wesen", die „Absicht der Handelnden" und den „Zusammenhang" abzustellen"[93], so dass eine Nichtigkeitsklage auch gegen Handlungen denkbar ist, die zunächst als unverbindlich erscheinen oder sich als unverbindlich bezeichnen[94]. Darüber hinaus müssen kumulativ[95] zwei Voraussetzungen vorliegen: *Erstens* müssen „ihre verbindlichen Rechtswirkungen die Interessen des Klägers durch

---

[90] Bereits EuGH, Beschluss v. 17.10.1984, Rs. 135/84 (F.B./Kommission), Slg. 1984 03577, Rn. 6 sowie nunmehr nach ständiger Rechtsprechung EuGH, Urt. v. 26.1.2010, Rs. C-362/08P (Internationaler Hilfsfonds/Kommission), Slg. 2010 I-00669, Rn. 52, Urt. v. 12.9.2006, Rs. C-131/03 P (Reynolds Tobacco u. a./Kommission), Slg. 2006, I-7795, Rn. 54 m. w. N.

[91] Ausdrücklich EuGH, Urt. v. 13.10.2011, Rs. C-463/10 P (Deutsche Post und Deutschland/Kommission), Slg. 2011, I-09639, Rn. 36 und bereits Urt. v. 11.11.1981, Rs. C-60/81 (IBM/Kommission), Slg. 1981 02639, Rn. 9: „Die Form, in der diese Handlungen oder Entscheidungen ergehen, ist dagegen grundsätzlich ohne Einfluß auf ihre Anfechtbarkeit".

[92] EuGH, Urt. v. 26.1.2010, Rs. C-362/08 P (Internationaler Hilfsfonds/Kommission), Slg. 2010 I-00669, Rn. 55.

[93] EuGH, Urt. v. 26.1.2010, Rs. C-362/08P (Internationaler Hilfsfonds/Kommission), Slg. 2010 I-00669, Rn. 52, 58. Vgl. zur ursprünglichen Rechtsprechung, wonach lediglich maßgeblich war, ob sie „dazu bestimmt" waren, „eine Rechtswirkung zu erzeugen" EuGH, Urt. v. 31.3.1971, Rs. 22/70 (Kommission/Rat), Slg. 1971, 263, Rn. 38/42.

[94] So ist eine Nichtigkeitsklage auch gegen Maßnahmen denkbar, die in der Form einer Empfehlung oder Stellungnahme erlassen werden, obwohl diese aufgrund ihrer Unverbindlichkeit gem. Art. 288 Abs. 4 AEUV zunächst von einer Anfechtung auf dem Wege der Nichtigkeitsklage gem. Art. 263 Abs. 1 AEUV ausgeschlossen bleiben, s. EuGH, Urt. v. 26.1.2010, Rs. C-362/08P (Internationaler Hilfsfonds/Kommission), Slg. 2010 I-00669, Rn. 58f., 62: „Die streitige Maßnahme stellt sowohl nach ihrem Inhalt – dort wird ausdrücklich von einer endgültigen Stellungnahme der Kommission gesprochen – als auch nach dem Zusammenhang, in dem sie ergangen ist, eine endgültige Weigerung der Kommission dar [...] und [...] beendet eine lange Reihe von Schriften", so dass sich „aus den vorstehenden Erwägungen ergibt, dass die Klage gegen eine solche Handlung [...] zulässig ist".

[95] Ausdrücklich zum kumulativen Charakter der Zulässigkeitsvoraussetzungen bei nicht an den Kläger adressierten Handlungen EuGH, Urt. v. 10.9.2009, Rs. C-445/07P (Kommission/Ente per le Ville vesuviane), Slg. 2009 I-07993, Rn. 45, Beschl. v. 3.4.2009, Rs. C-387/08 P (VDH Projektentwicklung und Edeka Rhein-Ruhr/Kommission), Slg. 2009 I-00056, Rn. 21, Beschluss v. 24.9.2009, Rs. C-501/08 P (Município de Gondomar/Kommission), Slg. 2009 I-00152, Rn. 25. Ist die Erfüllung einer Voraussetzung offensichtlich, nimmt die Rechtspre-

eine qualifizierte Änderung seiner Rechtsstellung beeinträchtigen"[96] und *zweitens* müssen sie entweder an ihn adressiert sein oder ihn „unmittelbar und individuell" betreffen[97]. Dabei wurde das Kriterium der Beeinträchtigung der Interessen des Klägers durch qualifizierte Änderung seiner Rechtsstellung anfänglich nur im Hinblick auf die an den Kläger gerichteten Handlungen entwickelt, es überschneidet sich aber mit dem Kriterium der unmittelbaren Betroffenheit[98] und kann dogmatisch auch als Element der Unmittelbarkeit geprüft werden[99].

β) Unmittelbare und individuelle Betroffenheit

Im Hinblick auf Netzwerke ist die Auslegung des Kriteriums der „unmittelbaren und individuellen" Betroffenheit von besonderer Bedeutung, zumal unionale Handlungsbeiträge üblicherweise netzwerkintern auftreten und nicht direkt an den Einzelnen adressiert sind. Nach der EuGH-Rechtsprechung ist das Kriterium der *unmittelbaren* Betroffenheit des Rechtsschutzsuchenden dann erfüllt, wenn „sich die beanstandete Maßnahme der Gemeinschaft auf seine Rechtsstellung unmittelbar auswirkt und ihren Adressaten, die mit ihrer Durchführung betraut sind, keinerlei Ermessensspielraum lässt, diese Durchführung vielmehr rein automatisch erfolgt und sich allein aus der Gemeinschaftsregelung ergibt, ohne dass dabei weitere Vorschriften angewandt werden"[100]. Grundsätzlich kommt somit in Netzwerken eine unmittelbare Betroffenheit nur bei unionalen Handlungsbeiträgen in Betracht, zu deren Umsetzung die mitgliedstaatliche Behörde verpflichtet ist und ihr dabei kein Ermessenspielraum verbleibt[101]. Größere Probleme

chung nur auf die jeweils andere Voraussetzung Bezug, s. *K. Lenaerts/I. Maselis/K. Gutman*, EU Procedural Law, 2014, Rn. 7.91, Fn. 343 m.V.a. EuG T-219/09 und T-326/09 Rn. 44.

[96] Ständige Rechtsprechung, vgl. EuGH, Urt. v. 13.10.2011, Rs. C-463/10 P (Deutsche Post und Deutschland/Kommission), Slg. 2011, I-09639, Rn. 37 m.w.N.

[97] Vgl. Art. 263 Abs. 1 und 4 AEUV. Insbesondere im Hinblick auf bloße Meinungsäußerungen s. EuGH, Urt. v. 27.3.1980, Rs. C-133/79 (Sucrimex/Kommission), Slg. 1980 01299, Rn. 15–17. Zum Kriterium der Rechtsbindungswirkung nach außen sowie dazu, dass neben bloßen Meinungsäußerungen auch Rechtsauskünfte und Verhaltensempfehlungen nicht nach Art. 263 AEUV justiziabel sein dürften, s. *U. Ehricke*, Art. 263 AEUV, in: R. Streinz (Hrsg.), EUV/AEUV, ²2012, Rn. 21–22.

[98] EuGH, Urt. v. 13.10.2011, Rs. C-463/10 P (Deutsche Post und Deutschland/Kommission), Slg. 2011, I-09639, Rn. 38.

[99] So etwa *K. Lenaerts/I. Maselis/K. Gutman*, EU Procedural Law, 2014, Rn. 7.91.

[100] EuGH, Urt. v. 5.5.1998, Rs. C-386/96 P (Société Louis Dreyfus & Cie./Kommission), Slg. 1998 I-02309, Rn. 43.

[101] EuGH, Urt. v. 29.3.1979, Rs. 113/77 (NTN Toyo Bearing Company Ltd. u.a./Rat), Slg. 1979 01185, Rn. 11 („rein automatischer Charakter des Vollzugs", der „im Übrigen auch nicht durch innerstaatliche Vorschriften vermittelt wird, sondern allein aufgrund der gemeinschaftsrechtlichen Regelung erfolgt"), Urt. v. 11.7.1984, Rs. C-222/83 (Commune de Differdange/Kommission), Slg. 1984, 02889, Rn. 12 („die streitige Entscheidung hat den nationalen Behörden und den beteiligten Unternehmen in Bezug auf die Modalitäten ihrer Durchführung und insbesondere auch auf die Auswahl der zu schließenden Anlagen einen solchen Ermessensspielraum gelassen, dass nicht davon ausgegangen werden kann, dass sie die Gemeinden, zu denen die

bereitet jedoch das Kriterium der *individuellen* Betroffenheit, wofür der EuGH die sog. *Plaumann*-Formel zugrunde legt: „Wer nicht Adressat einer Entscheidung ist, kann nur dann geltend machen, von ihr individuell betroffen zu sein, wenn die Entscheidung ihn wegen bestimmter persönlicher Eigenschaften oder besonderer, ihn aus dem Kreis aller übrigen Personen heraushebender Umstände berührt und ihn daher in ähnlicher Weise individualisiert wie den Adressaten"[102]. Diese enge Auslegung der Betroffenheit differenziert sich erheblich vom weiten Verständnis gerichtlich schutzwürdiger Individualinteressen in Rahmen des Individualrechtsschutzes gegen mitgliedstaatliche Unionsrechtsverletzungen und scheint sich eher an der deutschen Schutznormtheorie zu orientieren[103]: So ist eine Nichtigkeitsklage sogar dann unzulässig, wenn der Kläger *als einziger Marktteilnehmer* von einer nicht direkt an ihn adressierten abstrakt-generellen Maßnahme betroffen ist, da sie ihn „allein aufgrund seiner objektiven Eigenschaften" als Unternehmer der bestimmten Tätigkeit „in gleicher Weise wie jeden anderen Marktteilnehmer berührt, der sich tatsächlich oder potenziell in einer gleichgearteten Situation befindet"[104].

Vor dem Hintergrund der engen Auslegung der unmittelbaren und individuellen Betroffenheit scheint die Möglichkeit der Erhebung einer Nichtigkeitsklage gegen unionale Handlungsbeiträge der Verwaltungskooperation in Netzwerken äußerst begrenzt zu sein: In der Regel sind sie nicht direkt an den Einzelnen adressiert und ihr Vollzug erfolgt aus formell-rechtlicher Sicht nicht „automatisch", sondern durch Konkretisierungsakte der mitgliedstaatlichen Behörden, denen ein i. S. der Rechtsprechung „Ermessensspielraum" verbleibt; faktische Bindungswirkungen unionaler Handlungsbeiträge bleiben zunächst unberücksichtigt. Orientiert man sich somit an den Zulässigkeitsvoraussetzungen der Rechtsprechung, dürfte eine unmittelbare und individuelle Betroffenheit lediglich in jenen Konstellationen anzunehmen sein, in denen die an mitgliedstaatliche Behörden adres-

---

genannten Unternehmen nach ihrem Standort gehören, unmittelbar und individuell betrifft"). Weiterhin zur Rezeption s. *W. Cremer*, Art. 263 AEUV, in: C. Calliess/M. Ruffert (Hrsg.), EUV/AEUV, ^{4}2011, Rn. 36, *U. Ehricke*, Art. 263 AEUV, in: R. Streinz (Hrsg.), EUV/AEUV, ^{2}2012, Rn. 60.

[102] EuGH, Urt. v. 15.7.1963, Rs. 25/62 (Firma Plaumann & Co./Kommission der Europäischen Wirtschaftsgemeinschaft), Slg. 1963, 213 (238).

[103] *T. v. Danwitz*, Europäisches Verwaltungsrecht, 2008, 292 und zur Feststellung der Divergenz bereits *E. Schmidt-Aßmann*, Empfiehlt es sich, das System des Rechtsschutzes und der Gerichtsbarkeit in der Europäischen Gemeinschaft weiterzuentwickeln?, JZ 53 (1994), 832 (834).

[104] EuGH, Urt. v. 14.7.1983, Rs. C-231/82 (Spijker Kwasten/Kommission), Slg. 1983 02559, Rn. 9. Vgl. ebenfalls EuGH, Urt. v. 1.4.2001, Rs. C-263/02 P (Kommission/Jégo-Quéré), Slg. 2004 I-03425, Rn. 46: „Der Umstand, dass [die klagende Firma] nach ihrem Vorbringen der einzige Wirtschaftsteilnehmer ist, [...] ist aber [...] nicht geeignet, sie zu individualisieren, da die Artikel [...] der Verordnung [...] sie nur wegen ihrer objektiven Eigenschaft als Wittlingfischer, der in einem bestimmten Gebiet eine bestimmte Fangtechnik anwendet, ebenso wie jeden anderen Wirtschaftsteilnehmer betreffen, der sich tatsächlich oder potenziell in der gleichen Lage befindet".

sierten Unionshandlungen nicht abstrakt-generell ausgerichtet und zugleich für die mitgliedstaatlichen Behörden i. S. einer „Weisung“ oder einer Vetorechtausübung bindend sind, ohne ihnen inhaltliche Abweichungsspielräume zu erlauben[105]; sekundärrechtlich vorgesehene Mitwirkungsbeiträge eines mehrphasigen Verfahrens, die den Standpunkt eines Unionsorgans konkret-individuell und endgültig festlegen oder ein besonderes Verfahren abschließen, dürften ebenfalls auf dem Wege der Nichtigkeitsklage angefochten werden[106]. Netzwerkinterne Zwischenmaßnahmen, die eine abschließende Entscheidung lediglich vorbereiten sollen[107], bloße Meinungsäußerungen[108] oder Akte mit abstrakt-generellem Inhalt, die für sich genommen entweder formell-rechtlich unverbindlich sind oder mitgliedstaatliche Durchführungsmaßnahmen bedürfen, bleiben dagegen unabhängig von ihrer faktischen Bindungswirkung von einer direkten Anfechtungsmöglichkeit ausgeschlossen.

(2) Die ‚Jacobs gap‘ als strukturelle Rechtsschutzlücke

Die begrenzte Möglichkeit einer direkten Anfechtung von Handlungen der Unionsorgane vermag ein Risiko für die Entstehung von Rechtsschutzlücken zu Lasten der grundrechtlich garantierten Effektivität des Individualrechtsschutzes zu verursachen. Dies wurde ausdrücklich von Generalanwalt *Jacobs* in seinen Schlussanträgen zu Fall *UAP*[109] hervorgehoben: Die von ihm im Lichte des Rechtes auf effektiven Rechtsschutz als defizitär gewertete Rechtslage ist seitdem als ‚*Jacobs* gap‘ bekannt[110]. Problematisch ist aus Sicht der Rechtsschutzeffektivität *erstens*, dass der Rechtsschutz durch mitgliedstaatliche Gerichte über das Vorabentscheidungsverfahren „in der Regel mit langen Verfahrensdauern verbunden ist, die für sich selbst mit dem Grundsatz des effektiven gerichtlichen Rechts-

[105] Vgl. am Beispiel von Entscheidungen der Kommission im Bereich der Beihilfenaufsicht, die nicht an die unmittelbar und individuell betroffenen Beschwerdeführer, sondern an die zuständigen mitgliedstaatlichen Behörden adressiert sind, EuGH, Urt. v. 2.4.1998, Rs. C-367/95 P (Kommission/Sytraval und Brink's France), Slg. 1998 I-01719, Rn. 45 f. Ferner EuGH, Urt. v. 13.5.1971, Rs. C-41/70 (International Fruit Company u. a./Kommission) Slg. 1971 00411, Rn. 23/29.

[106] EuGH, Urt. v. 11.11.1981, Rs. 60/81 (IBM/Kommission), Slg. 1981, 02639, Rn. 10–11.

[107] EuGH, Urt. v. 11.11.1981, Rs. 60/81 (IBM/Kommission), Slg. 1981, 02639, Rn. 12: Die rechtlichen Mängel können lediglich im Rahmen der Klage gegen die endgültige Handlung, deren Vorbereitung sie dienen, geltend gemacht werden.

[108] Vgl. nur EuGH, Urt. v. 27.3.1980, Rs. C-133/79 (Sucrimex/Kommission), Slg. 1980 01299, Rn. 15–17. Zu einzelnen Abgrenzungsproblemen s. *I. Dervisopoulos*, Nichtigkeitsklagen, in: H.-W. Rengeling/A. Middeke/M. Gellermann (Hrsg.), Handbuch des Rechtsschutzes in der Europäischen Union, ^{3}2014, § 7, Rn. 43.

[109] Generalanwalt *F. G. Jacobs*, Schlussanträge v. 21.3.2002, Rs. C-50/00 P (Unión de Pequeños Agricultores/Rat), Slg. 2002, I-06677 f.

[110] Zum Begriff ‚*Jacobs* gap‘ *H. A. Petzold*, Individualrechtsschutz an der Schnittstelle zwischen deutschem und Gemeinschaftsrecht, 2008, 19, *W. Michl*, Verwaltungsgerichtlicher Rechtsschutz in der ‚*Jacobs* gap‘ nach Maßgabe des Art. 19 I UAbs. 2 EUV, NVwZ 2014, 841.

schutzes und dem Bedürfnis nach Rechtssicherheit unvereinbar sein könnten" und allgemein mit erheblichen Verzögerungen und Kosten verbunden sind[111]; und *zweitens* könnte es für Individualkläger schwierig oder sogar unmöglich sein, Unionshandlungen anzufechten, die keine mitgliedstaatlichen Durchführungsmaßnahmen bedürfen, da es an einem tauglichen Klagegegenstand vor den mitgliedstaatlichen Gerichten fehlt und „es vom Einzelnen eindeutig nicht verlangt werden kann, dass er Gesetze verletzt, um zu seinem Recht zu kommen"[112].

Die EuGH-Rechtsprechung folgte Generalanwalt *Jacobs* zwar bezüglich der Erforderlichkeit einer Auslegung des europäischen Rechtsschutzsystems im Lichte des Rechtes auf effektiven Rechtsschutz, besteht aber weiterhin auf die Anwendung der *Plaumann*-Formel und eine enge Auslegung der unmittelbaren und individuellen Betroffenheit: „Zwar ist diese Voraussetzung im Licht des Grundsatzes eines effektiven gerichtlichen Rechtsschutzes unter Berücksichtigung der verschiedenen Umstände, die einen Kläger individualisieren können, auszulegen, doch kann eine solche Auslegung nicht, ohne dass sie den Gemeinschaftsgerichten durch den Vertrag verliehenen Befugnissen überschritten würden, zum Wegfall der fraglichen Voraussetzung, die ausdrücklich im EG-Vertrag vorgesehen ist, führen"[113]. Der EuGH sieht in der engen Auslegung der unmittelbaren und individuellen Betroffenheit kein Problem für die Effektivität des durch die Verträge geschaffenen „vollständigen Systems von Rechtsbehelfen", zumal es für Einzelne, die nicht direkt Unionshandlungen anfechten können, möglich sei, die Ungültigkeit solcher Handlungen vor den mitgliedstaatlichen Gerichten geltend zu machen und sie dazu „zu veranlassen, dem Gerichtshof Fragen zur Vorabentscheidung vorzulegen"[114]. Im Ergebnis scheint der EuGH das Vorabentscheidungsverfahren für die Schließung möglicher Rechtsschutzlücken als ausreichend zu empfinden und die Verantwortung zur Sicherung der Rechtsschutzeffektivität den Mitgliedstaaten zu überlassen: Es sei „ihre Sache, ein System von Rechtsbehelfen und Verfahren vorzusehen, mit dem die Einhaltung des Rechts auf effektiven gerichtlichen Rechtsschutz gewährleistet werden kann"[115]; die durch die *Plaumann*-Formel verursachte ‚*Jacobs* gap' bleibt insofern bestehen.

---

[111] Generalanwalt *F. G. Jacobs*, Schlussanträge v. 21.3.2002, Rs. C-50/00 P (Unión de Pequeños Agricultores/Rat), Slg. 2002, I-06677 f., Rn. 42 und 44.

[112] Generalanwalt *F. G. Jacobs*, Schlussanträge v. 21.3.2002, Rs. C-50/00 P (Unión de Pequeños Agricultores/Rat), Slg. 2002, I-06677 f., Rn. 43.

[113] EuGH, Urt. v. 25.7.2002, Rs. C-50/00 P (Unión de Pequeños Agricultores/Rat), Slg. 2002 I-06677, Rn. 44, Urt. v. 1.4.2004, Rs. C-263/02 P (Kommission/Jégo-Quéré), Slg. 2004 I-03425, Rn. 36.

[114] EuGH, Urt. v. 25.7.2002, Rs. C-50/00 P (Unión de Pequeños Agricultores/Rat), Slg. 2002 I-06677, Rn. 40, Urt. v. 1.4.2004, Rs. C-263/02 P (Kommission/Jégo-Quéré), Slg. 2004 I-03425, Rn. 30.

[115] EuGH, Urt. v. 25.7.2002, Rs. C-50/00 P (Unión de Pequeños Agricultores/Rat), Slg. 2002 I-06677, Rn. 41.

(3) Kritik

Die EuGH-Rechtsprechung zur Verteidigung der *Plaumann*-Formel ist aus der Perspektive der Rechtsschutzeffektivität durchaus kritisch zu betrachten. Insbesondere die Argumentation, eine weitere Auslegung des Kriteriums individueller und unmittelbarer Betroffenheit würde schon deswegen eine Überschreitung der Grenzen gerichtlicher Befugnisse bedeuten und eine Vertragsänderung erfordern, weil das Kriterium ausdrücklich im Primärrecht verankert sei, scheint die eigentliche Frage zu umgehen und schon *rechtsmethodisch* nicht überzeugend zu sein: Denn die Tatsache, dass die „unmittelbare und individuelle Betroffenheit" Teil des Vertragstextes ist, wird keineswegs bestritten; wonach aber gefragt ist, ist die *Auslegung* des Vertragstextes im Lichte der grundrechtlich garantierten Rechtsschutzeffektivität[116]. Gewiss bedeutet eine andere Auslegung des Vertragstextes nicht dessen Änderung und insbesondere dann nicht, wenn sie als systematische Auslegung im Lichte eines gleichrangigen Rechtsgrundsatzes erfolgt und sich im Rahmen des Vertragstextes hält; zudem ist die *Plaumann*-Formel selbst ebenfalls bloß eine von der Rechtsprechung entwickelte Auslegungsalternative des Vertragstextes.

Dies wirft aber *zweitens* die Frage auf, ob die EuGH-Rechtsprechung das Recht auf effektiven Rechtsschutz überhaupt als einen mit dem Vertrag gleichrangigen Grundsatz behandelt: Sie scheint sich nämlich nicht selbst um die Herstellung praktischer Konkordanz zwischen unionalem Individualrechtsschutz und grundrechtlich garantierter Rechtsschutzeffektivität zu bemühen, sondern belässt es bei einer Beschreibung der Möglichkeit einer Vorlage über das Vorabentscheidungsverfahren und wandelt die Garantie effektiven Rechtsschutzes im Ergebnis in eine Vorgabe an die Mitgliedstaaten um: (Ausschließlich) ihnen komme die Verantwortung der Sicherung der Rechtsschutzeffektivität im Rahmen des bestehenden Systems zu[117]. Ob allerdings das Vorabentscheidungsverfahren dazu geeignet ist, die Effektivität des *Individual*rechtsschutzes zu gewährleisten, dürfte bezweifelt werden: Schon aus der Formulierung der EuGH-Rechtsprechung geht hervor, dass Kläger mitgliedstaatliche Gerichte zu einer Vorlage „veranlassen" können und es bleibt offen, ob sie die Möglichkeit haben, eine Vorlage nur „anzuregen"[118] oder

---

[116] Zu diesem Argument s. *P. Craig*, EU Administrative Law, ^{2}2012, 314.

[117] Dass die Verantwortung *auch* die Mitgliedstaaten trifft, ist angesichts Art. 19 Abs. 1 S. 2 EUV nicht zu bezweifeln.

[118] Grundsätzlich ist davon auszugehen, dass die Prozessparteien kein Antragsrecht haben und eine Vorlage nicht erzwingen, sondern lediglich „anregen" können, s. *J. Schwarze,* Art. 267 AEUV, in: ders. (Hrsg.), EU-Kommentar, ^{3}2012, Rn. 34, *D. Ehlers*, Der Rechtsschutz in Bezug auf das Europäische Unions- und Gemeinschaftsrecht, Jura 2007, 505 (509), *ders.*, Anforderungen an den Rechtsschutz nach Europäischem Unions- und Gemeinschaftsrecht, in: ders./ F. Schoch (Hrsg.), Rechtsschutz im Öffentlichen Recht, 2009, § 6, Rn. 16. Das Vorabentscheidungsverfahren beruht nämlich konzeptuell darauf, dass es aufgrund seiner primären Funktion als Gewährleistungsmechanismus der einheitlichen Auslegung des Unionsrechts durch Zusammenarbeit des EuGH und der mitgliedstaatlichen Gerichte „der Parteiherrschaft entzogen ist",

auch tatsächlich selbst durchzusetzen. Der EuGH scheint davon auszugehen, dass im Lichte der Sicherung der Rechtsschutzeffektivität die grundsätzliche Vorlagemöglichkeit mitgliedstaatlicher Gerichte in eine Vorlage*pflicht* umzuwandeln ist, wenn es sich um eine *Gültigkeits*frage unionaler Akte handelt[119]. Aber auch diese Lösung dürfte die Rechtsschutzeffektivität in Netzwerken nicht vollständig sichern können: Gegen die Steuerung des Netzwerkhandelns durch unionale Handlungen, die entweder als formell-rechtlich unverbindlich erscheinen oder als abstrakt-generell formulierte Vorgaben an die mitgliedstaatlichen Behörden gerichtet sind und allenfalls *faktische Bindungswirkungen*[120] aufweisen können, kann der Einzelne nur dann gerichtlich geschützt werden, wenn er sein Verhalten nicht jenen unionalen Steuerungsinstrumenten anpasst und es gegen ihren Inhalt ausrichtet. Daran dürfte auch die Einführung der Möglichkeit einer Nichtigkeitsklage gegen „Rechtsakte mit Verordnungscharakter, die natürliche oder juristische Personen unmittelbar betreffen und keine Durchführungsmaßnahmen nach sich ziehen" gem. Art. 263 Abs. 4 AEUV nicht viel ändern, zumal in Netzwerken in der Regel eine mitgliedstaatliche Stelle im Außenverhältnis auftritt.

So besteht das *dritte* Problem des Festhaltens an der *Plaumann*-Formel in der Verursachung einer *Inkohärenz* des Individualrechtsschutzes im Europäischen Verwaltungsverbund: Während der Individualrechtsschutz gegen mitgliedstaatliche Verstöße des Unionsrechts auf einem weiten Verständnis von gerichtlich schutzwürdigen Individualinteressen basiert, ist er gegen das Handeln der Unions-

---

s. EuGH, Urt. v. 27.3.1963, Rs. 28/62 bis 30/62 (Da Costa u. a.), Slg. 1962, 65, 81, Urt. v.1.3.1973, Rs. 62/72 (Bollmann), Slg. 1973, 269, Rn. 4, Urt. v. 10.7.1997, Rs. C-261/95 (Palmisani), Slg. 1997, I-4025, Rn. 31, Urt. v. 12.2.2008, Rs. C-2/06 (Kempter/Hauptzollamt Hamburg-Jonas), Slg. 2008 I-00411, Rn. 41, Urt. v. 16.12.2008, Rs. C-210/06 (Cartesio), Slg. 2008, I-9641, Rn. 90 und zuletzt Urt. v. 9.11.2010, Rs. C-137/08 (VB Pénzügyi Lízing), Slg. 2010 I-10847, Rn. 28. Andererseits kann das Vorabentscheidungsverfahren (reflektiv) zugleich auch dem effektiven Individualrechtsschutz dienen, s. *J. Schwarze*, Art. 267 AEUV in: ders. (Hrsg.), EU-Kommentar, ³2012, Rn. 5, *ders.*, Der Rechtsschutz Privater vor dem Europäischen Gerichtshof: Grundlagen, Entwicklungen und Perspektiven des Individualrechtsschutzes im Gemeinschaftsrecht, DVBl. 2002, 1297 (1303), *U. Ehricke*, Art. 267 AEUV, in: R. Streinz (Hrsg.), EUV/AEUV, ²2012, Rn. 8, *P. Thomy*, Individualrechtsschutz durch das Vorabentscheidungsverfahren, 2009, 48.

[119] Eine derartige Vorlagepflicht auch nicht-letztinstanzlicher Gerichte bei Gültigkeitsfragen kann daraus abgeleitet werden, dass ihnen keine selbstständige Verwerfungskompetenz unionaler Akte eingeräumt wird, s. grundlegend EuGH, Urt. v. 22.10.1987, Rs. C-314/85 (Foto-Frost/Hauptzollamt Lübeck-Ost), Slg. 1987 04199, Rn. 15 f. In derartigen Konstellationen wird praktisch das Vorlageermessen ausnahmsweise auf Null reduziert, s. *C. Sellmann/S. Augsberg*, Entwicklungstendenzen des Vorlageverfahrens nach Art. 234 EGV, DÖV 2006, 533 (535). Zur Anerkennung der Vorlagepflicht bei Gültigkeitsfragen s. *U. Ehricke*, Art. 267 AEUV, in: R. Streinz (Hrsg.), EUV/AEUV, ²2012, Rn. 45, *B. W. Wegener*, Art. 267 AEUV, in: C. Calliess/M. Ruffert (Hrsg.), EUV/AEUV, ⁴2011, Rn. 28 f., *D. Ehlers*, Anforderungen an den Rechtsschutz nach Europäischem Unions- und Gemeinschaftsrecht, in: ders./F. Schoch (Hrsg.), Rechtsschutz im Öffentlichen Recht, 2009, § 6, Rn. 17.

[120] Faktische Bindungswirkungen formell-rechtlich unverbindlicher Unionsakte vermögen sich durch die netzwerkinterne Ausgestaltung der Verwaltungskooperation sowie durch die diversen administrativen und gesellschaftlichen Steuerungswirkungen derartiger Akte zu ergeben, s. dazu näher D. I. 3. c) aa) (1) (181 f.).

ebene an die strengen Zulässigkeitsvoraussetzungen der Nichtigkeitsklage gekoppelt, so dass die Rechtswegeröffnung und letztlich die Rechtsschutzeffektivität je nach handelnder Behörde bzw. Ebene variiert. Im Ergebnis ist der Individualrechtsschutz in Netzwerken als funktionale Einheiten nicht nur strukturell fragmentiert, sondern auch *uneinheitlich effektiv*; angesichts der Steuerungsgewinne der Kommission durch die netzwerkinterne Ausgestaltung der Verwaltungskooperation und der Bedeutung der Rechtsschutzeffektivität für die Erfüllung der demokratischen Legitimationsfunktion des Individualrechtsschutzes dürften daraus stark delegitimierende Effekte für Netzwerke resultieren, die ein Überdenken der *Plaumann*-Formel und allgemeiner der Auslegung unmittelbarer und individueller Betroffenheit als erforderlich erscheinen lassen.

cc) Horizontale Rechtsschutzlücken

Neben den durch die *Plaumann*-Formel verursachten Rechtsschutzdefiziten der vertikalen Verwaltungskooperation bestehen auch in der netzwerkinternen horizontalen Kooperation zwischen Behörden unterschiedlicher Mitgliedstaaten Risiken für Rechtsschutzlücken. Dies gilt *erstens* in Konstellationen, in denen mitgliedstaatliche Verwaltungsakte oder Handlungsbeiträge transnationale Wirkungen aufweisen: Da wegen des prozessualen Trennungsprinzips der Rechtsschutz ausschließlich vor der Gerichtsbarkeit des Staates der jeweils handelnden Behörde möglich ist, müssen Betroffene ihren Rechtsschutz im jeweiligen Herkunftsstaat nachsuchen und dabei die Gefahr eingehen, in eine probatio diabolica zu geraten[121]; darüber hinaus können auch Divergenzen zwischen der in den einzelnen Mitgliedstaaten grundrechtlich garantierten Rechtsschutzeffektivität entstehen, welche aus Sicht des jeweiligen mitgliedstaatlichen Grundrechtsschutzes Rechtsschutzdefizite darstellen können[122] . *Zweitens* lassen sich Konstellationen beobachten, in denen die transnationale Verwaltungskooperation nicht durch förmlich abgestufte Verwaltungsverfahren organisiert ist, in denen jeder einzelne Handlungsbeitrag der kooperierenden Behörden einen eigenständigen und gerichtlich

---

[121] *E. Schmidt-Aßmann*, Europäische Rechtsschutzgarantien, in: U. Beyerlin u. a. (Hrsg.), Recht zwischen Umbruch und Bewahrung, FS R. Bernhardt, 1995, 1283 (1303). Zur Problematik des Rechtsschutzes durch die Gerichtsbarkeit des jeweiligen Herkunftsstaats s. bereits *T. Groß*, Die administrative Föderalisierung der EG, JZ 53 (1994), 596 (605), bestätigend *M. Burgi*, Verwaltungsprozess und Europarecht, 1996, 56, *T. v. Danwitz*, Europäisches Verwaltungsrecht, 2008, 647. Zur Anfechtbarkeit vor der Gerichtsbarkeit des Herkunftsstaats *D. Ehlers*, Die Europäisierung des Verwaltungsprozessrechts, DVBl. 2004, 1441 (1443). Zur Beurteilung der Rechtmäßigkeit transnationaler Verwaltungsakte *M. Ruffert*, Der transnationale Verwaltungsakt, Die Verwaltung 34 (2001) 453 (473 f.).

[122] *P. M. Huber*, Art. 19 Abs. 4 GG, in: H. v. Mangoldt/F. Klein/C. Starck (Hrsg.), GG I, [6]2010, Rn. 422: Der grundgesetzlich garantierten Rechtsschutzeffektivität unterliegen nur deutsche Handlungsbeiträge und eine Berufung auf Art. 19 Abs. 4 dürfte „grundsätzlich versagen", so dass ein unionsweit garantiertes Mindestmaß an Rechtsschutzeffektivität in transnationalen Konstellationen erforderlich wird.

isoliert anfechtbaren Verwaltungsakt darstellt, sondern in denen sie als informelle Zusammenarbeit zwischen Behörden unterschiedlicher Mitgliedstaaten erscheint[123]: Diese „informelle grenzüberschreitende Kommunikation" lässt sich jedoch gerichtlich „kaum greifen"[124]. *Drittens* können in der horizontalen Verwaltungskooperation *informations*bedingte *faktische* Rechtsschutzdefizite entstehen: Beruht das Verwaltungshandeln mit Außenwirkung einer Behörde nämlich auf netzwerkintern ausgetauschten Informationen, die von anderen Netzwerkmitgliedern übermittelt werden, so hat die nach außen wirkende Behörde erhebliche *kognitive Defizite* über ihr eigenes Handeln. So lässt sich einerseits in Netzwerken durchaus bestätigen, dass „dem Austausch von Informationen keine bloß abgeleitete, gegenüber dem ‚eigentlichen' Erkenntnisaufbau sekundäre Funktion zukommt"[125], sondern dass die Informationsvermittlung zwischen den Behörden als wichtiger Wissensgenerierungsmodus eine zentrale Voraussetzung des Netzwerkhandelns ausmacht; faktisch kann aber andererseits die nach außen handelnde Behörde die Richtigkeit der Informationen nicht selbst überprüfen und nimmt sie als Realbefunde anderer Netzwerkmitglieder pauschal in ihre Entscheidungsfindung auf. Entsprechend verkürzt fällt auch der Individualrechtsschutz aus, zumal sich die gerichtliche Überprüfung des Handelns mit Außenwirkung als *Rechts*kontrolle nicht auf die Kontrolle der Tatsachen, auf deren Grundlage ausländisches Verwaltungshandeln oder Handlungsbeiträge beruht, erstrecken darf[126]. Jene Rechtsschutzlücke wird umso größer, wenn ein Netzwerkmitglied einer verbindlichen „horizontalen Weisung" nachkommen muss[127], und umso besorgniserregender, wenn das Netzwerkhandeln bspw. durch fehlerhafte Informationen zu schweren Grundrechtseingriffen führen kann[128].

---

[123] In Netzwerken zählen informelle Absprachen und Abstimmungen zwischen den Behörden zu den üblichen Koordinationsmodi, vgl. nur Rn. 13 der Bekanntmachung der Kommission über die Zusammenarbeit innerhalb des Netzes der Wettbewerbsbehörden, Abl. 2004/C 101/03.

[124] *P. M. Huber*, Die entfesselte Verwaltung, StWStP 1998, 423 (445).

[125] *I. Augsberg*, Informationsverwaltungsrecht, 2014, 80.

[126] Vgl. EuGH, Urt. v. 26.1.2006, Rs. C-2/05 (Herbosch Kiere), Slg. 2006 I-01079, Rn. 33: „Eine […] ausgestellte Bescheinigung E 101 bindet den zuständigen Träger und die Gerichte des Mitgliedstaats, in den die Arbeitnehmer entsandt worden sind, solange sie nicht von den Behörden des Ausstellungsstaats zurückgezogen oder für ungültig erklärt wird. Folglich ist ein Gericht des Gaststaats dieser Arbeitnehmer nicht befugt, die Gültigkeit einer Bescheinigung E 101 im Hinblick auf die Bestätigung der Tatsachen, auf deren Grundlage eine solche Bescheinigung ausgestellt wurde, insbesondere das Bestehen einer arbeitsrechtlichen Bindung […] zwischen dem Unternehmen mit Sitz in einem Mitgliedstaat und den von ihm in das Gebiet eines anderen Mitgliedstaats entsandten Arbeitnehmern während der Dauer der Entsendung dieser Arbeitnehmer zu überprüfen".

[127] Vgl. das Instrument des sog. Durchsetzungsersuchens gem. Art. 8 VO 2006/2004 im Rahmen des Netzwerks zur Zusammenarbeit im Verbraucherschutz.

[128] Vgl. Konstellationen fehlerhafter Warnungen im Rahmen der europäischen Schnellwarnsysteme für Lebensmittel- und Produktsicherheit oder fehlerhafter Daten im Rahmen des Europol-Netzwerkes.

b) Demokratische Legitimation durch Individualrechtsschutz in Netzwerken

aa) Rechtstaatliche und demokratische Rechtsschutzeffektivität

Rechtsschutzlücken stellen in erster Hinsicht ein rechtstaatliches Defizit dar, da die Rechtsschutzlückenlosigkeit eine zentrale Vorgabe der grundrechtlich garantierten Rechtsschutzeffektivität ausmacht[129]. In Netzwerken haben Effektivitätsprobleme des Individualrechtsschutzes jedoch auch eine demokratische Lesart: Denn vermag der Individualrechtsschutz einen demokratischen Legitimationsbeitrag zu leisten und dadurch politische Verantwortungs- und demokratische Legitimationsdefizite zu mildern, so hindern Effektivitätsprobleme des Individualrechtsschutzes auch die Erfüllung seiner demokratischen Legitimationsfunktion. Allerdings ist darauf hinzuweisen, dass sich aus Rechtstaats- und Demokratieprinzip nicht unbedingt deckungsgleiche dogmatische Anforderungen an die Rechtsschutzeffektivität ergeben: Zielt nämlich das Rechtstaatsprinzip auf den gerichtlichen Schutz des vom Hoheitshandeln in seinen subjektiven Rechten betroffenen Einzelnen, geht es dem Demokratieprinzip darüber hinaus auch darum, dem demokratischen Legitimationssubjekt Mitbestimmungs- und letztlich *Steuerungs*möglichkeiten der Herrschaftsgewalt bereitzustellen. Eine rein rechtstaatlich orientierte Optimierung der Rechtsschutzeffektivität in Netzwerken kann somit nicht „auf einmal" auch den demokratischen Legitimationsbeitrag des Individualrechtsschutzes sichern und entsprechend demokratische Legitimationsdefizite mildern; vielmehr ist bei der Frage der Rechtsschutzoptimierung auch der spezifisch demokratischen Funktion des Individualrechtsschutzes Rechnung zu tragen. So vermögen die Lösungsansätze der EuGH-Rechtsprechung zwar Optimierungsoptionen für die rechtstaatliche Rechtsschutzeffektivität zu liefern, ihr demokratischer Wert ist jedoch nicht ohne Weiteres gegeben und muss erst im Lichte der dogmatischen Vorgaben des Demokratieprinzips untersucht werden. Jene Vorgaben betreffen hauptsächlich die dogmatische Verbindung der Rechtsschutzeröffnung mit dem demokratischen Legitimationssubjekt sowie den Umfang der gerichtlichen Kontrollierbarkeit von Netzwerken: Davon hängt letztlich die demokratische Mitbestimmungs-, Steuerungs- und Legitimationsmöglichkeit von Netzwerken durch Individualrechtsschutz ab.

[129] Zur Rechtsschutzlückenlosigkeit als Forderung der grundrechtlich garantierten Rechtsschutzeffektivität s. *P. M. Huber*, Art. 19 Abs. 4 GG, in: H. v. Mangoldt/F. Klein/C. Starck (Hrsg.), GG I, [6]2010, Rn. 467.

bb) Dogmatische Anforderungen aus dem Demokratieprinzip

(1) Steuerung seitens des demokratischen Legitimationssubjekts: Klagebefugnis

α) Verbindung von demokratischem Legitimationssubjekt und Klagebefugnis: Verengung des Betroffenenkreises

Aus dem grundgesetzlich und unionsverfassungsrechtlich verankerten individuell-pluralistischen Demokratieprinzip gem. Art. 20 Abs. 1 und 2 GG und Art. 9 ff. EUV ergibt sich eine Reihe von dogmatischen Leitlinien, an denen sich die Rechtsschutzeffektivität aus demokratischer Perspektive messen lässt: Sie orientieren sich an der Optimierung der Steuerungsmöglichkeit der Verwaltungstätigkeit durch das demokratische Legitimationssubjekt auf dem Wege des Individualrechtsschutzes. Von zentraler Bedeutung ist dabei die Eröffnung des Rechtsweges für das demokratische Legitimationssubjekt: Maßgeblich für eine demokratische Steuerung durch Individualrechtsschutz ist nämlich, dass der Legitimationsbeitrag des Rechtsschutzes vom individuell-pluralistischen demokratischen Legitimationssubjekt *selbst* gesteuert wird oder zumindest von ihm ausgelöst und auf dieses zurückgeführt werden kann. Dafür ist eine dogmatische Verbindung zwischen den Kategorien des demokratischen Legitimationssubjekts und der Klagebefugnis erforderlich. Allerdings kann eine genaue Festlegung einer „demokratischen" Klagebefugnis Schwierigkeiten bereiten: Da der grundrechtlich garantierte Rechtsschutz akzessorischer Natur ist, hängt die Frage der Klagebefugnis maßgeblich vom Verständnis der schutzbedürftigen materiellen *Rechts*positionen ab. Deren Bestimmung hat sich im Kontext der demokratischen Legitimationsfunktion des Individualrechtsschutzes am Verhältnis zwischen Freiheit und Gleichheit sowie am Gedanken der *Legitimation durch Kompensation* zu orientieren, wonach Freiheitseinschränkungen nur dann demokratisch legitim sind, wenn sie durch gleiche Mitbestimmungsmöglichkeit der Herrschaftsgewaltausübung kompensiert werden können[130]. Dementsprechend ist eine Mitbestimmungsmöglichkeit durch den demokratischen Kontroll-, Steuerungs- und Legitimationsbeitrag des Individualrechtsschutzes grundsätzlich jenen Individuen einzuräumen, die individuelle Freiheits- oder Gleichheitseinschränkungen erleiden. Dass allerdings im Rahmen der demokratischen *Verwaltungs*legitimation durch Individualrechtsschutz das demokratische Gleichheitselement nicht – wie im Rahmen klassischer Input-Legitimation durch Wahlen und Abstimmungen – zur Anerkennung eines allgemeinen Mitbestimmungsrechts durch Rechtsschutz führen darf, liegt auf der Hand: Dies würde nämlich nicht nur gegen die demokratische Gleichheit verstoßen, sondern auch zu einer Sprengung der subjektiven Ausrichtung des Rechtsschutzsystems führen und es nicht mehr als *Individual*rechtsschutz erscheinen lassen, was wiederum sein demokratisches Legitimationspotential im Rahmen des *individuell*-pluralistischen Demokratieprinzips in Frage stellen würde.

---

[130] Dazu näher C. III.2.b) aa) (1) (95 f.).

Vielmehr ist deswegen die durch die administrative Tätigkeit veranlasste *Verengung*[131] des demokratischen Legitimationssubjekts in den Blick zu nehmen: Im Gegensatz zur demokratischen Legitimationsbedürftigkeit von Gesetzgebungsorganen, denen eine allgemeine, potenziell jeden betreffende Rechtsetzungszuständigkeit zukommt, wird durch die Verwaltungstätigkeit der Kreis der vom Hoheitshandeln Betroffenen in örtlicher wie sachlicher Hinsicht begrenzt; dementsprechend sind in diesem begrenzten Kreis die Individualpositionen verortet, auf die eine demokratische Verwaltungslegitimation durch Individualrechtsschutz gestützt werden kann.

β) Rechtsschutzwürdige Individualinteressen

Die Beantwortung der Frage, welche Individualpositionen im Kontext einer demokratischen Verwaltungslegitimation durch Individualrechtsschutz konkret rechtsschutzwürdig sind, ist mit folgendem Problem konfrontiert: Die individuell-pluralistische Ausrichtung des Demokratieprinzips könnte dazu führen, dass auch die Frage der Betroffenheit von der Herrschaftsgewalt nach dem subjektiven politischen Empfinden jedes Einzelnen als demokratisches Legitimationssubjekt beantwortet wird. Im Kontext des Rechtsschutzes ist die Betroffenheit aber nicht als politische, sondern als rechtliche Frage zu beantworten und hat sich entsprechend zu konkretisieren und zu objektivieren. Die individuell-pluralistische Ausrichtung des Demokratieprinzips spielt dabei insofern eine Rolle, als ihm ein weites individuelles Freiheitsverständnis zugrunde liegt, welches letztlich seine Komplementarität mit den Grundrechten ersichtlich gemacht hat[132]: So dürfte davon ausgegangen werden, dass das Demokratieprinzip eine *grundrechtskonforme* Auslegung der individuellen Betroffenheit als Voraussetzung der Rechtswegeröffnung fordert[133].

---

[131] Vgl. zu einer ähnlichen Verengung des Legitimationssubjekts im Rahmen der sog. autonomen Legitimation auf der Grundlage des Gedankens der Selbstbestimmung in eigenen Angelegenheiten und des Grundsatzes gleichmäßiger Interessenberücksichtigung *H.-H. Trute*, Die demokratische Legitimation der Verwaltung, in: W. Hoffmann-Riem/E. Schmidt-Aßmann/A. Voßkuhle (Hrsg.), GVwR I, ²2012, § 6, Rn. 85.

[132] S. dazu C. III.2.b) bb) (98 f.).

[133] S. zur Erforderlichkeit einer grundrechtskonformen Auslegung der individuellen Betroffenheit als Voraussetzung der Nichtigkeitsklage *P. M. Huber*, Art. 19 Abs. 4 GG, H. v. Mangoldt/F. Klein/C. Starck (Hrsg.), GG I, ⁶2010, Rn. 577, *E. Schmidt-Aßmann,* Empfiehlt es sich, das System des Rechtsschutzes und der Gerichtsbarkeit in der Europäischen Gemeinschaft weiterzuentwickeln?, JZ 53 (1994), 832 (834). Zur rechtsdogmatischen Fixierung im europäischen Individualrechtsschutz s. D. I.3.c) aa) (1) (181 f.).

(2) Steuerung der Herrschaftsgewalt: Klagegegenstand

a) Demokratische Rechtsschutzlücken durch unberücksichtigte Steuerungswirkungen

Die Effektivität des Individualrechtsschutzes hängt aus demokratischer Perspektive maßgeblich davon ab, ob durch den Individualrechtsschutz ein demokratischer Steuerungsbeitrag der Herrschaftsgewalt ermöglicht wird: Dafür ist es erforderlich, die Frage des Individualrechtsschutzes mit jener der Steuerung administrativer Entscheidungsfindung zu verbinden und letztlich administrative Steuerungsinstrumente der gerichtlichen Kontrolle zugänglich zu machen. Gewiss ist auch aus demokratischer Sicht die Optimierung der Rechtsschutzeffektivität nicht zwingend als Maximierung gerichtlicher Verwaltungskontrolle zu verstehen; vielmehr ist es wichtig, Erkenntnisse über die Steuerungswirkungen einzelner Handlungen unabhängig von ihrer Form und ihrer formell-rechtlichen Bindungswirkung in rechtsdogmatische Erwägungen und insbesondere in die Prüfung der Rechtsschutzeffektivität einzubeziehen. Denn entgehen Handlungen mit erheblichem Einfluss auf die Steuerung der administrativen Entscheidungsfindung der gerichtlichen Überprüfung, entsteht ein Defizit demokratischer Rechtsschutzeffektivität bzw. eine *demokratische Rechtsschutzlücke.* An dieser Stelle zeigt sich erneut die Bedeutung einer funktional ausgerichteten methodischen Perspektivenpluralität, die eine Verbindung von klassischer Dogmatik mit dem verhaltensorientierten Steuerungs- und dem strukturorientierten Governance-Ansatz ermöglicht[134]: Während aus einer ausschließlich rechtsaktbezogenen Perspektive faktische (Bindungs-)Wirkungen einzelner Steuerungsinstrumente ohne Rechtsaktcharakter sowie ihre funktionale Erheblichkeit auf die Entscheidungsfindung in Kooperationsstrukturen unberücksichtigt zu bleiben drohen, vermag eine verhaltensbezogene Analyse ihre rechtliche Relevanz zu beleuchten und zur Vermeidung von Rechtsschutzlücken beizutragen. Die Konsequenz liegt auf der Hand: Die Erfüllung der demokratischen Legitimationsfunktion des Individualrechtsschutzes kann nur erfolgen, wenn administrative Handlungsbeiträge unabhängig von ihrer Rechtsform als Klagegegenstände in Betracht kommen; entscheidend ist ihre Steuerungserheblichkeit für administratives und gesellschaftliches Verhalten im Lichte sowohl rechtlicher als auch tatsächlicher Zusammenhänge.

---

[134] Zur Verklammerung von rechtsakt- und verhaltensbezogener Perspektive sowie die Bedeutung der Entwicklung einer verhaltens- und steuerungsorientierten Dogmatik grundlegend *E. Schmidt-Aßmann*, Verwaltungsrechtliche Dogmatik, 2013, 14 f., 18 f. Zur funktional orientierten methodischen Perspektivenpluralität, die Dogmatik mit dem Steuerungs- und Governance-Ansatz zu verbinden vermag, bereits A. II.2 (13 f.).

β) Direkte Anfechtbarkeit und demokratisches Kohärenzgebot im Verwaltungsverbund

Die Grundannahme, dass die demokratische Legitimation vom demokratischen Legitimationssubjekt selbst vermittelt wird, gilt auch im Rahmen einer demokratischen Legitimation durch Individualrechtsschutz: Die Erhebung einer Klage gegen das Verwaltungshandeln und somit die Initiierung der gerichtlichen Verwaltungskontrolle ist als Teil der individuellen *Freiheit* des Betroffenen zu verstehen, der dadurch nicht nur am politischen Willens*bildungs*-, sondern auch am Willens*verwirklichung*sprozess mitwirkt[135]. Daraus folgt: Je enger die gerichtliche Kontrolle an die individuelle Freiheit des demokratischen Legitimationssubjekts gekoppelt wird, desto effektiver ist der demokratische Legitimationsbeitrag des Individualrechtsschutzes. Grundsätzlich dürfte somit davon ausgegangen werden, dass die demokratische Rechtsschutzeffektivität eine *direkte* gerichtliche Anfechtbarkeit von administrativen Steuerungsinstrumenten favorisiert: Je erheblicher ihre Steuerungswirkungen, desto größer die demokratische Bedeutung der Möglichkeit einer direkten gerichtlichen Anfechtbarkeit des Verwaltungshandelns. Im Rahmen des europäischen Verwaltungsverbundes und insbesondere in Netzwerken zeigt sich die legitimatorische Bedeutung der direkten Anfechtbarkeit noch prägnanter: *Erstens* entfalten diverse Handlungsbeiträge ihre gesellschaftlichen und administrativen Steuerungswirkungen bereits netzwerkintern im Innenverhältnis zwischen den Behörden und vor dem Erlass einer Entscheidung mit rechtlicher Außenwirkung für den Einzelnen; in derartigen Konstellationen stellt die direkte Anfechtung ein geeignetes Mittel für die Ermöglichung eines effektiven Rechtsschutzes gegen die Konsequenzen jener Wirkungen für die individuelle Freiheitssphäre. *Zweitens* ist die grundsätzliche Unmöglichkeit einer direkten Anfechtung von formell-rechtlich unverbindlichen oder nicht direkt an den Einzelnen gerichteten unionalen Handlungsbeiträgen deswegen problematisch, weil ihre gerichtliche Kontrolle erst über das mit erheblichen Verzögerungen verbundene Vorabentscheidungsverfahren denkbar ist; ob das Vorabentscheidungsverfahren aber den grundrechtlichen Anforderungen an die *Rechtzeitigkeit* des Individualrechtsschutzes gerecht wird, ist zu bezweifeln[136]. *Drittens* lässt sich auch an dieser Stelle das demokratische Rechtsschutz- und Legitimations*defizit* erkennen, welches durch die Inkohärenz der Zulässigkeitsvoraussetzungen von einzelnen Handlungsbeiträgen im europäischen Verwaltungsverbund und in Netzwerken entsteht: Je nach handelnder Behörde fällt die direkte Anfechtbarkeit

[135] Neben der Anerkennung einer „Ingangsetzungsfunktion" der Klage durch die Initiierung des gerichtlichen Kontrollverfahrens ist in ihr auch eine „Wahrnehmung politischer Teilhabe" ersichtlich, die darin besteht, dass sie dem Bürger neben der Teilnahme am Willensbildungsprozess auch eine Mitwirkung am Willensverwirklichungsprozess ermöglicht, s. ausführlich *E. Rehbinder/H.-G. Burgbacher/R. Knieper*, Bürgerklage im Umweltrecht, 1972, 136–137.

[136] S. aus Sicht der grundgesetzlich garantierten Rechtsschutzeffektivität *P. M. Huber*, Art. 19 Abs. 4 GG, in: H. v. Mangoldt/F. Klein/C. Starck (Hrsg.), GG I, ⁶2010, Rn. 486.

einzelner Handlungsbeiträge unterschiedlich aus, so dass im Ergebnis trotz funktionaler administrativer Einheitlichkeit kein einheitliches Niveau demokratischer Rechtsschutzeffektivität erreicht werden kann. Jene Inkohärenz ergibt sich weitgehend aus den unterschiedlichen Anforderungen, die die EuGH-Rechtsprechung an die Rechtsschutzeröffnung stellt, da sie sich bei Nichtigkeitsklagen gegen Unionshandlungen an einem engen Verständnis schutzwürdiger Rechte orientiert und faktische Eingriffe zunächst unberücksichtigt lässt, obwohl die Anforderungen beim Rechtsschutz gegen mitgliedstaatliche Unionsrechtsverletzungen auf der Grundlage des effet-utile-Grundsatzes viel großzügiger zugunsten des Rechtsschutzsuchenden sind[137]. Insgesamt dürfte sich somit aus dem individuell-pluralistischen Demokratieprinzip ein *demokratisches Kohärenzgebot* für die Rechtsschutzeffektivität und insbesondere der Möglichkeit einer direkten Anfechtbarkeit von Handlungsbeiträgen in Netzwerken ableiten lassen.

(3) Steuerung durch gerichtliche Kontrolle: Kontrolldichte und Verfahren

Schließlich lässt sich auch die Problematik der gerichtlichen Kontrolldichte des Verwaltungshandelns in die Dogmatik der demokratischen Legitimationsvermittlung durch Individualrechtsschutz einordnen und ihre demokratische Lesart erkennen: Aus demokratischer Sicht indiziert sie das Ausmaß der Mitbestimmungsmöglichkeit der Herrschaftsgewalt, die vom demokratischen Legitimationssubjekt auf dem Wege des Individualrechtsschutzes erreicht werden kann, da letztlich die Reichweite des gerichtlich „Durchsetzbaren" von der Kontrolldichte des Verwaltungshandelns abhängt. Allerdings darf nicht pauschal davon ausgegangen werden, dass aus dem Demokratieprinzip etwa stets eine hohe Kontrolldichte des Verwaltungshandelns gefordert werde: Grundsätzlich gilt auch hier, dass sich die gerichtliche Verwaltungskontrolle als *Rechts*kontrolle auf die Überprüfung der Einhaltung rechtlicher Vorgaben an die Administrative beschränkt und dementsprechend gesetzlich eingeräumte administrative Entscheidungsfreiräume zu achten hat. Da das Demokratieprinzip jedoch grundsätzlich verlangt, dass derartige administrative Entscheidungsfreiräume politisch zu verantworten sind, dürfte in Konstellationen defizitärer politischer Verantwortlichkeit das Erfordernis einer *Kompensation* der reduzierten Kontrolldichte als demokratische Forderung an den Individualrechtsschutz bzw. als Voraussetzung der Erfüllung seiner demokratischen Legitimationsfunktion entstehen. Neben der demokratischen Bedeutung der gerichtlichen Kontrolle der verfassungsrechtlichen Unbedenklichkeit der Einräumung eines administrativen (Letzt-)Entscheidungsfreiraums[138] kommen

---

[137] *T. v. Danwitz*, Europäisches Verwaltungsrecht, 2008, 292 und zur Feststellung der Divergenz bereits *E. Schmidt-Aßmann*, Empfiehlt es sich, das System des Rechtsschutzes und der Gerichtsbarkeit in der Europäischen Gemeinschaft weiterzuentwickeln?, JZ 53 (1994), 832 (834).

[138] Vgl. BVerfGE 88, 40 (61).

kompensatorisch zur daraus folgenden Reduzierung der Kontrolldichte erhöhte Anforderungen an die Einhaltung von verwaltungs*verfahrens*rechtlichen Vorgaben in Betracht: Ihre Verrechtlichungsfunktion macht das Verwaltungshandeln der gerichtlichen Kontrolle zugänglich und unterstützt dadurch den demokratischen Legitimationsbeitrag des Individualrechtsschutzes. Im Modell der demokratischen Legitimationsvermittlung durch Individualrechtsschutz stehen somit unterschiedliche Konzepte gerichtlicher Verwaltungskontrolle nicht getrennt voneinander, sondern sind zur Optimierung der Rechtsschutzeffektivität miteinander kombinierbar: Dafür bietet letztlich der von der EuGH-Rechtsprechung entwickelte Kompensationsgedanke des Verwaltungsverfahrens eine sehr hilfreiche dogmatische Grundlage.

In Netzwerken kann einer erhöhten gerichtlichen Kontrolldichte allerdings insofern eine *verbundspezifische* demokratische Funktion zukommen, als sie dazu dienen kann, die gerichtliche Kontrollierbarkeit der Netzwerksteuerung sicherzustellen und Rechtsschutzlücken zu vermeiden. Wird nämlich die gerichtliche Kontrolldichte des Handelns einer mitgliedstaatlichen Behörde aufgrund der Anerkennung eines administrativen Entscheidungsfreiraums anerkannt, können steuerungserhebliche netzwerkinterne Handlungsbeiträge *gänzlich* der gerichtlichen Kontrolle entgehen: Scheitert eine direkte Anfechtung an den Zulässigkeitsvoraussetzungen der *Plaumann*-Formel, kann darüber hinaus die Anerkennung eines Beurteilungsspielraums für ihre Berücksichtigung auf mitgliedstaatlicher Ebene dazu führen, dass auch das mitgliedstaatliche Gericht daran gehindert ist, sie inzident zu kontrollieren oder ein Vorabentscheidungsverfahren einzuleiten, da es an der Voraussetzung der Entscheidungserheblichkeit des Vorabentscheidungsersuchens fehlen kann[139]. Da eine reduzierte Kontrolldichte des kooperativen Verwaltungshandelns ein eigenständiges Risiko für Rechtsschutzlücken in Verbundstrukturen verursachen kann, kann sie auch die Erfüllung der demokratischen Legitimationsfunktion des Individualrechtsschutzes in Netzwerken hindern. Zur Vermeidung und Schließung derartiger Rechtsschutzlücken folgen aus dem Demokratieprinzip sowohl erhöhte Anforderungen an die gerichtliche Kontrolle der Einräumung von administrativen Entscheidungsfreiräumen bei der Verwaltungskooperation als auch die gerichtliche Berücksichtigung faktischer Bindungswirkungen von Verbundelementen als Rechtfertigung einer restriktiven Auslegung jener Entscheidungsfreiräume.

---

[139] Vgl. nur *A. Middeke*, Das Vorabentscheidungsverfahren, in: H.-W. Rengeling/ders./M. Gellermann (Hrsg.), Handbuch des Rechtsschutzes in der Europäischen Union, ^{3}2014, § 10, Rn. 47 f.

cc) Neuüberprüfung demokratischer Rechtsschutzeffektivität in Netzwerken: Defizite durch Inkohärenz

Betrachtet man die Frage der Rechtsschutzeffektivität in Netzwerken aus dem Blickwinkel der Anforderungen, die das Demokratieprinzip dem Individualrechtsschutz zur Erfüllung seiner demokratischen Legitimationsfunktion stellt, so sind diverse, aus der geltenden Rechtslage resultierende Ineffektivitäten feststellbar: Die Mitbestimmungs- und Steuerungsmöglichkeit der administrativen Entscheidungsfindung in Netzwerken seitens des demokratischen Legitimationssubjekts durch Individualrechtsschutz fällt defizitär aus und dürfte als optimierungswürdig zu beurteilen sein. Ein zentrales Effektivitätsproblem ist dabei die *mangelnde Kohärenz* des Individualrechtsschutzes im europäischen Verwaltungsverbund, da je nach handelnder Ebene und Gerichtsbarkeit bzw. zwischen direktem und indirektem Unionsrechtsvollzug unterschiedliche Maßstäbe gelten. Dies drückt sich *erstens* dadurch aus, dass der EuGH bei Unionsrechtsverletzungen seitens der Mitgliedstaaten ein erheblich weiteres Verständnis von gerichtlich schutzwürdigen materiell-rechtlichen Individualinteressen zu Grunde legt, als dies beim Rechtsschutz gegen Handlungen der Unionsorgane der Fall ist; die Dogmatik der Mobilisierung des Bürgers zum Individualrechtsschutz als Instrument des Unionsrechtsvollzugs scheint somit nach der Ansicht des EuGH in erster Linie nur für den indirekten und nicht für den direkten Vollzug zu gelten. *Zweitens* scheint der EuGH durch die Entwicklung der *Plaumann*-Formel die faktische Wirkung von Unionshandlungen nicht zu berücksichtigen, obwohl faktische Wirkungen mitgliedstaatlicher Maßnahmen als potenzielle Verletzungen einen bekannten Topos der Dogmatik der Grundfreiheiten ausmachen[140]. In Netzwerken als hoch integrierten Kooperationsstrukturen des Unionsrechtsvollzugs vermag die Inkohärenz des Individualrechtsschutzes der Erfüllung seiner demokratischen Legitimationsfunktion Probleme zu bereiten, da der demokratische Legitimationsbeitrag des Rechtsschutzes auch von der Erfassung der netzwerkinternen Steuerung administrativer Entscheidungsfindung unabhängig von der jeweils handelnden Ebene abhängt: Die für Netzwerke typische funktionale administrative Einheitlichkeit wird nicht ausreichend auf der Ebene des Individualrechtsschutzes widergespiegelt und insgesamt sind steuerungserhebliche Handlungen nicht vollständig von einer auf das demokratische Legitimationssubjekt zurückführbaren gerichtlichen Kontrolle erfassbar. Dies macht sich insbesondere bei Steuerungskonstellationen durch netzwerkinterne Unionshandlungen bemerkbar: Wegen ihrer grundsätzlichen Unanfechtbarkeit, begrenzt sich der Individualrechtsschutz des demokratischen Legitimationssubjekts auf das Vorabentschei-

[140] Vgl. EuGH, Urt. v. 30.11.1995, Rs. C-55/94 (Reinhard Gebhard/Consiglio dell'Ordine degli Avvocati e Procuratori di Milano), Slg. 1995 I-04165, Rn. 37: rechtfertigungsbedürftig sind „nationale Maßnahmen, die die Ausübung der durch den Vertrag garantierten grundlegenden Freiheiten behindern oder weniger attraktiv machen können".

dungsverfahren, in dessen Rahmen es jedoch nicht selbst eine Vorlage und somit gerichtliche Kontrolle der Unionshandlungen durchsetzen kann. So dürften Optimierungsoptionen des Individualrechtsschutzes erforderlich sein, die neben seines rechtstaatlichen auch seines demokratischen Legitimationspotentials Rechnung tragen und sowohl im Rahmen des Primär- als auch des Sekundärrechtsschutzes zu suchen sind.

c) Optimierung der Rechtsschutzeffektivität: Dogmatische Fixierung

aa) Primärrechtsschutz

(1) Grundrechtskonforme Gestaltung der Rechtswegeröffnung

Die Untersuchung der Risiken für Rechtsschutzlücken in Netzwerken hat gezeigt, dass die Erweiterung der direkten Klagemöglichkeit gegen unionale Handlungsbeiträge eine Optimierungsoption der rechtstaatlichen und demokratischen Rechtsschutzeffektivität darstellen kann: Sie fördert die Kohärenz des Rechtsschutzes und öffnet den Weg für die Erfüllung der in Netzwerken so wichtigen demokratischen Legitimationsfunktion des Individualrechtsschutzes. Die gleichzeitige Optimierung rechtstaatlicher und demokratischer Rechtsschutzeffektivität ist aufgrund der Komplementarität von individuell-pluralistischem Demokratieprinzip und Grundrechten möglich und kann dogmatisch über eine *grundrechtskonforme Auslegung*[141] des Kriteriums unmittelbarer und individueller Betroffenheit als Zulässigkeitsvoraussetzung der Nichtigkeitsklage erreicht werden. So ist bei der Frage der individuellen Betroffenheit eine Abwendung von der *Plaumann*-Formel und eine Orientierung am Ansatz des EuG-Urteils zur Rs. *Jégo-Quéré* erforderlich: In Anlehnung an Generalanwalt *Jacobs* hat es die Problematik im Lichte des Rechtes auf effektiven Rechtsschutz behandelt und ist davon ausgegangen, dass die Voraussetzung individueller Betroffenheit erfüllt ist, wenn eine Handlung die Kläger „unzweifelhaft und gegenwärtig beeinträchtigt, indem sie ihre Rechte einschränkt oder ihnen Pflichten auferlegt", und zwar unabhängig von „der Zahl und der Lage anderer Personen, deren Rechtsposition durch die Bestimmung ebenfalls beeinträchtigt wird oder werden kann"[142]. Eine derartige Auslegung der individuellen Betroffenheit ist insofern grundrechtskonform, als sie bereits die Einschränkung von Rechten und die Auferlegung von Pflichten als Eingriff in die *individuelle Freiheit* bewertet und daraus das Erfordernis einer entsprechenden Rechtsschutzmöglichkeit schließt; in diesem Sinne wird sie auch den bereits skizzierten Anforderungen des Demokratieprinzips an den Individualrechtsschutz in Netzwerken gerecht. Zur Sicherung der Rechtsschutzkohärenz

---

[141] S. bereits D. I.3.b) bb) (1) β) (175 f.).

[142] EuG, Urt. v. 3.5.2002, Rs. T-177/01 (Jégo-Quéré et Cie SA/Kommission), Slg. II 2002-2365, Rn. 51.

im Verwaltungsverbund wird es allerdings erforderlich sein, jene beeinträchtigten Rechte als rechtlich geschützte Individualinteressen zu verstehen[143].

Geht man einen Schritt weiter, ist auch die unmittelbare Betroffenheit grundrechtskonform und im Lichte der demokratischen Legitimationsfunktion des Individualrechtsschutzes auszulegen: Hier hat man sich an den *Wirkungen* einzelner Handlungsbeiträge zu orientieren. Dogmatisch ist dies durch die Betrachtung des *Gesamtzusammenhangs*[144] der Handlungsbeiträge zu erreichen: Die Untersuchung der rechtlichen Ausgestaltung der gesamten netzwerkinternen Verwaltungskooperation vermag rechtliche und faktische Bindungs- und Steuerungswirkungen aufzuzeigen, die einer Beeinträchtigung von Individualinteressen oder der Auferlegung neuer Pflichten gleichkommen und bei einer isolierten Betrachtung des jeweiligen Handlungsbeitrags im Dunkeln bleiben können. In Netzwerken kommen folgende Konstellationen eines derartigen, sich auch auf das Außenverhältnis auswirkenden Gesamtzusammenhangs netzwerkinterner Handlungen in Betracht: *Erstens* handelt es sich um vertikale und horizontale „Weisungen", die zwar nicht direkt an den Einzelnen gerichtet sind, seine Interessen jedoch wegen ihrer Verbindlichkeit betreffen[145]. *Zweitens* handelt es sich um Konstellationen, in denen eine netzwerkinterne Handlung zwar formell-rechtlich unverbindlich ist, wegen der rechtlichen Ausgestaltung der Verwaltungskooperation und insbesondere wegen der Einräumung von Veto- oder Selbsteintrittsrechten zu Gunsten der erlassenen (unionalen) Stelle eine faktische Bindungswirkung aufweist und somit im Ergebnis „weisungsähnlich" wirkt[146]. *Drittens* handelt es sich

[143] Zum Verständnis der gerichtlich schutzwürdigen Rechte als Individualinteressen bereits Generalanwalt *F. G. Jacobs*, Schlussanträge v. 21.3.2002, Rs. C-50/00 P (Unión de Pequeños Agricultores/Rat), Slg. 2002, I-06677f, Rn. 60.

[144] Zur Bedeutung des Kriteriums des Zusammenhangs, in welchem eine Handlung stattfindet, für die Feststellung verbindlicher Wirkungen einer formell-rechtlich unverbindlichen Stellungnahme der Kommission s. EuGH, Urt. v. 26.1.2010, Rs. C-362/08 P (Internationaler Hilfsfonds/Kommission), Slg. 2010 I-00669, Rn. 58: „Hierzu ist festzustellen, dass die streitige Maßnahme sowohl ihrem Inhalt nach – dort wird ausdrücklich von einer endgültigen Stellungnahme der Kommission gesprochen – als auch nach dem Zusammenhang, in dem sie ergangen ist, eine endgültige Weigerung der Kommission darstellt". Die Auslegungs- und Abgrenzungsprobleme hinsichtlich der Tatbestandsmerkmale des Klagegegenstandes und des Kriteriums seiner Rechtsverbindlichkeit werden in den Bereich der Klagebefugnis und der Prüfung der unmittelbaren Betroffenheit verlagert, s. *M. Pechstein*, EU-Prozessrecht, ^{4}2011, Rn. 409.

[145] Dies betrifft sowohl unionale Handlungen, in denen sich die Kommission zu einem Fall „endgültig festlegt", als auch horizontale verbindliche Kooperationshandlungen z. B. des Netzwerks zur Zusammenarbeit im Verbraucherschutz gem. Art. 8 VO 2006/2004. Näher zu horizontalen Rechtsschutzlücken bereits unter D. I.3.a) cc) (171 f.).

[146] Vgl. die formell-rechtlich unverbindlichen Koordinationsinstrumente der Kommission im Netzwerk der Telekommunikationsregulierung, die für die mitgliedstaatlichen Behörden gem. § 10 Abs. 2 S. 3 i. V. m. § 11 Abs. 1 S. 4 TKG „weitgehend zu beachten sind", der Kommission jedoch gem. § 12 Abs. 2 Nr. 3 TKG i. V. m. Art. 7 Abs. 4 RRL ein Vetorecht eingeräumt wird. Zum Vetorecht der Kommission und dazu, dass ihre Leitlinien und Empfehlungen die mitgliedstaatlichen Regulierungsbehörden „nicht absolut binden", s. nur *J.-P. Schneider*, Telekommunikation, in: M. Fehling/M. Ruffert (Hrsg.), Regulierungsrecht, 2010, § 8, Rn. 108–109.

um Konstellationen, in denen durch die Veröffentlichung einer netzwerkinternen Koordinationshandlung nicht nur administrative, sondern auch *gesellschaftliche Steuerungswirkungen* auftreten: Die daraus folgende anerkannte administrative Selbstbindung und Ermessensreduzierung ergibt sich aus dem Vertrauensprinzip und dem Gleichheitssatz[147], so dass sich der Einzelne nur darauf berufen kann, wenn er sein Verhalten nach dem Inhalt der veröffentlichten Handlung richtet; faktisch wird dadurch sein Verhalten gesteuert und mittelbar eine Pflicht auferlegt[148]. Gewiss darf aus dieser Feststellung nicht etwa die Konsequenz gezogen werden, die netzwerkinterne Koordination habe ohne Veröffentlichung von Koordinationsinstrumenten stattzufinden, zumal dadurch Transparenz über die administrative Entscheidungsfindung geschaffen wird und eine informale Kooperation gerichtlich kaum greifbar ist; vielmehr ist aus Sicht der Rechtsschutzeffektivität in der Veröffentlichung die Chance zu sehen, netzwerkinterne Zusammenhänge der gerichtlichen Kontrolle zugänglich zu machen. Insgesamt kann an dieser Stelle festgehalten werden: Eine grundrechtskonforme Auslegung der unmittelbaren und individuellen Betroffenheit gebietet die Ermöglichung einer direkten gerichtlichen Anfechtung jener Maßnahmen, die insofern eine nach außen gerichtete Verbindlichkeit[149] aufweisen, als sie rechtlich oder faktisch neue Pflichten begründen und „erhebliche Auswirkungen auf die Interessen des Einzelnen haben oder wahrscheinlich haben werden"[150].

(2) Umfangreiche gerichtliche Netzwerkkontrolle als Kooperationsaufgabe: Inzidentkontrolle

Scheitert eine direkte Anfechtung eines netzwerkinternen Handlungsbeitrags an einer restriktiven Auslegung der Klagebefugnis, nimmt die Bedeutung ihrer *inzidenten* gerichtlichen Kontrolle zu: Spätestens an diesem Punkt obliegt es nun der mitgliedstaatlichen Gerichtsbarkeit gem. Art. 19 I UAbs. 2 EUV für die Sicherung

Zur Feststellung, dass „auch Empfehlungen und Mitteilungen weisungsähnlich wirken können" s. *T. Groß*, Verantwortung und Effizienz in der Mehrebenenverwaltung, VVDStRL 66 (2007), 152 (166).

[147] Vgl. *T. v. Danwitz*, Europäisches Verwaltungsrecht 2008, 354 f.

[148] Vgl. die Bekanntmachung der Kommission über die Zusammenarbeit innerhalb des Netzes der Wettbewerbsbehörden, die von allen mitgliedstaatlichen Kartellbehörden unterzeichnet wurde und in der Kriterien für die Verteilung von Fällen zwischen den Behörden festgelegt wurden, s. zu faktischen Bindungswirkungen *J. Schwarze*, Die Anfechtung der Fallverteilung im europäischen Netzwerk der Wettbewerbsbehörden, in: I. Brinker/D. H. Scheuing/K. Stockmann (Hrsg.), Recht und Wettbewerb,FS R. Bechtold, 2006, 483 f.

[149] Vgl. zum Kriterium der „nach außen gerichteten Verbindlichkeit" einer Maßnahme als Tatbestandsmerkmal zulässiger Klagegegenstände *I. Dervisopoulos*, Nichtigkeitsklagen, in: H.-W. Rengeling/A. Middeke/M. Gellermann (Hrsg.), Handbuch des Rechtsschutzes in der Europäischen Union, [3]2014, § 7, Rn. 31.

[150] Generalanwalt *F. G. Jacobs*, Schlussanträge v. 21.3.2002, Rs. C-50/00 P (Unión de Pequeños Agricultores/Rat), Slg. 2002, I-06677 f., Rn. 60.

des effektiven Rechtsschutzes in Netzwerken zu sorgen, Rechtsschutzlücken zu schließen und eine umfangreiche, auch faktische Steuerungswirkungen berücksichtigende, gerichtliche Netzwerkkontrolle zu gewährleisten[151]. Dafür haben mitgliedstaatliche Gerichte ihre Kontrolle nicht nur auf die letzte, nach außen gerichtete Handlung der jeweiligen mitgliedstaatlichen Behörde zu begrenzen, sondern die netzwerkinterne Verwaltungskooperation und -koordination zu berücksichtigen und die Wirkungserheblichkeit einzelner Verbundelemente und Handlungsbeiträge zu bewerten und rechtlich zu kontrollieren: Kommen sie dabei zum Ergebnis einer Rechtswidrigkeit eines ausländischen mitgliedstaatlichen Handlungsbeitrags, können sie ihn als nichtig behandeln, wird ein unionaler Handlungsbeitrag als rechtswidrig und ungültig angesehen, ist von einer *Vorlagepflicht* auszugehen[152]. Rechtsschutzlücken können auf dem Wege der inzidenten Kontrolle insofern geschlossen werden, als auch unionale Handlungsbeiträge, die keinen zulässigen Klagegegenstand einer Nichtigkeitsklage darstellen und nicht direkt anfechtbar sind, zulässige Gegenstände eines Vorabentscheidungsverfahrens darstellen[153]. Auch an dieser Stelle sind allerdings Konstellationen problematisch, in denen netzwerkinterne Handlungsbeiträge erhebliche Wirkungen für den Einzelnen haben, aber selbst nicht die Voraussetzungen der direkten Anfechtbarkeit erfüllen und dazu (noch) keine anfechtbare mitgliedstaatliche Handlung mit Außenwirkung vorliegt: In derartigen Konstellationen dürften „Zulässigkeitsvoraussetzungen für Klagen vor innerstaatlichen Gerichten, auch für mögliche vorbeugende Feststellungs- oder Unterlassungsklagen, nicht übermäßig restriktiv gehandhabt werden"[154], so dass zumindest eine inzidente Kontrolle jener netzwerkinternen Kooperation rechtzeitig ermöglicht wird. In Deutschland käme da-

---

[151] Vgl. zur Ansicht des EuGH, dass durch die mitgliedstaatlichen Gerichte die Wahrung der dem Einzelnen aus dem Unionsrecht erwachsenden Rechte „zumindest inzident" gewährleistet werden kann, EuGH, Urt. v. 3.10.2013, Rs. C-583/11 P (Inuit Tapiriit Kanatami u. a./Parlament und Rat), NVwZ 2014, 53, Rn. 104.

[152] Grundlegend EuGH, Urt. v. 22.10.1987, Rs. C-314/85 (Foto-Frost/Hauptzollamt Lübeck-Ost), Slg. 1987, 4225 f. Rn. 15 und 17.

[153] Dies sieht der EuGH als eine Konsequenz der allgemeinen unionsrechtlichen Berücksichtigungspflicht auch unverbindlicher Handlungen, s. EuGH, Urt. v. 21.1.1993, Rs. C-188/91 (Deutsche Shell/Hauptzollamt Hamburg/Harburg), Slg. 1993 I-00363, Rn. 18: „Nach ständiger Rechtsprechung steht der nicht bindende Charakter einer gemeinschaftsrechtlichen Handlung einer Entscheidung des Gerichtshofes über die Auslegung dieser Handlung im Rahmen eines Vorabentscheidungsverfahrens […] nicht entgegen", da „die nationalen Gerichte dennoch verpflichtet sind, sie bei der Entscheidung der bei ihnen anhängigen Rechtsstreitigkeiten zu berücksichtigen, zumal wenn sie, wie beim Sachverhalt des Ausgangsverfahrens, für die Auslegung der Bestimmungen des Übereinkommens von Nutzen sind". Vgl. zur Auslegung einer Empfehlung der Kommission bereits EuGH, Urt. v. 15.6.1976, Rs. 113/75 (Frecassetti/Amministrazione delle finanze dello Stato), Slg. 1976, 983, Rn. 3 und 8/9. Urt. v. 9.6.1977, Rs. 90/76 (Van Ameyde/UCI), Slg. 1977, 1091, Rn. 15, Urt. v. 13.12.1989, Rs. C-322/88 (Grimaldi/Fonds des maladies professionnelles), Slg. 1989, 4407, Rn. 9.

[154] Generalanwältin *J. Kokott*, Schlussanträge v. 17.1.2013, Rs. C-583/11 P (Inuit Tapiriit Kanatami u. a./Europäisches Parlament und Rat), NVwZ 2014, 53, Rn. 121.

für eine Feststellungklage in Betracht, wofür § 43 VwGO allerdings im Lichte des Grundrechts auf effektiven Rechtsschutz weit auszulegen ist[155]. Dass über den mitgliedstaatlichen Rechtsweg effektiver Rechtsschutz gegen unionale Handlungen ermöglicht werden kann, wird nicht zuletzt von der inzidenten Kontrolle unionaler Handlungen seitens des Bundesverfassungsgerichts sowie dem Kooperationsverhältnis zum EuGH bestätigt[156].

Die Bedeutung der inzidenten Kontrolle für die Lückenlosigkeit des Rechtsschutzes insbesondere in Konstellationen, in denen eine direkte Anfechtung netzwerkinterner Handlungsbeiträge nicht ohne Weiteres gegeben ist, unterstreicht erneut die besondere Funktion der gerichtlichen Kontrolldichte: Wird nämlich der nach außen handelnden mitgliedstaatlichen Behörde eine administrative Letztentscheidungsbefugnis bei der Beurteilung von nicht direkt anfechtbaren netzwerkinternen Handlungsbeiträgen anerkannt, führt dies praktisch zu einer Vermeidung ihrer inzidenten Kontrolle und letztlich zu ihrer gänzlichen Freistellung von einer gerichtlichen Überprüfung. Angesichts der Erheblichkeit der netzwerkinternen Verwaltungskooperation für die Steuerung der Entscheidungsfindung kann dadurch eine Rechtsschutzlücke entstehen, die auch der Erfüllung der demokratischen Legitimationsfunktion des Individualrechtsschutzes im Weg steht: Im Ergebnis kann es sein, dass sowohl politische als auch rechtliche Verantwortlichkeit des Netzwerks defizitär ausfallen. Eine Optimierung der rechtstaatlichen und demokratischen Rechtsschutzeffektivität kann somit nur erreicht werden, wenn administrative Entscheidungsfreiräume insofern restriktiv begriffen werden, als sie nicht zu einer Minimierung der gerichtlichen Kontrolle der Netzwerk*steuerung* führen: Die Erweiterung der Klagemöglichkeiten fordert an sich keine geringere Kontrolldichte[157], eine geringe Kontrolldichte seitens mitgliedstaatlicher Gerichte kann und darf nicht dem Unionsrecht entnommen werden[158].

(3) Rechtsschutzoptimierung durch Netzwerkdesign

Lassen sich Lücken des Primärrechtsschutzes auch durch die Inzidentkontrolle nicht vermeiden[159], dürften aus Sicht sowohl des Demokratie- als auch des Recht-

---

155 Zu Möglichkeiten einer Feststellungsklage gem. § 43 VwGO und dem Erfordernis einer Auslegung im Lichte des Grundrechts auf effektiven Rechtsschutz s. *W. Michl*, Verwaltungsgerichtlicher Rechtsschutz in der ‚*Jacobs* gap' nach Maßgabe des Art. 19 I UAbs. 2 EUV, NVwZ 2014, 841 (842 f., 845 f.).

156 Vgl. zuletzt die Vorlage des Bundesverfassungsgerichts an den EuGH, BVerfG, Beschl. v. 14.01.2014, EuZW 2014, 192 f.

157 Allgemein zu einem derartigen Kompensationsargument *E. Schmidt-Aßmann*, Die Kontrolldichte der Verwaltungsgerichte: Verfassungsgerichtliche Vorgaben und Perspektiven, DVBl. 1997, 281.

158 Zu dieser allgemeinen Feststellung im Kontext des Umweltrechts *F. Schoch*, Individualrechtsschutz im deutschen Umweltrecht unter dem Einfluss des Gemeinschaftsrechts, NVwZ 1999, 457 (468 f.).

159 Dies ist in jenen Konstellationen möglich, in denen die netzwerkinterne Verwaltungs-

staatsprinzips restriktive Vorgaben für die sekundärrechtliche Ausgestaltung der netzwerkinternen Verwaltungskooperation erforderlich werden: In Betracht kommt eine Aufwertung von verfahrensrechtlichen Vorkehrungen, die zugunsten der demokratischen und rechtstaatlichen Rechtsschutzeffektivität die administrative Entscheidungsfindung der gerichtlichen Kontrolle zugänglich machen können. Als geeignetste Optimierungsoption bietet sich in dieser Hinsicht die Ausgestaltung der netzwerkinternen Verwaltungskooperation in der Form von mehrstufigen Verwaltungsverfahren an, in denen die einzelnen Stufen die Wahrnehmung subjektiver Verfahrensrechte und insbesondere eines Anhörungsrechts des Einzelnen ermöglichen, durch an ihn gerichtete (Teil-)Entscheidungen abgeschlossen werden und im Sinne eines phasenspezifischen Rechtsschutzes isoliert gerichtlich anfechtbar und überprüfbar sind[160]. Ähnlich wäre die Umgestaltung von Formen informaler horizontaler Kooperation mit transnationalen Wirkungen in eine verfahrensrechtlich geregelte und auf förmliche Handlungsformen basierte europäische Verwaltungszusammenarbeit, wofür insbesondere eine Europäisierung der Amtshilfe gem. § 8aff. VwVrfG geeignet wäre[161]. Rechtsdogmatisch ließe sich eine derartige de lege ferenda sekundärrechtliche Ausgestaltung von Netzwerken nicht nur aus Art. 9ff. EUV und Art. 19 Abs. 4 und 20 Abs. 1 und 2 GG bzw. der demokratischen Legitimationsfunktion des Individualrechtsschutzes herleiten, sondern könnte sich auch auf Art. 41 GrCh stützen, da Unionsgrundrechte unionale und mitgliedstaatliche Stellen gleichermaßen binden und somit auch in Konstellationen vertikaler und horizontaler Verwaltungskooperation nicht auf der

kooperation informell im Sinne einer „Flucht in die Informalität" stattfindet oder wenn eine Inzidentkontrolle nur in begrenztem Umfang möglich ist, wie insbesondere bei der inzidenten Anfechtung von Verfahrensfehlern oder wissenschaftlichen Gutachten, s. dazu *T. Rademacher*, Realakte im Rechtsschutzsystem der Europäischen Union, 2014, 248f. Zur „Flucht in die Informalität" insbesondere durch „Soft Law-förmige Mitwirkungsakte der Kommission, die noch weitgehend ungelöste Verfahrensprobleme" verursachen, s. *W. Kahl*, Lücken und Ineffektivitäten im Europäischen Verwaltungsverbund am Beispiel des Rechts auf Anhörung, DVBl. 2012, 602 (608).

[160] Zu Gefährdungen des Anhörungsrechts in informalen mehrstufigen Verwaltungsverfahren und der Bedeutung einer de lege ferenda sekundärrechtlichen Stärkung des Anhörungsrechts s. *W. Kahl*, Lücken und Ineffektivitäten im Europäischen Verwaltungsverbund am Beispiel des Rechts auf Anhörung, DVBl. 2012, 602 (608). Für einen phasenspezifischen Rechtsschutz, der eine isolierte Anfechtbarkeit von Handlungsbeiträgen ermöglicht, *U. Schliesky*, Von der organischen Verwaltung Lorenz von Steins zur Netzwerkverwaltung im Europäischen Verwaltungsverbund, 2009, 25, *J. P. Schneider*, Verantwortungszurechnung bei vernetzten Verwaltungsverfahren nach deutschem und europäischem Recht, in: H. Hill/U. Schliesky (Hrsg.), Herausforderung e-Government, 2009, 89 (102f.). Allgemein zur Möglichkeit isolierter Anfechtbarkeit von Handlungen in mehrstufigen Verwaltungsverfahren des europäischen Verwaltungsrechts *T. v. Danwitz*, Europäisches Verwaltungsrecht, 2008, 644f.

[161] Zur Bedeutung von Amtshilfe und förmlichen Handlungsformen *P. M. Huber*, Grundzüge des Verwaltungsrechts in Europa – Problemaufriss und Synthese, in: A. v. Bogdandy/S. Cassese/ders., (Hrsg.), IPE V, 2014, § 73, Rn. 80, *W. Kahl*, Grundzüge des Verwaltungsrechts in gemeineuropäischer Perspektive: Deutschland, in: A. v. Bogdandy/S. Cassese/P. M. Huber (Hrsg.), IPE V, 2014, § 74, Rn. 90.

Strecke bleiben dürfen bzw. vom sekundärrechtlichen Gesetzgeber entsprechend zu beachten sind[162]. Die Einräumung von Anhörungs- und Mitwirkungsrechten in der netzwerkinternen Verwaltungskooperation ermöglicht wegen der Kompensations- und Inklusionsfunktion von subjektiven Verfahrensrechten die demokratische Mitbestimmungsmöglichkeit des Einzelnen in der Entscheidungsfindung von Netzwerken und öffnet ihm darüber hinaus auch den Weg für die direkte gerichtliche Anfechtung steuerungserheblicher Handlungsbeiträge: Sogar im Rahmen der *Plaumann*-Formel geht die EuGH-Rechtsprechung davon aus, dass die Einräumung von Beteiligungs- und Informationsrechten eine unmittelbare und individuelle Betroffenheit begründet[163].

bb) Funktionen des Sekundärrechtsschutzes

(1) Funktionale Vielfältigkeit durch prospektive Wirkung

In einem durch weitgehende rechtstaatliche und demokratische Ineffektivitäten gekennzeichneten Rahmen des Primärrechtsschutzes kommt dem Sekundärrechtsschutz aufgrund seiner funktionalen Vielfältigkeit eine Schlüsselrolle zu: Neben der Erfüllung seiner klassischen Entschädigungsfunktion vermag er auch Lücken des Primärrechtsschutzes zu füllen und für die Steuerung und demokratische Legitimation von Herrschaftsgewalt einen wertvollen Beitrag zu leisten. Zentral dafür ist die dogmatische Aufarbeitung der prospektiven Wirkung der Haftung und ihre Eingliederung in die Haftungsdogmatik. Betrachtet man finanzielle Sanktionen für Rechtsverletzungen aus einer funktionalen Perspektive, so stellt man fest, dass sie nicht nur retrospektiv als Entschädigung des von der Rechtsverletzung kausal Geschädigten wirken, sondern auch prospektiv als Ge-

---

[162] *W. Kahl*, Lücken und Ineffektivitäten im Europäischen Verwaltungsverbund am Beispiel des Rechts auf Anhörung, DVBl. 2012, 602 (608). Zur untergeordneten sekundärrechtlichen Beachtung von subjektiven Verfahrensrechten in Verbundkonstellationen s. *C. Eckes/J. Mendes*, The Right to Be Heard in Composite Administrative Procedures: Lost in between Protection?, ELR 2011, 651 (653, 665): „The right to be heard in composite administrative procedures is not governed by legislation“; „in general, it is fair to say that the EU legislator does not pay enough attention to the procedural protection of the persons affected by composite procedures, and, in particular, the effet utile of the right to be heard“.

[163] Rechtlich eingeräumte Verfahrensrechte sind nämlich durch entsprechenden Individualrechtsschutz abgesichert, s. EuGH, Urt. v. 4.10.1983, Rs. 191/82 (FEDIOL/Kommission), Slg. 1983 02913, Rn. 30: „Man kann daher den Antragstellern nicht das Recht verweigern, gerichtlich alles geltend zu machen, was die Prüfung ermöglicht, ob die Kommission die den Antragstellern durch die [...] eingeräumten Verfahrensgarantien beachtet hat, ob sie offensichtliche Fehler bei der Würdigung des Sachverhalts begangen oder es unterlassen hat, wesentliche Gesichtspunkte zu berücksichtigen, aufgrund deren vom Vorliegen einer Subventionswirkung auszugehen wäre, oder ob sie in ihre Begründung ermessensmissbräuchliche Überlegungen hat einfließen lassen“. S. bereits EuGH, Urt. v. 22.10.1986, Rs. 75/84 (Metro/Kommission), Slg. 1986 03021, Rn. 22–23. Allgemein zur Annahme der unmittelbaren und individuellen Betroffenheit bei Einräumung von subjektiven Verfahrensrechten *J. Schwarze*, Art. 263 AEUV, in: ders. (Hrsg.), EU-Kommentar, ^{3}2012, Rn. 58.

genanreiz für rechtswidriges Handeln[164]. Diese prospektive Dimension der Haftung lässt das funktionale Steuerungspotential[165] des Sekundärrechtsschutzes erkennen, da haftungsrechtlich festgelegte Gegenanreize einen Handlungsmaßstab der Herrschaftsgewaltausübung und somit auch der administrativen Entscheidungsfindung darstellen können. Dadurch lassen sich letztlich Lücken und Ineffektivitäten des Primärrechtsschutzes mildern und den Sekundärrechtsschutz nicht als „aliud", sondern als „Minus"[166] erscheinen: Rechtverletzungen werden durch das Haftungsrecht präventiv verhindert, so dass Ineffektivitäten des Primärrechtsschutzes nicht aufkommen; kommt es doch zu einer Rechtsverletzung durch die öffentliche Gewalt, wird sie haftungsrechtlich sanktioniert und die Betroffenen *zumindest* entschädigt.

(2) Vom Minus zum Primärrechtsschutz zum eigenständigen Steuerungsinstrument

α) EMRK: Sekundärrechtsschutz als Minus zum Primärrechtsschutz

Als Vorreiter für die rechtsdogmatische Fixierung der funktionalen Vielfältigkeit der Staatshaftung dürften das Völker- und insbesondere das Unionsrecht gelten: Sowohl die Staatshaftung gem. Art. 41 EMRK als auch das von der Unionsgerichtsbarkeit entwickelte öffentliche Haftungsrecht verstehen sich nicht bloß als Entschädigungsinstrumente, sondern auch als Mittel zur Sicherung der Einhaltung materiell-rechtlicher Vorgaben und zur Relativierung von Lücken des Primärrechtsschutzes. Besonders anschaulich lässt sich dies im europäischen Grundrechtsschutzsystem der EMRK beobachten, wo der Primärrechtsschutz von weitgehender Ineffektivität gekennzeichnet ist: *Erstens* enthalten die Urteile des EGMR lediglich die Feststellung einer Konventionsverletzung und entfalten keine Gestaltungswirkung, so dass staatliche Akte nicht kassiert werden können und der EGMR selbst nicht die primäre Konventionsverletzung ausräumen kann [167];

---

[164] Vgl. *L. Osterloh*, Kompensation der Folgen rechtmäßigen Hoheitshandelns, in: W. Hoffmann-Riem/E. Schmidt-Aßmann/A. Voßkuhle (Hrsg.), GVwR III, ²2013, § 55, Rn. 1: „Jede Einstandspflicht für die Folgen des eigenen (privaten oder hoheitlichen) Handelns weist sowohl prospektive als auch retrospektive Aspekte auf". Zur Wirkung der gerichtlichen Kontrolle als Gegenanreiz auch im Rahmen des öffentlichen Rechts s. *C. Engel*, Diskussionsbeitrag, in: VVDStRL 70 (2011), 346 f.

[165] Zur Verknüpfung von öffentlichem Haftungsrecht und Steuerung aus der Perspektive einer funktionalen Analyse s. *W. Höfling*, Vom überkommenen Staatshaftungsrecht zum Recht der staatlichen Einstandspflichten, in: W. Hoffmann-Riem/E. Schmidt-Aßmann/A. Voßkuhle (Hrsg.), GVwR III, ²2013, § 51, Rn. 9 f.

[166] *P. M. Huber*, Art. 19 Abs. 4 GG, in: H. v. Mangoldt/F. Klein/C. Starck (Hrsg.), ⁶2010, Rn. 457. Vgl. im unionsrechtlichen Kontext ebenfalls *C. Wolf*, Die Staatshaftung der Bundesrepublik Deutschland und der Französischen Republik für Verstöße gegen das Europäische Gemeinschaftsrecht, 1999, 110: „Der Sekundärrechtsschutz scheint als Minus zum Primärrechtsschutz in ihm enthalten zu sein".

[167] *H.-J. Cremer*, Entscheidung und Entscheidungswirkung, in: O. Dörr/R. Grote/Th. Mar-

zweitens sind die Mitgliedstaaten zwar verpflichtet, die Verletzung zu beenden und müssen die Situation vor der Verletzung wiederherstellen, aber nur „soweit es nach ihrem innerstaatlichen Recht möglich ist"[168]. So versteht sich der Entschädigungsanspruch gem. 41 EMRK als Bestandteil des Individualrechtsschutzes[169] und zielt einerseits darauf, die durch das fehlende Kassationsrecht verursachte Primärrechtsschutzlücke zu füllen und den Betroffenen angemessen zu entschädigen, andererseits die „praktische Wirksamkeit der materiell-rechtlichen Verbürgungen der EMRK zu stärken"[170]: Der Mitgliedstaat ist letztlich von Völkerrechts wegen dazu verpflichtet, die durch das Leistungsurteil des EGMR an den Verletzen zu leisten[171]. Die Tatsache, dass sich der in der EMRK vorgesehene Sekundärrechtsschutz auch als prospektiv-präventives Instrument zur Sicherung der Einhaltung ihrer materiell-rechtlichen Vorgaben seitens der Mitgliedstaaten versteht, zeigt sich auch an der Möglichkeit eines Verfahrens gem. Art. 41 EMRK im Falle einer lediglich angeordneten aber *noch nicht eingetretenen* Konventionsver-

---

auhn (Hrsg.), EMRK/GG, Bd. II, ²2013, Kap. 32, Rn. 44–45, *O. Dörr*, Entschädigung und Schadensersatz, in: ders./R. Grote/Th. Marauhn (Hrsg.), EMRK/GG, Bd. II, ²2013, Kap. 33, Rn. 2.

[168] *S. Kadelbach*, Internationale Durchsetzung, in: O. Dörr/R. Grote/Th. Marauhn (Hrsg.), EMRK/GG, Bd. II, ²2013, Kap. 30, Rn. 32, *O. Dörr*, Entschädigung und Schadensersatz, in: ders./R. Grote/Th. Marauhn (Hrsg.), EMRK/GG, Bd. II, ²2013, Kap. 33, Rn. 2. Zur freien Wahl der Mittel s. EGMR, Beschwerde Nr. 24699/94, Urt. v. 28.6.2001 (VgT Verein gegen Tierfabriken/Switzerland), Rn. 78: „The Court recalls that its judgment is essentially declaratory. Its task is to determine whether the Contracting States have achieved the result called for by the Convention. [...] It is not the Court's task to indicate which means a State should utilise in order to perform its obligations under the Convention" m.V. auf EGMR, Beschwerde Nr. 9186/80, Urt. v. 26.10.1984 (De Cubber v. Belgium), A 86, 20, Rn. 35: „The Court's task is to determine whether the Contracting States have achieved the result called for by the Convention, not to indicate the particular means to be utilised." Zur Naturalrestitution „soweit wie möglich" und innerhalb der vom innerstaatlichen Recht zulässigen Grenzen s. nur EGMR, Beschwerde Nr. 14556/89, Urt. v. 31.10.1995 (Papamichalopoulos and others/Greece), A 330-B, Rn. 34 S. 2 f.: „It follows that a judgment in which the Court finds a breach imposes on the respondent State a legal obligation to put an end to the breach and make reparation for its consequences in such a way as to restore as far as possible the situation existing before the breach. [...] If the nature of the breach allows of restitutio in integrum, it is for the respondent State to effect it, the Court having neither the power nor the practical possibility of doing so itself. If, on the other hand, national law does not allow – or allows only partial – reparation to be made for the consequences of the breach, Article 50 (art. 50) [nun Art. 41] empowers the Court to afford the injured party such satisfaction as appears to it to be appropriate."

[169] Dogmatisch setzt Art. 41 EMRK den ungeschriebenen Entschädigungsanspruch voraus und ist selbst eine Kompetenznorm, s. *F. Ossenbühl*, Staatshaftungsrecht, ⁵1998, 530. Zur Besonderheit, dass im Rahmen der völkerrechtlichen Staatshaftung gem. 41 EMRK nicht ein Staat als Vertragspartei, sondern das Individuum anspruchsberechtigt ist, s. *R. Streinz*, Primär- und Sekundärrechtsschutz im Öffentlichen Recht, in: VVDStRL 61 (2002), 300 (313).

[170] *O. Dörr*, Entschädigung und Schadensersatz, in: ders./R. Grote/Th. Marauhn (Hrsg.), EMRK/GG, Bd. II, ²2013, Kap. 33, Rn. 3.

[171] *H.-J. Cremer*, Entscheidung und Entscheidungswirkung, in: O. Dörr/R. Grote/Th. Marauhn (Hrsg.), EMRK/GG, Bd. II, ²2013, Kap. 32, Rn. 47. Zu Art. 41 EMRK als Ausnahme zur sonst lediglich feststellenden Natur der EGMR-Urteile s. *J. Meyer-Ladewig*, EMRK, ³2011, Art. 41, Rn. 1. Zur Haftung gem. Art. 41 EMRK als völkerrechtliche Haftung s. *F. Ossenbühl*, Staatshaftungsrecht, ⁵1998, 530.

letzung[172]: Für die Anwendung der Entschädigungsbefugnis des EGMR genügt bereits die drohende Verletzung eines in der EMRK garantierten Rechts[173]. Insgesamt zeigt die Ausgestaltung des Sekundärrechtsschutzes im Grundrechtsschutzsystem der EMRK besonders klar die enge Verknüpfung zwischen Primär- und Sekundärrechtsschutz auf, so dass davon ausgegangen werden kann, dass sie als zwei Teile der grundrechtlich garantierten Rechtsschutzeffektivität[174] dieselbe funktionale Zielrichtung haben und konzeptuell nicht voneinander getrennt zu denken sind: Die Defizite des Primär- werden durch den Sekundärrechtsschutz als dessen Minus gemildert.

β) Unionsrecht: Lückenschließungs- und Steuerungsfunktion

Eine explizite Erfassung der Funktion des Sekundärrechtsschutzes für die Schließung von Lücken des Primärrechtsschutzes lässt sich der Rechtsprechung zur Haftung der Unionsorgane entnehmen: Wegen der Lücken des Primärrechtsschutzes gegen rechtswidrige Unionshandlungen, die hauptsächlich durch die bereits geschilderten begrenzten Möglichkeiten abwehrenden Individualrechtsschutzes vor der Unionsgerichtsbarkeit verursacht werden, betrachtet die Rechtsprechung den Sekundärrechtsschutz als ein Minus zum Primärrechtsschutz, der zumindest sicherstellt, dass „der Zugang zu Gericht nicht versagt wird"[175] und dadurch die gerichtliche Anfechtung dennoch ermöglicht wird. Denn eine Klage

---

172 EGMR, Beschwerde Nr. 14038/88, Urt. v. 7.7.1989 (Soering/The United Kingdom), A 161, Rn. 126: „No breach of Article 3 (art. 3) has as yet occurred. Nevertheless, the Court having found that the Secretary of State's decision to extradite to the United States of America would, if implemented, give rise to a breach of Article 3 (art. 3), Article 50 (art. 50) [nun Art. 41] *must be taken as applying to the facts of the present case.*" (Hervorhebung v. *Verf.*). Daran mit identischer Begründung anschließend EGMR, Beschwerde Nr. 12083/86, Urt. v. 26.3.1992 (Beldjoudi/France), A 234-A, Rn. 84 und EGMR, Beschwerde Nr. 25964/94 Urt. v. 17.12.1996 (Ahmed/Austria), Rn. 49. Anders zur Meinung, dass die Entschädigungsklage kein selbstständiger Rechtsbehelf sei, der dazu dienen soll, Lücken des Primärrechtsschutzes zu schließen und dass vielmehr die Feststellung der Konventionsverletzung im Vordergrund stehe, s. *F. Ossenbühl*, Staatshaftungsrecht, ⁵1998, 535, *R. Streinz*, Primär- und Sekundärrechtsschutz im Öffentlichen Recht, in: VVDStRL 61 (2002), 300 (313).

173 *O. Dörr*, Entschädigung und Schadensersatz, in: ders./R. Grote/Th. Marauhn (Hrsg.), EMRK/GG, Bd. II, ²2013, Kap. 33, Rn. 3. Vgl. unter Berücksichtigung der teils widersprüchlichen Kasuistik *S. Kadelbach*, Internationale Durchsetzung, in: O. Dörr/R. Grote/Th. Marauhn (Hrsg.), EMRK/GG, Bd. II, ²2013, Kap. 30, Rn. 32: „Die Beschwer besteht bereits zu dem Zeitpunkt, in dem die belastende Wirkung eines Hoheitsaktes wahrscheinlich ist".

174 Zur in Art. 6 EMRK enthaltenen grundrechtlichen Garantie, die effektiven Rechtsschutz verbürgt und sowohl den primären als auch den sekundären Rechtsschutz betrifft, s. *R. Streinz*, Primär- und Sekundärrechtsschutz im Öffentlichen Recht, in: VVDStRL 61 (2002), 300 (306).

175 EuG, Urt. v. 15.1.2013, Rs. T-377/00 (Philip Morris International u. a./Kommission), Slg. 2003 II-1, Rn. 123: „Dazu ist festzustellen, dass den Rechtsunterworfenen aufgrund der Tatsache, dass ein Verhalten ohne Entscheidungscharakter nicht Gegenstand einer Nichtigkeitsklage sein kann, nicht der Zugang zu den Gerichten versagt wird, da noch die Möglichkeit einer Klage aus außervertraglicher Haftung […] besteht, wenn ein solches Verhalten dazu angetan ist, die Haftung der Gemeinschaft auszulösen".

aus außervertraglicher Haftung ist auch gegen unionales Verhalten möglich, das nicht im Rahmen des Primärrechtsschutzes bzw. durch die Nichtigkeitsklage angefochten werden kann[176]. Rechtsdogmatisch stellt die Schadensersatzklage nach ständiger Rechtsprechung[177] sogar einen selbstständigen Rechtsbehelf dar, was aufgrund ihrer eigenständigen Funktion zur Ausgleichung von Lücken des primären Individualrechtsschutzes erklärt werden kann[178]. Eine ebenfalls erhebliche Bedeutung wird dem Staatshaftungsanspruch gegen Mitgliedstaaten für Unionsrechtsverletzungen zugemessen: Damit wird allerdings nicht die Schließung von Rechtsschutzlücken bezweckt, sondern vielmehr die prospektive Steuerungsfunktion des Sekundärrechtsschutzes betont, da er von der Rechtsprechung als Instrument der effektiven Unionsdurchsetzung entwickelt wurde und somit dem Legalitätsprinzip dient[179]. Insgesamt soll dadurch ein kohärentes Haftungssystem von Union und Mitgliedstaaten entstehen: „Der Schutz der Rechte, die der einzelne aus dem Unionsrecht herleitet, kann nämlich nicht unterschiedlich sein, je nachdem, ob die Stelle, die den Schaden verursacht hat, nationalen oder Gemeinschaftscharakter hat“[180]. Durch jenes Kohärenzgebot[181] ist der Sekundärrechtsschutz besonders dafür geeignet, die durch Inkohärenz verursachten Lücken des Primärrechtsschutzes zu mildern und die Effektivität des Individualrechtsschutzes insgesamt zu steigern: Die öffentliche Haftung entwickelt sich somit zu einem eigenständigen und kohärenten Steuerungsinstrument des europäischen Verwaltungsverbundes.

---

[176] EuG, Urt. v. 6.4.2006, Rs. T-309/03 (Camós Grau/Kommission), Slg. 2006 II-01173 Rn. 78, Urt. v. 4.10.2006, Rs. T-193/04 (Tillack/Kommission), Slg. 2006 II-03995, Rn. 98: „Die Rechtsunterworfenen, die wegen der […] Zulässigkeitsvoraussetzungen bestimmte Handlungen oder Maßnahmen der Gemeinschaft nicht unmittelbar anfechten können, haben somit die Möglichkeit, ein Verhalten, bei dem es sich nicht um eine Entscheidung handelt und das daher nicht Gegenstand einer Nichtigkeitsklage sein kann, anzufechten, indem sie eine Klage aus außervertraglicher Haftung […] erheben, wenn ein solches Verhalten dazu angetan ist, die Haftung der Gemeinschaft auszulösen“.

[177] Grundlegend EuGH, Urt. v. 28.4.1971, Rs. 4/69 (Lütticke/Kommission), Slg.1971 325, Rn. 6, Urt. v. 17.12.1981, Rs. 197-200, 243, 245 und 247/80 (Ludwigshafener Walzmühle/Rat und Kommission), Slg. 1981 03211, Rn. 4, Urt. v. 26.2.1986, Rs. 175/84 (Krohn & Co./Kommission), Slg. 1986 00753, Rn. 32 sowie daran anschließend EuG, Urt. v. 3.3.2010, Rs. T-429/05 (Artegodan GmbH/Kommission), Slg. 2010 II-00491, Rn. 50.

[178] *R. Streinz*, Primär- und Sekundärrechtsschutz im Öffentlichen Recht, in: VVDStRL 61 (2002), 300 (332), *J. Schwarze*, Art. 235 EGV, in: ders. (Hrsg.), EU-Kommentar, ²2009, Rn. 3. Die Eigenständigkeit wird in der EuGH-Rechtsprechung allerdings primär mit den unterschiedlichen Zwecken von Schadensersatz- und Nichtigkeitsklage in Verbindung gebracht, da erstere auf Schadensersatz, letztere auf die Nichtigkeitserklärung einer Unionshandlung abzielt, s. EuGH, Urt. v. 2.12.1971, Rs. 5–71 (Aktien-Zuckerfabrik Schöppenstedt/Rat), Slg. 1971 00975, Rn. 3.

[179] S. grundlegend EuGH, Urt. v. 19.11.1991, Rs. C-6/90 und C-9/90 (A. Francovich/Italienische Republik), Slg. 1991-5357, Rn. 33.

[180] EuGH, Urt. v. 5.3.1996, Rs. C-46/93 (Brasserie du pêcheur/Bundesrepublik Deutschland u. a.), Slg. 1996 I-01029, Rn. 42, Urt. v. 4.7.2000, Rs. C-352/98 P (Bergaderm und Goupil/Kommission), Slg. 2000 I-05291, Rn. 41.

[181] *W. Berg*, Art. 288 EGV, in: J. Schwarze (Hrsg.), EU-Kommentar, ²2009, Rn. 3.

(3) Grundrechtliche Rekonstruktion der Haftungsfunktionen

Im Lichte der Wirkungsvielfältigkeit öffentlicher Haftung und der dogmatischen Ausgestaltung des Sekundärrechtsschutzes in der Dogmatik des europäischen Grundrechtsschutzes, des Unionsrechts und des Grundgesetzes lassen sich zwei Funktionen des Sekundarrechtsschutzes beobachten: Erstens dient er der Entschädigung von Einzelnen, die von der öffentlichen Gewalt rechtswidrig geschädigt wurden (*Entschädigungsfunktion*); als Minus zum Primärrechtsschutz dient er zweitens der Schließung von Lücken des Primärrechtsschutzes (*Lückenschließungsfunktion*). Rekonstruiert man somit funktional das Verhältnis zwischen Primär- und Sekundärrechtsschutz, zeigt sich deren Komplementarität auf: Sie zielen beide „auf den Schutz individueller Rechtspositionen", sind „zugleich Instrumente zur Durchsetzung der Rechtmäßigkeit des Staatshandelns" und wo das „eine Instrument ausfällt oder Funktionsdefizite aufweist, greift ein anderes", was letztlich ein „Gebot grundrechtlicher wie rechtstaatlicher Teleologie ist"[182]. Diese grundrechtliche Dimension des Sekundärrechtsschutzes zeigt aufgrund der Komplementarität von Grundrechten und individuell-pluralistischem Demokratieprinzip schließlich eine dritte Funktion auf: Besonders durch seine prospektive Wirkung, die Verletzungen von individuellen Rechtspositionen präventiv zu verhindern vermag, erfüllt er eine *demokratische Steuerungs- und Legitimationsfunktion*. Insgesamt stellt der Sekundärrechtsschutz für den Einzelnen als Grundrechtsträger und demokratischem Legitimationssubjekt ein eigenständiges und umfassendes Instrument zum Schutz seiner Individualinteressen und der Ermöglichung eines Steuerungs- und Mitbestimmungsbeitrags von Herrschaftsgewalt dar.

(4) Demokratische Haftungsdogmatik

Zur Erfüllung der demokratischen Legitimationsfunktion des Sekundärrechtsschutzes ist es erforderlich, dass sich die dogmatische Ausgestaltung des öffentlichen Haftungsrechts in das Modell der demokratischen Legitimation durch Individualrechtsschutz eingliedert und an den dogmatischen Anforderungen des individuell-pluralistischen Demokratieprinzips orientiert. Maßgeblich ist auch hier die Mitbestimmungs- und Steuerungsmöglichkeit der Herrschaftsgewaltausübung durch das demokratische Legitimationssubjekt. Konzeptionell dürften insofern keine Besonderheiten gegenüber dem abwehrenden Individualrechtsschutz gelten: Der demokratische Legitimationsbeitrag wird dadurch geleistet, dass der Einzelne als demokratisches Legitimationssubjekt die gerichtliche Kontrolle der öffentlichen Gewalt veranlassen kann und rechtswidriges Hoheitshandeln sanktioniert werden kann. Die dogmatischen Besonderheiten gegenüber der demokratischen

---

[182] *W. Höfling*, Primär- und Sekundärrechtsschutz im Öffentlichen Recht, VVDStRL 61 (2002), 260 (278).

Funktion des Primärrechtsschutzes werden erst in Konstellationen der Verwaltungskooperation zwischen einer Vielzahl von Hoheitsträgern ersichtlich: Denn aufgrund der prospektiven Ausrichtung der demokratischen Steuerungsfunktion des Sekundärrechtsschutzes ist es für die Leistung eines effektiven demokratischen Legitimationsbeitrags wichtig, dass jener Hoheitsträger haftbar gemacht werden kann, dessen Handlungsbeiträge einen erheblichen Einfluss auf das Verwaltungshandeln mit Außenwirkung haben; nur wenn dies gewährleistet ist, kann die präventive Funktion der öffentlichen Haftung in Verbundkonstellationen wirken und effektiv Verletzungen von individuellen Rechtspositionen verhindern. Ist somit für einen effektiven Primärrechtsschutz eine grundrechtskonforme Auslegung der unmittelbaren und individuellen Betroffenheit von Bedeutung, so ist für eine demokratische Rechtsschutzeffektivität durch Sekundärrechtsschutz eine grundrechtskonforme Auslegung der *Kausalität* gem. Art. 340 Abs. 2 AEUV bzw. der *unmittelbaren Schadensverursachung* erforderlich: Zu haften hat derjenige, von dem die Verletzung individueller Rechtspositionen aufgrund seines Steuerungseinflusses auf die Entscheidungsfindung tatsächlich ausgeht und somit nicht unbedingt derjenige, der den letzten Handlungsbeitrag gegenüber dem Geschädigten leistet. Auf die genauere dogmatische Fixierung eines Haftungsmodells für Netzwerke wird im letzten Teil der Untersuchung näher einzugehen sein; festzuhalten ist an dieser Stelle zunächst, dass der Sekundärrechtsschutz eine Option für die Optimierung sowohl der rechtstaatlichen als auch der demokratischen Rechtsschutzeffektivität ist.

cc) Zwischenergebnis: Rechtsschutzoptimierung als legitimatorische Notwendigkeit

Insgesamt kann festgehalten werden, dass die Sicherung der Rechtsschutzeffektivität in Netzwerken als funktionale Einheiten schon wegen der strukturellen Fragmentierung des europäischen Rechtsschutzes keine leichte Aufgabe ist. Risiken für Rechtsschutzlücken drohen sowohl in der vertikalen als auch in der horizontalen Verwaltungskooperation. Da jedoch dem Individualrechtsschutz wegen seines demokratischen Legitimationspotentials ein noch größeres Gewicht zukommt, als dies bisher angenommen wird, ist die Optimierung der Rechtsschutzeffektivität in den politisch defizitär verantwortlichen Netzwerken von erheblicher legitimatorischer Bedeutung. Optimierungsoptionen haben sich dabei auch an den Vorgaben des Demokratieprinzips zu orientieren, so dass besonders die Netzwerk*steuerung* zu berücksichtigen ist: Letztlich gilt es den Individualrechtsschutz so zu gestalten, dass dem Einzelnen als demokratischem Legitimationssubjekt eine effektive Kontroll-, Steuerungs- und letztlich Mitbestimmungsmöglichkeit der Entscheidungsfindung in Netzwerken zur Verfügung gestellt werden kann. Da jedoch Rechtsschutzprobleme als genuin juristische Fragestellungen nicht ohne bereits bekannte Kategorien des Rechts gelöst werden können[183], sind konkrete dogmatische Folgerungen für die Ausgestaltung des Individualrechtsschutzes in Netzwerken herauszuarbeiten: Zentral dabei ist die Ermöglichung einer gerichtlichen Kontrolle von netzwerkinternen Handlungsbeiträgen, die trotz ihrer Erheblichkeit für die Entscheidungsfindung vom Einzelnen nur unter sehr strengen Voraussetzungen gerichtlich anfechtbar sind. Erforderlich ist deswegen eine *grundrechtskonforme Auslegung* der unmittelbaren und individuellen Betroffenheit, die eine direkte Anfechtung auch netzwerkinterner Handlungsbeiträge ermöglicht und die unionsweite Rechtsschutzkohärenz zugunsten rechtstaatlicher und demokratischer Rechtsschutzeffektivität fördert. Ebenfalls wichtig ist die Berücksichtigung und inzidente Kontrolle von Verbundelementen seitens mitgliedstaatlicher Gerichte; verbleiben dennoch Lücken des Primärrechtsschutzes, obliegt es dem sekundärrechtlichen Gesetzgeber, die netzwerkinterne Verwaltungskooperation so zu gestalten, dass subjektive Verfahrensrechte wahrgenommen werden können und eine isolierte Anfechtung steuerungserheblicher Handlungsbeiträge ermöglicht wird. Schließlich ist man bei verbleibenden Lücken auf die Funktionsvielfältigkeit des Sekundärrechtsschutzes angewiesen: Als Minus zum Primärrechtsschutz vermag er Rechtsschutzlücken zu mildern, indem er präventiv als Gegenanreiz Rechtsverletzungen abwendet und retrospektiv sicherstellt, dass für rechtswidriges Hoheitshandeln zumindest gehaftet wird.

Im Folgenden sind die soeben geschilderten Probleme und Optimierungsoptionen des Primärrechtsschutzes in zwei Netzwerken des europäischen Verwaltungsverbundes näher zu betrachten und im Anschluss daran wird auf die netzwerkspezifische Problematik des Haftungsrechts einzugehen sein.

II. Primärrechtsschutz in Netzwerken

1. Individualrechtsschutz in der Telekommunikationsregulierung

a) Rechtsschutzeröffnung

aa) Rechtsschutzrahmen europäischer Telekommunikationsregulierung

(1) Die Organisation der Entscheidungsfindung aus der Rechtsschutzperspektive

Die Spezifika der Regulierung gegenüber anderen Verwaltungsaufgaben bestehen hauptsächlich im hohen Ökonomisierungsgrad der Entscheidungsfindung und der Vielzahl von Interessenserwägungen, die dabei in Betracht gezogen werden müssen. Die sich daraus ergebende sachliche Komplexität erklärt seitens des Gesetz-

[183] *C. Möllers*, Netzwerk als Kategorie des Organisationsrechts, in: J. Oebbecke (Hrsg.) Nicht-normative Steuerung in dezentralen Systemen, 2005, 285 (301).

gebers auch die für Regulierungsaufgaben typische Einräumung von weiten administrativen Entscheidungsfreiräumen[184]. Dazu kommt aus unionsrechtlicher Sicht die Tatsache, dass die Marktregulierung Divergenzen zwischen mitgliedstaatlichen (Teil-)Märkten sowie die entsprechende Pluralisierung der öffentlichen Interessen[185] innerhalb des gemeinsamen Marktes zu berücksichtigen und zu bewältigen hat. Der sektoral bedingte und somit ohnehin hohe Komplexitätsgrad nimmt durch diese zusätzliche territoriale Komponente zu, so dass schließlich ein „Flexibilitäts-Kohärenz-Dilemma"[186] entsteht: Die sektorenspezifisch erforderliche Flexibilität von Regulierungsbehörden kann aus unionsrechtlicher Perspektive zu Kohärenzverlusten und einer Gefährdung des unionsrechtlichen Effektivitätsgebots führen. Diesen Herausforderungen kommt das unionale Regulierungsverwaltungsrecht durch die Kombination zweier Strategien entgegen: Im Hinblick auf die Flexibilitätssicherung werden mitgliedstaatlichen Regulierungsbehörden „Ermessenspielräume" eröffnet, die erforderliche Kohärenz soll durch die Koordination aller Netzwerkmitglieder sichergestellt werden; vertikal durch eine ex ante-Steuerung aufgrund von Marktempfehlungen und Leitlinien der Kommission und im Rahmen horizontaler und vertikaler ad hoc-Koordination durch Stellungnahmen aller Netzwerkmitglieder. Als ultima ratio ist schließlich ein Vetorecht der Kommission vorgesehen[187].

(2) Klagegegenstand und Klagebefugnis: Adressat der Regulierungsverfügung

Zwar endet das gestufte Verwaltungsverfahren der Marktanalyse und -definition nach der Konsolidierungsphase und unter der Voraussetzung, dass die Kommission kein Vetorecht ausgeübt hat, eine Entscheidung mit Außenwirkung wird aber erst nach der erneuten Durchführung der Konsolidierungsphase erlassen: Sie besteht in der Regulierungsverfügung, einem einheitlichen Verwaltungsakt[188], der nur „insgesamt angefochten werden kann"[189]. Marktdefinition und Marktanalyse sind somit ein untrennbarer Bestandteil dieses Verwaltungsaktes und „können nicht isoliert, sondern nur inzident mit der Regulierungsverfügung klageweise

---

184 Vgl. *J. Ruthig*, Grundzüge sektorenspezifischer Regulierung, in: ders./S. Storr (Hrsg.), Öffentliches Wirtschaftsrecht, ³2011, § 6, Rn. 542 f.

185 *K.-H. Ladeur/C. Möllers*, Der europäische Regulierungsverbund der Telekommunikation im deutschen Verwaltungsrecht, DVBl. 2005, 525 (533).

186 *G. Britz*, Vom Europäischen Verwaltungsverbund zum Regulierungsverbund? Europäische Verwaltungsentwicklung am Beispiel der Netzzugangsregulierung bei Telekommunikation, Energie, Bahn, EuR 2006, 47 (55 f.), zustimmend *M. Schramm*, Der europäische Verwaltungsverbund in der Telekommunikationsregulierung (§§ 10 ff. TKG) aus dem Blickwinkel des Rechtsschutzes, DÖV 2010, 387 (388).

187 S. §§ 10 Abs. 2 S. 3 i. V. m. 11 Abs. 1 S. 4 TKG. Dazu *J.-P. Schneider*, Telekommunikation, in: M. Fehling/M. Ruffert (Hrsg.), Regulierungsrecht, 2010, § 8, Rn. 108–109.

188 Explizit § 13 Abs. 5 TKG.

189 S. Begründung zum Entwurf eines Telekommunikationsgesetzes, BT-Drs. 15/2316, 63. Rechtsbehelf ist die Anfechtungsklage gem. § 42 Abs. 1 und 2 VwGO.

angegriffen werden“[190], da allein er und „nicht die auf der Vorfragenebene getroffenen Marktfestlegungen Regelungscharakter mit Außenwirkung i. S. v. § 35 S. 1 VwVfG haben“[191]. Neben dieser ausdrücklichen gesetzlichen Begrenzung des Rechtsschutzes auf die Regulierungsverfügung lässt sich in der Rechtsprechung auch eine Begrenzung der Klagebefugnis beobachten: Zunächst ist lediglich der Adressat der Regulierungsverfügung klagebefugt, da sie „ausschließlich im öffentlichen Interesse“ ergehe und „kein subjektives Recht auf die Definition eines bestimmten Marktes“ bestehe, so dass Konkurrenten keine Rechtsschutzmöglichkeit haben[192].

bb) Anfechtbarkeit einzelner Handlungsbeiträge

(1) Vertikale Kooperation

α) Ex ante-Steuerung: Marktempfehlung und Leitlinien

Fraglich ist zunächst, ob auch einzelne netzwerkinterne Handlungsbeiträge gerichtlich anfechtbar sind. Dabei käme eine Anfechtbarkeit der ex ante-Steuerungsinstrumente der Kommission, der Marktempfehlung und der Leitlinien ausschließlich vor der unionalen Gerichtsbarkeit in Betracht, wofür die Zulässigkeitsvoraussetzungen einer Nichtigkeitsklage gem. Art. 263 AEUV erfüllt sein müssen. So dürfte zunächst die formell-rechtliche Unverbindlichkeit von Marktempfehlung und Leitlinien kein Hindernis darstellen: Zwar kommen Empfehlungen und Stellungnahmen grundsätzlich nicht als Klagegegenstände in Betracht[193], entscheidend ist aber nicht die Form einer Handlung, sondern ihr Inhalt; wenn sie nicht bloß Rechtsnormen wiederholt oder erläutert, sondern eigene Rechtswirkungen erzeugen soll, indem sie Rechtsnormen ergänzt oder gegenüber ihnen spezifische Verpflichtungen festlegt, kann sie mit der Nichtigkeitsklage angefochten werden[194]. So kann eine Mitteilung der Kommission, die durch ihre zwingenden Formulierungen gekennzeichnet ist, gegenüber den Grundfreiheiten besondere Bestimmungen für die Mitgliedstaaten enthält und deswegen eigene Rechtswirkungen erzeugt[195], unabhängig von ihrer Bezeichnung einen zulässigen Klagegegenstand darstellen. Trotz der Tatsache, dass Marktempfehlung und Leitlinien aufgrund der Ausgestaltung der netzwerkinternen Kooperation und insbesondere durch die Einräumung des Vetorechts zugunsten der Kommission durchaus eine

---

190 BVerwG, Urt. v. 14.12.2011 (6 C 36.10), DVBl. 2012, 357, Rn. 32.

191 BVerwG, Urt. v. 29.10.2008 (6 C 38.07), DÖV 2009, 377, Rn. 12.

192 BVerwG, Urt. v. 28.11.2007 (6 A 6 C 42.06), BVerwGE 130, 39, Rn. 19 f., 21: „Rechtsschutzmöglichkeiten der Wettbewerber auf dieser Ebene wären zudem kaum vereinbar mit dem europäischen Rechtsrahmen“.

193 Art. 263 Abs. 1 AEUV.

194 EuGH, Urt. v. 20.3.1997, Rs. C-57/95 (Frankreich/Kommission), Slg. I-1640 f., Rn. 13.

195 EuGH, Urt. v. 20.3.1997, Rs. C-57/95 (Frankreich/Kommission), Slg. I-1640 f., Rn. 18, 23.

starke faktische Bindungswirkung haben[196], weisen sie nach der EuGH-Rechtsprechung einen „unverbindlichen Charakter“ auf und „enthalten für den Einzelnen keine mittelbaren oder unmittelbaren Verpflichtungen“[197]. Ohnehin dürfte aber eine direkte Anfechtbarkeit auch an der mangelnden Klagebefugnis scheitern, zumal den mitgliedstaatlichen Behörden ein „Ermessenspielraum“ eröffnet wird und somit nach den allgemeinen Anforderungen der EuGH-Rechtsprechung nicht von einer unmittelbaren Betroffenheit ausgegangen werden kann[198].

β) Ad hoc-Koordination: Stellungnahmen im Konsolidierungsverfahren

Im Gegensatz zu der Marktempfehlung und den Leitlinien stellen Stellungnahmen im Rahmen des Konsolidierungsverfahrens keine abstrakten ex ante-Steuerungs- und Koordinierungsinstrumente des Unionsrechtsvollzugs dar, sondern sind vielmehr als Teil einer Verfahrens*stufe* einer konkreten fallbezogenen Koordination zu verstehen: Sie ergehen aufgrund der Informationen, die die nationalen Regulierungsbehörden (NRB) im Rahmen einer bestimmten Marktdefinition und Marktanalyse im Netzwerk verteilt haben und dürften als konkret-individuelle Handlungsbeiträge gelten. Dementsprechend ist die Frage nach ihrer Anfechtbar-

---

[196] Vgl. *W. Kahl*, Lücken und Ineffektivitäten im Europäischen Verwaltungsverbund am Beispiel des Rechts auf Anhörung, DVBl. 2012, 602 (607): „Die Bindungswirkung ist hier nur faktischer Natur, dabei aber so stark, dass die nationalen Regulierungsbehörden nur in seltenen Ausnahmefällen und mit hohem Begründungsaufwand hiervon abweichen, auch wenn ihnen formal das Letztentscheidungsrecht bleibt“.

[197] So im Hinblick auf die Leitlinien EuGH, Urt. v. 12.5.2011, Rs. C-410/09 (Polska Telefonia Cyfrowa/Prezes Urzedu Komunikacji Elektronicznej), Slg. 2011 I-03853, Rn. 34.

[198] Darüber dürfte in der Literatur Einigkeit bestehen, s. nur *J. Saurer*, Der Einzelne im Europäischen Verwaltungsrecht, 2014, 430, *M. Schramm*, Der europäische Verwaltungsverbund in der Telekommunikationsregulierung (§§ 10 ff. TKG) aus dem Blickwinkel des Rechtsschutzes, DÖV 2010, 387 (389). Im Blick auf die Feststellung des EuGH bzgl. des „unverbindlichen Charakters“ der Leitlinien ist an dieser Stelle unklar, inwiefern eine Nichtigkeitsklage eines Mitgliedstaates zulässig wäre, da dafür – im Gegensatz zum Individualrechtsschutz – kein Rechtsschutzinteresse erforderlich ist; maßgeblich ist allein, ob die Handlung verbindliche Rechtswirkungen erzeugen soll, was anhand ihres Inhaltes festzustellen ist (s. nur EuGH, Urteil v. 13.10.2011, Rs. C-463/10 P und C-475/10 P [Deutsche Post und Deutschland/Kommission], Rn. 36 und die dort zitierte Rechtsprechung). Aus der ausschließlichen Orientierung am Inhalt der Handlung lässt sich nämlich schließen, dass die Berücksichtigungspflicht der mitgliedstaatlichen Regulierungsbehörden nicht für die Zulässigkeit der Nichtigkeitsklage entscheidend ist, da sich das Gebot weitestgehender Berücksichtigung nicht aus den Leitlinien selbst, sondern aus dem Sekundärrecht bzw. dem TKG ergibt. Stimmen in der Literatur, die für die Zulässigkeit einer Nichtigkeitsklage eines Mitgliedstaates gegen die Leitlinien orientieren sich dagegen nicht – wie der EuGH – am Inhalt der Handlung, sondern an der Systematik und Wirkungsweise der Leitlinien und räumen somit implizit der weitestgehenden Berücksichtigungspflicht eine rechtsschutzeröffnende Qualität ein, s. *H.-H. Trute*, Der europäische Regulierungsverbund in der Telekommunikation – ein neues Modell europäisierter Verwaltung, in: L. Osterloh/K. Schmidt/H. Weber (Hrsg.), Staat, Wirtschaft, Finanzverfassung, FS P. Selmer, 2004, 565 (583). Für eine Anfechtung seitens eines Mitgliedstaats ebenfalls *J.-P. Schneider*, Telekommunikation, in: M. Fehling/M. Ruffert (Hrsg.), Regulierungsrecht, 2010, § 8, Rn. 122.

keit durch die Nichtigkeitsklage im Kontext der besonderen Anforderungen zu sehen, die nach der EuGH-Rechtsprechung für mehrstufige Verwaltungsverfahren gelten: Auch im Rahmen mehrstufiger Verwaltungsverfahren ist die Entfaltung verbindlicher Rechtswirkungen das maßgebliche Kriterium für einen tauglichen Klagegegenstand; allerdings wird dies erst dann bejaht, wenn der Handlungsbeitrag „den Standpunkt der Kommission zum Abschluss dieses Verfahrens endgültig festlegt“[199]. Dagegen sind „Zwischenmaßnahmen, die die abschließende Entscheidung vorbereiten sollen, als solche nicht anfechtbar, ihre rechtlichen Mängel können jedoch im Rahmen der Klage gegen die endgültige Handlung, deren Vorbereitung sie dienen, geltend gemacht werden“[200]. Da es sich hier um eine Handlung der Kommission mit konkret-individueller Zielrichtung handelt, spricht vieles dafür, dass in der Stellungnahme der endgültige Standpunkt zum vorliegenden Fall festlegt wird; zudem dürfte ihre Stellungnahme auch eine faktische Bindungswirkung aufweisen, zumal die in der Stellungnahme ausgedrückte Ansicht der Kommission zusätzlich durch ihr Vetorecht abgesichert wird. Dennoch geht die Rechtsprechung davon aus, dass die Stellungnahmen der Kommission im Konsolidierungsverfahren keinen zulässigen Klagegegenstand darstellen. Obwohl die Beteiligung der Kommission eine Gewährleistung der unionsweit harmonisierten Anwendung des Rechtsrahmens bezwecke, erzeuge ihre Stellungnahme keine verbindlichen *Rechts*wirkungen[201]. Die mangelnde Rechtsverbindlichkeit ergebe sich *erstens* daraus, dass der Stellungnahme der Kommission gleichermaßen mit den Stellungnahmen der anderen mitgliedstaatlichen Regulierungsbehörden lediglich „weitgehend Rechnung zu tragen“ sei, so dass es denkbar sei, dass im Ergebnis nicht ihrer Auffassung, sondern jener einer anderen mitgliedstaatlichen Regulierungsbehörde gefolgt werde; *zweitens* impliziere ihr Vetorecht nicht, dass ihre Stellungnahme der betreffenden mitgliedstaatlichen Regulierungsbehörde das Recht verleihe, die geplante nationale Maßnahme anzunehmen, da die mitgliedstaatlichen Regulierungsbehörden ihre Befugnisse direkt aus dem Sekundärrecht erlagen; *drittens* habe die Kommission lediglich eine beratende Rolle, so dass ihre Stellungnahme lediglich als eine vorbereitende und somit nicht direkt anfechtbare Unionshandlung im Rahmen eines Verfahrens zu verstehen sei, das zum Erlass einer mitgliedstaatlichen Maßnahme führt[202]. Mit vergleichbarer Argumentation lehnt die Rechtsprechung die Anfechtbarkeit der Stellungnahme der Kommission auch dann ab, wenn sie damit eine mitgliedstaatliche Regulierungsbehörde dazu auffordert, ihre Entscheidung zu ändern[203].

---

[199] EuGH, Urt. v. 11.11.1981, Rs. 60/81 (IBM/Kommission), Slg. 1981, 02639, Rn. 10.

[200] EuGH, Urt. v. 11.11.1981, Rs. 60/81 (IBM/Kommission), Slg. 1981, 02639, Rn. 10, 12.

[201] EuG, Beschluss v. 12.12.2007, Rs. T-109/06 (Vodafone España und Vodafone Group/Kommission), Slg. 2007, II-5151, Rn. 69 f.

[202] S. für jeden Grund entsprechend EuG, Beschluss v. 12.12.2007, Rs. T-109/06 (Vodafone España und Vodafone Group/Kommission) Slg. 2007, II-5151, Rn. 92 f., 95 f., 97 f.

[203] EuGH, Beschluss v. 24.11.2010, Rs. T-381/09 (RWE Transgas/Kommission), 2010 II-

γ) Vetorecht der Kommission

Vorteilhafter fällt der Primärrechtsschutz gegen das Vetorecht der Kommission aus, das in einer an die NRB gerichtete Aufforderung besteht, einen ihr vorgelegten Entwurf der Marktdefinition- oder -analyse wegen Schaffung von Hemmnissen für den Binnenmarkt oder mangelnder Unionsrechtskonformität zurückzuziehen[204]. Trotz der Tatsache, dass diese Kommissionshandlung nicht direkt an einzelne Unternehmen, sondern an eine mitgliedstaatliche Regulierungsbehörde gerichtet ist und somit einen netzwerk*internen* Handlungsbeitrag darstellt, zeigt die Untersuchung ihrer rechtlichen Ausgestaltung, dass die Voraussetzungen für eine direkte Anfechtbarkeit auf dem Wege der Nichtigkeitsklage erfüllt sind[205]. *Erstens* stellt sie aufgrund ihrer Rechtsverbindlichkeit einen zulässigen Klagegegenstand dar. *Zweitens* ist eine unmittelbare Betroffenheit im Außenverhältnis deswegen gegeben, weil die Abwendung der mitgliedstaatlichen Regulierungsbehörde von ihrer ursprünglichen Auffassung insofern „rein automatisch" erfolgt, als ihr bloß ein Auswahlermessen zwischen einem Rückzug ihres Entwurfs und seiner Änderung nach den Vorschlägen der Kommission zusteht[206]. *Drittens* sind auch die Kriterien der *Plaumann*-Formel für die individuelle Betroffenheit erfüllt, da das Vetorecht wegen seiner konkret-individuellen Zielrichtung den unmittelbar Betroffenen „wie einen Adressaten individualisiert". Während über die Zulässigkeit einer Nichtigkeitsklage gegen die Vetoausübung seitens der Kommission in Rechtsprechung und Literatur weitgehende Einigkeit besteht[207], bereitet der Rechtsschutz gegen ein Unterlassen der Kommission, ihr Vetorecht auszuüben, Probleme: Die EuG-Rechtsprechung hat eine Klage wegen mangelnder Betroffenheit abgelehnt[208], in der Literatur wird die Ablehnung zu-

---

00256, Rn. 37 f., 52, Beschluss v. 24.11.2010, Rs. T-317/09 (Concord Power Nordal/Kommission), Slg. 2010 II-00253, Rn. 43 f., 59.

[204] Art. 7 Abs. 3–6 RL 2002/21/EG, § 12 Abs. 2 Nr. 3 TKG.

[205] Zu den hier geprüften Zulässigkeitsvoraussetzungen der Nichtigkeitsklage s. D. I.3.a) bb) (1) (164 f.).

[206] Aus der abschließenden Aufzählung ihrer Handlungsalternativen lässt sich lediglich ein Auswahlermessen erkennen, welches ihr die Wahl zwischen einem endgültigen Rückzug oder einer im Einklang mit den Änderungsvorschlägen der Kommission übereinstimmenden Abänderung des Entwurfs gibt, s. Art. 7 Abs. 6 RL 2002/21/EG: „Entscheidet die Kommission [...], die nationale Regulierungsbehörde aufzufordern, einen Entwurf zurückzuziehen, so ändert die Behörde den Maßnahmenentwurf [...] oder zieht ihn zurück". Aufgrund des Auswahlermessens bleibt der Behörde zwar überlassen, welche der beiden Rechtsfolgen sie setzt, fest steht aber, dass sie handeln muss, s. dazu *P. M. Huber*, Allgemeines Verwaltungsrecht, [2]1997, 123.

[207] Vgl. nur BVerwG, Urt. v. 1.9.2010 (6 C 13.09), DVBl. 2010, 1452 Rn. 22, *J.-P. Schneider*, Telekommunikation, in: M. Fehling/M. Ruffert (Hrsg.), Regulierungsrecht, 2010, § 8, Rn. 122, *K.-H. Ladeur/C. Möllers*, Der europäische Regulierungsverbund der Telekommunikation im deutschen Verwaltungsrecht, DVBl. 2005, 525 (530). Dagegen *J. Saurer*, Der Einzelne im Europäischen Verwaltungsrecht, 2014, 430, der von einer gerichtlichen Kontrolle des Vetos erst über das Vorabentscheidungsverfahren ausgeht.

[208] EuG, Beschluss v. 22.2.2008, Rs. T-295/06 (Base/Kommission), Slg. 2008 II-28.

treffend als nicht überzeugend bewertet, weil der Betroffene dadurch „völlig rechtsschutzlos“ bleibt[209].

(2) Horizontale Kooperation

Die Voraussetzungen einer gerichtlichen Anfechtung der Stellungnahmen der ausländischen Regulierungsbehörden, denen im Rahmen des Konsolidierungsverfahrens Rechnung zu tragen ist[210], richten sich nach dem Prozessrecht des Mitgliedstaates der jeweils eine Stellungnahme erlassenden Regulierungsbehörde: Wegen des prozessualen Trennungsprinzips kommt eine Anfechtung mitgliedstaatlicher Handlungsbeiträge ausschließlich vor der Gerichtsbarkeit ihres Herkunftsstaates in Betracht. So hängt es von der jeweiligen mitgliedstaatlichen Rechtsordnung ab, ob sie sich pauschal an der unionsrechtlich indizierten Unverbindlichkeit der Stellungnahmen im Konsolidierungsverfahren orientiert[211] und eine direkte Anfechtbarkeit wegen mangelnder Klagebefugnis ablehnt oder ob es die zu Rechtsschutzlücken führenden, transnationalen Wirkungen ausländischer Stellungnahmen berücksichtigt[212] und eine direkte Anfechtung zulässt. Für die direkte Anfechtung sprechen nicht zuletzt rechtstaatliche Gründe, da faktische *Grundrechtsverletzungen* auch aus Verwaltungsentscheidungen ohne Regelungscharakter verursacht werden können[213]. Die Bedeutung einer direkten Anfechtung erhöht sich aus dem zusätzlichen Grund, dass eine inzidente Kontrolle ausländischer Handlungen zwar theoretisch möglich ist, eine zusätzliche (kognitive) Abstützung durch eine Vorlagemöglichkeit an die jeweilige Gerichtsbarkeit der erlassenen Behörde jedoch nicht vorgesehen ist[214]. Kaum gerichtlich anfechtbar

---

[209] *J. Ruthig*, Grundzüge sektorenspezifischer Regulierung, in: ders./S. Storr (Hrsg.), Öffentliches Wirtschaftsrecht, § 6, ³2011, Rn. 597. Dies ist insofern zutreffend, als auch die inzidente Kontrolle und die Möglichkeit einer Vorlage bei einem Unterlassen nicht denkbar sind.

[210] § 12 Abs. 2 TKG.

[211] EuG, Beschluss v. 12.12.2007, Rs. T-109/06 (Vodafone España und Vodafone Group/Kommission), Slg. 2007, II-5151, Rn. 85 f.

[212] Vgl. allgemein zu horizontalen Rechtsschutzlücken wegen rechtlicher und faktischer transnationaler Wirkungen D. I.3.a) cc).

[213] Aus Sicht der grundgesetzlichen Dogmatik s. zur viel diskutierten Thematik der faktischen Grundrechtsverletzungen durch Entscheidungen ohne Regelungsgehalt und des hier relevanten Rechtsschutzes auf dem Wege einer allgemeinen Leistungs- bzw. Unterlassungsklage (§ 40 i. V. m. § 43 Abs. 2 S. 1 VwGO) gegen eine grundrechtsverletzende und korrekturbedürftige Stellungnahme *B. Remmert*, Schlichtes Verwaltungshandeln, in: H.-U. Erichsen/D. Ehlers (Hrsg.), Allgemeines Verwaltungsrecht, ¹⁴2010, § 36, Rn. 4, 9. Für eine direkte Anfechtbarkeit dürfte auch das unionsweit geforderte Mindestmaß effektiven Rechtsschutzes in Konstellationen transnationaler Wirkungen sprechen, s. zu dieser Forderung aus grundgesetzlicher Sicht *P. M. Huber*, Art. 19 Abs. 4 GG, in: H. v. Mangoldt/F. Klein/C. Starck (Hrsg.), GG I, ⁶2010, Rn. 422.

[214] Zum Problem, dass dem „Verwaltungsverbund kein Gerichtsverbund gegenübersteht“ mit der Forderung einer Öffnung einer Rechtsschutzmöglichkeit durch den Unionsgesetzgeber s. *M. Schramm*, Der europäische Verwaltungsverbund in der Telekommunikationsregulierung

und für die gerichtliche Kontrolle greifbar dürfte die gemeinsame Untersuchung von länderübergreifenden Märkten durch mehrere mitgliedstaatliche Behörden gem. Art. 11 Abs. 2 TKG sein; eine Rechtsschutzlücke entsteht an dieser Stelle insbesondere deswegen, weil sowohl aus der *Informalität* als auch aus der *Transnationalität* dieser Verwaltungskooperation Grundrechtsgefährdungen entstehen können[215].

cc) Auswertung und Zwischenergebnis: Rechtsschutzlücken

Die Ausgestaltung der Rechtsschutzeröffnung im Netzwerk der Telekommunikationsregulierungsbehörden wirft ernste Fragen über die rechtstaatliche und demokratische Rechtsschutzeffektivität auf, da die netzwerkinterne Kooperation größtenteils von einer direkten gerichtlichen Anfechtung ausgeklammert bleibt. So ist grundsätzlich nur die Regulierungsverfügung als Verwaltungsakt mit Außenwirkung vor der mitgliedstaatlichen Gerichtsbarkeit der erlassenen Behörde[216] und die Vetoentscheidung der Kommission auf dem Wege der Nichtigkeitsklage vor der unionalen Gerichtsbarkeit anfechtbar[217]. Dagegen stellen nach den Annahmen der Rechtsprechung sowohl die abstrakt-generellen Empfehlungen und Leitlinien der Kommission als auch ihre konkret-individuellen Stellungnahmen im Konsolidierungsverfahren trotz ihrer hohen faktischen Bindungswirkungen und ihres erheblichen Einflusses auf die Steuerung der administrativen Entscheidungsfindung des Netzwerks keine zulässigen Klagegegenstände einer Nichtigkeitsklage dar; auch das Unterlassen eines Vetos der Kommission kann gerichtlich nicht angefochten werden. Problematisch ist auch der Individualrechtsschutz in der horizontalen Verwaltungskooperation: Die informelle Kooperation zwischen den mitgliedstaatlichen Regulierungsbehörden gem. Art. 11 Abs. 2 TKG ist als eine Form transnationalen informalen Verwaltungshandelns gerichtlich nicht greif- und an-

(§§ 10 ff. TKG) aus dem Blickwinkel des Rechtsschutzes, DÖV 2010, 387 (393), *J. Saurer*, Der Einzelne im Europäischen Verwaltungsrecht, 2014, 431.

[215] Rechtsdogmatisch dürfte in jener Kooperation ein transnationales informales Verwaltungshandeln zu sehen sein. Derartige Konstellationen sind konzeptionell mit sog. Absprachen zwischen Hoheitsträgern und Privaten der deutschen verwaltungsrechtlichen Dogmatik vergleichbar, s. dazu sowie zu den potenziellen Grundrechtsverletzungen durch Absprachen und sonstiges informelles Verwaltungshandeln *B. Remmert*, Schlichtes Verwaltungshandeln, in: H.-U. Erichsen/D. Ehlers (Hrsg.), Allgemeines Verwaltungsrecht, [14]2010, § 37, Rn. 5, 7.

[216] In Deutschland ist die Regulierungsverfügung als einheitlicher Verwaltungsakt gem. § 13 Abs. 5 mit einer Anfechtungsklage gem. § 42 Abs. 1 und 2 VwGO angreifbar. Das zuständige Gericht ist gem. §§ 45 und 52 Abs. 2 VwGO i. V. m. § 17 Nr. 5 JustG NRW das VG Köln, da die für den Erlass der Regulierungsverfügung gem. § 116 TKG zuständige Bundesnetzagentur ihren Sitz in Bonn hat, s. § 1 des Gesetzes über die Bundesnetzagentur für Elektrizität, Gas, Telekommunikation, Post und Eisenbahnen vom 7. Juli 2005 (BGBl. I, S. 1970, 2009).

[217] Wird die Nichtigkeitsklage gegen das Veto der Kommission von einer natürlichen oder juristischen Person gem. Art. 263 Abs. 4 AEUV erhoben, ist gem. Art. 256 Abs. 1 AEUV das EuG zuständig, wird sie von einem Mitgliedstaat erhoben, ist gem. Art. 256 Abs. 1 AEUV i. V. m. Art. 51 Abs. 1a) EuGH-Satzung der EuGH zuständig.

fechtbar, eine Anfechtung der Stellungnahmen der mitgliedstaatlichen Regulierungsbehörden im Konsolidierungsverfahren ist grundsätzlich nur vor der Gerichtsbarkeit des jeweiligen Herkunftsstaats denkbar; aus grundgesetzlicher Sicht dürfte eine *grundrechtskonforme* Betrachtung der transnationalen faktischen Wirkungen derartiger Stellungnahmen trotz ihres mangelnden formell-rechtlichen Regelungscharakters für eine Anfechtbarkeit sprechen[218]. Im Übrigen lässt sich feststellen, dass einer für die Rechtsschutzeffektivität und insbesondere für die demokratische Legitimationsfunktion des Individualrechtsschutzes so wichtigen *grundrechtskonformen Auslegung* der individuellen Betroffenheit nicht nur von der unionalen, sondern auch von der nationalen Rechtsprechung nicht gefolgt wird: Sie lehnte die individuelle Betroffenheit von konkurrierenden Unternehmen ab[219], obwohl die Regulierungsverwaltung als Eingriffsverwaltung multipolare Verwaltungsrechtsverhältnisse begründet[220]. Im Ergebnis dürfte davon ausgegangen werden, dass der demokratische Legitimationsbeitrag des Individualrechtsschutzes wegen der Ausklammerung der netzwerkinternen Steuerung defizitär ausfällt; die Beantwortung der Frage, ob die dadurch entstehenden Rechtsschutzlücken zumindest teilweise geschlossen werden können, verlagert sich auf die Untersuchung der Möglichkeit einer inzidenten Kontrolle der netzwerkinternen Verwaltungskooperation von der mitgliedstaatlichen Gerichtsbarkeit.

---

[218] Denkbar wäre dafür die allgemeine Leistungs- bzw. Unterlassungsklage, welche aus § 40 i.V.m. § 43 Abs. 2 S. 1 VwGO abgeleitet werden kann, s. dazu nur *W.R. Schenke*, Verwaltungsprozessrecht, [14]2014, § 8, Rn. 344–346.

[219] Vgl. BVerwG, Urt. v. 28.11.2007 (6 A 6 C 42.06), BVerwGE 130, 39, Rn. 19f., 21, wonach „Rechtsschutzmöglichkeiten der Wettbewerber kaum mit dem europäischen Rechtsrahmen vereinbar wären". Dagegen spricht jedoch die EuGH-Rechtsprechung, die Konkurrenten aufgrund der potenziellen Betroffenheit ihrer Rechte als betroffene Partei anerkennt, s. EuGH, Urt. v. 24.4.2008, Rs. C-55/06 (Arcor AG & Co. KG/Bundesrepublik Deutschland), Slg. 2008 I-02931, Rn. 176ff: „Zum Rechtsschutz Dritter ist festzustellen, dass ein Begünstigter, da er nicht Adressat einer Entscheidung der NRB ist, die Eigenschaft einer ‚betroffenen Partei' erwirbt, wenn seine Rechte von einer solchen Entscheidung potenziell betroffen sind, und zwar zum einen wegen ihres Inhalts und zum anderen wegen der von ihm ausgeübten oder beabsichtigten Tätigkeit". Ferner EuGH, Urt. v. 21.2.2008, Rs. C-426/05 (Tele2 Telecommunication GmbH/Telekom-Control-Kommission), Slg. 2008 I-00685, Rn. 48: „der Begriff der ‚betroffenen' Partei [...] ist so auszulegen, dass [...] nicht nur ein Unternehmen mit (vormals) beträchtlicher Marktmacht auf dem relevanten Markt, das einer Entscheidung einer nationalen Regulierungsbehörde in einem Marktanalyseverfahren nach Art. 16 der Rahmenrichtlinie unterliegt und Adressat dieser Entscheidung ist, sondern auch mit einem solchen Unternehmen im Wettbewerb stehende Nutzer und Anbieter erfasst, die zwar nicht selbst Adressaten dieser Entscheidung sind, aber durch diese in ihren Rechten beeinträchtigt sind".

[220] Zur Regulierung als Eingriffsverwaltung s. nur *P.M. Huber*, Öffentliches Wirtschaftsrecht, in: F. Schoch (Hrsg.), Besonderes Verwaltungsrecht, [15]2013, 3. Kap., Rn. 187. Zur Betroffenheitsfrage in multipolaren Verwaltungsrechtsverhältnissen s. *P.M. Huber*, Allgemeines Verwaltungsrecht, [2]1997, 21, 118f., 120f.

b) Inzidente Kontrollierbarkeit

aa) Das Problem: inzidente Kontrolle und Beurteilungsspielraum

Die inzidente gerichtliche Kontrolle der netzwerkinternen Kooperation und Steuerung steht vor einem zusätzlichen Problem: Wird der mitgliedstaatlichen Regulierungsbehörde ein Beurteilungsspielraum und somit eine administrative Letztentscheidungsbefugnis bei der Marktdefinition und -analyse anerkannt, kann dies dazu führen, dass netzwerkinterne Handlungsbeiträge in jenen Beurteilungsspielraum fallen und wegen der Reduzierung der gerichtlichen Kontrolldichte ihre inzidente Überprüfung unmöglich wird. Im Netzwerk der Telekommunikationsregulierung ist die Bedeutung einer derartigen inzidenten Kontrolle von netzwerkinternen Handlungen aus demokratischer und rechtstaatlicher Sicht äußerst groß, da sie zur Milderung von Rechtsschutzlücken beitragen könnte, zumal eine direkte Anfechtung netzwerkinterner Handlungsbeiträge trotz ihrer faktischen Bindungswirkungen und ihrer weitgehenden Steuerungserheblichkeit von der Rechtsprechung nicht anerkannt wird. Dennoch geht die höchstrichterliche Rechtsprechung von einem umfassenden Beurteilungsspielraum für die gesamte Marktanalyse und -definition aus[221], so dass ein zusätzliches Risiko für die Rechtsschutzeffektivität entsteht: Rechtsschutzlücken drohen über eine inzidente Kontrolle nicht gemildert zu werden und steuerungserhebliche Handlungsbeiträge könnten einer gerichtlichen Kontrolle gänzlich entgehen. Im Folgenden werden die dogmatischen Probleme der Anerkennung des umfassenden Beurteilungsspielraums im Lichte der Legitimationsfunktion des Individualrechtsschutzes untersucht.

bb) Die Reichweite des Beurteilungsspielraums

(1) Gesetzeswortlaut: begrenzter Beurteilungsspielraum

Die gerichtliche Kontrolldichte hängt freilich davon ab, ob nach der normativen Ermächtigungslehre administrative Letztentscheidungsbefugnisse eingeräumt werden, was letztlich durch die Normauslegung zu ermitteln ist. Im Hinblick auf Marktdefinition und -analyse ist dies keine leichte Aufgabe, da der Gesetzgeber jene Vorgänge in drei unterschiedliche Verwaltungsaufgaben aufgespalten hat: Sie bestehen aus der Bestimmung von Märkten, die (allgemein) für eine Regulierung in Betracht kommen, d.h. von *potenziell* regulierungsbedürftigen Märkten (§ 10 Abs. 2 TKG, „Marktbestimmung“), der Festlegung der sachlich und räumlich regulierungsrelevanten Telekommunikationsmärkte (§ 10 Abs. 1 TKG, „Marktfestlegung“) und der Marktanalyse als Prüfung des Bestehens wirksamen

---

[221] Vgl. nur BVerfG, Beschluss v. 8.2.2011 (1 BvR 1932/08), DVBl. 2012, 230f., Rn. 38, BVerwG, Urt. v. 2.4.2008 (6 C 14.07), Rn. 16, BVerwG, Urt. v. 1.9.2010 (6 C 13.09), Rn. 15.

Wettbewerbs auf den festgelegten Märkten (§ 11 TKG, „Marktanalyse“)[222]. Dabei wird dem Gesetzeswortlaut nach ein *Beurteilungsspielraum* ausdrücklich nur für die erste dieser Aufgaben, der Marktbestimmung als Bestimmung von potenziell regulierungsbedürftigen Märkten, eröffnet[223], für Marktfestlegung und -analyse dagegen nicht. Fraglich ist demnach, ob von einer differenzierten gerichtlichen Kontrolldichte der drei Verwaltungsaufgaben ausgegangen werden muss oder ob durch eine Auslegungsmethode, die sich nicht am Gesetzeswortlaut orientiert, die Einräumung eines umfassenden Beurteilungsspielraums angenommen wird.

(2) Rechtsprechung: umfassender Beurteilungsspielraum

Die Rechtsprechung von Bundesverfassungsgericht und Bundesverwaltungsgericht hat diese Frage positiv beantwortet und geht im Ergebnis von einem umfassenden Beurteilungsspielraum aus, der sich auf alle drei Verwaltungsaufgaben und somit auf die gesamte Marktdefinition und -analyse erstreckt. Dafür wurden die Vorschriften des TKG nicht anhand ihres Wortlauts, sondern anhand der *Gesetzessystematik*, des *Normzwecks* und des *unionsrechtlichen Hintergrunds* ausgelegt: Daraus ergebe sich, dass die drei Verwaltungsaufgaben „aufeinander bezogen und untrennbar miteinander verbunden“ seien und dass der Beurteilungsspielraum deswegen die gesamte Marktdefinition und -analyse umfasse[224]. Im Hinblick darauf, dass der Gesetzgeber bei der Einräumung von begrenzt kontrollierbaren Beurteilungsspielräumen nicht frei ist und es dafür stets eines „gewichtigen und am Grundsatz eines wirksamen Rechtsschutzes ausgerichteten Sachgrundes bedarf“, wurde von der Rechtsprechung akzeptiert, dass das *Wesen* aller drei Verwaltungsaufgaben einen derartigen Sachgrund biete: Sie enthielten wertende und prognostische Elemente, die aufgrund ihrer Abhängigkeit von ökonomischen Einschätzungen eine Annahme als „richtig“ oder „falsch“ nicht bezüglich aller Einzelheiten zuließen und erkennbare Schwierigkeiten für eine gerichtliche Vollkontrolle der Tatbestandsmerkmale mit sich brachten[225].

Für die Erstreckung des Beurteilungsspielraums auf die *Marktfestlegung* wurde vom BVerwG auf die *Gesetzessystematik* verwiesen: Aus dieser lasse sich die Annahme schließen, dass die Marktfestlegung „mit Blick auf die Prüfung anhand der drei Kriterien des § 10 Abs. 2 TKG erfolgt“[226], d. h. mit Blick auf den Drei-Kriterien-Test der Marktbestimmung. Das Bundesverfassungsgericht hat diese Ansicht als vertretbar angenommen und hinzugefügt, dass die Marktfestle-

---

[222] Die Marktdefinition gem. § 10 TKG besteht somit in Marktbestimmung (§ 10 Abs. 2) und Marktfestlegung (§ 10 Abs. 1). Der Begriff Marktfestlegung, hauptsächlich vom Bundesverfassungsgericht verwendet, ist synonym mit dem Begriff Marktabgrenzung, der in der Rechtsprechung des BVerwG, in Gesetzesentwürfen und mehrheitlich in der Literatur eingesetzt wird.

[223] § 10 Abs. 2 S. 2 TKG.

[224] BVerwG, 6 C 14.07, 2.4.2008, Rn. 16, BVerwG, 6 C 13.09, 1.9.2010, Rn. 15.

[225] BVerfG, 1 BvR 1932/08, 8.2.2011, Rn. 38.

[226] BVerwG, 6 C 14.07, 2.4.2008, Rn. 16.

gung nicht vor der Anwendung des Drei-Kriterien-Tests stattfinde, da die Bestimmung von potenziell regulierungsbedürftigen Märkten eine tatbestandliche Voraussetzung der Marktfestlegung sei[227]. Im Ergebnis geht die Rechtsprechung zwar zutreffend davon aus, dass die Marktbestimmung zeitlich und logisch *vor* der Marktfestlegung stattfindet, schließt aber daraus, dass sich der Beurteilungsspielraum ersterer auf letztere erstrecke. So umfasst der von der Rechtsprechung anerkannte Beurteilungsspielraum nicht nur den Drei-Kriterien-Test der Marktbestimmung, sondern auch die Berücksichtigung der Regulierungsziele bei der Marktfestlegung.

Bei der Anerkennung der Erstreckung des Beurteilungsspielraums auch auf die *Marktanalyse* haben sich Meinungsunterschiede zwischen dem BVerwG und dem Bundesverfassungsgericht ergeben: Während das BVerwG dies ebenfalls auf die Gesetzessystematik gestützt hat und davon ausgegangen ist, dass „die Marktanalyse *im Rahmen* der Festlegung der nach § 10 für eine Regulierung in Betracht kommenden Märkte stattfindet“[228], hat das Bundesverfassungsgericht dagegen zutreffend festgestellt, dass die Marktanalyse nicht „im Rahmen“, sondern vielmehr *im Anschluss* an die Marktdefinition erfolgt[229], was auch nach der Wortlautänderung des novellierten TKG[230] bestätigt wird: „Marktdefinition und Marktanalyse bauen aufeinander auf und die Marktanalyse ist nicht etwa ein Teil der Marktdefinition“[231]. Dennoch hat das Bundesverfassungsgericht in der *Ent-*

[227] BVerfG, 1 BvR 1932/08, 8.2.2011, Rn. 32. Dem Verweis des Bundesverfassungsgerichts auf *R. Schütz*, Beckscher TKG-Kommentar, ³2006, § 10, Rn. 110, wonach „die Festlegung der sachlich und räumlich relevanten Märkte ihrerseits im Hinblick auf die Beurteilung der Regulierungsbedürftigkeit vorzunehmen ist“, ist an dieser Stelle nach der aktuellen Rechtslage nicht zu folgen, da dadurch vielmehr eine Verbindung der Marktfestlegung mit der Markt*analyse* und nicht mit der Markt*bestimmung* angesprochen wird; bei der Marktbestimmung nach § 10 Abs. 2 TKG geht es nämlich um die Beurteilung der *potenziellen* Regulierungsbedürftigkeit.

[228] BVerwG, 6 C 14.07, 2.4.2008, Rn. 16. Das BVerwG zitiert dabei den Wortlaut des § 11 Abs. 1 TKG in seiner bis zum 10.5.2012 geltenden Fassung. Diese Formulierung geht auf § 9 des Referentenentwurfes zum TKG zurück, der tatsächlich vorsah, dass bereits die Marktfestlegung über die Regulierungsbedürftigkeit entschied, s. Referentenentwurf zum TKG des Bundesministeriums für Wirtschaft und Arbeit vom 30. April 2003, 12. Nach dem Gesetzesentwurf der Bundesregierung wurde diese Regelungssystematik jedoch aufgegeben und Marktdefinition und -analyse wurden nunmehr als eigenständige Verfahrensschritte vorgesehen, s. BTDrucks 15/2316, 61.

[229] So auch BVerfG, 1 BvR 1932, 8.12.2011, Rn. 34 und bereits *J.-P. Schneider*, Telekommunikation, in: M. Fehling/M. Ruffert (Hrsg.), Regulierungsrecht, 2010, § 8, Rn. 21, 24. Tatsächlich zielt die Marktdefinition auf die sachliche und räumliche Festlegung von potenziell regulierungsbedürftigen Telekommunikationsmärkten, die Marktanalyse besteht dagegen in der Prüfung der Wettbewerbswirksamkeit dieser (bereits) festgelegten Märkte. Eine gleichzeitige Marktfestlegungs- und Marktanalyseprüfung ist somit gesetzessystematisch nicht festzustellen, die Verwaltungsaufgaben sind kontextuell von einander abgrenzbar und die Marktanalyse findet nach der Marktdefinition statt.

[230] Art. 1 Nr. 6 Buchst. a Doppelbuchst. Aa i. V. m. Art. 5 Abs. 2 S. 1 des Gesetzes zur Änderung telekommunikationsrechtlicher Regelungen vom 3.5.2012, BGBL 2012, I, Nr. 19, 9.5.2012, 958 ff.

[231] Gesetzentwurf der Bundesregierung, BTDrucks 17/5707, 51.

stehungsgeschichte des TKG Anhaltspunkte für die Annahme eines Normzwecks zur Erstreckung des Beurteilungsspielraums auf die Marktanalyse gesehen: Im Referentenentwurf[232] sowie im Gesetzesentwurf[233] hieß es ausdrücklich, dass die Frage, welche Märkte die Regulierungsbehörde „aufgrund des Fehlens funktionsfähigen Wettbewerbs als regulierungsbedürftig erachtet, ihrem Beurteilungsspielraum unterliegt und daher gerichtlich nur eingeschränkt überprüfbar ist". Da anfangs die Marktanalyse Teil der unter Beurteilungsspielraum stehenden Marktdefinition war, müsse der Beurteilungsspielraum auch für die Marktanalyse angenommen werden, auch wenn diese nunmehr einen eigenständigen Verfahrensschritt darstellt und die Frage des Beurteilungsspielraums trotz Änderung der Regelungssystematik im übrigen Gesetzgebungsverfahren keine Rolle gespielt hat[234].

Schließlich haben sowohl BVerwG als auch Bundesverfassungsgericht[235] die Erstreckung des Beurteilungsspielraums auf die Marktanalyse auch aufgrund des *unionsrechtlichen Hintergrundes* der Regelungen angenommen. Die Rechtsprechung ist davon ausgegangen, dass der Gesetzgeber die Ausgestaltung der Thematik nicht gegen die Auffassung der Kommission vornehmen wollte, zumindest nicht ohne entsprechende Begründung: In ihren Leitlinien hatte diese erwähnt, dass „bei der Ausübung ihrer Befugnisse gemäß den Art. 15 und 16 der RRL die NRB aufgrund der komplizierten ineinandergreifenden Faktoren (wirtschaftlicher, sachlicher und rechtlicher Art), die bei der Definition relevanter Märkte und bei der Ermittlung von Unternehmen mit beträchtlicher Marktmacht gewürdigt werden müssen, über einen weitreichenden Ermessensspielraum verfügt"[236].

(3) Kritik

a) Gesetzesentstehungsgeschichte als Normzweckerkenntnisquelle

Insgesamt ist die Auslegung der Rechtsprechung über einen umfassenden Beurteilungsspielraum dogmatisch nicht unproblematisch. Während der Gesetzeswortlaut, besonders nach seiner Novellierung, und die Gesetzessystematik, wie bereits vom Bundesverfassungsgericht anerkannt, keine Anhaltspunkte für die Einräumung eines umfassenden Beurteilungsspielraumes bieten, ist auch eine Annahme des umfassenden Beurteilungsspielraumes auf dem Wege der teleologischen Gesetzesauslegung kritisch zu betrachten. Es ist durchaus fraglich, ob sich

232 Referentenentwurf zum TKG des Bundesministeriums für Wirtschaft und Arbeit vom 30.4.2003, 84.

233 BTDrucks 15/2316, 61.

234 BVerfG, 1 BvR 1932/08, 8.12.2011, Rn. 35.

235 BVerfG, 1 BvR 1932/08, 8.12.2011, Rn. 35, BVerwG 6 C 14.07, 2.4.2008, Rn. 18.

236 Leitlinien der Kommission zur Marktanalyse und Ermittlung beträchtlicher Marktmacht nach dem gemeinsamen Rechtsrahmen für elektronische Kommunikationsnetze und -dienste, 2002/C 165/03, Rn. 22, ähnlich Rn. 71.

aus der Ermittlung des Normzwecks anhand der Gesetzesentstehungsgeschichte und des unionsrechtlichen Hintergrunds des Gesetzes eine *verfassungsrechtlich unbedenkliche*[237] *Einräumung* des umfassenden Beurteilungsspielraums ergibt.

Im Hinblick auf die Gesetzesentstehungsgeschichte als Normzweck*erkenntnisquelle* kann Folgendes beobachtet werden: Das Bundesverfassungsgericht entnimmt den Normzweck aus einer Formulierung des *Referenten*entwurfes, welche der *dort* vorgesehenen Regelungssystematik entspricht und wertet das Schweigen der Gesetzgebungsorgane im Laufe des Gesetzgebungsverfahrens über die Frage des Beurteilungsspielraums als Indiz dafür, dass trotz Änderung der Regelungssystematik der ursprüngliche Zweck des Referentenentwurfes unverändert blieb; im Ergebnis wird angenommen, dass „die Verfasser des Gesetzesentwurfs von einer erheblichen Reichweite des Beurteilungsspielraums ausgingen“[238]. Nur: Dem Bundestag als parlamentarisch legitimiertem Gesetzgeber wird gem. § 75 Abs. 1 GO-BT von der Regierung erst der Gesetzesentwurf und nicht der Referentenentwurf vorgelegt. So dürfte es fraglich sein, ob das Schweigen des maßgeblichen Gesetzgebungsorgans über die Änderung der Regelungssystematik als Annahme des ursprünglichen, ihm nicht vorgelegten Zwecks zu werten ist. Die ursprüngliche Formulierung scheint eher der Auffassung des zuständigen Ministeriums als Urhebers des Referentenentwurfes zu entsprechen, nicht dem *Normzweck* des *parlamentarischen* Gesetzes.

β) Normzweck und unionsrechtlicher Hintergrund des Gesetzes

In Bezug auf die Ermittlung des Normzwecks anhand des unionsrechtlichen Hintergrundes des Gesetzes ist das Bundesverfassungsgericht davon ausgegangen, dass dem Normzweck deswegen ein umfassender Beurteilungsspielraum zu entnehmen ist, weil „der Gesetzgeber das TKG nicht ohne entsprechende Begründung im Widerspruch zu der in den Leitlinien geäußerten Auffassungen der Kommission ausgestalten wollte“. Abgesehen von der Tatsache, dass die Leitlinien der Kommission keine Rechtsquellen sind[239], nur für die Kommission selbst (mittelbar) rechtsverbindlich sein können und nicht an den mitgliedstaatlichen Gesetzgeber, sondern an die NRB zur „weitestgehenden Berücksichtigung“ gerichtet sind, ist auch fraglich, ob ihnen die Forderung nach einem die gerichtliche Kontrolldichte begrenzenden Beurteilungsspielraum entnommen werden kann. Denn der von der Kommission anerkannte[240] und von der Rechtsprechung in die

---

[237] So die verfassungsgerichtlichen Anforderungen für die Anerkennung von Beurteilungsspielräumen aufgrund der normativen Ermächtigungslehre, s. BVerfGE 88, 40 (61).

[238] BVerfG, 1 BvR 1932/08, 8.12.2011, Rn. 35.

[239] Vgl. *T. v. Danwitz*, Europäisches Verwaltungsrecht, 2008, 250.

[240] Leitlinien der Kommission zur Marktanalyse und Ermittlung beträchtlicher Marktmacht nach dem gemeinsamen Rechtsrahmen für elektronische Kommunikationsnetze und -dienste, 2002/C 165/03, Rn. 22 S. 1: „Bei der Ausübung ihrer Befugnisse gemäß den Artikeln 15 und 16 der Rahmenrichtlinie verfügen die NRB aufgrund der komplizierten ineinandergreifenden Fak-

deutsche Verwaltungsrechtsdogmatik als Beurteilungsspielraum übertragene[241] „Ermessensspielraum“ scheint gegenüber der Frage der gerichtlichen Kontrolldichte eher neutral zu sein: Die Formulierung der Kommission zielt in erster Linie nicht auf das Verhältnis der NRB zu den kontrollierenden mitgliedstaatlichen Gerichten, sondern ist auf das Verhältnis zwischen *ihr* und den mitgliedstaatlichen NRB bezogen. Denn in erster Linie geht es um das „Kohärenz-Flexibilitäts-Dilemma“: Wegen der Komplexität der Regulierungsaufgaben werden den NRB gegenüber unionalen Vorgaben flexibilitätssichernde „Ermessensspielräume“ zugestanden, die die Berücksichtigung von Gemeinwohlbelangen und Marktbesonderheiten auf mitgliedstaatlicher Ebene ermöglichen sollen. Diese Auslegung der Leitlinien ergibt sich sowohl daraus, dass die Respektierung der „Ermessensspielräume“ seitens der Kommission unter Vorbehalt der transparenz- und koordinationssichernden Verfahren genannt wird[242], als auch daraus, dass die Kommission an anderer Stelle ausdrücklich erwähnt, dass eine im Ergebnis nicht bestätigte Marktprognose der NRB aufgrund ihres weitestgehenden „Ermessensspielraums“ keine Unvereinbarkeit mit dem Unionsrecht bedeutet[243]. Auch das den Leitlinien zugrunde liegende Sekundärrecht nimmt auf das Ermessen der NRB stets in Hinblick auf die kohärente Regulierungspraxis und der einheitlichen Anwendung des Unionsrechts Bezug[244]. So dürfte insgesamt angenommen werden, dass die von der Rechtsprechung zitierten Leitlinien der Kommission keine Anerkennung eines die gerichtliche Kontrolle reduzierenden Beurteilungsspielraums enthalten; was offen bleibt, ist, ob sich eine derartige Forderung allgemein aus dem europäischen (Telekommunikations-)Regulierungsrecht oder anderen, von der Rechtsprechung nicht zitierten, unionsrechtlichen Vorgaben ergibt.

---

toren (wirtschaftlicher, sachlicher und rechtlicher Art), die bei der Definition relevanter Märkte und bei der Ermittlung von Unternehmen mit beträchtlicher Marktmacht gewürdigt werden müssen, über einen weitreichenden Ermessensspielraum“.

241 So BVerfG, 1 BvR 1932/08, 8.12.2011, Rn. 35, BVerwG 6 C 14.07, 2.4.2008, 18.

242 Leitlinien der Kommission zur Marktanalyse und Ermittlung beträchtlicher Marktmacht nach dem gemeinsamen Rechtsrahmen für elektronische Kommunikationsnetze und -dienste, 2002/C 165/03, Rn. 22 S. 2.

243 Leitlinien der Kommission zur Marktanalyse und Ermittlung beträchtlicher Marktmacht nach dem gemeinsamen Rechtsrahmen für elektronische Kommunikationsnetze und -dienste, 2002/C 165/03, Rn. 71.

244 S. Erwgr. 18 der RL 2009/140/EG des Europäischen Parlaments und des Rates v. 25.11.2009 zur Änderung der RL 2002/21/EG über einen gemeinsamen Rechtsrahmen für elektronische Kommunikationsnetze und -dienste, der RL 2002/19/EG über den Zugang zu elektronischen Kommunikationsnetzen und zugehörigen Einrichtungen sowie deren Zusammenschaltung und der RL 2002/20/EG über die Genehmigung elektronischer Kommunikationsnetze und -dienste, ABl. L 337 v. 18.12.2009, 37 f.

cc) Unionsrechtliche Vorgaben für die gerichtliche Kontrolldichte?

(1) Gerichtliche Kontrolldichte und „Unabhängigkeit" der NRB

Auch jenseits der Leitlinien der Kommission dürften keine unionsrechtlichen Vorgaben für die gerichtliche Kontrolldichte ersichtlich sein. *Erstens* scheint das Unionsrecht die Bedeutung eines effektiven Individualrechtsschutzes in der Telekommunikationsregulierung zu betonen und den mitgliedstaatlichen Gerichten eine wichtige Rolle anzuerkennen, es zeigt sich aber in Bezug auf Vorgaben äußerst restriktiv: „Jede Partei, die einem Beschluss einer nationalen Regulierungsbehörde unterliegt, sollte das Recht haben, bei einer von den beteiligten Parteien unabhängigen Stelle Rechtsbehelf einzulegen", wobei „diese Stelle ein Gericht sein kann"; dabei bleibt „die Kompetenzverteilung in den einzelstaatlichen Rechtssystemen und die Rechte juristischer oder natürlicher Personen nach nationalem Recht" von unionsrechtlich vorgesehenen Beschwerdeverfahren „unberührt"[245]. Die einzigen Vorgaben des Unionsrechts an mitgliedstaatliche Gerichte, die als Beschwerdestellen tätig werden, betreffen an dieser Stelle nicht die Frage der Kontrolldichte, sondern das Erfordernis, dass sie über angemessenen Sachverstand verfügen[246], dass die Beschwerdeverfahren nicht ungebührlich lange dauern und dass eine Informationskooperation zwischen den Gerichten zu ermöglichen ist[247]. Dazu kommt *zweites*, dass die unionsrechtlich geforderte *Unabhängigkeit* der NRB nicht ihr Verhältnis zu der kontrollierenden Gerichtsbarkeit betrifft, sondern in erster Linie auf den Grundsatz der Trennung hoheitlicher und betrieblicher Funktionen beruht und somit die Unabhängigkeit gegenüber Marktteilnehmern und Unternehmen zur Erzielung einer Regulierungsneutralität sicherstellen will: Dabei werden „weder die institutionelle Autonomie noch die verfassungsrechtlichen Verpflichtungen der Mitgliedstaaten berührt"[248]. In diesem Kontext ist auch davon auszugehen, dass die unionsrechtliche Forderung nach Unabhängigkeit der NRB gegenüber der Ausübung von politischem Druck eher auf deren Verhältnis zu rein politischen bzw. gubernativen Stellen als zu den kontrollierenden Gerichten gerichtet ist[249].

---

[245] Art. 4 und Erwgr. 12 der RL 2002/21/EG wie zuletzt durch Art. 1 Nr. 4 der RL 2009/140/EG geändert.

[246] Vgl. Art. 4 und 12 der RL 2002/21/EG wie zuletzt durch Art. 1 Nr. 4 der RL 2009/140/EG geändert: „Diese Stelle, die auch ein Gericht sein kann, muss über den angemessenen Sachverstand verfügen, um ihrer Aufgabe gerecht zu werden".

[247] Erwgr. 14–15 RL 2009/140/EG sowie Art. 4 Abs. 1 und 3 RL 2002/21/EG wie zuletzt durch Art. 1 Nr. 4 RL 2009/140/EG geändert.

[248] Erwgr. 11 und Art. 3 Abs. 2f. der RL 2002/21/EG wie zuletzt durch Art. 1 Nr. 3 der RL 2009/140/EG geändert.

[249] Vgl. Art. 3 Abs. 3a) S. 1–3 RL 2002/21/EG wie durch Art. 1 Nr. 3 RL 2009/140/EG hinzugefügt und insbesondere Erwgr. 13 RL 2009/140/EG: „Die Unabhängigkeit der nationalen Regulierungsbehörden sollte gestärkt werden, um eine wirksamere Anwendung des Rechtsrahmens zu gewährleisten und sowohl ihre Amtsgewalt zu stärken als auch ihre Entscheidungen vorhersehbarer zu machen. Hierfür sollten ausdrückliche Bestimmungen des nationalen Rechts

(2) Gerichtliche Kontrolldichte nach der EuGH-Rechtsprechung

α) Grundsatz: EuGH-Kontrolldichte lediglich als Mindeststandard

Schließlich können auch der EuGH-Rechtsprechung keine allgemeinen Vorgaben für die gerichtliche Kontrolldichte entnommen werden, die von der mitgliedstaatlichen Gerichtsbarkeit bei der Kontrolle von Regulierungsbehörden angewandt wird. Der EuGH akzeptiert zwar, dass es mit dem Grundsatz des effektiven Rechtsschutzes vereinbar ist, wenn der Kommission ein gerichtlich nur begrenzt kontrollierbares „Ermessen namentlich bei Beurteilungen wirtschaftlicher Art"[250] oder ein weiter Ermessensspielraum bei Aufgaben mit komplexen Prüfungen[251] eingeräumt wird; dies bezieht sich aber ausschließlich auf die Kontrolle der Kommission vom EuGH selbst, nicht auf die Kontrollbefugnisse der mitgliedstaatlichen Gerichte bei der Kontrolle der Behörden im Rahmen des indirekten Unionsrechtsvollzugs. Diesbezüglich hat der EuGH nur festgestellt, dass das Unionsrecht „*nicht verlangt*, dass die Mitgliedstaaten bei komplexen Beurteilungen eine gerichtliche Kontrolle vorschreiben, die weiter geht, als sie der EuGH selbst vornimmt"[252], so dass aus Sicht des Unionsrechts „die gerichtliche Kontrolle auf mit-

gewährleisten, dass die für die Vorabregulierung des Markts oder für die Beilegung von Streitigkeiten zwischen Unternehmen zuständigen nationalen Regulierungsbehörden bei der Durchführung ihrer Aufgaben *vor äußerer Einflussnahme und politischem Druck* geschützt werden, die sie an der unabhängigen Beurteilung der von ihnen bearbeiteten Angelegenheiten hindern könnten. Wegen einer derartigen äußeren Einflussnahme *eignen sich nationale rechtssetzende Organe nicht dazu*, als nationale Regulierungsbehörde nach dem Rechtsrahmen zu fungieren. Zu diesem Zweck sollten im Voraus Regeln für die Gründe für eine Entlassung des Leiters der nationalen Regulierungsbehörde festgelegt werden, um jedweden Zweifel an der Neutralität der Behörde und ihrer Unabhängigkeit von äußeren Faktoren auszuräumen" (Hervorh. v. *Verf.*).

[250] Vgl. nur EuGH, Urt. v. 31.3.1998, Rs. C-68/94 (Französische Republik u. a./Kommission), Slg. 1998 I-01375, Rn. 223, 224: „Die Grundregeln der Verordnung [...] räumen der Kommission ein bestimmtes Ermessen namentlich bei Beurteilungen wirtschaftlicher Art ein. Daher muss die Kontrolle der Ausübung einer solchen Befugnis, die bei der Beschreibung der Regeln für Zusammenschlüsse wesentlich ist, durch den Gemeinschaftsrichter unter Berücksichtigung des Beurteilungsspielraums erfolgen, der den Bestimmungen wirtschaftlicher Art, die Teil der Regelung für Zusammenschlüsse sind, zugrunde liegt".

[251] EuGH, Urt. v. 21.1.1999, Rs. C-120/97 (Upjohn Ltd./The Licensing Authority), Slg. 1999 I-223, Rn. 34: „Nach der Rechtsprechung des Gerichtshofes verfügt nämlich eine Gemeinschaftsbehörde, die im Rahmen ihrer Aufgabe komplexe Prüfungen vorzunehmen hat, dabei über einen weiten Ermessensspielraum, dessen Wahrnehmung einer beschränkten gerichtlichen Nachprüfung unterliegt, die nicht einschließt, dass der Gemeinschaftsrichter seine Würdigung des Sachverhalts an die Stelle derjenigen dieser Behörde setzt. Somit beschränkt sich der Gemeinschaftsrichter in einem solchen Fall auf die Prüfung der Tatbestandsvoraussetzungen und ihrer rechtlichen Bewertung durch diese Behörde und insbesondere der Frage, ob deren Handeln einen offensichtlichen Irrtum oder Ermessensmissbrauch aufweist oder ob sie die Grenzen ihres Ermessensspielraums offensichtlich überschritten hat".

[252] EuGH, Urt. v. 21.1.1999, Rs. C-120/97 (Upjohn Ltd./The Licensing Authority), Slg. 1999 I-223, Rn. 32f: „Nach ständiger Rechtsprechung sind die Bestimmung der zuständigen Gerichte und die Ausgestaltung von gerichtlichen Verfahren, die den Schutz der dem Bürger aus dem Gemeinschaftsrecht erwachsenden Rechte gewährleisten sollen, mangels einer gemeinschaftsrechtlichen Regelung dieses Bereiches Sache der innerstaatlichen Rechtsordnung der einzelnen

gliedstaatlicher Ebene nicht über diejenige hinausgehen *muss*, die die Gemeinschaftsgerichte in vergleichbaren Fällen vornehmen"[253]. Daraus folgt jedoch nicht, dass sie nicht darüber hinausgehen *darf*. Vielmehr stellt die vom EuGH angewandte Kontrolldichte einen Mindeststandard dar[254] und die Frage der von den mitgliedstaatlichen Gerichten anzuwendenden Kontrolldichte fällt im Übrigen unter die mitgliedstaatliche Verfahrensautonomie[255].

β) Rs. C-424/07: Befugnisverteilung zwischen NRB und nationalem Gesetzgeber

Die größten Schwierigkeiten bereitet letztlich die EuGH-Rechtsprechung zum unionsrechtlich geforderten „Ermessensspielraum" der NRB gegenüber dem nationalen Gesetzgeber. Der EuGH[256] hat eine Regelung des deutschen Gesetzgebers für unionsrechtswidrig gehalten, die „neue Märkte" grundsätzlich von der Telekommunikationsregulierung ausgeklammert hatte; der Bundesnetzagentur wurde zwar das Ermessen eingeräumt, bei Annahme eines Fehlens nachhaltiger Wettbewerbsorientierung derartige Märkte trotzdem einer Regulierung zu unterwerfen, zugleich aber die Pflicht bei der Prüfung der Regulierungsbedürftigkeit und der Auferlegung von Maßnahmen das Ziel der Förderung von effizienten Infrastrukturinvestitionen und die Unterstützung von Innovationen zu berücksichtigen[257]. Die Unionsrechtswidrigkeit des deutschen Gesetzes wurde insbesondere darin gesehen, dass das Sekundärrecht die „Beurteilung der Regulierungsbedürftigkeit von Märkten auf die NRB und nicht dem nationalen Gesetzgeber überträgt"[258] und der Gesetzgeber durch die Vorgabe der grundsätzlichen Ausnahme „neuer

Mitgliedstaaten; diese Verfahren dürfen jedoch nicht ungünstiger gestaltet sein als bei entsprechenden Klagen, die das innerstaatliche Recht betreffen (Grundsatz der Gleichwertigkeit), und sie dürfen die Ausübung der durch die Gemeinschaftsrechtsordnung verliehenen Rechte nicht praktisch unmöglich machen oder übermäßig erschweren (Grundsatz der Effektivität)".

[253] So die Interpretation der EuGH-Rechtsprechung durch BVerwG 6 C 14.07, 2.4.2008 Rn. 19.

[254] *T. v. Danwitz*, Europäisches Verwaltungsrecht, 2008, 592, *K. F. Gärditz*, „Regulierungsermessen" und verwaltungsgerichtliche Kontrolle, NVwZ 2009, 1005 (1008).

[255] So im Hinblick auf die gerichtliche Kontrolldichte der Regulierung Generalanwalt *M. P. Maduro*, Schlussanträge v. 18.7.2009, Rs. C-55/06 (Arcor), Rn. 96: „Weder mit der Verordnung noch mit den einschlägigen Richtlinien des alten Rechtsrahmens sollen die nationalen Regelungen über die gerichtlichen Verfahren harmonisiert, genauer gesagt, der Umfang und die Intensität der gerichtlichen Kontrolle von Entscheidungen der nationalen Regulierungsbehörden, insbesondere wenn sie auf einem Beurteilungsspielraum beruhen, festgelegt werden. Die Antwort auf diese Frage fällt daher zunächst einmal in die Zuständigkeit der nationalen Verfahrensordnungen".

[256] EuGH, Urt. v. 3.12.2009, Rs. C-424/07 (Kommission/Deutschland), Slg. 2009 I-11431.

[257] § 9a TKG, durch Art. 2 Nr. 3, 5 Nr. 1 S. 1 des Gesetzes zur Änderung telekommunikationsrechtlicher Vorschriften v. 18.2.2007 eingeführt und durch Art. 3 Nr. 3, 4 S. 1 des Gesetzes zur Neuregelung des Post- und Telekommunikationssicherstellungsrechts und zur Änderung telekommunikationsrechtlicher Vorschriften v. 24.3.2011 aufgehoben.

[258] EuGH, Urt. v. 3.12.2009, Rs. C-424/07 (Kommission/Deutschland), Slg. 2009 I-11431, Rn. 74.

Märkte“ aus der Regulierung sowie der Begründung einer besonderen Berücksichtigungspflicht bestimmter Regulierungsziele eine unionsrechtswidrige Einschränkung des Ermessens der Bundesnetzagentur bewirkte[259].

γ) Erfordernis einer restriktiven Rechtsprechungsrezeption

Ob sich aus diesem Urteil allerdings die Vorgabe für eine reduzierte gerichtliche Kontrolldichte ergibt, ist unklar[260]. Denn der EuGH hat zwar ein „Ermessen“ der NRB gegenüber dem mitgliedstaatlichen *Gesetzgeber* anerkannt, eine Vorgabe für die von den *Gerichten* angewandte Kontrolldichte jedoch nicht. Denn die Verhältnisse zwischen NRB und mitgliedstaatlichem Gesetzgeber einerseits und NRB und mitgliedstaatlichen Gerichten andererseits sind aus unionsrechtlicher Sicht wegen der Ausgestaltung der Kooperation im Netzwerk der Telekommunikationsregulierung nicht gleichzusetzen. Im Fall einer Vorprogrammierung der Regulierung durch den mitgliedstaatlichen Gesetzgeber wird das kohärenzsichernde Konsolidierungsverfahren sowie die weitestgehende Berücksichtigung der jeweils geltenden Kommissionsempfehlungen und -leitlinien *ex ante umgangen*, während die gerichtliche Kontrolle *erst ex post* stattfindet und der europäischen Koordination keine Grenzen setzt bzw. die Berücksichtigung von Stellungnahmen der Kommission und der anderen NRB nicht unmöglich macht. Diese Ansicht, dass das „Ermessen“ der NRB gegenüber dem mitgliedstaatlichen Gesetzgeber im Lichte der Einbindung der NRB (und nicht des Gesetzgebers) in die europäischen Koordinationsverfahren zu sehen ist, dürfte auch dem EuGH-Urteil zugrunde liegen[261].

An dieser Stelle ist die Frage durchaus berechtigt, ob den Gerichten eine Vollkontrolle von unbestimmten Gesetzesbegriffen erlaubt sein kann, wenn der Gesetzgeber kraft Unionsrechts nicht dazu befugt ist, *selbst* die administrative Entscheidungsfindung vollständig zu programmieren: Da die gerichtliche Kontrolle bekanntlich dort endet, wo das materielle Recht in verfassungsrechtlich unbedenklicher Weise das Entscheidungsverhalten nicht vordefiniert und der Verwaltung einen Einschätzungs- und Auswahlspielraum belässt, könnte eine erhöhte

---

[259] EuGH, Urt. v. 3.12.2009, Rs. C-424/07 (Kommission/Deutschland), Slg. 2009 I-11431, Rn. 83 f.

[260] In der Literatur wird das Urteil durchaus mit der Frage des beschränkt kontrollierbaren Beurteilungsspielraums in Zusammenhang gebracht, ohne dass jedoch daraus bestimmte allgemeine dogmatische Vorgaben abgeleitet werden, s. *A. Proelß*, Das Regulierungsermessen, AöR 136 (2011), 402 (418), Fn. 105, *V. Winkler*, Bundesnetzagentur und Beurteilungsspielraum, DVBl. 2013, 156 (160).

[261] Denn die Feststellung, dass „die Rahmenrichtlinie die Beurteilung der Regulierungsbedürftigkeit von Märkten auf die NRB und nicht dem nationalen Gesetzgeber überträgt“, wird als Konsequenz der Beschreibung der sekundärrechtlichen Einbindung der NRB in die netzwerkinterne Kooperation dargestellt, s. EuGH, Urt. v. 3.12.2009, Rs. C-424/07 (Kommission/Deutschland), Slg. 2009 I-11431, Rn. 74 m.V.a. Rn. 53–61.

gerichtliche Kontrolldichte weiter gehen als der Gesetzgeber bzw. das Gesetz. Allerdings ist auch an dieser Stelle die Frage der Kontrolldichte nicht mit den Befugnissen des mitgliedstaatlichen Gesetzgebers in Verbindung zu bringen: *Erstens* sind die Gesetzesbegriffe des § 11 TKG weitgehend insbesondere von der EuGH-Rechtsprechung (wettbewerbs-)rechtlich konkretisiert, so dass mitgliedstaatlichen Gerichten bereits ein detaillierter rechtlicher Kontrollmaßstab zur Verfügung steht. *Zweitens* kann besonders im Kontext der Netzwerke von einem „Eigenwert der Verwaltungskontrolle“[262] ausgegangen werden, insbesondere dann, wenn davon die inzidente Überprüfbarkeit netzwerkinterner Handlungsbeiträge abhängt: Wegen ihrer erheblichen faktischen Bindungswirkungen haben sie ohnehin einen größeren Einfluss auf die administrative Entscheidungsfindung, als es der mitgliedstaatlichen Gesetzgeber darf; umso mehr gilt es, sie zumindest inzident der gerichtlichen Kontrolle zugänglich zu machen.

Die besseren Gründe sprechen somit für eine *restriktive* Rezeption des EuGH-Urteils: Es setzt dem nationalen Gesetzgeber lediglich im Bezug darauf Grenzen, sekundärrechtlich vorgesehene Entscheidungsverfahren zu umgehen, weil dies die Koordination innerhalb der Europäischen Union und die Kohärenzsicherung des Unionsrechtsvollzugs hindert; es enthält jedoch keine Vorgaben für die gerichtliche Überprüfung dieser Entscheidungsverfahren durch die nationalen Gerichte und schreibt auch nicht die Einräumung eines gerichtlich nur begrenzt überprüfbaren Beurteilungsspielraums vor.

(3) Zwischenergebnis

Die Umsetzung des Marktregulierungsverfahrens und seine Aufgliederung in drei Stufen hat Unklarheiten bezüglich des Umfangs administrativer Letztentscheidungsbefugnisse verursacht: Der Gesetzeswortlaut räumt einen Beurteilungsspielraum nur auf der (zeitlich) ersten Stufe der Bestimmung potenziell regulierungsbedürftiger Märkte ein, auf den Stufen der Marktfestlegung und -analyse dagegen nicht. Die Rechtsprechung geht jedoch von einem umfassenden Beurteilungsspielraum aus, welchen sie aus einer teleologischen Gesetzesauslegung herleitet. Problematisch ist dies insofern, als sie den Normzweck anhand des unionsrechtlichen Hintergrundes des Gesetzes ermittelt, dem Unionsrecht aber bei genauerer Betrachtung keine Vorgaben für eine Reduzierung der gerichtlichen Kontrolldichte auf mitgliedstaatlicher Ebene entnommen werden können. Vielmehr scheint das Unionsrecht diesbezüglich neutral zu sein und die Frage der mitgliedstaatlichen Verfahrensautonomie zu überlassen: Die Einräumung von „Ermessensspielräumen“ zugunsten der mitgliedstaatlichen Regulierungsbehörden ist eher im Lichte des Kohärenz-Flexibilitäts-Dilemmas zu erklären sowie des

[262] Allgemein zum Gedanken eines Eigenwerts von Kontrolle *K. F. Gärditz*, „Regulierungsermessen“ und verwaltungsgerichtliche Kontrolle, NVwZ 2009, 1005 (1009 f.).

Erfordernisses ihrer Unabhängigkeit gegenüber *politischen* Instanzen, nicht aber den Gerichten. Problematisch ist die Anerkennung des umfassenden Beurteilungsspielraums im Kontext der vorliegenden Untersuchung deswegen, weil sie Konsequenzen für die Kontrollierbarkeit der netzwerkinternen Kooperation haben kann: Ergeht die Marktanalyse im Rahmen eines gerichtlich nur begrenzt kontrollierbaren Beurteilungsspielraums, kann die inzidente Kontrolle von netzwerkinternen Handlungsbeiträgen unmöglich werden, was angesichts der Unmöglichkeit ihrer direkten Anfechtung vor der Unionsgerichtsbarkeit zu ihrer *gänzlichen Freistellung* von der gerichtlichen Kontrolle führen kann. Die Frage, ob die inzidente Kontrolle verhindert wird, hängt somit von der Anerkennung des Beurteilungsspielraums und der Auslegung der gesetzlichen Maßstäbe des mitgliedstaatlichen und kooperativen Verwaltungshandelns ab; dieser Problematik gilt es im Folgenden nachzugehen.

dd) Folgen: Gerichtliche Kontrollierbarkeit netzwerkinterner Steuerung

(1) Umfassender Beurteilungsspielraum, Kontrollmaßstab und inzidente Kontrolle

Die Anerkennung des umfassenden Beurteilungsspielraums für die gesamte Marktdefinition und -analyse bringt eine Reduzierung der gerichtlichen Kontrolldichte mit sich: Die Verwaltungsgerichtsbarkeit hat die administrative Letztentscheidungsbefugnis zu achten und kann bei der Überprüfung der Rechtmäßigkeit einer Verwaltungsentscheidung diese nicht mit der Maxime einer „einzig richtigen Entscheidung“ ersetzen[263]. Nach ständiger Rechtsprechung des Bundesverwaltungsgerichts beschränkt sich die gerichtliche Kontrolle darauf, ob „(1) die Behörde die gültigen Verfahrensbestimmungen eingehalten hat, (2) von einem richtigen Verständnis des anzuwendenden Gesetzesbegriffs ausgegangen ist, (3) den erheblichen Sachverhalt vollständig und zutreffend ermittelt hat und (4) sich bei der eigentlichen Beurteilung an allgemeingültige Wertungsmaßstäbe gehalten, insbesondere das Willkürverbot nicht verletzt hat“[264]. Diese Prüfungspunkte bilden letztlich den Kontrollmaßstab für die gesamte Marktdefinition und -analyse auf mitgliedstaatlicher Ebene: den Drei-Kriterien-Test der Marktbestimmung, die Berücksichtigung der Regulierungsziele bei der Marktfestlegung und die Prüfung wirksamen Wettbewerbs und beträchtlicher Marktmacht in der Marktanalyse. Somit ergibt sich folgende Konsequenz der Anerkennung des umfassenden Beurteilungsspielraums: Die Konkretisierung unbestimmter Rechtsbegriffe bleibt auf die

[263] Vgl. allgemein zur gerichtlichen Kontrolle von Beurteilungsspielräumen *M. Jestaedt*, Maßstäbe des Verwaltungshandelns, in: H.-U. Erichsen/D. Ehlers (Hrsg.), Allgemeines Verwaltungsrecht, [14]2010, § 11, Rn. 44 f., 54.

[264] BVerwG 6 C 14.07, 2.4.2008, Rn. 21, Ständige Rechtsprechung, s. BVerwG 3 C 8.06, 16.5.2007 Rn. 38 m. w. N.

Einhaltung allgemeingültiger Wertungsmaßstäbe begrenzt[265], das richtige Verständnis der anzuwendenden Gesetzesbegriffe ist voll kontrollierbar; derartige vollkontrollierbare Gesetzesbegriffe sind die „Pflicht weitestgehender Berücksichtigung“ der Leitlinien und der Marktempfehlung der Kommission sowie die „Pflicht weitestgehender Rechnungstragung“ der Stellungnahmen im Konsolidierungsverfahren. Das Verständnis der Gesetzesbegriffe der „Pflicht weitestgehender Berücksichtigung“ und der „Pflicht weitestgehender Rechnungstragung“ sind von zentraler Bedeutung: Davon hängt nämlich *erstens* der Einfluss von netzwerkinternen Handlungsbeiträgen auf die mitgliedstaatliche Entscheidungsfindung ab und *zweitens* – im Lichte des umfassenden Beurteilungsspielraums und der Begrenzung der gerichtlichen Kontrolle der eigentlichen Beurteilung auf allgemeingültige Wertungsmaßstäbe – ihre inzidente Kontrollierbarkeit. Es könnte nämlich darauf hinauslaufen, dass sich die gerichtliche Kontrolle lediglich darauf beschränkt, *ob* die mitgliedstaatliche Regulierungsbehörde ihrer *Berücksichtigungspflicht* nachgegangen ist und nicht, *wie* sie inhaltlich die unbestimmten Rechtsbegriffe unter Einfluss von netzwerkinternen Handlungsbeiträgen *konkretisiert* hat: Denn diese eigentliche Beurteilung ist wegen des Beurteilungsspielraums nicht vollständig kontrollierbar.

(2) Kontrollierbarkeit der ex ante-Steuerung: Marktempfehlung und Leitlinien

α) Gebot weitestgehender Berücksichtigung: „gesetzliche Vermutung“

Rechtsdogmatisch ist die Einordnung des Gebots weitestgehender Berücksichtigung unklar[266], da Empfehlungen und Stellungnahmen der Kommission ohnehin einer allgemeinen unionsrechtlichen Berücksichtigungspflicht unterliegen: Zwar begründen sie allgemein keine Rechte für den Einzelnen, sind jedoch insofern nicht völlig wirkungslos, als sie von mitgliedstaatlichen Behörden und Gerichten bei anhängigen Rechtsstreitigkeiten zu berücksichtigen sind und insbesondere dann, wenn sie geeignet sind, Aufschluss über die Auslegung anderer innerstaatlicher oder gemeinschaftlicher Bestimmungen zu geben[267]. Die Rechtsprechung des BVerfG und des BVerwG ist davon ausgegangen, dass dem Gebot „weitestge-

[265] Z.B. „sachlich und räumlich relevante Märkte“ (§ 10 Abs. 1 TKG), „beträchtliche und anhaltende strukturell oder rechtlich bedingte Marktzutrittsschranken“, „längerfristige Tendenz zu unwirksamem Wettbewerb“, „nicht ausreichende Anwendung des allgemeinen Wettbewerbsrechts zur Entgegenwirkung gegen das betreffende Marktversagen“ (§ 10 Abs. 2 TKG), „Prüfung der Bestehung wirksamen Wettbewerbs“, „beträchtliche Marktmacht“, „der Beherrschung gleichkommende Stellung“, „in beträchtlichem Umfang von Wettbewerbern und Endnutzern unabhängiges Verhalten“ (§ 11 Abs. 1 TKG).

[266] S. bereits *K.-H. Ladeur/C. Möllers*, Der europäische Regulierungsverbund der Telekommunikation im deutschen Verwaltungsrecht, DVBl. 2005, 525 (531).

[267] Grundlegend EuGH, Urt. v. 13.12.1989, Rs. C-322/88 (Grimaldi/Fonds des maladies professionnelles), Slg. 1989, 04407, Rn. 18–19 und zuletzt Urt. v. 10.3.2010, Rs. C-317/08, C-318/08, C-319/08 und C-320/08 (Alassini u.a./Telecom Italia SpA), Slg. 2010, I-02213, Rn. 40, Urt. v.

hender" Berücksichtigung eine höhere Bindungswirkung als dem allgemeinen Berücksichtigungsgebot zu entnehmen sei[268]. Zwar habe dadurch die Marktempfehlung keine originäre Rechtsverbindlichkeit, sie sei aber rechtsdogmatisch als eine *gesetzliche Vermutung* einzuordnen, denn sie begründe eine Vermutung dafür, dass die dort aufgeführten Märkte auch in Deutschland potenziell regulierungsbedürftig seien bzw. dass kein wirksamer Wettbewerb bestehe und Unternehmen über beträchtliche Marktmacht verfügten. Diese Auslegung, die von der Rechtsprechung auf das sekundärrechtliche Ziel weitgehender Harmonisierung der Telekommunikations-Binnenmärkte gestützt wird, wertet im Ergebnis die Marktempfehlung der Kommission als eine allgemeine *Festlegung* von potenziell regulierungsbedürftigen Märkten für den gesamten Binnenmarkt, von der die NRB (nur) aufgrund spezifischer innerstaatlicher Marktverhältnisse abweichen können: „Diesem methodischen Ansatz entspricht eine nachvollziehende Bewertung anhand der Marktabgrenzungskriterien des europäischen Wettbewerbsrechts, die einerseits die von der Vermutungswirkung ausgehende Vorprägung der Entscheidung durch die Festlegung der Kommission, andererseits aber auch und insbesondere etwaige vom europäischen Standard abweichende nationale Besonderheiten angemessen berücksichtigt"[269].

β) Konsequenz: Faktische Bindungswirkung netzwerkinterner Steuerung

Im Ergebnis wird durch diese Wertungen der Rechtsprechung die gerichtliche Kontrollierbarkeit der Entscheidungsfindung im Netzwerk der Telekommunikationsregulierung durch die mitgliedstaatliche Gerichtsbarkeit erheblich begrenzt. Dies lässt sich aufgrund der Diskrepanz zwischen *rechtlich umfassendem* Beurteilungsspielraum der NRB gegenüber dem kontrollierenden mitgliedstaatlichen Gericht und *faktisch begrenztem* „Ermessensspielraum" innerhalb des Netzwerks erklären. Die faktische Begrenzung des „Ermessensspielraums" der NRB gegenüber der Marktempfehlung und den Leitlinien der Kommission ergibt sich aus ihrer dogmatischen Einordung als gesetzlichen Vermutungen und dem Vetorecht der Kommission: Marktempfehlung und Leitlinien der Kommission stellen als gesetzliche Vermutungen zunächst faktisch verbindliche Vorgaben an die NRB dar; diese können zwar die Vermutung insofern widerlegen, indem sie aufgrund nationaler Besonderheiten von ihr abweichen, eine derartige Abweichung steht jedoch unter dem Vorbehalt des Vetorechts der Kommission. Auf der anderen Seite gilt aus der gerichtlichen Kontrollperspektive ein Beurteilungsspielraum der NRB: Weicht sie von den Leitlinien und der Marktempfehlung ab und übt die Kommission ihr Vetorecht nicht aus, so prüft das mitgliedstaatliche Gericht ledig-

---

24.4.2008, Rs. C-55/06 (Arcor/Deutschland), Slg. 2008, I-02931 f., Rn. 94, Urt. v. 11.9.2003, Rs. C-207/01 (Altair Chimica), Slg. 2003, I- 8875, Rn. 41.

[268] BVerwG 6 C 14.07, 2.4.2008, Rn. 24–26.

[269] BVerwG 6 C 14.07, 2.4.2008, Rn. 25 und 26.

lich, ob die Abweichung bzw. die Widerlegung der gesetzlichen Vermutung nachvollziehbar begründet ist; weicht sie von den Leitlinien und der Marktempfehlung nicht ab, stellt diese Entscheidung eine Bewertung innerhalb ihres Beurteilungsspielraums dar und ist lediglich im Hinblick darauf zu überprüfen, ob sie von „sachfremden Erwägungen" ausging[270].

Die Kombination von faktisch begrenztem „Ermessensspielraum" der NRB gegenüber der Kommission und rechtlichem Beurteilungsspielraum gegenüber dem kontrollierenden Gericht führt im Ergebnis dazu, dass Marktempfehlungen und Leitlinien auch für das kontrollierende Gericht *rechtlich verbindlich* sind, ohne jedoch von ihm *faktisch kontrollierbar* zu sein. Denn das Gericht muss gesetzliche Vermutungen als Beweislastregeln enthaltende materielle Bestimmungen seiner Entscheidung zugrunde legen, sofern nicht das Gegenteil bewiesen wird[271]. Wegen des gerichtlich nicht vollständig kontrollierbaren Beurteilungsspielraums der NRB bleibt aber der Beweis des Gegenteils als Entscheidung für eine Abweichung von Marktempfehlungen und Leitlinien *rechtlich* ausschließlich der NRB überlassen, die wiederum *faktisch* von der Kommission gesteuert wird: Durch ihr Vetorecht bestimmt sie mittelbar, welche Bewertung von der NRB innerhalb ihres gerichtlich unkontrollierbaren Beurteilungsspielraums getroffen wird.

Wegen der Ausgestaltung der Verwaltungskooperation im Netzwerk der Telekommunikationsregulierung und der Anerkennung des umfassenden Beurteilungsspielraums kann aus funktionaler Perspektive beobachtet werden, dass Marktempfehlung und Leitlinien als ex ante-Steuerungsinstrumente der Kommission eine vergleichbare Wirkung mit den *normkonkretisierenden Verwaltungsvorschriften* der deutschen Verwaltungsrechtsdogmatik haben[272]: Auch bei diesen ist die Konkretisierung gesetzlicher Tatbestände und insbesondere unbestimmter Rechtsbegriffe durch abstrakt-generelle inneradministrative Anordnun-

---

270 Vgl. BVerwG 6 C 14.07, 2.4.2008, Rn. 27: „Ihre Bewertung, dass (auch in Deutschland) weder eine adäquate Austauschbarkeit noch eine Angebotsumstellungsflexibilität in Bezug auf die Terminierung durch den einzelnen Mobilfunknetzbetreiber besteht und dass deshalb eine Abweichung von der Märkte-Empfehlung nicht gerechtfertigt ist, hält sich in den Grenzen ihres Beurteilungsspielraums. Sie ist erkennbar nicht von sachfremden Erwägungen getragen und daher hinzunehmen".

271 *U. Domgörgen/A. Wegner*, Beweisverfahren, in: J. Brandt/M. Sachs (Hrsg.), Handbuch Verwaltungsverfahren und Verwaltungsprozess, [3]2009, Rn. 261–262 mit Verweis auf BVerwG v. 24.8.1990, BVerwGE 85, 314 (321). Durch eine gesetzliche Vermutung wird das Urteil des Richters bezüglich der vermuteten Tatsache kraft Gesetzes ersetzt und der Richter entscheidet, als liege das Tatbestandsmerkmal vor, s. *D. Assmann*, § 292 ZPO, in: B. Wieczoreck/R. A. Schütze (Hrsg.), ZPO, Bd. 4, [4]2013, Rn. 28. Dies gilt aufgrund der analogen Anwendung von § 292 ZPO gem. § 173 VwGO auch für gesetzliche Vermutungen im Verwaltungsprozess, s. zur Anwendung von § 292 ZPO im Verwaltungsprozess *J. Orth*, § 173 VwGO, in: K. F. Gärditz (Hrsg.), VwGO, 2013, Rn. 34 mit Verweis auf VG Bremen, Urt. v. 8.7.2010, 2 K 2581/08.

272 Allgemein zur konzeptuellen Vergleichbarkeit zwischen Verwaltungsvorschriften und Unionshandlungen, die unter den Oberbegriff des tertiären Unionsrechtes fallen, s. *T. Groß*, Exekutive Vollzugsprogrammierung durch tertiäres Gemeinschaftsrecht?, DÖV 2004, 20 (24 f.).

gen nicht nur für die nachgeordneten Behörden, sondern auch für die kontrollierenden Gerichte verbindlich[273]. Neben der originären Innenwirkung solcher Handlungen ergibt sich somit mittelbar auch eine Außenwirkung: Es entsteht ein gerichtlich nicht voll kontrollierbares Behördenrecht[274].

γ) Entstehung von Rechtsschutzlücken

Insgesamt richtet sich die Frage der gerichtlichen Kontrollierbarkeit der Entscheidungsfindung im Netzwerk der Telekommunikationsregulierung nach den Entscheidungen, die jeweils von NRB und Kommission über eine Abweichung von der Marktempfehlung bzw. eine Vetoausübung getroffen werden. Dabei lässt sich feststellen, dass eine ausreichende gerichtliche Kontrollierbarkeit nur in jener Konstellation gegeben sein kann, in der die NRB von der Marktempfehlung abweicht und die Kommission ihr Vetorecht ausübt: Die Vetoentscheidung ist mit der Nichtigkeitsklage vor der unionalen Gerichtsbarkeit anfechtbar. Dagegen entstehen in den anderen zwei möglichen Konstellationen *Rechtsschutzlücken*: Weicht nämlich die NRB von der Marktempfehlung ab und übt die Kommission ihr Vetorecht nicht aus, besteht die gerichtliche Kontrolle aufgrund des umfassenden Beurteilungsspielraums der NRB in einer bloßen Vertretbarkeitsprüfung der Abweichungserforderlichkeit wegen innerstaatlicher Besonderheiten[275] und eine Anfechtung der Vetounterlassung der Kommission ist vor der Unionsgerichtsbarkeit nicht möglich[276]; weicht die NRB von der Marktempfehlung nicht ab und übt die Kommission ihr Vetorecht nicht aus, ist die Marktempfehlung als gesetzliche Vermutung auch für das kontrollierende Gericht verbindlich. So verleiht einer-

---

[273] Diese Kategorie von Verwaltungsvorschriften wurde von der sog. Wyhl-Entscheidung des BVerwG entwickelt und weist aufgrund eines Beurteilungsspielraums eine auch die Gerichte bindende Außenwirkung auf, s. BVerwGE 72, 300, 319 f., *H. Maurer*, Allgemeines Verwaltungsrecht, [18]2011, § 24, Rn. 25 f., *M. Möstl*, Normative Handlungsformen, in: H.-U. Erichsen/D. Ehlers (Hrsg.), Allgemeines Verwaltungsrecht, [14]2010, § 19, Rn. 29, *P. M. Huber*, Allgemeines Verwaltungsrecht, [2]1997, 54 f., *H. Hill/M. Martini*, Normsetzung und andere Formen exekutivischer Selbstprogrammierung, in: W. Hoffmann-Riem/E. Schmidt-Aßmann/A. Voßkuhle (Hrsg.), GVwR II, [2]2012, § 34, Rn. 40 f. Dazu, dass Verwaltungsvorschriften neben ihrer „unzweifelhaften" Bindungswirkung für die nachgeordneten Behörden auch Bindungswirkungen für Gerichte und Rechtsunterworfene aufweisen, s. *V. Mehde*, Rechtsetzungen der europäischen und nationalen Verwaltungen, VVDStRL 71 (2012), 418 (428, Fn. 59.).

[274] Zum Begriff s. *U. Stelkens*, Rechtsetzungen der europäischen und nationalen Verwaltungen, VVDStRL 71 (2012) 369 (401 f.). Ähnlich der Begriff des Administrativrechtes, der in der deutschen Verwaltungsrechtsdogmatik im Rahmen der von einer unmittelbaren Außenwirkung von Verwaltungsvorschriften ausgehenden sog. Lehre des originären Administrativrechtes verwendet wird, s. einen Kurzüberblick dazu bei *H. Maurer*, Allgemeines Verwaltungsrecht, [18]2011, § 24, Rn. 25 f.

[275] So zutreffend im Ergebnis auch *M. Schramm*, Der europäische Verwaltungsverbund in der Telekommunikationsregulierung (§§ 10 ff. TKG) aus dem Blickwinkel des Rechtsschutzes, DÖV 2010, 387 (391).

[276] EuG, Beschluss v. 22.2.2008, Rs. T-295/06 (Base/Kommission), Slg. 2008 II-28.

seits das Vetorecht der Kommission ihren ex ante-Steuerungsinstrumenten eine *faktische Bindungswirkung*[277], andererseits entgeht auch die – ebenfalls von ihr durch die Nichtausübung des Vetorechts konkludent gesteuerte – Abweichung von der Marktempfehlung einer gerichtlichen Kontrolle.

Jene Rechtsschutzlücken werden durch ein *Kohärenzproblem* verursacht, das darin besteht, dass Unionshandlungen von unionaler und mitgliedstaatlicher Rechtsprechung unterschiedlich behandelt werden: Unionalen Handlungen, die von der Unionsgerichtsbarkeit als *unverbindlich* und nicht direkt anfechtbar behandelt werden, kommt auf mitgliedstaatlicher Ebene eine *rechtliche* (wegen ihrer Einordnung als gesetzlichen Vermutungen) und *faktische* (wegen der Rolle des Vetorechts in der Ausgestaltung der netzwerkinternen Kooperation) *Bindungswirkung* zu, die (wegen der Anerkennung des Beurteilungsspielraums) der gerichtlichen Kontrolle *gänzlich entgeht*.

Ob es im Rahmen der von der Rechtsprechung zugrunde gelegten Auslegung des Sekundärrechts und der Anerkennung des umfassenden Beurteilungsspielraums möglich ist, diese Rechtsschutzlücken zu schließen, erscheint äußerst zweifelhaft. Zwar wäre eine Schließung der Rechtsschutzlücke über das Vorabentscheidungsverfahren theoretisch möglich[278], da dieses zur Kontrolle *aller* Unionshandlungen unabhängig von ihrer rechtlichen und faktischen Verbindlichkeit offen steht[279]. Dies würde aber eine *Gültigkeits*prüfung der Unionshandlungen

---

[277] So zutreffend *J. Ruthig*, Grundzüge sektorenspezifischer Regulierung, in: ders./S. Storr (Hrsg.), Öffentliches Wirtschaftsrecht, ³2011, Rn. 594 mit Verweis auf *R. Klotz*, Der Referentenentwurf zum TKG im Licht der europarechtlichen Vorgaben, MMR 2003, 495 (496). Zu der weitestgehenden Vorprägung nationaler Regulierungsbehörden wegen des Gebots weitestgehender Berücksichtigung s. *J. Kersten*, Herstellung von Wettbewerb als Verwaltungsaufgabe, VVDStRL 69 (2010), 325 Fn. 153 m.V.a. *H.-H. Trute/R. Broemel*, Die Regulierung des Zugangs in den Netzwirtschaften, ZHR 706 (731), *M. Schramm*, Der europäische Verwaltungsverbund in der Telekommunikationsregulierung (§§ 10 ff. TKG) aus dem Blickwinkel des Rechtsschutzes, DÖV 2010, 387. Zur faktischen Bindungs- und Steuerungswirkung des Soft Law in Vollzugsüberwachungskonstellationen seitens der Kommission s. *V. Mehde*, Rechtsetzungen der europäischen und nationalen Verwaltungen, VVDStRL 71 (2012), 418 (428): „Dieser Effekt [der Bindungswirkung] tritt auch ein, wenn etwa die Kommission die Rechtsanwendung durch mitgliedstaatliche Behörden überwacht und sie ihre Position zuvor in Mitteilungen oder Ähnlichem festgehalten hat. Auch ohne rechtliche Bindungswirkung handelt es sich damit um ein Instrumentarium, mit dem Steuerungswirkungen erzielt werden“. Im Ergebnis kann beobachtet werden, dass die „widerlegliche gesetzliche Vermutung“ für das Gericht faktisch in eine unwiderlegliche gesetzliche Vermutung umgewandelt wird.

[278] Die Bedeutung einer Kontrolle über das Vorabentscheidungsverfahren im Netzwerk der Telekommunikationsregulierung betont *H.-H. Trute*, Der europäische Regulierungsverbund in der Telekommunikation – ein neues Modell europäisierter Verwaltung, in: L. Osterloh/K. Schmidt/H. Weber (Hrsg.), Staat, Wirtschaft, Finanzverfassung, FS P. Selmer, 2004, 565 (584).

[279] Vgl. EuGH, Urt. v. 15.6.1976, Rs. 113/75 (Frecassetti/Amministrazione delle finanze dello Stato), Slg. 1976, 983, Urt. v. 9.6.1977, Rs. 90/76 (Van Ameyde/UCI), Slg. 1977, 1091, Urt. v. 13.12.1989, Rs. C-322/88 (Grimaldi/Fonds des maladies professionnelles), Slg. 1989, 4407, Rn. 9, EuGH, Urt. v. 21.1.1993, Rs. C-188/91 (Deutsche Shell/Hauptzollamt Hamburg/Harburg), Slg. 1993 I-00363, Rn. 18. Dies leitet der EuGH aus der allgemeinen unionsrechtlichen Berück-

durch das vorlegende mitgliedstaatliche Gericht erfordern, welche angesichts des Beurteilungsspielraums und der Minimierung seiner Kontrolle auf die Nachvollziehbarkeit der Marktanalyse nur schwer vorstellbar ist[280]; trotz der niedrigen Vorlagehürden[281] dürfte somit nicht viel Optimismus erlaubt sein.

(3) Inzidentkontrolle anderer Handlungsbeiträge

Aufgrund der soeben geschilderten rechtsdogmatischen Gegebenheiten erscheint eine inzidente Kontrollierbarkeit von anderen netzwerkinternen Handlungsbeiträgen ebenfalls als nahezu unmöglich: Sowohl die Stellungnahme der Kommission im Konsolidierungsverfahren als auch jene der anderen mitgliedstaatlichen Regulierungsbehörden werden von der NRB innerhalb ihres Beurteilungsspielraums berücksichtigt bzw. sie „trägt ihnen weitestgehend Rechnung" und übermittelt den sich daraus ergebenden Entwurf der Kommission, welche entsprechend ihr Vetorecht ausüben kann[282]. So ist die Konstellation der Verwaltungskooperation innerhalb eines gerichtlich nicht vollständig kontrollierbaren Beurteilungsspielraums unter „Aufsicht" des Vetorechts der Kommission auch an dieser Stelle zu beobachten. Dass die Handlungsbeiträge keine abstrakt-generelle, sondern eine konkret-individuelle Ausrichtung haben, dürfte im Rahmen der inzidenten Kontrolle keinen Unterschied machen. Schließlich ist auch eine inzidente Kontrolle der informalen horizontalen Verwaltungskooperation gem. § 11 Abs. 2 TKG schwer vorstellbar.

c) Auswertung: Rechtsschutzeffektivität und Legitimation im Netzwerk der Telekommunikationsregulierung

aa) Gerichtliche Kontrollierbarkeit des Netzwerks: Rechtsschutzdefizite

Insgesamt lässt sich feststellen, dass die Entscheidungsfindung im Netzwerk der Telekommunikationsregulierung durch erhebliche Rechtsschutzlücken gekenn-

sichtigungspflicht auch unverbindlicher Handlungen her, s. Urt. v. 21.1.1993, Rs. C-188/91 (Deutsche Shell/Hauptzollamt Hamburg/Harburg), Slg. 1993 I-00363, Rn. 18 S. 1.

280 Denkbar wäre lediglich die Ausweitung der Vorlagepflicht der Instanzgerichte auch auf Auslegungsfragen, vgl. zu diesem Gedanken allgemein Generalanwalt *Ruiz-Jarabo Colomer*, Schlussanträge v. 10.11.2005, Rs. C-206/04P (Mülhens/HABM), Slg. 2006 I-2717, Rn. 72 f. Gegen die Anerkennung einer derartigen Ausweitung spricht allerdings die vom EuGH stets betonte Freiheit der Instanzgerichte, für Auslegungsfragen vorzulegen, s. dazu *J. Kokott/C. Sobotta*, Die Pflicht zur Vorlage an den EuGH und die Folgen ihrer Verletzung, JZ 61(2006), 633 (634), *P. Thomy*, Individualrechtsschutz durch das Vorabentscheidungsverfahren, 2009, 80.

281 Für die Vorlage genügen erhebliche Bedenken über die Rechtswidrigkeit, eine feste Überzeugung ist nicht erforderlich, s. *U. Ehricke*, Art. 267 AEUV, in: R. Streinz (Hrsg.), EUV/AEUV, [2]2012, Rn. 45. Im Hinblick darauf ist allgemein ein weitgehender Verzicht des EuGH auf eine intensive Zulässigkeitsprüfung von Vorabentscheidungsersuchen festzustellen, s. *M. Knauff*, Einführung, in: K. F. Gärditz (Hrsg.), VwGO, 2013, Teil B., Rn. 12.

282 § 12 Abs. 2 Nr. 2 TKG.

zeichnet ist, welche durch die Ausgestaltung der Verwaltungskooperation innerhalb des Netzwerkes und die weitgehende Inkohärenz zwischen unionaler und mitgliedstaatlicher Rechtsprechung verursacht werden. *Einerseits* wird eine direkte Anfechtung von Marktempfehlung, Leitlinien und Stellungnahmen der Kommission von der Unionsgerichtsbarkeit deswegen abgelehnt, weil sie unverbindlich seien und als Klagegegenstand nicht in Betracht kämen; auch bei Anerkennung einer Rechtsverbindlichkeit von Marktempfehlung und Leitlinien dürfte aber davon ausgegangen werden, dass eine direkte Anfechtbarkeit an der engen Auslegung der unmittelbaren und individuellen Betroffenheit scheitern würde, zumal sie abstrakt generell formuliert sind und der mitgliedstaatlichen Regulierungsbehörde ein „Ermessensspielraum" anerkannt wird. *Andererseits* ist auch die von der EuGH-Rechtsprechung zur Sicherung der grundrechtlich garantierten Rechtsschutzeffektivität so wichtige inzidente Kontrolle von netzwerkinternen Handlungsbeiträgen durch die mitgliedstaatlichen Gerichte nahezu unmöglich: Sie werten den unionsrechtlich anerkannten „Ermessensspielraum" als Einräumung eines gerichtlich nicht vollständig kontrollierbaren Beurteilungsspielraums, so dass ihre Kontrollreichweite nicht bis auf die netzwerkinternen Handlungsbeiträge reicht. Im Ergebnis entgehen Marktempfehlung, Leitlinien und Stellungnahmen der Kommission und anderer mitgliedstaatlicher Regulierungsbehörden der gerichtlichen Kontrolle, haben aber erheblichen Einfluss auf die Entscheidungsfindung: Wegen des Vetorechts der Kommission haben ihre Handlungen eine faktische Bindungswirkung, Handlungsbeiträge der horizontalen Kooperation in Form von Stellungnahmen und informeller Zusammenarbeit anderer ausländischer Regulierungsbehörden haben ebenfalls wegen ihres transnationalen Charakters faktische Wirkungen.

bb) Rückwirkungen auf die Legitimation des Netzwerks

Die Rechtsschutzdefizite können erhebliche Rückwirkungen auf die Legitimation des Netzwerks haben, da die rechtstaatlich geforderte Rechtsschutzeffektivität wegen der Rechtsschutzlücken nicht erreicht wird und die demokratische Legitimationsfunktion des Individualrechtsschutzes nicht erfüllt werden kann. Dabei wäre der demokratische Legitimationsbeitrag des Individualrechtsschutzes im Netzwerk der Telekommunikationsregulierung von großer legitimatorischer Bedeutung[283], da die demokratische Verantwortlichkeit ebenfalls äußerst defizitär ausfällt: Die Entscheidungsfindung kann politisch kaum verantwortet werden. Zwar ist ein Weisungsrecht des Ministers theoretisch vorgesehen, da aus Sicht grundgesetzlicher Demokratie „Regulierungsbehörden nicht unabhängig sein

[283] Vgl. *C. Möllers*, Materielles Recht – Verfahrensrecht – Organisationsrecht, in: H.-H. Trute/T. Groß/H. C. Röhl/ders. (Hrsg.), Allgemeines Verwaltungsrecht, 2008, 489 (508): Die durch die Weisungsunabhängigkeit verursachte „Einschränkung demokratischer Legitimation wird durch die Relativierung rechtstaatlicher Kontrolle eher verschärft als kompensiert".

können"[284], vielmehr ist aber von einer faktischen Unabhängigkeit und Weisungsfreiheit der Regulierungsbehörde auszugehen[285]: Wegen der Veröffentlichungspflicht der Weisung gem. § 117 TKG und der justizförmigen Ausgestaltung des Verfahrens[286] lässt sich beobachten, dass die sekundärrechtlich geforderte politische Unabhängigkeit der Regulierungsbehörde faktisch respektiert wird[287]. Im Ergebnis verschärfen die Rechtsschutzdefizite das demokratische Legitimationsdefizit und treffen aus rechtstaatlicher Sicht die betroffenen Marktteilnehmer und ihre Konkurrenten besonders hart: Die Regulierung ist Teil der Eingriffsverwaltung, Eingriffe in ihre (Grund)rechte und Interessen können gerichtlich nicht effektiv geschützt werden.

cc) Optimierungsoptionen

So zeigt sich an dieser Stelle auch praktisch, dass die Optimierung des Individualrechtsschutzes eine legitimatorische Notwendigkeit darstellt. Auf der Ebene der unionalen Rechtsprechung kommt als Optimierungsoption in erster Linie eine grundrechtskonforme Auslegung der unmittelbaren und individuellen Betroffenheit in Betracht, die den Weg für eine direkte Anfechtbarkeit der netzwerkinternen Steuerung öffnen würde; kritisch zu betrachten ist weiterhin die Anerkennung des umfassenden Beurteilungsspielraums auf mitgliedstaatlicher Ebene, die auch eine inzidente Kontrolle der netzwerkinternen Handlungsbeiträge unmöglich macht. Darüber hinaus wäre eine rechtsschutzermöglichende Umgestaltung des Netzwerkdesigns durch den sekundärrechtlichen Gesetzgeber zu begrüßen:

---

[284] *J. Kersten*, Herstellung von Wettbewerb als Verwaltungsaufgabe, VVDStRL 69 (2010), 325 (333).

[285] Zum Begriff der „faktischen Unabhängigkeit" s. *H. Jochum*, Das Bundeskartellamt auf dem Weg nach Europa, VerwArch 94 (2003), 512 (525 f.).

[286] Zur Veröffentlichungspflicht und der justizförmigen Verfahrensgestaltung als Gründe faktischer Weisungsunabhängigkeit *C. Möllers*, Materielles Recht – Verfahrensrecht – Organisationsrecht, in: H.-H. Trute/T. Groß/H. C. Röhl/ders. (Hrsg.), Allgemeines Verwaltungsrecht, 2008, 489 (508), *K.-P. Sommermann*, Art. 20 GG, in: H. v. Mangoldt/F. Klein/C. Starck (Hrsg.), GG II, [6]2010, Rn. 181.

[287] *T. Mayen*, Verwaltung durch unabhängige Einrichtungen, DÖV 2004, 45 (46). Zur politischen Unabhängigkeit trotz der Erforderlichkeit einer Weisungsabhängigkeit, was im Ergebnis zu einer faktischen Unabhängigkeit durch die Orientierung an dem US-amerikanischen Konzept der regulatory agencies hinauslaufen kann, *S. Bulla*, Netzregulierung am Beispiel des Telekommunikationsrechts, in: R. Schmidt/T. Vollmöller (Hrsg.), Kompendium Öffentliches Wirtschaftsrecht, 2007, § 11, Rn. 25–27. Optimistischer über die demokratische Legitimationsproblematik, da davon ausgehend, dass die erforderliche demokratische Verantwortung dadurch hergestellt wird, dass „der Bundeswirtschaftsminister die Entscheidungen der Bundesnetzagentur vor dem Bundestag verantwortet – auch und gerade, wenn er sein Einzelweisungsrecht nicht ausübt", *J. Kersten*, Herstellung von Wettbewerb als Verwaltungsaufgabe, VVDStRL 69 (2010), 325 (332). Die Geeignetheit der Weisungsmöglichkeit für die Herstellung demokratischer Legitimation im Netzwerk der Telekommunikationsregulierung dürfte aber ohnehin zu bezweifeln sein, da sie nicht nur unionsrechtlich fragwürdig, sondern auch lediglich für inländische Marktteilnehmer relevant ist.

Denkbar ist die Einräumung von subjektiven Verfahrensrechten vor der jeweils netzwerkintern handelnden Behörde[288], die Umgestaltung der informellen horizontalen Verwaltungskooperation in eine Zusammenarbeit durch rechtsförmige Handlungsformen[289] oder die Aufspaltung des Verfahrens in formale und isoliert anfechtbare Verfahrensabschnitte. Schließlich gewinnt auch die Funktion des Sekundärrechtsschutzes als Minus zum Primärrechtsschutz und als rechtstaatlichem und demokratischem Steuerungsinstrument an Bedeutung: Dort wird es maßgeblich sein, sicherzustellen, dass die faktische Steuerung der netzwerkinternen Entscheidungsfindung zumindest eine Haftungsverantwortung auslöst.

2. Verwaltungskooperation im Netzwerk der Wettbewerbsbehörden

a) Rechtswirkungen der „Fallverteilung"?

aa) Zuständigkeitsbestimmung als Kooperationsaufgabe

Zwar weist die Verwaltungskooperation im Netzwerk der Wettbewerbsbehörden (ECN) nicht einen mit der Entscheidungsfindung im Netzwerk der Telekommunikationsregulierung vergleichbaren Komplexitätsgrad auf, so dass seine Untersuchung aus der Rechtsschutzperspektive durchaus kürzer ausfällt; interessant ist sie aber insofern, als sie auf den ersten Blick für individuelle Rechte und Interessen von untergeordneter Bedeutung zu sein scheint. Eine genauere Betrachtung zeigt aber, dass auch in diesem Netzwerk neben einer weitgehenden Unabhängigkeit[290] gegenüber mitgliedstaatlichen Verwaltungsapparaten und der zentralen Rolle der Kommission, die Erheblichkeit netzwerkinterner Handlungsbeiträge festzustellen ist, die letztlich Rückwirkungen auf den Einzelnen und seine Interessen haben können; relevant kann dafür die Verteilung von Fällen horizontal zwischen den mitgliedstaatlichen Wettbewerbsbehörden und vertikal unter Einbezug der Kommission werden. So liegt die Bearbeitung eines Falles und die Einleitung eines Verfahrens grundsätzlich im Ermessen einer mitgliedstaatlichen Wettbewerbsbehörde[291] (NCA), die Kommission hat aber durch ihre sog. Netzwerkbekanntmachung[292] Kriterien festgelegt und verfügt zudem über ein unein-

[288] So die de lege ferenda-Forderung von *W. Kahl,* Lücken und Ineffektivitäten im Europäischen Verwaltungsverbund am Beispiel des Rechts auf Anhörung, DVBl. 2012, 602 (608).

[289] Zur Bedeutung von rechtsförmigen Handlungsformen in transnationalen Kooperationsstrukturen s. *W. Kahl,* Grundzüge des Verwaltungsrechts in gemeineuropäischer Perspektive: Deutschland, in: A. v. Bogdandy/S. Cassese/P. M. Huber (Hrsg.), IPE V, 2014, § 74, Rn. 90.

[290] *H. Jochum,* Das Bundeskartellamt auf dem Weg nach Europa – Verfassungs-, europarechtliche und organisationssoziologische Perspektiven des Organisationswandels selbständiger Bundesoberbehörden in Deutschland unter dem Einfluss der Europäischen Union am Beispiel des Bundeskartellamts, VerwArch 94 (2003), 512 f.

[291] Vgl. Art. 5 VO 1/2003, Bekanntmachung der Kommission über die Zusammenarbeit innerhalb des Netzes der Wettbewerbsbehörden, Rn. 5.

[292] Bekanntmachung der Kommission über die Zusammenarbeit innerhalb des Netzes der Wettbewerbsbehörden, (2004/C 101/03).

geschränktes Selbsteintrittsrecht, das ihr auf der Basis weitgehender Informations- und Mitteilungspflichten der NCAs erlaubt, einen Fall an sich zu ziehen und selbst zu bearbeiten[293].

Legt man die Zulässigkeitsvoraussetzungen einer Nichtigkeitsklage zu Grunde, so scheint auf den ersten Blick eine Rechtsschutzmöglichkeit nur schwer vorstellbar zu sein. In Betracht käme zunächst die Prüfung einer Rechtsschutzmöglichkeit gegen die Netzwerkbekanntmachung: Zwar erscheint diese durch ihre Bezeichnung als „Bekanntmachung" zunächst rechtlich unverbindlich zu sein, da jedoch die Rechtsverbindlichkeit als Tatbestandsmerkmal von zulässigen Klagegegenständen nicht von der äußeren Form, sondern vielmehr von Inhalt und Zusammenhang[294] abhängt, dürfte insbesondere wegen ihrer verpflichtenden Formulierungen, der Unterzeichnung seitens aller NCAs[295] und des uneingeschränkten Informations- und Selbsteintrittsrechts der Kommission nicht ausgeschlossen sein, dass sie einen Klagegegenstand darstellen könnte. Anhand ihres Inhaltes dürfte somit ermittelt werden, ob sich aus der Festlegung von Kriterien für die Verteilung von Fällen im Netzwerk Rechtswirkungen ergeben können. Nach Ansicht der Kommission handele es sich bei der netzwerkinternen Kooperation zur Verteilung von Fällen lediglich um eine *bloße Arbeitsteilung* zwischen mehreren parallel zuständigen Behörden[296]. Dazu gibt es kein unionsrechtlich geschütztes Interesse auf Bearbeitung eines Falles über Kartellrechtsverstöße von einer bestimmten NCA, da dies implizit der Anerkennung eines individuellen Rechts auf forum shopping innerhalb der Europäischen Union hinauslaufen würde. Eine Begründung von Rechten oder Pflichten erscheint somit ebenfalls als eher unwahrscheinlich. Nur: Die Einordnung der Fallverteilung als bloßer, rechtlich unerheblicher Arbeitsteilung verkennt sowohl die Konsequenzen, die eine Verfahrenseinleitung mit sich bringt, als auch die weitgehenden Divergenzen zwischen den jeweiligen anwendbaren Verfahrensrechten, die in einigen mitgliedstaatlichen Rechtsordnungen sogar *straf*rechtliche Relevanz haben können[297]. Die sich rechtsdogmatisch ergebende praktische Konsequenz der Fallverteilung besteht darin,

---

[293] Art. 11 VO 1/2003.

[294] EuGH, Urt. v. 26.1.2010, Rs. C-362/08P (Internationaler Hilfsfonds/Kommission), Slg. 2010 I-00669, Rn. 52, 55, 58.

[295] Bekanntmachung der Kommission über die Zusammenarbeit innerhalb des Netzes der Wettbewerbsbehörden, Rn. 72: „Die in dieser Bekanntmachung niedergelegten Grundsätze werden auch von all jenen Wettbewerbsbehörden der Mitgliedstaaten beachtet, die eine Erklärung in Form der Anlage zu der Bekanntmachung unterzeichnet haben. Darin erkennen sie die Grundsätze dieser Bekanntmachung an, auch was den Schutz der Antragsteller auf Kronzeugenbehandlung anbetrifft und erklären, dass sie diese einhalten werden". Online verfügbar ist eine Liste der 27 NCAs, die die Erklärung unterzeichnet haben.

[296] Vgl. Art. 4 und 5 VO 1/2003, Bekanntmachung der Kommission über die Zusammenarbeit innerhalb des Netzes der Wettbewerbsbehörden, Kap. 2 „Arbeitsteilung" sowie Rn. 3, 5 f., 31.

[297] Dazu *J. Schwarze*, Die Anfechtung der Fallverteilung im europäischen Netzwerk der Wettbewerbsbehörden, in: I. Brinker/D. H. Scheuing/K. Stockmann (Hrsg.), Recht und Wettbewerb, FS R. Bechtold, 2006, 483 (490).

dass durch sie zugleich eine Bestimmung des auf den konkreten Fall anwendbaren Verfahrens- und Sanktionsrechtes erfolgt: Aufgrund des Prinzips der Verfahrensautonomie der Mitgliedstaaten bei der Durchführung des Unionsrechts, richten sich das einschlägige Verwaltungsverfahrensrecht inklusive subjektiver Verteidigungsrechte und Sanktionsmöglichkeiten[298] sowie die zuständige Gerichtsbarkeit und das entsprechende Prozessrecht danach, welche Behörde jeweils den vorliegenden Fall übernimmt und ein Verfahren einleitet. So hängt von der Fallverteilung im Kartellbehördennetzwerk letztlich auch die Bestimmung des *Rechtsfolgen*regimes ab. Insgesamt lässt sich feststellen, dass die Beantwortung der Frage nach der NCA, die einen Fall endgültig bearbeitet, viel mehr bedeutet als bloß eine gute „Arbeitsteilung": Faktisch geht es um die *Zuständigkeitsbestimmung*[299] innerhalb des Netzwerks.

bb) Zuständigkeitsentscheidung als informale Kooperation

Dabei bringt die Zuständigkeitsbestimmung durchaus rechtliche Konsequenzen mit sich: Im System paralleler Zuständigkeiten[300] innerhalb des Netzwerkes, in welchem a priori mehrere Behörden gleichermaßen zuständig sein können, stellt die Einleitung eines Verfahrens seitens einer mitgliedstaatlichen Behörde einen Rechtfertigungsgrund zur Einstellung des Verfahrens vor anderen Behörden dar[301], während es aufgrund des unionskartellrechtlichen *ne bis in idem*-Grundsatzes sogar zu einem Zuständigkeits*ausschluss* anderer Behörden kommen kann, wenn eine Sanktionsverhängung bereits stattgefunden hat[302]. Die Fallverteilung innerhalb des Netzwerkes führt somit zu einer Relativierung der Zuständigkeitsparallelität und kann ad hoc eine Zuständigkeits*begründung* für eine Behörde

[298] Dies hängt damit zusammen, dass von der jeweils einen Fall bearbeitenden Behörde auch das entsprechende materielle Wettbewerbsrecht angewandt wird; aufgrund des vom EuGH anerkannten inhaltlichen Zusammenhangs zwischen Art. 3 und 11 Abs. 6 VO 1/2003, kann eine Einleitung eines Verfahrens seitens der Kommission dazu führen, dass eine mitgliedstaatliche Behörde nicht nur das Wettbewerbsrecht der Union, sondern auch einen Teil ihres innerstaatlichen Wettbewerbsrechts nicht mehr anwenden darf, s. EuGH, Urt. v. 14.2.2012, Rs. C-17/10 (Toshiba Corporation u.a/Úřad pro ochranu hospodářské soutěže), Rn. 74–75.

[299] So wohl auch *T. v. Danwitz*, Europäisches Verwaltungsrecht, 2008, 616 f.; explizit *J. Schwarze*, Die Anfechtung der Fallverteilung im europäischen Netzwerk der Wettbewerbsbehörden, in: I. Brinker/D. H. Scheuing/K. Stockmann (Hrsg.), Recht und Wettbewerb, FS R. Bechtold, 2006, 483 (490). Vgl. auch Bekanntmachung der Kommission über die Zusammenarbeit innerhalb des Netzes der Wettbewerbsbehörden, Rn. 6 f.

[300] Vgl. Bekanntmachung der Kommission über die Zusammenarbeit innerhalb des Netzes der Wettbewerbsbehörden, Rn. 1, 5, 31, *T. v. Danwitz*, Europäisches Verwaltungsrecht, 2008, 616 f., *S. Brammer*, Concurrent juristiction under Regulation 1/2003 and the issue of case allocation, CMLR 42 (2005), 1383 f.

[301] Art. 13 Abs. 1 und 2 VO 1/2003.

[302] *J. Schwarze*, Die Anfechtung der Fallverteilung im europäischen Netzwerk der Wettbewerbsbehörden, in: I. Brinker/D. H. Scheuing/K. Stockmann (Hrsg.), Recht und Wettbewerb, FS R. Bechtold, 2006, 483 (490 f.).

oder entsprechende Zuständigkeits*begrenzungen* und -ausschlüsse mit sich bringen; sie ist deswegen als eine Zuständigkeits*entscheidung* aufzufassen. Aber: Zuständigkeitsfragen sind aus Sicht des EuGH als Verfahrensfragen zu behandeln, reine Verfahrenshandlungen mit vorbereitendem Charakter sind grundsätzlich nicht isoliert anfechtbar[303] und ihre rechtlichen Mängel können erst im Rahmen der Klage gegen die endgültige Handlung, deren Vorbereitung sie dienen, geltend gemacht werden[304]. Eine Ausnahme wird von der Rechtsprechung dann anerkannt, wenn Verfahrensentscheidungen einen – nicht vorbereitenden, sondern – *eigenständigen* Charakter aufweisen[305], was wiederum in zwei Konstellationen möglich ist[306]: Die Eigenständigkeit ist dann zu bejahen, wenn durch die Entscheidung zwar ein bloß internes Verfahren abgeschlossen wird, dadurch jedoch der Standpunkt der Kommission oder des Rates endgültig festgelegt und nicht bloß die abschließende Entscheidung vorbereitet werden soll; andererseits können Maßnahmen trotz ihrer vorbereitenden Funktion dann isoliert angefochten werden, wenn sie ein *besonderes Verfahren* abschließen, dass sich vom Verfahren der materiellen Entscheidungsfindung bzw. der „Entscheidung in der Sache" unterscheidet. Das die Zuständigkeitsentscheidung im Netzwerk der Wettbewerbsbehörden trotz ihrer potenziellen Erheblichkeit für dessen Rechte nicht als förmliches oder mehrstufiges Verfahren organisiert ist, hindert eine Anfechtung der Zuständigkeitsentscheidung: Die Kooperation zwischen den Behörden zur Verteilung der Zuständigkeit findet durch bloße Unterrichtungs- und Informationsverpflichtung[307] bei Verfahrensbeginn sowie über „Bemühungen um eine Einigung"[308] statt. Die Konsequenz liegt auf der Hand: Wegen der informalen Ausgestaltung der Kooperation im Netzwerk der Wettbewerbsbehörden kommt ihre gerichtliche Kontrolle bestenfalls inzident in Betracht. Ginge man dagegen von einer grundrechtskonformen Gestaltung der Rechtswegeröffnung aus, so wäre aufgrund der faktischen Bindungswirkung der von der Kommission vorgegebenen und von allen Netzwerkmitgliedern unterzeichneten Netzwerkbekanntmachung sowie wegen der mittelbaren Bestimmung des Rechtsfolgeregimes und der unterschiedlichen Verfahrensrechte die Begründung neuer Pflichten für den Einzelnen bzw. eine Anfechtungsmöglichkeit denkbar.

---

303 EuG, Beschluss des Präsidenten v. 5.12.2001, Rs.T-219/01 R (Commerzbank/Kommission), Slg. 2001, II-3501, Rn. 36, EuG, Urt. v. 18.12.1992, Rs. T-10/92 bis T-12/92 und T-15/92, (Cimenteries CBR u. a./Kommission), Slg. 1992, II-2667, Rn. 42.

304 EuGH, Urt. v. 11.11.1981, Rs. 60/81 (IBM/Kommission), Slg. 1981, 02639, Rn. 12.

305 EuG, Urt. v. 18.12.1992, Rs. T-10/92 bis T-12/92 und T-15/92, (Cime EuG, Urt. v. 18.12.1992, Rs. T-10/92 bis T-12/92 und T-15/92, (Cimenteries CBR u. a./Kommission), Slg.1992, II-2667, Rn. 42.

306 EuGH, Urt. v. 11.11.1981, Rs. 60/81 (IBM/Kommission), Slg. 1981, 02639, Rn. 10–11.

307 Bekanntmachung der Kommission über die Zusammenarbeit innerhalb des Netzes der Wettbewerbsbehörden, Rn. 16.

308 Bekanntmachung der Kommission über die Zusammenarbeit innerhalb des Netzes der Wettbewerbsbehörden, Rn. 18.

b) Individualrechtsschutz gegen die Fallverteilung

aa) Selbsteintrittsrecht der Kommission

Untersucht man die Ausgestaltung des Selbsteintrittsrechts der Kommission gem. Art. 11 Abs. 6 VO 1/2003, gibt es trotz seiner expliziten Einordnung als Verfahrensvorschrift in der EuGH-Rechtsprechung[309] eine Reihe von Gründen, die für eine eigenständige Anfechtbarkeit sprechen: *Erstens* weist es als sekundärrechtlich vorgesehene Handlungsform eine förmliche Ausgestaltung auf und hat *zweitens* eigenständige Folgen, da bei Einleitung eines Verfahrens durch die Kommission ihre ausschließliche Zuständigkeit begründet wird, so dass die Zuständigkeit anderer Behörden entfällt und sie allein zuständig ist[310]. Dazu wird *drittens* ihre Absicht ersichtlich, selbst eine Entscheidung in der Sache zu treffen[311]. Dennoch handelt es sich nach ständiger Rechtsprechung der Unionsgerichtsbarkeit bei der Verfahrenseinleitung von einer Verfahrenshandlung mit rein vorbereitendem Charakter[312], die nicht isoliert anfechtbar ist. Im Ergebnis ist somit davon auszugehen, dass die Fallverteilung im Kartellbehördennetzwerk in Fällen der Ausübung eines Selbsteintrittsrechts der Kommission nicht eigenständig anfechtbar und gerichtlich erst im Rahmen der Überprüfung einer endgültigen Kommissionsentscheidung kontrollierbar ist.

bb) Polyzentrische Fallumverteilung

(1) Zurechnungsprobleme durch Informalität

Die Informalität der Kooperation zwischen den Netzwerkmitgliedern führt nicht nur dazu, dass die Eigenständigkeit und Anfechtbarkeit einzelner Verfahrensabschnitte nicht angenommen werden kann, sondern erschwert auch erheblich die Zurechnung ihrer einzelnen Kooperations- und Mitwirkungsbeiträge bei der Bestimmung der „geeignetsten" Behörde: Wird ein Fall von mehr als einer Behörde des Netzwerkes eingeleitet, „bemühen" sich gemäß der Netzwerkbekanntmachung die Behörden während einer zweimonatigen Fallumverteilungsphase um eine Einigung über die Frage einer möglichen Umverteilung und gegebenenfalls über Modalitäten eines parallelen Vorgehens, wobei die Maxime dafür die Geeig-

---

309 EuGH, Urt. v. 14.2.2012, Rs. C-17/10 (Toshiba Corporation u.a/Úřad pro ochranu hospodářské soutěže), Rn. 70.

310 Art. 11 Abs. 6 VO 1/2003.

311 Bekanntmachung der Kommission über die Zusammenarbeit innerhalb des Netzes der Wettbewerbsbehörden, Rn. 52, EuGH, Urt. v. 6.2.1973, Rs. 48/72 (Brasserie de Haecht), Slg. 1973, 77, Rn. 16, Generalanwältin *J. Kokott,* Schlussanträge v. 8.9.2011, Rs. C-17/10 (Toshiba Corporation u. a.), Fn. 78.

312 S. nur EuGH, Urt. v. 11.11.1981, Rs. 60/81 (IBM/Kommission), Slg. 1981, 02639, Rn. 21. Zur Qualifizierung des Art. 11 Abs. 6 VO 1/2003 als Verfahrensvorschrift s. Generalanwältin *J. Kokott,* Schlussanträge v. 8.9.2011, Rs. C-17/10 (Toshiba Corporation u. a.), Fn. 72.

netheit der Behörden für den vorliegenden Fall ist[313]. Diese polyzentrische Kooperation und Koordination innerhalb des Netzwerks erschwert die Zurechnung der endgültigen Fallumverteilungsentscheidung: Die Wettbewerbsbehörden stimmen sich gegenseitig ab, entscheiden im Rahmen ihres weiten Ermessens[314] darüber, ob sie selbst ein Verfahren einleiten oder nicht und orientieren sich dabei an den unverbindlichen Effektivitäts- und Geeignetheitskriterien der Netzwerkbekanntmachung. Im Schrifttum wurde wegen dieser Zurechnungsschwierigkeiten eine Zurechnung der Fallverteilung an die Kommission vorgeschlagen[315]: Da die Kommission der ursprüngliche Urheber der Netzwerkbekanntmachung ist, durch die Vorgabe der Verteilungskriterien und ihr uneingeschränktes Selbsteintrittsrecht einen erheblichen faktischen Einfluss auf die gesamte Fallverteilung innerhalb des Netzwerkes hat und im Übrigen die Abstimmungen zwischen den Behörden informell und intransparent stattfinden, sei die Zurechnung der Fallverteilung ausschließlich an die Kommission ein möglicher Ausweg und als gerichtlich kontrollierbare Kommissionsentscheidung zu verstehen. So realistisch eine Orientierung an der faktisch steuernden Rolle der Kommission auch sein mag, so ist doch davon auszugehen, dass eine Klage gegen die Kommission für die Kooperation zwischen den NCAs am Kriterium der *unmittelbaren* Betroffenheit vor der Unionsgerichtsbarkeit scheitern würde: Da die Behörden im Rahmen ihres „weiten Ermessens" handeln, erfolgt die Anwendung der Kriterien der Netzwerkbekanntmachung i. S. der Rechtsprechung nicht „rein automatisch", sondern im Rahmens eines „Ermessensspielraums"[316].

(2) Inzidente Überprüfung der Einhaltung unverbindlicher Kriterien?

So bleibt auch an dieser Stelle nur die Option offen, die Fallverteilung erst bei Verfahrenseinleitung seitens einer mitgliedstaatlichen Behörde gerichtlich überprüfen zu lassen. Da die Fallumverteilung rechtlich der Behörde zuzurechnen ist, die den Fall letztlich einleitet, richten sich entsprechend die Rechtsschutzoptionen nach dem jeweiligen mitgliedstaatlichen Recht. Nach deutschem Kartellverfahrensrecht ist bei Einleitung eines Verfahrens die Behörde zwar nicht dazu verpflichtet, über die Zuständigkeit zu entscheiden und eine entsprechende Verfü-

---

[313] Bekanntmachung der Kommission über die Zusammenarbeit innerhalb des Netzes der Wettbewerbsbehörden, Rn. 18; zu den Grundsätzen der Fallverteilung und die zu Grunde zu legenden Kriterien Rn. 5–15.

[314] Zur Anerkennung des weiten Ermessens der Behörden bei der gegenseitigen Abstimmung in der Fallumverteilungsphase s. EuGH, Urt. v. 14.2.2012, Rs. C-17/10 (Toshiba Corporation u.a/Úřad pro ochranu hospodářské soutěže), Rn. 90.

[315] So *J. Schwarze*, Die Anfechtung der Fallverteilung im europäischen Netzwerk der Wettbewerbsbehörden, in: I. Brinker/D. H. Scheuing/K. Stockmann (Hrsg.), Recht und Wettbewerb, FS R. Bechtold, 2006, 483 (493, 496).

[316] Vgl. zum Kriterium der unmittelbaren Betroffenheit EuGH, Urt. v. 5.5.1998, Rs. C-386/96 P (Société Louis Dreyfus & Cie./Kommission), Slg. 1998 I-02309, Rn. 43.

gung darüber zu erlassen, es ist jedoch die Möglichkeit der Geltendmachung der Unzuständigkeit der Kartellbehörde vorgesehen[317] und die Verfügung kann mit einer Beschwerde selbstständig und mit aufschiebender Wirkung vor dem zuständigen Oberlandesgericht angefochten werden[318].

Offen bleibt schließlich die rechtliche Gebundenheit der Kartellbehörden bei der Ausübung ihres Ermessens zur Einleitung eines Falles: Gefragt ist letztlich nach der rechtlichen Bindungswirkung der in der Netzwerkbekanntmachung veröffentlichen Kriterien der Fallverteilung und einer möglichen Ermessensreduzierung bei der Fallverteilung und der Einleitung eines Verfahrens. Zwar hat die Netzwerkbekanntmachung keinen Rechtscharakter, ist per se nicht rechtlich verbindlich und unterstreicht, dass es im *vollen Ermessen* jedes Netzmitglieds liegt zu entscheiden, ob in einem bestimmten Fall Ermittlungen eingeleitet werden sollen oder nicht[319], dennoch ist es nach der Rechtsprechung des EuGH durchaus möglich, dass auch unverbindliche Unionsakte Rechts*wirkungen* entfalten: Gegebenenfalls sind sie nicht als „völlig wirkungslos" anzusehen[320] und können eine mittelbare Bindung aufweisen[321]. Rechtsdogmatisch handelt es sich dabei um den Grundsatz der Selbstbindung der Verwaltung, den der EuGH aus dem Gleichheitssatz und dem Vertrauensprinzip abgeleitet[322] und als allgemein geltendes Prinzip des Unionsrechts anerkannt hat: Unionsorgane verpflichten sich durch eine gleichmäßige Verwaltungspraxis oder durch den Erlass von administrativem Soft Law in ihrer Ermessensausübung selbst[323]. Gleiches dürfte für die mitgliedstaatlichen Behörden gelten, die erklärt haben, „dass sie die in der Bekanntmachung ausgeführten Grundsätze über die Zusammenarbeit innerhalb des Netzwerkes anerkennen sowie dass sie jene Grundsätze in allen Fällen einhalten werden, in denen sie tätig werden oder tätig werden können und auf die diese Anwendung finden"[324].

---

317 S. § 55 Abs. 1 S. 1 GWB: Macht ein Beteiligter die örtliche oder sachliche Unzuständigkeit der Kartellbehörde geltend, so kann die Kartellbehörde über die Zuständigkeit vorab entscheiden.

318 § 55 Abs. 1 S. 2 i. V. m. § 63 Abs. 1 und 4 GWB.

319 Bekanntmachung der Kommission über die Zusammenarbeit innerhalb des Netzes der Wettbewerbsbehörden, Rn. 5.

320 EuGH, Urteil v. 18.3.2010, verb. Rsen. C-317/08, C-318/08, C-319/08 und C-320/08 (Alassini), unveröff., Rn. 40; ebenso EuGH, Urteil v. 24.4.2008, Rs. C-55/06 (Arcor/Deutschland), Slg. 2008, I-2931, Rn. 94; EuGH, Urteil v. 11.9.2003, Rs. C-207/01 (Altair Chimica), Slg. 2003, I-8875, Rn. 41; EuGH, Urteil v. 13.12.1989, Rs. C-322/88 (Grimaldi/Fonds des maladies professionnelles), Slg. 1989, 4407, Rn. 18.

321 *J. Schwarze*, Soft Law im Recht der Europäischen Union, EuR 2011, 3 (9).

322 *T. v. Danwitz*, Europäisches Verwaltungsrecht, 2008, 354 f.

323 Zum Begriff im unionsrechtlichen Kontext s. *J. Schwarze*, Soft Law im Recht der Europäischen Union, EuR 2011, 3 (10f). Als Oberbegriff für unverbindliche administrative Vollzugsrichtlinien kommen auch die Begriffe „Vollzugsregelungen" oder „Verwaltungsrichtlinien" in Betracht, s. entsprechend *T. Groß*, Exekutive Vollzugsprogrammierung durch tertiäres Gemeinschaftsrecht?, DÖV 2004, 20 (24), *T. v. Danwitz*, Europäisches Verwaltungsrecht, 2008, 355.

324 Bekanntmachung der Kommission über die Zusammenarbeit innerhalb des Netzes der Wettbewerbsbehörden, Rn. 72 und Anhang.

Zwar sind sie nicht die Urheber der Bekanntmachungsinhaltes, ein rechtlich schutzwürdiges Vertrauen der Marktteilnehmer in die Einhaltung der Fallverteilungskriterien dürfte jedoch damit gegeben sein, so dass eine Ermessens*reduzierung*[325] in Betracht käme; zumindest kann so die Einhaltung der Kriterien zugunsten des Rechtsschutzsuchenden erreicht werden.

c) Auswertung: Rechtsschutzeffektivität im Netzwerk der Wettbewerbsbehörden

Insgesamt kann bezüglich der Fallverteilung im Kartellbehördennetzwerk festgehalten werden, dass sie ein typisches Beispiel für die Probleme der informellen Verwaltungskooperation in Netzwerken darstellt: Auf den ersten Blick rechtlich von untergeordneter Bedeutung, stehen dennoch rechtliche Interessen von Marktteilnehmern auf dem Spiel, für deren Berücksichtigung im Rahmen der Verwaltungskooperation kaum Raum bleibt[326]. Eine Anfechtung der Netzwerkbekanntmachung kommt ohne eine grundrechtskonforme Auslegung der unmittelbaren und individuellen Betroffenheit nicht in Betracht, eine direkte Anfechtung des Selbsteintrittsrechts der Kommission wurde ebenfalls von der Rechtsprechung abgelehnt und die informelle Kooperation zwischen den Wettbewerbsbehörden macht die Zurechnung der einzelnen Mitwirkungsbeiträge unmöglich; lediglich im Falle einer Nichteinhaltung der Kriterien der Netzwerkbekanntmachung kommt eine Anfechtung der Entscheidung, mit der ein Verfahren eingeleitet wird, wegen Unzuständigkeit in Betracht. Als Optimierungsoption dürfte eine verfahrensrechtliche Gestaltung der Kooperation durch den sekundärrechtlichen Gesetzgeber gelten, idealerweise mit Einräumung von subjektiven Verfahrens- bzw. Anhörungsrechten für die Betroffenen und förmlichen Handlungsformen für die Verwaltungszusammenarbeit zwischen den Netzwerkbehörden am Beispiel der europäischen Amtshilfe.

---

325 Rechtsdogmatisch ergibt sich die Ermessensreduzierung nicht direkt aus dem Verhalten der Verwaltung, sondern erst aus ihrer Selbstbindung als Konsequenz des Gleichheitssatzes, s. dazu *M. Jestaedt*, Maßstäbe des Verwaltungshandelns, in: H.-U. Erichsen/D. Ehlers (Hrsg.), Allgemeines Verwaltungsrecht, [14]2010, § 11, Rn. 65. Zur Ermessensreduzierung als Folge der Grundrechte s. *P. M. Huber*, Allgemeines Verwaltungsrecht, [2]1997, 126.

326 *S. Brammer*, Concurrent juristiction under Regulation 1/2003 and the issue of case allocation, CMLR 42 (2005), 1383 (1402): „Whether the criteria ensure that ‚the vast majority of cases allocate themselves‘ is however far from certain“, „the interest of defendants and complainants in the allocation process seen to have been largely neglected“.

III. Sekundärrechtsschutz und Haftung

1. Funktionen und Aufgaben eines netzwerkspezifischen Haftungsrechts

Auf die wichtige Rolle des Sekundärrechtsschutzes ist bereits im Rahmen der Untersuchung möglicher Optionen für die Rechtsschutzoptimierung in Netzwerken eingegangen worden[327]: Seine unterschiedlichen Funktionen können zur rechtstaatlichen und demokratischen Rechtsschutzeffektivität einen wichtigen Beitrag leisten. Im Lichte der prospektiven und retrospektiven Wirkungen finanzieller Sanktionen stellt er einen Minus gegenüber dem Primärrechtsschutz dar und seine grundrechtliche Rekonstruktion macht im Kontext des europäischen Verwaltungsrechts insgesamt drei Funktionen ersichtlich[328]: Neben der Erfüllung seiner klassischen *Entschädigungsfunktion* vermag er Lücken des Primärrechtsschutzes zu schließen (*Lückenschließungsfunktion*) und bietet dem Einzelnen als demokratischem Legitimationssubjekt ein zusätzliches demokratisches Steuerungs- und Legitimationsinstrument (*demokratische Legitimationsfunktion*). So erlaubt ihm seine grundrechtliche Dimension trotz seiner klassischen Verankerung im Rechtstaats-[329] bzw. im Legalitätsprinzip[330] auch einen Anschluss an das individuell-pluralistische Demokratieprinzip: Im Ergebnis trägt er dazu bei, dass die Verletzung individueller Rechtspositionen entweder verhindert oder zumindest sanktioniert wird.

---

[327] D. I.3.c) bb) (187 f.).

[328] Grundlegend zur grundrechtlichen Rekonstruktion des Sekundärrechtsschutzes s. *W. Höfling*, Primär- und Sekundärrechtsschutz im Öffentlichen Recht, VVDStRL 61 (2002), 260 (278). Zum Sekundärrechtsschutz als Minus gegenüber dem Primärrechtsschutz s. *P. M. Huber*, Art. 19 Abs. 4 GG, in: H. v. Mangoldt/F. Klein/C. Starck (Hrsg.), [6]2010, Rn. 457. Ausführlich zu den Funktionen unter D. I.3.c) bb) (3) (192 f.).

[329] Im grundgesetzlichen Kontext wird die Rechtsschutzgarantie als „Schlussstein im Gewölbe des Rechtsstaates" zitiert, s. *R. Thoma*, Über die Grundrechte im Grundgesetz für die Bundesrepublik Deutschland, in: H. Wandersleb/E. Traumann (Hrsg.), Recht – Staat – Wirtschaft, Bd. 3, 1951, 9.

[330] Im unionsrechtlichen Kontext wird die Staatshaftung der Mitgliedstaaten für Verletzungen des Unionsrechts aus den gemeinsamen Verfassungsüberlieferungen der Mitgliedstaaten und dem effet-utile-Grundsatz abgeleitet, s. grundlegend EuGH, Urt. v. 19.11.1991, Rs. C-6/90 und C-9/90 (A. Francovich/Italienische Republik), Slg. 1991-5357, Rn. 33: „Die volle Wirksamkeit der gemeinschaftsrechtlichen Bestimmungen wäre beeinträchtigt und der Schutz der durch sie begründeten Rechte gemindert, wenn der einzelne nicht die Möglichkeit hätte, für den Fall eine Entschädigung zu erlangen, dass seine Rechte durch einen Verstoß gegen das Gemeinschaftsrecht verletzt werden, der einem Mitgliedstaat zuzurechnen ist"; EuGH, Urt. v. 5.3.1996, Rs. C-46/93 (Brasserie du pêcheur u. a./Deutschland u. a.), Slg. 1996 I-01029, Rn. 29: der in Art. 340 AEUV „ausdrücklich aufgestellte Grundsatz der außervertraglichen Haftung der Gemeinschaft ist nur eine Ausprägung des in den Rechtsordnungen der Mitgliedstaaten geltenden allgemeinen Grundsatzes, dass eine rechtswidrige Handlung oder Unterlassung die Verpflichtung zum Ersatz des verursachten Schadens nach sich zieht". So stellt der Sekundärrechtsschutz ein „Prinzip zur Sicherung des Unionsrechts" dar, s. nur *R. Streinz*, Europarecht, [9]2012, Rn. 458 f.

Jene Funktionen des Sekundärrechtsschutzes zeigen seine Bedeutung für die durch Rechtsschutz- und demokratische Legitimationsdefizite gekennzeichneten Netzwerke des europäischen Verwaltungsverbundes auf. Dabei wird die Effektivität des Sekundärrechtsschutzes und somit seine Geeignetheit als Rechtsschutz- und Legitimationsinstrument dadurch begünstigt, dass die Voraussetzungen der Haftung von Union und Mitgliedstaaten für Verletzungen des Unionsrechts aufgrund der weitgehenden Angleichung der Haftungsmaßstäbe[331] nahezu gleich sind. Die Haftung der Union gem. Art. 340 Abs. 2 AEUV basiert auf gemeinsamen Grundsätzen mitgliedstaatlicher Herkunft[332] und die Anforderungen aus dem unionsrechtlichen Effektivitätsgrundsatz an die mitgliedstaatliche Staatshaftung für Verletzungen des Unionsrechts gem. Art. 4 Abs. 3 EUV führen als Mindeststandard zur Europäisierung mitgliedstaatlicher Staatshaftungsansprüche[333]; insgesamt „kann nämlich der Schutz der Rechte, die der einzelne aus dem Gemeinschaftsrecht herleitet, nicht unterschiedlich sein, je nachdem, ob die Stelle, die den Schaden verursacht hat, nationalen oder Gemeinschaftscharakter hat"[334].

Trotzdem ist die Erfüllung der drei Funktionen in Netzwerken als Kooperationsstrukturen zwischen einer Vielzahl von Behörden keine leichte Aufgabe: Aufbau und Funktionsweise der Netzwerke können dazu führen, dass die Erfüllung der einzelnen Funktionen jeweils unterschiedliche und sogar teils gegensätzliche Anforderungen an die Auslegung haftungsrechtlicher Vorgaben stellt. Dies betrifft insbesondere die demokratische Legitimationsfunktion des Sekundärrechtsschutzes, welche fordert, dass jener Hoheitsträger zu haften hat, auf welchen die Rechtsverletzung aufgrund seines faktischen Einflusses auf die inhaltliche Gestaltung der Entscheidungsfindung zurückgeführt werden kann[335]; dies kann jedoch für die effektive Wahrnehmung der anderen zwei Funktionen problematisch werden, da dadurch die Last und das Risiko der Identifikation des Haftungsschuldners und der Haftungsverantwortung innerhalb des Netzwerks auf den Rechtsschutzsuchenden übertragen werden könnte[336], so dass aus dieser Sicht ein

331 *P. M. Huber*, Recht der Europäischen Integration, ²2002, § 24, Rn. 59 f. Zu den Anfängen und der frühen Entwicklung des unionsrechtlichen Haftungsanspruches s. *F. Ossenbühl*, Staatshaftungsrecht, ⁵1998, 495 ff.

332 Vgl. ausdrücklich Art. 340 Abs. 2 AEUV sowie EuGH, Urt. v. 5.3.1996, Rs. C-46/93 (Brasserie du pêcheur u. a./Deutschland u. a.), Slg. 1996 I-01029, Rn. 29.

333 Zur Europäisierung mitgliedstaatlicher Staatshaftungsansprüche durch eine unionsrechtskonforme Auslegung von § 839 BGB i. V. m. Art. 34 GG, die unionsrechtlich gebotene Haftung als Mindeststandard und die Probleme der h. M. über einen eigenständigen, unionsrechtlich radizierten Haftungsanspruch s. *P. M. Huber*, Recht der Europäischen Integration, ²2002, § 24, Rn. 59 f., 66, 69 f.

334 EuGH, Urt. v. 5.3.1996, Rs. C-46/93 (Brasserie du pêcheur u. a./Deutschland u. a.), Slg. 1996 I-01029, Rn. 42.

335 Zur Bedeutung des Präventionszwecks der Haftung bei der Herausarbeitung des Kriteriums für die Bestimmung des Haftungsschuldners s. *U. Säuberlich*, Die außervertragliche Haftung im Gemeinschaftsrecht, 2005, 86 f. Dazu im Kontext der demokratischen Legitimationsfunktion des Sekundärrechtsschutzes ausführlich unter D. I. 3. c) bb) (4) (192 f.).

336 Zu diesem Problem s. *R. Streinz*, Primär- und Sekundärrechtsschutz im Öffentlichen

Haftungsanspruch gegen den direkt im Außenverhältnis auftretenden Hoheitsträger als effektiver erscheint. Für ein netzwerkspezifisches Haftungsrecht, das zur rechtstaatlichen und demokratischen Rechtsschutzeffektivität und Legitimation des Netzwerkhandelns beizutragen vermag, ist somit die Frage der Verteilung der Haftungsverantwortung zwischen den kooperierenden Behörden zentral: Wie sie im Rahmen der dogmatischen Ausgestaltung des öffentlichen Haftungsrechts unter Beachtung der Funktionen des Sekundärrechtsschutzes zu beantworten ist, gilt es im Folgenden zu untersuchen.

2. *Verteilung der Haftungsverantwortung in Netzwerken*

a) *Materiell-rechtliche Verteilung der Haftungsverantwortung*

aa) *Kriterium der Haftungsverteilung in Netzwerken: Kausalität*

Auch der Sekundärrechtsschutz richtet sich in Netzwerken grundsätzlich nach den Vorgaben des prozessualen Trennungsprinzips: Dem Einzelnen steht gegen Unionshandlungen der Rechtsweg über den Haftungsanspruch des Art. 340 Abs. 2 AEUV vor dem EuGH[337] offen; gegen mitgliedstaatliche Handlungen steht ihm der durch die EuGH-Rechtsprechung entwickelte und aus dem Effektivitätsgrundsatz gem. Art. 4 Abs. 3 EUV und dem gemeineuropäischen Staatshaftungsrecht hergeleitete Staatshaftungsanspruch zur Verfügung, was für Handlungen deutscher Behörden auf eine unionsrechtskonforme Auslegung des Staatshaftungsanspruchs gem. § 839 BGB i. V. m. Art. 34 GG hinausläuft[338]. Wegen der weitestgehenden Angleichung der Haftungsmaßstäbe von Union und Mitgliedstaaten gelten folgende gemeinsame haftungsbegründende Voraussetzungen: Zwischen dem eingetretenen *Schaden* und dem *hinreichend qualifizierten Verstoß* gegen eine unionsrechtliche Norm, die *individuelle* Interessen schützt, muss ein *unmittelbarer Kausalzusammenhang* bestehen[339]. Im Gegensatz zu den hohen Anforderungen der Zulässigkeit der Nichtigkeitsklage werden hier keine hohen Anforderungen an den Schutznormcharakter der Norm und das haftungsbegründende Verhalten gestellt: In Anlehnung an die Haftungsvoraussetzungen der Mit-

---

Recht, in: VVDStRL 61 (2002), 300 (333): „Der Geschädigte droht zwischen die Fronten Gemeinschaft/Mitgliedstaaten zu geraten, die jeweils ihr Haftungssystem für subsidiär erklären".

337 Dem EuGH wird gem. Art. 268 AEUV die ausschließliche Zuständigkeit zur Entscheidung über die außervertragliche Haftung der Union eingeräumt.

338 *P. M. Huber*, Recht der Europäischen Integration, ²2002, § 24, Rn. 69 f. Dagegen die h. M., die von einem eigenständigen, unionsrechtlich radizierten Haftungsanspruch ausgeht, s. BGHZ 134, 30 (36).

339 Zu den Haftungsvoraussetzungen der außervertraglichen Haftung der Union s. nur *M. Gellermann*, Amtshaftungsklagen, in: H.-W. Rengeling/A. Middeke/ders. (Hrsg.), Handbuch des Rechtsschutzes in der Europäischen Union, § 9, ³2014, Rn. 27 f. Zu den Voraussetzungen der mitgliedstaatlichen Staatshaftung s. *P. M. Huber*, Recht der Europäischen Integration, ²2002, § 24, Rn. 59 f. Zum Verständnis des unmittelbaren Kausalzusammenhangs s. *J. Hofmann*, Rechtsschutz und Haftung im Europäischen Verwaltungsverbund, 2004, 302 f.

gliedstaaten genügt es bereits, wenn die Norm reflexartig individuelle Interessen schützt[340]; darüber hinaus kann *jedes,* den Unionsorganen zuzurechnendes Verhalten, darunter auch Realakte und unverbindliche Handlungen, eine Haftung auslösen[341]. Allerdings kann die Haftungsbegründung dann verhindert werden, wenn der unmittelbare Kausalzusammenhang unterbrochen wird: Eine derartige Unterbrechung ist auch als Folge eines mitwirkenden mitgliedstaatlichen Verhaltens denkbar[342]. Für den Sekundärrechtsschutz in Netzwerken ist es somit fraglich, unter welchen Voraussetzungen eine derartige Unterbrechung des unmittelbaren Kausalzusammenhangs denkbar ist bzw. durch welches Kriterium dies zu bestimmen ist, zumal das Netzwerkhandeln in der Regel erst auf mitgliedstaatlicher Ebene nach außen auftritt; das materiell-rechtliche Verteilungskriterium der Haftungsverantwortung in Netzwerken ist allenfalls in der Kausalität zu sehen, fraglich ist seine Auslegung.

bb) Erforderlichkeit eines wertenden Kausalitätsmaßstabs

(1) Rechtsprechung: Kausalität nach der rechtlichen Gestaltungsbefugnis

Die diversen inhaltlichen Vorformungen der nach außen wirkenden Entscheidung im indirekten Vollzug wurden bereits in den frühen Jahren der Europäischen Union als Grund dafür gesehen, die für die Haftung erforderliche „Unmittelbarkeit" zwischen Handlung und Schaden nicht so zu verstehen, dass der Schaden pauschal der Behörde zuzurechnen ist, die den *letzten* bzw. den endgültig nach außen

[340] Zur Anlehnung an dieselben Voraussetzungen, die für die Mitgliedstaaten gelten, s. EuGH, Urt. v. 4.7.2000, Rs. C-352/98 (Bergaderm und Goupil/Kommission), Slg. 2000 I-05291, Rn. 41. Dazu, dass ein reflexartiger Schutz individueller Interessen ausreichend ist, s. EuGH, Urt. v. 14.7.1967, Rs. 5, 7 und 13 bis 24/66 (Firma E. Kampffmeyer u. a./Kommission), Slg.1967-00317 (355): „Dass diese Interessen allgemeiner Art sind, schließt nicht aus, dass sie auch die Interessen einzelner Unternehmen […] umfassen, die […] am innergemeinschaftlichen Handel teilnehmen"; „wenn auch die Anwendung der Rechtsvorschriften, um die es hier geht, diese Unternehmen im allgemeinen nicht unmittelbar und individuell betreffen wird, so hindert das doch nicht, dass diese Rechtsvorschriften zum Schutz ihrer Interessen bestimmt sein können und im vorliegenden Fall auch sind".

[341] Ständige Rechtsprechung, s. EuGH, Urt. v. 23.3.2004, Rs. C-234/02 P (Bürgerbeauftragter/Lamberts 2004), Slg. I-02803, Rn. 59: „Während Nichtigkeits- und Untätigkeitsklagen die Ahndung der Rechtswidrigkeit zwingender Rechtsakte oder des Fehlens eines solchen Rechtsakts zum Ziel haben, [ist] eine Haftungsklage […] auf Ersatz des Schadens gerichtet, der sich aus einer Handlung oder einer unzulässigen Verhaltensweise ergibt, die einem Organ oder einer Einrichtung der Gemeinschaft zuzurechnen ist". Ebenfalls EuG, Urt. v. 6.4.2006, Rs. T-309/03 (Camós Grau/Kommission), Slg. 2006 II-01173 Rn. 78, Urt. v. 4.10.2006, Rs. T-193/04 (Tillack/Kommission), Slg. 2006 II-03995, Rn. 97. Zu möglichen Verhaltensweisen s. *F. Ossenbühl*, Staatshaftungsrecht, [5]1998, 582 f. Insbesondere zu Realakten s. *T. Rademacher*, Realakte im Rechtsschutzsystem der Europäischen Union, 2014, 260 f.

[342] Vgl. EuGH, Urt. 10.5.1978, Rs. 132/77 (Société pour l'exportation des sucres SA/Kommission), Slg. 1978-01061, Rn. 23/27.

wirkenden Handlungsbeitrag geleistet hat[343]: Das „Dazwischentreten" einer mitgliedstaatlichen Behörde unterbricht somit an sich nicht zwingend die Zurechnung gegenüber einem Unionsorgan[344]. Die Komplexität des Verbundproblems und die unterschiedlichen Kooperationskonstellationen haben vielmehr die Entwicklung und Anwendung *wertender* Kriterien für die Schadenszurechnung und die Haftungsschuldnerbestimmung erforderlich gemacht[345]. Somit besteht zunächst Einigkeit[346] darüber, dass die *inhaltliche Gestaltung* des Verwaltungshandelns für die Zurechnung entscheidend sein muss. Umstritten ist jedoch, ob dabei die *rechtliche* Gestaltungs*befugnis* oder die *tatsächliche* Gestaltungs*macht* maßgeblich ist. Die unionale Rechtsprechung favorisiert die *erstere* Alternative: In Konstellationen eines indirekten Unionsrechtsvollzugs unter Mitwirkung von Unionsstellen ist der Schaden der mitgliedstaatlichen Behörde und nicht der Union zuzurechnen, wenn die mitgliedstaatliche Behörde eine „wohlüberlegte, selbständige Entscheidung getroffen hat"[347]; hat sie dagegen keinen eigenen „Ermessensspielraum" und ist sie rechtlich an eine unionale Maßnahme gebunden, so dass der Vollzug der unionalen Maßnahme „rein automatisch erfolgt und sich allein aus einer Unionsregelung ergibt", ist der Schaden der Union und nicht dem Mitgliedstaat zuzurechnen[348]. Dies gilt nicht nur bei abstrakt-generellen Maßnahmen, sondern auch in Konstellationen einzelfallbezogener unionaler „Weisungen" an mitgliedstaatliche Behörden: Gibt eine Vorschrift der Kommission nicht bloß die Möglichkeit, im Rahmen einer internen Zusammenarbeit mit den mitgliedstaatlichen Behörden ihre Ansicht über die zu erlassende Entscheidung zu äußern, sondern überträgt sie ihr vielmehr die Befugnis, diesen Behörden eine Entschei-

---

343 Ein mitwirkender mitgliedstaatlicher Handlungsbeitrag steht nicht der Unmittelbarkeit der Schadensverursachung durch ein Unionsorgan entgegen, s. Generalanwalt *Roemer,* Schlußanträge v. 19.4.1961, verb. Rs. C-9 und 12/60 (Vloeberghs/Hohe Behörde), Slg. 1961, 393 (518): „Die Tatsache, dass das vertragswidrige Verhalten eines Mitgliedstaates die Kausalkette ausgelöst hat, schließt nicht aus, dass die nachfolgende Unterlassung der Hohen Behörde als unmittelbare Schadensursache angesprochen wird". Allgemein zur Problematik Generalanwalt *G.F. Mancini,* Schlußanträge v. 19.11.1985, Rs. C-175/84 (Krohn/Kommission), Slg. 1986, 755 (761), Rn. 7.

344 *A.v. Bogdandy/M. Jacob*, Art. 340 AEUV, in: E. Grabitz/M. Hilf/M. Nettesheim (Hrsg.), Das Recht der Europäischen Union, EL 45 (2011), Rn. 125.

345 Für einen Überblick von möglichen Kriterien s. *U. Säuberlich*, Die außervertragliche Haftung im Gemeinschaftsrecht, 2005, 74–97.

346 *F. Shirvani*, Haftungsprobleme im Europäischen Verwaltungsverbund, EuR 2011, 619 (628), *A.v. Bogdandy/M. Jacob*, Art. 340 AEUV, in: E. Grabitz/M. Hilf/M. Nettesheim (Hrsg.), Das Recht der Europäischen Union, EL 45 (2011), Rn. 65, *A. Thiele*, Europäisches Haftungsrecht, in: J.P. Terhechte (Hrsg.), Verwaltungsrecht der Europäischen Union, 2011, § 39, Rn. 99, *J. Hofmann*, Rechtsschutz und Haftung im Europäischen Verwaltungsverbund, 2004, 310, *S. Detterbeck*, Haftung der europäischen Gemeinschaft und gemeinschaftsrechtlicher Staatshaftungsanspruch, AöR 125 (2000), 202 (252).

347 EuG, Urt. v. 15.9.1998, Rs. T-54/96 (Oleifici Italiani u.a./Kommission), Slg. 1998 II-03377, Rn. 67

348 EuG, Urt. v. 15.9.1998, Rs. T-54/96 (Oleifici Italiani u.a./Kommission), Slg. 1998 II-03377, Rn. 56.

dung vorzuschreiben, so dass die mitgliedstaatlichen Behörden dieser Weisung zu folgen haben, wird die Rechtswidrigkeit der Kommission zugerechnet[349]. Daran lässt sich auch die BGH-Rechtsprechung anschließen, die im Ergebnis einem vergleichbaren Kriterium folgt: Die Verletzung subjektivrechtlicher Positionen kann nicht den deutschen Staatsorganen zugerechnet werden, wenn diese bloß „ausführende Organe" von ausländischen bzw. unionalen Akten sind: Der deutsche Vollzugsakt ist dann für den eingetretenen Schaden nicht kausal[350].

Daraus lassen sich allgemein die der Rechtsprechung zugrunde liegenden Wertungen entnehmen, dass in Kooperationsstrukturen unter Beteiligung mehrerer Behörden *erstens* ein Hoheitsträger nur dann die Haftungsverantwortung tragen kann, wenn er rechtswidrig gehandelt hat, aber aus rechtlicher Sicht eigenständig anders, nämlich rechtmäßig, hätte handeln können[351] und *zweitens*, dass letztlich derjenige Hoheitsträger für einen Schaden haftet, der den Inhalt des Verwaltungshandelns *verbindlich* gestaltet[352].

(2) Relativierung bei faktischer Einflussnahme?

So sind grundsätzlich punktuelle Rechtsprechungsansätze[353] zu begrüßen, die sich von der Anwendung des Kriteriums der rechtlichen Gestaltungsmacht abwenden und auch die tatsächliche inhaltliche Einflussnahme auf das außenwirkende mitgliedstaatliche Verwaltungshandeln beachten. In der Rs. KYDEP[354] wandte sich der EuGH von seinem ursprünglichen Ansatz der Ablehnung einer Unionshaftung in Konstellationen einer „internen Zusammenarbeit"[355] ab und prüfte ein Fernschreiben der Kommission im Hinblick darauf, ob es trotz seiner

---

349 EuGH, Urt. v. 26.2.1986, Rs. 175/84 (Krohn & Co. Import-Export/Kommission), Slg. 1986 I-00753, Rn. 21 i.V.m. Rn. 23.

350 BGHZ 125, 27 (30f.).

351 So *A. Thiele*, Europäisches Haftungsrecht, in: J.P. Terhechte (Hrsg.), Verwaltungsrecht der Europäischen Union, 2011, § 39, Rn. 99 im Anschluss an *U. Säuberlich*, Die außervertragliche Haftung im Gemeinschaftsrecht, 2005, 86f.

352 So *F. Shirvani*, Haftungsprobleme im Europäischen Verwaltungsverbund, EuR 2011, 619 (628).

353 Zur Entwicklung der Rechtsprechung s. *T. Rademacher*, Realakte im Rechtsschutzsystem der Europäischen Union, 2014, 266f.

354 EuGH, Urt. v. 15.9.1991, Rs. C-146/91 (KYDEP/Rat u. Kommission), Slg. 1994, I-4199, Rn. 26.

355 EuGH, Urt. v. 27.3.80, Rs. 133/79 (Sucrimex SA und Westzucker GmbH/Kommission), Slg. 1980 01299, Rn. 22–23: „Das Fernschreiben [und] das gesamte der Kommission vorgeworfene Verhalten gehört in den Rahmen der internen Zusammenarbeit zwischen der Kommission und den mit der Durchführung der Gemeinschaftsregelung auf diesem Gebiet betrauten nationalen Stellen; durch diese Zusammenarbeit kann im allgemeinen die Haftung der Gemeinschaft gegenüber einzelnen nicht ausgelöst werden", „auf jeden Fall ist es nicht das beanstandete Fernschreiben der Kommission, sondern die Entscheidung des FIRS, die darin enthaltene Stellungnahme zu bestätigen, die als eine die Klägerinnen beschwerende Maßnahme angesehen werden könnte".

fehlenden Rechtsbindungswirkung die zuständigen mitgliedstaatlichen Behörden zu einem bestimmten Handeln oder Unterlassen „veranlassen könnte" und dadurch eine Haftung der Kommission auslösen könnte. Dies wurde im Ergebnis aufgrund der Anerkennung der faktischen Wirkung in der formell-rechtlich unverbindlichen Kommissionshandlung akzeptiert, da sie eine bestimmte Auslegungsauffassung der Kommission beinhaltete und bei den Mitgliedstaaten die Befürchtung entstehen könnte, dass bei Nichtbefolgung dieser Auffassung „die Erstattung der getätigten Ausgaben von Seiten der EU-Behörden verweigert werden könnte"[356]. Auch das EuG hat einen unmittelbaren Kausalzusammenhang zwischen Schaden und einer formell-rechtlich unverbindlichen Kommissionshandlung für möglich gehalten: Es nahm die Zulässigkeit einer Schadensersatzklage gegen die Kommission dafür an, dass sie eine mitgliedstaatliche Behörde durch ein Schreiben aufgefordert hatte, sich gegen die Auftragsvergabe an einen bestimmten Marktteilnehmer zu entscheiden[357]. Ob durch jene Urteile eine Rechtsprechungsänderung eingeleitet wurde, dürfte jedoch noch als offen gelten[358], zumal die Rechtsprechung eine Unionshaftung erneut in einer Konstellation abgelehnt hat, in der durchaus von einer faktischen Wirkung des Verhaltens der Kommission ausgegangen werden konnte: In einer Stellungnahme wies die Kommission darauf hin, dass die Französische Republik gegen sekundärrechtliche Verpflichtungen verstoße und forderte sie auf, innerhalb einer Frist von zwei Monaten alle Maßnahmen zu erlassen, um der mit Gründen versehenen Stellungnahme nachzukommen; da aber „die Stellungnahme den Mitgliedstaat nicht verpflichtete, seine Rechtsvorschriften zu ändern" und „keine verbindliche Wirkung hat, kann sie nicht als ausschlaggebende Ursache für den geltend gemachten Schaden angesehen werden", so dass „zwischen dem geltend gemachten Schaden und der Stellungnahme kein Kausalzusammenhang besteht"[359].

cc) Auswertung: Risiken für rechtstaatliche und demokratische Rechtsschutzdefizite

In Netzwerken kann die Orientierung am Kriterium der rechtsverbindlichen Inhaltsgestaltung dazu führen, dass auch auf der Ebene des Sekundärrechtsschutzes Rechtsschutzlücken entstehen und seine Funktionen nicht erfüllt werden können[360]. Da diverse Konstellationen ersichtlich sind, in denen eine mitgliedstaatli-

---

356 EuGH, Urt. v. 15.9.1991, Rs. C-146/91 (KYDEP/Rat u. Kommission), Slg. 1994, I-4199, Rn. 26.

357 EuG, Urt. v. 26.10.1995, Rs. T-185/94 (Geotronics/Kommission), Slg. 1995 II-02795, Rn. 39.

358 Vgl. die Einschätzung von *F. Shirvani*, Haftungsprobleme im Europäischen Verwaltungsverbund, EuR 2011, 619 (629).

359 EuG, Urt. v. 18.12.2009, Rs. T-440/03 u. a. (Jean Arizmendi u. a./Rat und Kommission), Slg. 2009 II-04883, Rn. 91–93.

360 Kritisch in der Literatur zum Kriterium der rechtlichen Gestaltungsbefugnis *A. v. Bog-*

che Behörde zwar aus formell-rechtlicher Sicht eigenständig handelt, die Entscheidungsfindung aber faktisch von der Kommission oder einer ausländischen Behörde durch diverse Instrumente mit faktischer Bindungswirkung gesteuert wird, ist besonders die Erfüllung der prospektiven Steuerungs- bzw. der demokratischen Legitimationsfunktion des Sekundärrechtsschutzes gefährdet: Der Hoheitsträger, der tatsächlich den Inhalt des Verwaltungshandelns determiniert, kann nicht haftbar gemacht werden und der präventive Gegenanreiz haftungsrechtlicher Sanktionen kann nicht wirken, um entsprechend eine Rechtsverletzung abzuwenden. Aber auch die Lückenschließungsfunktion des Sekundärrechtsschutzes kann nicht effektiv erfüllt werden. Obwohl er grundsätzlich eine Rechtsschutzmöglichkeit gegen unionales Verhalten bieten soll, das nicht über die Nichtigkeitsklage anfechtbar ist, verhindert die Orientierung an der rechtlichen Inhaltsgestaltungsbefugnis eine Haftung für Handlungen mit faktischer Bindungswirkung; der Individualrechtsschutz gegen die Marktempfehlung und Leitlinien der Telekommunikationsregulierung, die durch das Vetorecht der Kommission faktisch verbindliche Wirkungen haben, ist somit gänzlich ausgeschlossen, das Netzwerk weist nicht nur politische, sondern auch ernste rechtliche Verantwortlichkeitsdefizite auf.

Aus der Perspektive der demokratischen Haftungsdogmatik bedeutet die Orientierung an der rechtlichen Inhaltsgestaltungsbefugnis, dass das demokratische Legitimationssubjekt seinen Haftungsanspruch nicht effektiv als demokratisches Steuerungs- und Legitimationsinstrument der öffentlichen Gewalt einsetzen kann: Wie bereits festgestellt[361], ist vielmehr eine grundrechtskonforme Auslegung des unmittelbaren Kausalzusammenhangs erforderlich, die den faktischen Bindungswirkungen netzwerkinterner Handlungsbeiträge Rechnung trägt und die Haftbarkeit jener Stellen ermöglicht, die tatsächlich die den Einzelnen in seinen Interessen betreffenden Entscheidungsfindungen steuern; letztlich ist der Eingriff auf die Hoheitsträger mit der erheblichsten tatsächlichen Einflussnahme zurückzuführen.

b) Anspruchsdurchsetzung: Prozessrechtliche Risiken

aa) Zurechnungsermittlung als unzumutbares Prozessrisiko

Neben den materiell-rechtlichen Problemen einer Anerkennung der Haftungsverantwortung in Konstellationen, in denen rechtliche Entscheidungsbefugnis und faktische Gestaltung der Entscheidungsfindung auseinander fallen, steht die Effektivität des Sekundärrechtsschutzes in Netzwerken vor einem zusätzlichen, prozessrechtlichen Problem: Die so schwere Feststellung der rechtlichen Verant-

---

dandy/M.Jacob, Art. 340 AEUV, in: E. Grabitz/M. Hilf/M. Nettesheim (Hrsg.), Das Recht der Europäischen Union, EL 45 (2011), Rn. 65 f.

[361] Dazu D. I.3c) bb) (4) (192 f.).

wortungsverteilung innerhalb der Netzwerke obliegt dem Rechtsschutzsuchenden, der das Prozessrisiko trägt[362]. Eine im Ergebnis fehlerhafte Einschätzung der teils unklaren und teils intransparenten netzwerkinternen Befugnisverteilung kann wegen des prozessualen Trennungsprinzips zur Unzuständigkeit der Gerichtsbarkeit und somit zur Unzulässigkeit oder Unbegründetheit der Klage führen[363], da mitgliedstaatliche Gerichte keinen Schadensersatzanspruch gegen die Europäische Union feststellen können[364] und umgekehrt[365].

bb) Subsidiaritätsproblematik

Dazu kommt, dass der EuGH von einer grundsätzlichen Subsidiarität[366] der Durchsetzung des Haftungsanspruchs gegen die Union ausgeht: Der Rechtsschutzsuchende hat zunächst die Rechtsschutzmöglichkeiten auf mitgliedstaatlicher Ebene zu erschöpfen. Ursprünglich wurde vom EuGH sogar vom Geschädigten erwartet, zunächst beide Klagewege zu bestreiten: Der EuGH prüfte zwar die Begründetheit der Schadensersatzklage, verlangte jedoch vom Kläger einen Nachweis über die Ausschöpfung des mitgliedstaatlichen Rechtswegs, um der Klage stattzugeben[367]; um Rechtsschutzlücken zu vermeiden, wandte der BGH im

---

362 Generalanwalt *G.F. Mancini,* Schlußanträge v. 19.11.1985, Rs. C-175/84 (Krohn/Kommission), Slg. 1986, 755 (761), Rn. 7: „Diese würde nämlich erfordern, dass die Wirtschaftsteilnehmer jeden Winkel des Verfahrens durchstöbern, aufgrund dessen die schädigende Maßnahme ergangen ist, um festzustellen, ob zu deren Erlass die nationale Behörde oder die Dienststelle der Gemeinschaft in höherem Maße beigetragen hat. Und jeder kann sehen, wie sehr die Notwendigkeit einer solchen Suche – unter anderem von zweifelhaftem Ausgang, weil die Alternativen selten so klar sind wie in meinem Beispiel – gegen das Prinzip der Rechtssicherheit verstößt, das für alle Vorschriften gilt, in erster Linie jedoch für die einfach und klar definierten Zuständigkeitsvorschriften".

363 Da bei der Zulässigkeitsprüfung grundsätzlich die Möglichkeit der kausalen Rechtsverletzung geprüft wird, ist bei komplexen Kooperationsstrukturen eher die Unbegründetheit wahrscheinlicher.

364 *A. v. Bogdandy,* Das deutsche Staatshaftungsrecht vor der Herausforderung der Internationalisierung: Zum Verhältnis von rechtlicher Gestaltungsmacht und Schadensverantwortung, AöR 122 (1997), 268 (274).

365 *A. v. Bogdandy/M. Jacob,* Art. 340 AEUV, in: E. Grabitz/M. Hilf/M. Nettesheim (Hrsg.), Das Recht der Europäischen Union, EL 45 (2011), Rn. 67.

366 Allgemein zu diesem Subsidiaritätsproblem *R. Streinz,* Primär- und Sekundärrechtsschutz im Öffentlichen Recht, VVDStRL 61 (2002), 300 (333), *F. Ossenbühl,* Staatshaftungsrecht, [5]1998, 569 ff.

367 EuGH, Urt. v. 14.7.1967, Rs. 5, 7 und 13 bis 24/66 (Kampffmeyer u. a./Kommission), Slg. I-1967, 00317 f., 334 (356 f.), Urt. v. 30. November 1967, Rs. C-30/66 (Becher/Kommission), Slg. I-1967, 00369 f., 385 (405): „Es muss vermieden werden, dass der Kläger aufgrund einer unterschiedlichen Beurteilung ein und desselben Schadens durch zwei verschiedene Gerichte, die verschiedene Rechtsnormen anwenden, entweder unzureichenden oder zu hohen Schadensersatz erhält. Bevor entschieden wird, welchen Schaden die Gemeinschaft zu ersetzen hat, muss dem innerstaatlichen Gericht die Möglichkeit gegeben werden, über die etwaige Haftung der Bundesrepublik Deutschland zu entscheiden. Ein Endurteil kann daher erst ergehen, wenn die Klägerin eine entsprechende Entscheidung des innerstaatlichen Gerichts beibringt". Kritisch zu

Gegenzug § 839 Abs. 1 S. 2 BGB nicht an[368]. Seit dem Unifrex-Urteil[369] wird ein anderer Weg gewählt: Der EuGH nimmt eine apriorische Zurechenbarkeitsprüfung im Rahmen der Zulässigkeitsprüfung vor, so dass die Zulässigkeit auch vor Erschöpfung des Rechtswegs auf mitgliedstaatlicher Ebene bejaht werden kann und die Begründetheit erst geprüft wird, wenn der Erfolg auf mitgliedstaatlicher Ebene ausbleibt. Rechtsschutzlücken werden dadurch vermieden, dass die materiellrechtliche Verantwortungsfrage a priori auf unionsgerichtlicher Ebene geklärt wird und im Ergebnis keine durch Subsidiaritätsfragen gekennzeichnete Haftungskonkurrenz entsteht. Im Ergebnis bewältigt nämlich der EuGH dadurch die Subsidiaritätsproblematik, dass er sie größtenteils *umgeht*: durch die apriorische Zurechnungsprüfung wird kontrolliert, ob überhaupt ein Anspruch gegen die Union möglich ist, so dass im Fall einer Ablehnung, praktisch nicht von einer Subsidiarität bei konkurrierender Verantwortlichkeit, sondern eher von „einer materiellrechtlichen Verneinung jedweder Verantwortlichkeit der Union"[370] auszugehen ist.

3. Optimierung der Netzwerkhaftung

a) Alternative Haftungsmodelle: Gesamt- und Stellvertreterhaftung

Dass die Effektivität des Sekundärrechtsschutzes unter diesen Gegebenheiten unter Druck steht, dürfte nicht zu bezweifeln sein. Als Ausweg wird in der Literatur meist ein Modell gesamtschuldnerischer Haftung vertreten[371], in welchem die kooperierenden Behörden gegenüber dem Geschädigten als Gesamtschuldner haften und er nicht das Risiko eingehen muss, den richtigen Klagegegner zu identifizieren bzw. die netzwerkinterne Haftungsverantwortung zu lokalisieren: Er soll sich gegen die ihm gegenüber handelnde Behörde wenden können, diese soll die Möglichkeit auf einen Innenregressanspruch haben[372]. Aus Sicht der Funktionen

---

dieser Rechtsprechung *A. Czaja*, Die außervertragliche Haftung der EG für ihre Organe, 1996, 197–201, *M. Herdegen*, Die Haftung der Europäischen Wirtschaftsgemeinschaft für fehlerhafte Rechtsetzungsakte, 1983, 145. Zu einem Überblick der Kritikpunkte s. *F. Ossenbühl*, Staatshaftungsrecht, ^{5}1998, 573, *A. v. Bogdandy/M. Jacob*, Art. 340 AEUV, in: E. Grabitz/M. Hilf/ M. Nettesheim (Hrsg.), Das Recht der Europäischen Union, EL 45 (2011), Rn. 64.

368 BGH, NJW 1972, 383.

369 EuGH, Urt. v. 12.4.1984, Rs. 281/82 (Unifrex/Kommission), Slg. 1984-01969.

370 *F. Ossenbühl*, Staatshaftungsrecht, ^{5}1998, 573.

371 In der Literatur scheint sich eine Präferenz für die Gesamtschuldnerschaft herausgebildet zu haben, s. *E.-W. Fuß*, Grundfragen der Gemeinschaftshaftung, EuR 1968, 353 (366), *M. Herdegen*, Die Haftung der Europäischen Wirtschaftsgemeinschaft für fehlerhafte Rechtsetzungsakte, 1983, 146 f., *U. Säuberlich*, Die außervertragliche Haftung im Gemeinschaftsrecht, 2005, 108 f., *A. Czaja*, Die außervertragliche Haftung der EG für ihre Organe, 1996, 197–200 sowie bereits Generalanwalt *G. F. Mancini*, Schlußanträge v. 19.11.1985, Rs. C-175/84 (Krohn/Kommission), Slg. 1986, 755 (761), Rn. 7; die Lösung der apriorischen Zurechnungsprüfung als befriedigend akzeptiert dagegen *F. Ossenbühl*, Staatshaftungsrecht, ^{5}1998, 577.

372 Das Erfordernis einer Regressmöglichkeit der Mitgliedstaaten gegen die Kommission

des Sekundärrechtsschutzes ist ein derartiges Modell sicherlich positiv zu bewerten: Entschädigungs- und Lückenschließungsfunktion werden durch die Erleichterung der Anspruchsdurchsetzung gegen den im Außenverhältnis auftretenden Gesamtschuldner, die Effektivität der Steuerungsfunktion wird über den Innenregressanspruch ermöglicht. Insbesondere in Konstellationen multipler Rechtsverstöße, bei der keine klare Trennung zwischen den verschiedenen Rechtsverstößen möglich ist, dürfte ein Gesamtschuldmodell hilfreich sein[373]. Die dogmatische Verankerung eines derartigen Modells ist allerdings keine leichte Aufgabe; denkbar wäre eine Auslegung des Art. 340 Abs. 2 AEUV im Lichte des Art. 47 GrCh mit dem Argument, dass die netzwerkinterne Ausgestaltung der Kooperation und Haftungsverteilung die unionsgrundrechtlich geforderte Rechtswegklarheit erschwert[374]. Problematisch erscheint allerdings die prozessrechtliche[375] Ermöglichung des Innenausgleichs gegen die Union: Gleichgültig ob im Rahmen des mitgliedstaatlichen Prozesses ein Vorabentscheidungsverfahren eingeleitet wird, damit der EuGH die Haftung der Union feststellt, oder ob einem Mitgliedstaat die Klagebefugnis aufgrund Art. 340 Abs. 2 AEUV oder Art. 4 Abs. 3 AEUV[376] anerkannt wird, wird sich nichts Substanzielles an der geltenden Rechtslage ändern, solange der EuGH[377] die Anerkennung der Haftung der Union den Kausalzusammenhang von der rechtlichen Gestaltungsmacht abhängig macht und erhebliche

betonte bereits Generalanwalt *G. F. Mancini*, Schlußanträge v. 19.11.1985, Rs. C-175/84 (Krohn/Kommission), Slg. 1986, 755 (761), Rn. 7.

373 So zutreffend im Ergebnis *S. Detterbeck*, Haftung der europäischen Gemeinschaft und gemeinschaftsrechtlicher Staatshaftungsanspruch, AöR 125 (2000), 202 (254).

374 S. *T. Rademacher*, Realakte im Rechtsschutzsystem der Europäischen Union, 2014, 278, Fn. 292.

375 Zur materiellrechtlichen Begründung des Innenausgleichs s. nur Generalanwalt *G. F. Mancini*, Schlußanträge v. 19.11.1985, Rs. C-175/84 (Krohn/Kommission), Slg. 1986, 755 (761), Rn. 7, *M. Herdegen*, Die Haftung der Europäischen Wirtschaftsgemeinschaft für fehlerhafte Rechtsetzungsakte, 1983, 146, *P. Oliver*, Joint Liability of the Community and the member states, in: T. Heuckels/A. McDonnell (Hrsg.), The Action for Damages in Community Law, 1997, 285 (289). Die Haftung mehrerer Hoheitsträger begründet nämlich „in den Mitgliedstaaten in aller Regel ein Gesamtschuldverhältnis", s. *P. Aubin*, Die Haftung der Europäischen Wirtschaftsgemeinschaft und ihrer Mitgliedstaaten bei gemeinschaftsrechtswidrigen nationalen Verwaltungsakten, 1982, 246 im Anschluss an *L.-J. Constantinesco*, Les Problèmes résultant de la responsabilité extra-contractuelle concomitante de la Communauté et d'un État membre, 1980, 39 f. S. bereits *E.-W. Fuß*, Grundfragen der Gemeinschaftshaftung, EuR 1968, 353 (366); zustimmend *A. Czaja*, Die außervertragliche Haftung der EG für ihre Organe, 1995, 201. Dazu, dass das Unionsrecht grundsätzlich Innenausgleichansprüche kennt, s. EuGH, Urt. v. 17.2.2011, Rs. C-78/10 (Berel u. a./Administration des douanes de Rouen u. a.), Slg. 2011 I-00717: „Gesamtschuldnerische Haftung mehrerer Schuldner für ein und dieselbe Zollschuld".

376 *U. Säuberlich*, Die außervertragliche Haftung im Gemeinschaftsrecht, 2005, 177 f., *A. André*, Konkurrierende Ersatzansprüche vor deutschen Gerichten und dem Europäischen Gerichtshof, NJW 1968, 331 (335). Kritisch *E.-W. Fuß*, Grundfragen der Gemeinschaftshaftung, EuR 1968, 353 (366).

377 Zu diesem Problem s. *P. Oliver*, Joint Liability of the Community and the member states, in: T. Heuckels/A. McDonnell (Hrsg.), The Action for Damages in Community Law, 1997, 285 (290).

faktische Bindungs- und Gestaltungswirkungen außer Acht lässt; wird aber der Innenregressanspruch nicht ermöglicht, kann auch die Steuerungsfunktion des Sekundärrechtsschutzes nicht erfüllt werden. In Konstellationen der horizontalen Kooperation dürfte das Gesamthaftungskonzept und insbesondere der Innenregressanspruch an der völkerrechtlichen Staatenimmunität scheitern.

Als Lösung gegen die Haftungsprobleme des europäischen Verwaltungsverbundes wird auch eine sekundärrechtliche Ausweitung des Modells der Stellvertreterhaftung von Europol vorgeschlagen, wonach „im Bereich der außervertraglichen Haftung […] Europol verpflichtet [ist], den durch Verschulden seines Direktors, seiner stellvertretenden Direktoren, der Mitglieder seines Verwaltungsrats oder seines Personals in Ausübung ihres Amtes verursachten Schaden zu ersetzen; dies schließt andere Schadenersatzansprüche nach dem innerstaatlichen Recht der Mitgliedstaaten nicht aus“[378]. Trotz der sich aus einer derartigen Lösung ergebenen Vorteile für die Effektivität des Sekundärrechtsschutzes dürfte ein Stellvertreterhaftungsmodell eher für Einrichtungen mit eigener Rechtspersönlichkeit bzw. Agenturen geeignet sein. Für Netzwerke als unionsweit aufgestellte funktionale Einheiten aus unionalen und mitgliedstaatlichen Stellen stellt dieses Modell gewiss zu hohe Anforderungen an interadministratives Vertrauen, was vielleicht auch die Zurückhaltung des sekundärrechtlichen Gesetzgebers gegenüber einer Ausweitung der Stellvertreterhaftung auf Netzwerke erklärt.

b) Grundrechtskonforme Haftungsgestaltung in Netzwerken

aa) Optimierung des Sekundärrechtsschutzes durch grundrechtskonforme Netzwerkhaftung

(1) Materiell-rechtlich bedingte Rechtsschutzdefizite

Angesichts des besonderen Rechtsschutzoptimierungs- und Legitimationspotentials des Sekundärrechtsschutzes ist die effektive Wahrnehmung seiner Funktionen in Netzwerken von besonderer Bedeutung. Anders als die Lücken des Primärrechtsschutzes ist die Ineffektivität des Sekundärrechtsschutzes in Netzwerken jedoch nicht prozess-, sondern hauptsächlich *materiell-rechtlicher* Natur[379]: Das Problem besteht in der Auslegung der Kausalität durch die Rechtsprechung der Unionsgerichtsbarkeit. Im Ergebnis bleiben durch die Orientierung an der rechtli-

---

[378] Beschluss des Rates v. 6.4.2009 zur Errichtung des Europäischen Polizeiamtes (2009/371/JI). Als mögliche Lösung *J. Hofmann*, Rechtsschutz und Haftung im Europäischen Verwaltungsverbund, in: E. Schmidt-Aßmann/B. Schöndorf-Haubold (Hrsg.), Der Europäische Verwaltungsverbund, 2005, 353 (379 f.); eher kritisch im Ergebnis *T. Rademacher,* Realakte im Rechtsschutzsystem der Europäischen Union, 2014, 278 (280).

[379] Zur Forderung, dass prozessrechtliche Durchsetzung des Sekundärrechtsschutzes von materiellrechtlichen Fragen zu trennen sein sollte, s. *P. Oliver*, Joint Liability of the Community and the member states, in: T. Heuckels/A. McDonnell (Hrsg.), The Action for Damages in Community Law, 1997, 285 (288).

chen Gestaltungsbefugnis als Kriterium des unmittelbaren Kausalzusammenhangs die in Netzwerken so wichtigen faktischen Bindungswirkungen netzwerkinterner Handlungsbeiträge haftungsrechtlich unerheblich, so dass letztlich der Sekundärrechtsschutz an rechtstaatlicher und demokratischer Steuerungskraft verliert. Die tatsächliche Netzwerksteuerung, aus welcher der Großteil der Rechtsschutz- und Legitimationsprobleme der Netzwerke resultiert, kann im Ergebnis auch vom Sekundärrechtsschutz nicht erfasst werden und seine Lückenschließungs- und seine demokratische Legitimationsfunktion können nicht effektiv wahrgenommen werden.

(2) Grundrechtskonforme Netzwerkhaftung

Deswegen hat eine Optimierung des Sekundärrechtsschutzes an der Komplementarität von Grundrechten und individuell-pluralistischem Demokratieprinzip anzusetzen und auf dem Wege einer grundrechtskonformen Gestaltung der Netzwerkhaftung gegenüber dem Einzelnen zu erfolgen: So wird der Sekundärrechtsschutz in Netzwerken ein effektives Abwehrinstrument gegen die Verletzung von Individualinteressen und zugleich einen demokratischen Legitimationsbeitrag darstellen können. Im Hinblick darauf hat sich am Vorbild faktischer Grundrechtseingriffe der Grundrechtsdogmatik[380] eine Auslegung der Haftungsvoraussetzungen in Netzwerken an der faktischen Bindungswirkung einzelner Handlungsbeiträge statt an der formell-rechtlichen Gestaltungsbefugnis des nach außen handelnden Hoheitsträgers zu orientieren: Kausal für den Schaden handelt jener Hoheitsträger, der die nachteiligen Auswirkungen auf die Interessen des Geschädigten durch seinen faktischen Einfluss auf die Entscheidungsfindung bewirkt. Die dafür erforderliche Rechtsprechungswende hat an der KYDEP-Rechtsprechung anzusetzen und zunächst faktische Steuerungswirkungen der Kommission auf das Verhalten mitgliedstaatlicher Behörden *wertend* zu berücksichtigen: Je größer die faktische Bindungswirkung eines netzwerkinternen Handlungsbeitrags, desto eher wird er für einen Schaden als kausal zu werten sein. In den Netzwerken des europäischen Verwaltungsverbunds bietet sich eine Reihe von

[380] Vgl. aus der grundgesetzlichen Grundrechtsdogmatik BVerfGE 116, 135, BVerfGE 105, 252, BVerfGE 105, 279. Auch in der EuGH-Rechtsprechung ist ansatzweise eine Annäherung an jenen weiten Grundrechtseingriffsbegriff der grundgesetzlichen Grundrechtsdogmatik zu beobachten, da auch mittelbare Auswirkungen staatlicher Maßnahmen auf unionsgrundrechtlich geschützte Positionen als Grundrechtseingriff in Betracht kommen können, vgl. EuGH, Urt. v. 30.7.1996, Rs. C-84/95 (Bosphorus Hava Yollari Turizm ve Ticaret AS/Minister for Transport, Energy, Communications u. a.), Slg. 1996 I-03953, Rn. 22 f. Dazu *J. Nusser*, Die Bindung der Mitgliedstaaten an die Unionsgrundrechte, 2011, 127. Aus der Dogmatik der Grundfreiheiten sind faktische Eingriffe dem Unionsrecht ohnehin bekannt, vgl. EuGH, Urt. v. 30.11.1995, Rs. C-55/94 (Reinhard Gebhard/Consiglio dell'Ordine degli Avvocati e Procuratori di Milano), Slg. 1995 I-04165, Rn. 37: Rechtfertigungsbedürftig sind „nationale Maßnahmen, die die Ausübung der durch den Vertrag garantierten grundlegenden Freiheiten behindern oder weniger attraktiv machen können".

Anhaltspunkten, an denen die faktische Bindungswirkung ermittelt werden kann. Während die Form und Bezeichnung einer Handlung zunächst gänzlich unerheblich sein müssen[381], ist insbesondere die Ausgestaltung der Kooperation zu berücksichtigen; neben verbindlichen Weisungen dürfte eine haftungsbegründende faktische Bindungswirkung netzwerkinterner Handlungsbeiträge allenfalls bei einer Kombination von abstrakt-generellen Empfehlungen und Stellungnahmen mit einem Veto- oder Selbsteintrittsrecht der Kommission sowie bei Informationsakten anzunehmen sein. Folgt die Rechtsprechung einer grundrechtskonformen Auslegung der Voraussetzungen der Unionshaftung, dürften auch die prozessrechtlichen Probleme der Subsidiarität des Sekundärrechtsschutzes relativiert werden: Fällt nämlich die apriorische Zulässigkeitsprüfung positiv aus und wird damit praktisch die Unionshaftung angenommen, lässt sich die Subsidiarität des Sekundärrechtsschutzes als Minus zum Primärrechtsschutz insofern rechtfertigen, als bei Erfolgslosigkeit des Primärrechtsschutzes der Weg zum Sekundärrechtsschutz garantiert ist.

bb) Zwischenstaatlicher Schadensersatzanspruch

Da durch eine grundrechtskonforme Auslegung auf unionaler Ebene die Probleme einer Haftung aus horizontalen Kooperationsstrukturen bestehen bleiben und unionsrechtlich kein Instrument für Haftungsansprüche zwischen Mitgliedstaaten vorgesehen ist, bietet sich eine Begründung eines zwischenstaatlichen Schadensersatzanspruchs durch eine analoge Anwendung der eigentlich ausschließlich für Verstöße gegen das Primärrecht vorgesehenen Art. 344 AEUV i. V. m. Art. 259 AEUV an[382]. Durch die Ausweitung auf zwischenstaatliche Staatshaftungsansprüche könnte der Ausweg aus der Sackgasse des prozessualen Trennungsprinzips und der Staatsimmunität in horizontalen Konstellationen über den EuGH gefunden werden und zur Entwicklung eines Modells des Innenregressanspruches zumindest für die so schwer zu bewältigenden Konstellationen transanationaler Wirkungen beitragen. Allerdings wird es zur effektiven Wahrnehmung der Funktionen des Sekundärrechtsschutzes auch an dieser Stelle von erheblicher Bedeutung sein, dass der EuGH seinen Kausalitätsansatz für faktische *transnationale* Bindungswirkungen öffnet. So könnte das für die Legitimation für Netzwerke so wichtige Ziel erreicht werden, dass derjenige, der steuert und politisch dafür nicht verantwortlich sowie gerichtlich nicht direkt angreifbar ist, *zumindest haftet.*

---

[381] Vgl. die Tatbestandsmerkmale von zulässigen Klagegegenständen der Nichtigkeitsklage D. I.3.a) bb) (1) (164 f.).

[382] Grundlegend *K. Scholl*, Haftung zwischen EG-Mitgliedstaaten bei Verletzung von Gemeinschaftsrecht, 2005, 238 f.

Zusammenfassung

1. Netzwerke bilden eine zunehmend auftretende Form der Verwaltungskooperation im europäischen Verwaltungsverbund. Ihre verwaltungsrechtswissenschaftliche Erfassung stellt bereits aus rechtsmethodischer Sicht eine Herausforderung dar, zumal der Netzwerkbegriff ein aus der Governance-Analyse stammender, sozialwissenschaftlicher Begriff ist und keinen rechtsdogmatischen Gehalt hat. Dies führt jedoch nicht zu einem Bedeutungsverlust klassischer Dogmatik: Sie ist für die Untersuchung neuartiger Phänomene ausreichend flexibel und hat selbst einen normativen Wert, da sie durch ihre Arbeitsmuster einen rechtsmethodisch herstellbaren Beitrag zu Rechtsicherheit und Gleichheit leisten kann. Möglich ist somit ihre Ergänzung durch Erkenntnisse der Steuerungs- und Governance-orientierten Ansätze, wobei stets die Transformation jener Erkenntnisse in das binäre Schema der Rechtswissenschaft erforderlich ist. So können drei unterschiedliche Perspektiven, die dogmatische Akteur-, die steuerungstheoretische Verhaltens- und die Governance-orientierte Strukturperspektive lösungsorientiert miteinander kombiniert werden. Für die Verbindung jener Perspektiven erweisen sich funktionale Analysen als besonders hilfreich, zumal sie auch die Entwicklung von funktionalen Äquivalenten erlauben.

2. In der interdisziplinären Betrachtung tritt der „Brückenbegriff" der Netzwerke als Gegenbegriff zu Hierarchie auf: Netzwerke sind für die Beschreibung von Kooperationsstrukturen innerhalb des europäischen Verwaltungsverbundes durchaus geeignet, da mitgliedstaatliche Behörden sowohl untereinander als auch im Verhältnis zur Kommission formell-rechtlich gleichrangig sind und nicht in einem Über- und Unterordnungsverhältnis zueinander stehen. Trotz ihrer Heterogenität lassen sich gemeinsame Charakteristika der Netzwerke des europäischen Verwaltungsverbundes herausarbeiten: Sie verstehen sich als Formen der Verwaltungskooperation, in denen *unionsweit* lokal zuständige mitgliedstaatliche Behörden *direkt* miteinander und mit der Kommission zum sektorenspezifischen Unionsrechtsvollzug verbunden werden und dadurch trotz organisationsrechtlicher Trennung als *funktionale Einheiten* agieren. Der direkte Kontaktaufbau dient der Effizienz der Verwaltungskooperation und die unionsweite Aufstellung soll zur Effektivität des Unionsrechtsvollzuges beitragen. So relativieren Netzwerke die Fragmentierung des europäischen Verwaltungsraums, werden aber dadurch zugleich gegenüber ihren mitgliedstaatlichen Verwaltungsapparaten funktional verselbständigt.

3. Auffällig ist besonders die weitgehende Informalität der netzwerkinternen Verwaltungskooperation und -koordination zwischen den Behörden sowie die zentrale Rolle der Kommission: Nicht nur ist sie mit der Verwaltung des weitgehenden Informationsaustausches beauftragt und kann damit unionsweit den gesamten Unionsrechtsvollzug beaufsichtigen, grundsätzlich koordiniert sie den Unionsrechtsvollzug durch Soft Law-Instrumente und kann sich darüber hinaus sogar selbst durch diverse Selbsteintritts- und Vetorechte in die Entscheidungsfindung einschalten. In der Regel ist sie auch dann zur Entscheidung berufen, wenn sich Uneinigkeiten zwischen mitgliedstaatlichen Behörden feststellen lassen, wird dabei jedoch von einem aus mitgliedstaatlichen Vertretern bestehenden Ausschuss nach den sog. Komitologie-Verfahren kontrolliert. Insgesamt werden in Netzwerken wegen der Vielzahl der kooperierenden Behörden, der damit verbundenen Verflechtung der Entscheidungsfindung sowie der rechtlichen Hybridität der Koordinationsinstrumente Verantwortungszurechnungsprobleme verursacht, da nicht nur eine Zerlegung des Verwaltungshandelns in einzelne Handlungsbeiträge bestimmter Verwaltungseinheiten besonders schwer ist, sondern auch weil deren unterschiedliche Gewichtung zu einer Einflussverstärkung der unionalen Ebene führen. Dadurch entstehen Legitimationsprobleme, da Demokratie und Rechtstaat auf klarer Verantwortung beruhen, so dass letztlich nach der demokratischen und rechtstaatlichen Verantwortung in Netzwerken bzw. deren *Legitimation durch Verantwortung* gefragt ist.

4. Die Untersuchung des Gehalts demokratischer Verantwortung lässt sich im Rahmen des europäischen Verfassungsverbunds als wechselseitiger Auffangordnung von mitgliedstaatlichem und unionalem (Teil-)Verfassungsrecht elementartig bestimmen, wobei als Minimum das allen mitgliedstaatlichen Verfassungen *Gemeinsame* maßgeblich ist: Dies ist im Grundsatz der repräsentativen Demokratie und der sich aus der Wahlperiodität ergebenden politischen Verantwortlichkeit zu sehen. Dem repräsentativ-demokratischen Grundsatz folgt auch das Unionsrecht, das seine demokratische Legitimation über ein duales Legitimationsmodell zweier Legitimationsstränge über Europäisches Parlament und Rat herstellen lässt. So lässt sich auch der Unionsrechtsvollzug grundsätzlich getrennt demokratisch legitimieren, je nach dem, ob es sich um direkten oder indirekten Vollzug handelt: die Regel dabei bildet der indirekte Vollzug über die mitgliedstaatlichen Behörden, die Ausnahme der direkte unionale. Aus repräsentativ-demokratischer Sicht lässt sich aus quantitativen, qualitativen und faktischen Gründen ein demokratischer Vorrang des indirekten Vollzugs bzw. demokratische Legitimationsdefizite des direkten Vollzugs feststellen, so dass das kompetenzrechtlich ohnehin indizierte Regel-Ausnahme-Verhältnis auch eine demokratische Lesart hat.

5. Dieses Regel-Ausnahme-Verhältnis droht jedoch durch Netzwerke umgangen zu werden: Durch ihre unionsweite Aufstellung, die faktische Hierarchisierung der Verwaltungskooperation innerhalb der Netzwerke und die funktionale Ausgliederung mitgliedstaatlicher Behörden aus ihren Verwaltungsapparaten

werden vertikale Machtverschiebungen zu Gunsten der unionalen Ebene und horizontale zu Gunsten der Exekutive ersichtlich, so dass der Unionsrechtsvollzug durch Netzwerke als „policy without politics" erscheint und dadurch eine unionsweite „governance without government" entsteht.

6. Angesichts der entstehenden Demokratieprobleme ist eine lösungsorientierte Neuüberprüfung des demokratischen Legitimationssubjekts erforderlich. Dieses ist im Kontext der EU nicht im Volk, sondern vielmehr im einzelnen Individuum zu sehen. Dies ergibt sich schon aus der wechselseitigen Zusammenwirkung der Legitimationsstränge des dualen Modells, da sie sich gegenseitig nur dann ergänzen können, wenn sie einen gemeinsamen Ausgangspunkt haben, welcher für beide Stränge nur der Einzelne sein kann. Maßgeblich in einem vom Individuum ausgehenden Demokratiemodell ist die Mitbestimmungsmöglichkeit des Einzelnen an der Herrschaftsgewaltausübung, was wiederum eine Rekonstruktion des Verhältnisses zwischen Demokratie und Rechtstaat erlaubt: Rechtstaatliche und demokratische individuelle Freiheit sind keine gegensätzlichen Begriffe, sondern zwei unterschiedliche Freiheitsausprägungen eines umfassenden einheitlichen individuellen Selbstbestimmungsrechts.

7. Im Hinblick darauf lassen sich auch die Probleme der für die Legitimation der Netzwerke vorgeschlagenen demokratietheoretischen Alternativen aufzeigen. Die komplexe Demokratietheorie orientiert sich an der sog. Output-Legitimation, wonach der Effektivität der Gemeinwohlverwirklichung ein eigener demokratischer Legitimationsbeitrag anerkannt wird: Dadurch werden jedoch im Ergebnis Gemeinwohlvorstellungen objektiviert und nicht von der Mitbestimmung des Legitimationssubjekts abhängig gemacht, so dass demokratische Freiheit und Gleichheit letztlich umgangen werden. Auch eine Optimierung der „accountability" von Netzwerken durch zusätzliche administrative Rechenschaftspflichten und Transparenzvorgaben verbessert zwar die *kognitive* Ersichtlichkeit der öffentlichen Entscheidungsfindung, eröffnet jedoch keine zusätzlichen Möglichkeiten für ihre *voluntative* Bestimmung seitens des Legitimationssubjekts. Daran scheitern letztlich auch Lösungsansätze einer Erhöhung des gesellschaftlichen Vertrauens in die Verwaltung oder des interadministrativen Vertrauens zwischen den Netzwerkmitgliedern, da sie die Normativität des individuellen Mitbestimmungs*rechts* und der demokratischen Legitimation durch die Faktizität von Akzeptanz ausgleichen wollen. Eine Optimierung der Input-Legitimation der Netzwerke erscheint unumgänglich.

8. Als zweitbeste Lösung lässt sich ein Modell einer *demokratischen Legitimationsverstärkung durch Individualrechtsschutz* entwickeln. Ermöglicht wird dies letztlich durch die normstrukturbedingte Flexibilität des Demokratieprinzips, wonach unterschiedliche Legitimationsformen möglich sind und vielmehr deren Effektivität maßgeblich ist. Der Gedanke einer demokratischen Legitimation durch Individualrechtsschutz knüpft an den Einzelnen als demokratisches Legitimationssubjekt an und vermag den Individualrechtsschutz in die Dogmatik indi-

viduell-pluralistischer Demokratie einzubauen. Während der Individualrechtsschutz herkömmlicherweise wegen seiner rechtstaatlichen Natur als antagonistisch zur Demokratie galt und demokratische Rechtsschutzvorstellungen mit der „objektiven" Rechtsdurchsetzung verbunden waren, erlaubt die individuell-demokratische Rekonstruktion des Individualrechtsschutzes die Entwicklung einer originär demokratischen Funktion des subjektiven Individualrechtsschutzes. Ob es dem rechtsschutzsuchenden Einzelnen dabei um die Durchsetzung seiner individuellen Interessen oder (seiner subjektiven Auffassung) des Gemeinwohls geht, bleibt ihm aus demokratischer Sicht selbst überlassen.

9. Die Entwicklung einer Dogmatik demokratischer Legitimationsverstärkung durch Individualrechtsschutz hat dabei Erwägungen der Gewaltenteilung zu beachten: Sie kommt erst dann als zweitbeste Lösung in Betracht, wenn die politische Verantwortlichkeit der Entscheidungsträger defizitär ausfällt. Der Politisierungsgrad öffentlicher Entscheidungsfindung bildet somit einen legitimationsdogmatischen Maßstab: Je politischer ein hoheitlicher Entscheidungsfindungsvorgang, desto erheblicher ist es sicherzustellen, dass die Entscheidung politisch verantwortet werden kann. Das gilt auch für die politisch defizitär verantwortlichen Netzwerke: Je politisch eigenständiger ihr Handeln gegenüber inhaltlicher Programmierung seitens demokratisch legitimierter Gesetzgebungsakte, desto intensiver das Bedürfnis ihrer gerichtlichen Kontrolle. Auf dieser Linie befindet sich, wenn auch mit unterschiedlicher dogmatischer Argumentation, auch die Rechtsprechung von Bundesverfassungsgericht und EuGH. Sind die Möglichkeiten einer ex ante gesetzlichen Programmierung des Verwaltungshandelns aus aufgabenspezifischen Gründen begrenzt, gewinnen für die Sicherstellung gerichtlicher Kontrollierbarkeit des Verwaltungshandelns das Verwaltungsverfahrensrecht und subjektive Verfahrensrechte an Bedeutung.

10. Die Rechtsschutzeffektivität steht in Netzwerken vor großen Herausforderungen: Einerseits ist aufgrund des demokratischen Legitimationspotentials des Individualrechtsschutzes die Bedeutung der Rechtsschutzeffektivität besonders erheblich, andererseits ist der Individualrechtsschutz in Netzwerken durch diverse Rechtsschutzlücken gekennzeichnet, die eine gerichtliche Kontrolle insbesondere netzwerkinterner Handlungsbeiträge maßgeblich erschweren. Verursacht werden die Probleme sowohl wegen der strukturellen Fragmentierung des Rechtsschutzes als auch wegen der mangelnden Rechtsschutzkohärenz: Rechtsschutzlücken entstehen vor allem wegen der restriktiven Auslegung unmittelbarer und individueller Betroffenheit, die eine direkte Anfechtung von unionalem Handeln in Netzwerken nahezu unmöglich macht. Dazu kommen gerichtlich kaum greifbare informale und transnationale Handlungen. So hat sich die Optimierung der Rechtsschutzeffektivität auch an den Anforderungen von Demokratie- und Rechtstaatsprinzip zu orientieren, um zur Verantwortung und Legitimation von Netzwerken beitragen zu können; zentral dafür ist die grundrechtskonforme Gestaltung der Rechtswegeröffnung, so dass letztlich eine Verbindung von Individual-

rechtsschutz und Netzwerksteuerung ermöglicht werden kann. Letztlich lässt sich die legitimatorische Notwendigkeit der Optimierung rechtstaatlicher und demokratischer Rechtsschutzeffektivität auch an den durch weitgehende Verantwortungsdefizite gekennzeichneten Netzwerken der Telekommunikationsregulierung und der Wettbewerbsbehörden aufzeigen.

11. In diesem Rahmen ist die Rolle des Sekundärrechtsschutzes zentral. Als Minus zum Primärrechtsschutz ist er an die rechtstaatliche und demokratische Legitimationsdogmatik von Netzwerken anschlussfähig und weist insgesamt drei Funktionen auf: eine Entschädigungs-, eine Lückenschließungs-, und eine demokratische Steuerungs- und Legitimationsfunktion. Nicht zuletzt wird ihm durch die prospektive Wirkung finanzieller Sanktionen ein Einfluss auf die Netzwerksteuerung ermöglicht; erforderlich ist jedoch auch an dieser Stelle eine grundrechtskonforme Auslegung der Netzwerkhaftung. Aufgrund der Komplementarität von Demokratie und Grundrechten vermag er insofern einen wichtigen Legitimationsbeitrag für Netzwerke zu leisten, als er sicherstellt, dass politisch defizitär verantwortliche Hoheitsträger für ihr steuerungserhebliches Handeln zumindest haften.

Literaturverzeichnis

Aaken, Anne, van, Funktionale Rechtswissenschaftstheorie für die gesamte Rechtswissenschaft, in: M. Jestaedt/O. Lepsius (Hrsg.), Rechtswissenschaftstheorie, Tübingen (Mohr Siebeck) 2008, 79–104.

Abromeit, Heidrun, Wozu braucht man Demokratie? Die postnationale Herausforderung der Demokratietheorie, Opladen (Leske + Budrich) 2002.

Achenbach, Jelena v., Theoretische Aspekte des dualen Konzepts demokratischer Legitimation für die Europäische Union, in: S. Vöneky/C. Hagedorn/M. Clados/J. von Achenbach (Hrsg.), Legitimation ethischer Entscheidungen im Recht – Interdisziplinäre Untersuchungen. Beiträge zum ausländischen öffentlichen Recht und Völkerrecht, Berlin/Heidelberg/New York (Springer) 2009, 191–208.

Afilalo, Ari/Patterson, Dennis/Purnhagen, Kai, Statecraft, the Market State and the Development of European Legal Culture, in: G. Helleringer/K. Purnhagen (Hrsg.), Towards a European Legal Culture, Baden-Baden (Nomos)/München (C. H. Beck)/Oxford (Hart) 2014, 277–302.

Alexy, Robert, Rechtsregeln und Rechtsprinzipien, in: Archiv für Rechts- und Sozialphilosophie, Beiheft 25 (1985), 13–29.

Alexy, Robert, Theorie der Grundrechte, 2. Aufl., Frankfurt a. M. (Suhrkamp) 1994.

Alexy, Robert, Zum Begriff des Rechtsprinzips, in: ders. (Hrsg.), Recht, Vernunft, Diskurs. Studien zur Rechtsphilosophie, Frankfurt a. M. (Suhrkamp) 1995, 177–212.

André, Achim, Konkurrierende Ersatzansprüche vor deutschen Gerichten und dem Europäischen Gerichtshof, NJW 1968, 331–336.

Appel, Ivo, Das Verwaltungsrecht zwischen traditionellem dogmatischen Verständnis und dem Anspruch einer Steuerungswissenschaft, VVDStRL 67 (2008), 226–285.

Aristoteles, Politik, hrsg. und übersetzt von Franz Susemichl, Leipzig (Verlag von Wilhelm Engelmann) 1879.

Arnauld, Andreas, v., Rechtsicherheit. Perspektivistische Annäherungen an eine *idée directive* des Rechts, Tübingen (Mohr Siebeck) 2006.

Arndt, Felix, Vollzugssteuerung im Regulierungsverbund, Die Verwaltung 39 (2006), 100–118.

Assmann, Dorothea, § 292, in: B. Wieczoreck/R. A. Schütze (Hrsg.), ZPO, Bd. 4, 4. Aufl., Berlin (Walter de Gruyter) 2013.

Aubin, Peter, Die Haftung der Europäischen Wirtschaftsgemeinschaft und ihrer Mitgliedstaaten bei gemeinschaftsrechtswidrigen nationalen Verwaltungsakten, Baden-Baden (Nomos) 1982.

Augsberg, Ino, Erläuterungen, in: ders./S. Unger (Hrsg.), Basistexte: Grundrechtstheorie, Baden-Baden (Nomos) 2012, 157–159.

Augsberg, Ino, Informationsverwaltungsrecht. Zur kognitiven Dimension der rechtlichen Steuerung von Verwaltungsentscheidungen, Tübingen (Mohr Siebeck) 2014.

Augsberg, Ino, Methoden des Europäischen Verwaltungsrechts, in: J. P. Terhechte (Hrsg.), Verwaltungsrecht der Europäischen Union, Baden-Baden (Nomos) 2011, § 4, 147–170.

Augsberg, Ino, Von einem neuerdings erhobenen empiristischen Ton in der Rechtswissenschaft, Der Staat 51 (2012), 117–125.

Bachof, Otto, Beurteilungsspielraum, Ermessen und unbestimmter Rechtsbegriff im Verwaltungsrecht, JZ 10 (1955), 97–102.

Badura, Peter, Konzeptionen europäischer und transnationaler Governance in der Perspektive des Verfassungsrechts, Reihe Schriften des Münchner Centrums für Governance-Forschung, Band 2, Baden-Baden (Nomos) 2010.

Barnes, Javier, Collaboration among Public Administrations through Domestic Administrative Procedure, in: H.-H. Trute/T. Groß/H. C. Röhl/C. Möllers (Hrsg.), Allgemeines Verwaltungsrecht zur Tragfähigkeit eines Konzepts, Tübingen (Mohr Siebeck) 2008, 255–279.

Bauer, Harmut, Demokratie in Europa – Einführende Problemskizze, in: ders./P. M. Huber/K.-P. Sommermann (Hrsg.), Demokratie in Europa, Tübingen (Mohr Siebeck) 2005, 1–17.

Bauer, Lukas/Lachmayer, Konrad, Networks in Public Law: Notes on the 47th Meeting (2007) of German-Speaking Public Law Assistants in Berlin, German Law Journal, Vol. 8, No. 11 (2007), 1069–1078.

Baumeister, Peter, Effektiver Individualrechtsschutz im Gemeinschaftsrecht, EuR 2005, 1–35.

Bedorf, Thomas, Das Politische und die Politik – Konturen einer Differenz, in: ders./K. Röttgers (Hrsg.), Das Politische und die Politik, Berlin (Suhrkamp) 2010, 13–37.

Benz, Arthur, Politikwissenschaftliche Diskurse über demokratisches Regieren im europäischen Mehrebenensystem, in: H. Bauer/P. M. Huber/K.-P. Sommermann (Hrsg.), Demokratie in Europa, Tübingen (Mohr Siebeck) 2005, 253–280.

Berg, Werner, Art. 288 EGV, in: J. Schwarze (Hrsg.), EU-Kommentar, 2. Aufl., Baden-Baden (Nomos) 2009.

Berlin, Isaiah, Two Concepts of Liberty, in: H. Hardy (Hrsg.), Liberty: Incorporating Four Essays on Liberty, Oxford (Oxford University Press) 2002, 166–217.

Berlin, Isaiah, Zwei Freiheitsbegriffe, in: *ders.*, Freiheit: Vier Versuche, Frankfurt am Main (Fischer) 2006, 197–256.

Blanke, Hermann-Josef, Art. 47 GRCh, in: C. Calliess/M. Ruffert (Hrsg.), EUV/AEUV, 4. Aufl., München (C. H. Beck) 2011.

Böckenförde, Ernst-Wolfgang, Demokratie als Verfassungsprinzip, in: J. Isensee/P. Kirchhof (Hrsg.), HStR II, 3. Aufl., Heidelberg (C. F. Müller) 2004, § 24, 429–498.

Böckenförde, Ernst-Wolfgang, Demokratische Willensbildung und Repräsentation, in: J. Isensee/P. Kirchhof (Hrsg.), HStR III, 3. Aufl., Heidelberg (C. F. Müller) 2005, § 34, 31–54.

Böckenförde, Ernst-Wolfgang, Geschichte der Rechts- und Staatsphilosophie. Antike und Mittelalter, Tübingen (Mohr Siebeck) 2006.

Bogdandy, Armin v., Beobachtungen zur Wissenschaft vom Europarecht, Der Staat (41) 2001, 3–43.

Bogdandy, Armin v., Das deutsche Staatshaftungsrecht vor der Herausforderung der Internationalisierung: Zum Verhältnis von rechtlicher Gestaltungsmacht und Schadensverantwortung, Archiv des öffentlichen Rechts 122 (1997), 268–291.

Bogdandy, Armin v., Democratic Legitimacy of Public Authority Beyond the State – Lessons from EU for International Organizations, Jean Monnet Working Papers Series 1/2011, NYU 2011.

Bogdandy, Armin v., Demokratie, Globalisierung, Zukunft des Völkerrechts – eine Bestandsaufnahme, in: H. Bauer/P.M. Huber/K.-P. Sommermann (Hrsg.), Demokratie in Europa, Tübingen (Mohr Siebeck) 2005, 225–252.

Bogdandy, Armin v., Demokratisch, demokratischer, am demokratischsten? Zur Steigerungsfähigkeit eines Verfassungsprinzips am Beispiel einer Neugestaltung der Verordnungsgebung, in: J.Bohnert/Ch.Gramm/U.Kindhäuser/J.Lege/A.Rinken/G.Robbers (Hrsg.), Verfassung, Philosophie, Kirche. Festschrift für A. Hollerbach zum 70. Geburtstag, Berlin (Duncker & Humblot) 2001, 363–384.

Bogdandy, Armin v., Grundprinzipien, in: ders./J. Bast (Hrsg.), Europäisches Verfassungsrecht, 2. Aufl., Berlin (Springer) 2009, 11–52.

Bogdandy, Armin v., Prolegomena zu Prinzipien internationalisierter und internationaler Verwaltung, in: H.-H. Trute/T. Groß/H.C. Röhl/C. Möllers (Hrsg.), Allgemeines Verwaltungsrecht zur Tragfähigkeit eines Konzepts, Tübingen (Mohr Siebeck) 2008, 683–697.

Bogdandy, Armin v., Verwaltungsrecht im europäischen Rechtsraum, in: ders./S. Cassese/P.M. Huber (Hrsg.), IPE IV, Heidelberg (C.F. Müller) 2011, § 57.

Bogdandy, Armin v./Bast, Jürgen, Die vertikale Kompetenzordnung der Europäischen Union. Rechtsdogmatischer Bestand und verfassungspolitische Reformperspektiven, EuGRZ 2001, 441–458.

Bogdandy, Armin v./Bast, Jürgen/Arndt, Felix, Handlungsformen im Unionsrecht. Empirische Analysen und dogmatische Strukturen in einem vermeintlichen Dschungel, ZaöRV 62 (2002), 77–161.

Bogdandy, Armin v./Dann, Philipp, International Composite Administration: Conceptualizing Multi-Level and Network Aspekts in the Exercise of International Public Authority, German Law Journal, Vol. 9, No. 11 (2008), 2013–2039.

Bogdandy, Armin v./Jacob, Marc, Art. 340 AEUV, in: E. Grabitz/M. Hilf/M. Nettesheim (Hrsg.), Das Recht der Europäischen Union, EL 45, München (C.H. Beck) 2011.

Börzel, Tanja Anita, What's So Special About Policy Networks? – An Exploration of the Concept and its Usefulness in Studying European Governance, European Integration online Papers (EIoP), Vol. 1, No. 106 (1997).

Bovens, Mark, Analyzing and Assessing Accountability: A Conceptual Framework, European Law Journal, Vol. 13, No. 4 (2007), 447–468.

Bovens, Mark/Curtin, Deirdre/Hart, Paul't, Studying the Real World of EU Accountability: Framework and Design, in: M. Bovens/D. Curtin/P. Hart (Hrsg.), The Real World of EU Accountability, New York (Oxford University Press) 2010, 31–62.

Boysen, Sigrid, Transparenz im Europäischen Verwaltungsverbund, Die Verwaltung 42 (2009), 215–246.

Brammer, Silke, Concurrent jurisdiction under Regulation 1/2003 and the issue of case allocation, Common Market Law Review, Vol. 42, Issue 5 (2005), 1383–1424.

Brandsma, Gijs Jan, Backstage Europe. Comitology, Accountability and Democracy in the European Union, Arnhem 2010.

Brinker, Ingo, Die Modernisierung des EG-Kartellrechts, EuR Beiheft 2 (2009), 47–65.

Britz, Gabriele, Vom Europäischen Verwaltungsverbund zum Regulierungsverbund? Europäische Verwaltungsentwicklung am Beispiel der Netzzugangsregulierung bei Telekommunikation, Energie, Bahn, EuR 2006, 46–77.

Brohm, Winfried, Die Dogmatik des Verwaltungsrechts, VVDStRL 30 (1972), 245–306.

Brugger, Winfried, Georg Jellineks Statuslehre: national und international, AöR 136 (2011), 1–43.

Bühler, Ottmar, Die subjektiven öffentlichen Rechte und ihr Schutz in der deutschen Verwaltungsrechtsprechung, Berlin-Stuttgart-Leipzig (W. Kohlhammer) 1914.

Bulla, Simon, Netzregulierung – am Beispiel des Telekommunikationsrechts, § 11, in: R. Schmidt/T. Vollmöller (Hrsg.), Kompendium Öffentliches Wirtschaftsrecht, 3. Aufl., Berlin/New York (Springer) 2007.

Bumke, Christian, Kapitalmarktregulierung – Eine Untersuchung über Konzeption und Dogmatik des Regulierungsverwaltungsrechts, Die Verwaltung 41 (2008), 227–257.

Burgi, Martin, Verwaltungsprozess und Europarecht, München (Franz Vahlen) 1996.

Busuioc, Madalina, Accountability, Control and Independence: The Case of European Agencies, European Law Journal, Vol. 15 (2009), 599–615.

Buxbaum, Richard M., Is "Network" a Legal Concept?, Journal of Institutional and Theoretical Economics (JITE) 149/4 (1993), 698–705.

Calliess, Christian, Bürgerrechte als Ersatz für Demokratie?, in: C. Franzius/F. C. Mayer/ J. Neyer (Hrsg.), Strukturfragen der Europäischen Union, Baden-Baden (Nomos) 2010, 231–258.

Calliess, Christian, Demokratieprinzip im Europäischen Staaten- und Verfassungsverbund, in: J. Bröhmer/R. Bieber/ders./C. Langenfeld/S. Weber/J. Wolf (Hrsg.), Internationale Gemeinschaft und Menschenrechte. Festschrift für Georg Ress zum 70. Geburtstag, Köln/Berlin/München (Carl Heymanns) 2005, 399–421.

Calliess, Christian, Die neue Europäische Union nach dem Vertrag von Lissabon. Ein Überblick über die Reformen unter Berücksichtigung ihrer Implikationen für das deutsche Recht, Tübingen (Mohr Siebeck) 2010.

Calliess, Christian, Optionen zur Demokratisierung der Europäischen Union, in: H. Bauer/P. M. Huber/K.-P. Sommermann (Hrsg.), Demokratie in Europa, Tübingen (Mohr Siebeck) 2005, 281–317.

Canaris, Claus-Wilhelm, Systemdenken und Systembegriff in der Jurisprudenz, 2. überarb. Aufl., Berlin (Duncker & Humblot) 1983.

Cassese, Sabino, Administrative Law without the state? The challenge of global regulation, International law and politics, Vol. 37, No. 4 (2005), 663–694.

Cengiz, Firat, Multi-level Governance in Competition Policy: the European Competition Network, E. L.Rev. 35 (2010), 660–677.

Chiti, Edoardo, Decentralisation and Integration into the Community Administrations: A New Perspective on European Agencies, European Law Journal, Vol. 10, No. 4 (2004), 402–438.

Classen, Claus Dieter, Art. 23 GG, in: H. v. Mangoldt/F. Klein/C. Starck (Hrsg.), GG II, 6. Aufl., München (C. H. Beck) 2010, 387–448.

Classen, Claus Dieter, Effektive und kohärente Justizgewährleistung im europäischen Rechtsschutzverbund, JZ 61 (2006), 157–165.

Constantinesco, Léontin-Jean, Les Problèmes résultant de la responsabilité extra-contractuelle concomitante de la Communauté et d'un État membre, Office des publications officielles des Communautés européennes, 1980.

Corrigan, Kevin/Harrington, L. Michael, „Pseudo-Dionysius the Areopagite", in: Edward N. Zalta (Hrsg.), The Stanford Encyclopedia of Philosophy, Spring 2015 Edition, online abrufbar unter plato.stanford.edu.

Craig, Paul, A new framework for EU Administration: The Financial Regulation 2002, Law and Contemporary Problems, Vol. 68, No. 1 (2004), 107–133.

Craig, Paul, EU Administrative Law, 2. Aufl., Oxford (Oxford University Press) 2012.

Craig, Paul, Integration, Democracy, and Legitimacy, in: ders./G. de Burca (Hrsg.), The Evolution of EU Law, Oxford (Oxford University Press) 2011, 13–40.

Craig, Paul, Shared Administration and Networks: Global and EU Perspectives, in: G. Anthony/J.-B. Auby/J. Morison/T. Zwart, Values in Global Administrative Law, 2011, 81–116.

Cremer, Hans-Joachim, Entscheidung und Entscheidungswirkung, in: O. Dörr/R. Grote/Th.Marauhn (Hrsg.), EMRK/GG Konkordanzkommentar zum europäischen und deutschen Grundrechtsschutz, Bd. II, 2. Aufl., Tübingen (Mohr Siebeck) 2013, Kap. 32, 2053–2147.

Cremer, Wolfram, Art. 263 AEUV, in: C. Calliess/M. Ruffert (Hrsg.), EUV/AEUV, 4. Aufl., München (C.H. Beck) 2011, 2296–2330.

Cremer, Wolfram, Der Einfluss des Europarechts auf die Gestaltung des Verwaltungsverfahrens in den Mitgliedstaaten, in: W. Erbguth/J. Masing (Hrsg.), Verwaltung unter dem Einfluss des Europarechts, Stuttgart (Boorberg) 2006, 207–229.

Cuesta, Victor, The Lisbon Treaty's Provisions on Democratic Principles: A Legal Framework for Participatory Democracy, European Public Law, Vol. 16, No. 1 (2010), 123–138.

Curtin, Deirdre, Executive Power of the European Union, Oxford (Oxford University Press) 2009.

Czaja, Astrid, Die außervertragliche Haftung der EG für ihre Organe, Baden-Baden (Nomos) 1996.

Dahl, Robert A., Federalism and the democratic process, in J.R. Pennock/J.W. Chapman (Hrsg.), Nomos Vol. 25, Liberal Democracy (1983), 95–108.

Daiber, Birgit, Die Umsetzung des Lissabon-Urteils des Bundesverfassungsgerichts durch Bundestag und Bundesrat, DÖV 2010, 293–303.

Daniel Rölle/Sabine Druml, Vertrauen in die öffentliche Verwaltung, DÖV 2013, 540–547.

Dann, Philipp, European Parliament and Executive Federalism: Approaching a Parliament in a Semi-Parliamentary Democracy, European Law Journal, Vol. 9, No. 5 (2003), 549–574.

Danwitz, Thomas v., Europäisches Verwaltungsrecht, Berlin/Heidelberg (Springer) 2008.

Danwitz, Thomas v., Grundrechtsschutz im dezentralen Vollzug europäischen Kartellrechts, in: R. Pitschas und A. Uhle (Hrsg.), Wege gelebter Verfassung in Recht und Politik. Festschrift für R. Scholz zum 70. Geburtstag, Berlin (Duncker & Humblot) 2007, 1019–1034.

Danwitz, Thomas v., Verwaltungsrechtliches System und europäische Integration, Tübingen (J.C.B. Mohr – Paul Siebeck) 1996.

Dawson, Mark, New Governance and the Transformation of European Law. Coordinating EU Social Law and Policy, Cambridge (Cambridge University Press) 2011.

Dehousse, Renaud, Regulation by networks in the European Community: the role of European agencies, Journal of European Public Policy, Vol. 4, No. 2 (1997), 246–261.

Derrida, Jacques, Schurken. Zwei Essays über die Vernunft (aus dem Französischen von Horst Brühmann), Frankfurt a.M. (Suhrkamp) 2003.

Dervisopoulos, Ioanna, Nichtigkeitsklagen, in: H.-W. Rengeling/A. Middeke/M. Gellermann (Hrsg.), Handbuch des Rechtsschutzes in der Europäischen Union, 3. Aufl., München (C.H. Beck) 2014, § 7, 111–171.

Desens, Marc, Zurechnung amtshaftungsrechtlicher Verantwortung bei mehreren Hocheitsträgern, DÖV 2009, 197–206.

Detterbeck, Steffen, Haftung der europäischen Gemeinschaft und gemeinschaftsrechtlicher Staatshaftungsanspruch, AöR 125 (2000), 202–256.

Di Fabio, Udo, Das Recht offener Staaten. Grundlinien einer Staats- und Rechtstheorie, Tübingen (Mohr Siebeck) 1998.

Di Fabio, Udo, Der neue Art. 23 des Grundgesetzes, Der Staat 32 (1993), 191–217.

Dimitropoulos, Georgios, Akkreditierung und Zertifizierung im Internationalen Verwaltungsverbund, Tübingen (Mohr Siebeck) 2012.

Domgörgen, Ulf/Wegner, Armin, Beweisverfahren, in: J. Brandt/M. Sachs (Hrsg.), Handbuch Verwaltungsverfahren und Verwaltungsprozess, 3. Aufl., Heidelberg (C. F. Müller) 2009, 611–633.

Dörr, Oliver, Entschädigung und Schadensersatz, in: ders./R. Grote/Th.Marauhn (Hrsg.), EMRK/GG Konkordanzkommentar zum europäischen und deutschen Grundrechtsschutz, Bd. II, 2. Aufl., Tübingen (Mohr Siebeck) 2013, Kap. 33, 2148–2216.

Dörr, Oliver/Lenz, Christoph, Europäischer Verwaltungsrechtsschutz, Baden-Baden (Nomos) 2006.

Dreier, Horst, Art. 20 GG, in: ders. (Hrsg.) GG II, 2. Aufl., Tübingen (Mohr Siebeck) 2006.

Dreier, Horst, Die drei Staatsgewalten im Zeichen von Europäisierung und Privatisierung, DÖV 2002, 537–547.

Dreier, Horst, Dimensionen der Grundrechte. Von der Wertordnungsjudikatur zu den objektiv-rechtlichen Grundrechtsgehalten, Schriftenreihe der Juristischen Studiengesellschaft Hannover 23, Hannover 1993.

Dreier, Horst, Grenzen demokratischer Freiheit im Verfassungsstaat, JZ 53 (1994), 741–752.

Dreier, Horst, Grundlegung, Strukturelemente, Probleme, in: R. Walter/C. Jabloner (Hrsg.), Hans Kelsens Wege sozialphilosophischer Forschung, Wien 1997, 79–102.

Dreier, Horst, Hierarchische Verwaltung im demokratischen Staat, Tübingen (Mohr Siebeck) 1991.

Dreier, Horst, Verantwortung im demokratischen Verfassungsstaat, in: U. Neumann/L. Schulz (Hrsg.), Verantwortung in Recht und Moral, Stuttgart (Franz Steiner) 2000, 9–38.

Dworkin, Ronald Myles, Is Law A System Of Rules?, in: R. M. Dworkin (Hrsg.), The Philosophy of Law, Oxford (Oxford University Press) 1977, 38–65.

Easton, David, A System Analysis of Political Life, New York (John Wiley & Sons) 1965.

Eberlein, Burkard/Newman, Abraham L., Escaping the International Governance Dilemma? – Incorporated Transgovernmental Networks in the European Union, Governance: An international Journal of Policy, Administration and Institutions, Vol. 21, No. 1 (2008), 25–52.

Eckes, Christina/Mendes, Joana, The Right to Be Heard in Composite Administrative Procedures: Lost in between Protection?, European Law Review 2011, 651–670.

Eekhoff, Meike, Die Verbundaufsicht. Gemeinschaftsrechtliche Aufsichtsverfahren und -mechanismen außerhalb des Vertragverletzungsverfahrens, Tübingen (Mohr Siebeck) 2006.

Efstratiou, Pavlos-Michael, Der Grundsatz der guten Verwaltung als Herausforderung an die Dogmatik des nationalen und europäischen Verwaltungsrechts, in: H.-H. Trute/T. Groß/H. C. Röhl/C. Möllers (Hrsg.), Allgemeines Verwaltungsrecht – Zur Tragfähigkeit eines Konzepts, Tübingen (Mohr Siebeck) 2008, 281–305.

Efstratiou, Pavlos-Michael, Richterrechtliche Vorgaben zum Grundsatz der Verfahrensautonomie der Mitgliedstaaten beim indirekten Vollzug des Unionsrechts, in:

I. K. Karakostas/K. Riesenhuber (Hrsg.), Methoden- und Verfassungsfragen der Europäischen Rechtsangleichung, Berlin/New York (Walter de Gruyter) 2011, 99–116.

Ehlers, Dirk, Anforderungen an den Rechtsschutz nach Europäischem Unions- und Gemeinschaftsrecht, § 6, in: ders./F. Schoch (Hrsg.), Rechtsschutz im Öffentlichen Recht, Berlin (Walter de Gruyter) 2009.

Ehlers, Dirk, Der Rechtsschutz in Bezug auf das Europäische Unions- und Gemeinschaftsrecht, Jura 2007, 505–510.

Ehlers, Dirk, Die Europäisierung des Verwaltungsprozessrechts, DVBl. 2004, 1441–1451.

Ehlers, Dirk, Verwaltung und Verwaltungsrecht im demokratischen und sozialen Rechtstaat, in: H.-U. Erichsen/ders. (Hrsg.), Allgemeines Verwaltungsrecht, 14. Aufl., Berlin/New York (Walter de Gruyter) 2010, § 1–6, 4–253.

Ehricke, Ulrich, Art. 267 AEUV, in: R. Streinz (Hrsg.), EUV/AEUV, 2. Aufl., München (C. H. Beck) 2012.

Eifert, Martin, Das Verwaltungsrecht zwischen traditionellem dogmatischen Verständnis und dem Anspruch einer Steuerungswissenschaft, in: VVDStRL 67 (2008), 286–333.

Eifert, Martin, Innovationen in und durch Netzwerkorganisationen: Relevanz, Regulierung und staatliche Einbindung, in: ders./W. Hoffmann-Riem (Hrsg.), Innovation und rechtliche Regulierung, Baden-Baden (Nomos) 2002, 88–133.

Eifert, Martin, Legitimationsstrukturen internationaler Verwaltung, in: H.-H. Trute/T. Groß/H. C. Röhl/C. Möllers (Hrsg.), Allgemeines Verwaltungsrecht – Zur Tragfähigkeit eines Konzepts, Tübingen (Mohr Siebeck) 2008, 307–331.

Eisgruber, Christopher Ludwig, Constitutional Self-Government, Cambridge, Massachusetts (Harvard University Press) 2007.

Ely, John Hart, Democracy and Distrust. A Theory of Judicial Review, Cambridge, Massachusetts (Harvard University Press) 1981.

Engel, Christoph, Diskussionsbeitrag, in: VVDStRL 70 (2011), 346–347.

Englisch, Joachim, Anspruch auf Rücknahme gemeinschaftsrechtswidrig belastender Verwaltungsakte nach Eintritt der Bestandskraft, Die Verwaltung (41) 2008, 99–116.

Europäische Kommission, Bekanntmachung der Kommission über die Zusammenarbeit innerhalb des Netzes der Wettbewerbsbehörden, Abl. 2004/C101/03.

Europäische Kommission, Bericht der Kommission über Europäisches Regieren, Luxemburg: Amt für amtliche Veröffentlichungen der Europäischen Gemeinschaften, 2003.

Europäische Kommission, Mitteilung der Kommission an das Europäische Parlament und den Rat, „Bericht über das Funktionieren der Verordnung (EG) Nr. 1/2003 des Rates", KOM (2009) 206, (2009/574).

Europäische Kommission, Mitteilung vom 25. Juli 2001 „Europäisches Regieren – Ein Weißbuch", KOM (2001) 428 (2001/C 287/01).

Everling, Ulrich, Elemente eines europäischen Verwaltungsrechts, DVBl. 1983, 649–658.

Fassbender, Bardo, Der einheitliche Gesetzesvorbehalt der EU-Grundrechtecharta und seine Bedeutung für die deutsche Rechtsordnung, NVwZ 2010, 1049–1054.

Fischer-Lescano, Andreas/Tohidipur, Timo, Europäisches Grenzkontrollregime. Rechtsrahmen der europäischen Grenzschutzagentur FRONTEX, ZaöRV 67 (2007), 1219–1276.

Forsthoff, Ernst, Rechtstaat im Wandel. Verfassungsrechtliche Abhandlungen 1950–1964, Stuttgart (W. Kohlhammer) 1964.

Franck, Jens-Uwe/Purnhagen, Kai P., Homo Economicus, Behavioural Sciences, and Economic Regulation: On the Concept of Man in Internal Market Regulation and its

Normative Basis, in: K. Mathis (Hrsg.), Law and Economics in Europe. Foundations and Applications, Dordrecht/Heidelberg/London/New York (Springer) 2014, 329–365.

Franzius Claudio, Strukturmodelle des europäischen Telekommunikationsrechts – Ein neuer Rechtsrahmen für die Informationsgesellschaft, EuR 2002, 660–690.

Franzius, Claudio, Europäisches Vertrauen? Eine Skizze, HFR 12/2010, 159–176.

Franzius, Claudio, Flexible Organisationsmodelle: Netzwerke, Organisationshoheit, Shared Services, Verwaltungsverbünde, Mischverwaltung, in: *H. Hill/U. Schliesky* (Hrsg.), Herausforderung e-Government: E-Volution des Rechts- und Verwaltungssystems, Baden-Baden (Nomos) 2009, 39–52.

Franzius, Claudio, Horizontalisierung als Governance-Struktur, in: S. Botzem/J. Hofmann/S. Quack/G. F. Schuppert/H. Straßheim (Hrsg.), Governance als Prozess, Baden-Baden (Nomos) 2009, 635–651.

Franzius, Claudio, Neue Organisationsformen im Verwaltungsrecht, VBlBW 30 (2009), 121–126.

Franzius, Claudio, Wer hat das letzte Wort im Telekommunikationsrecht, DVBl. 2009, 409–416.

Frenz, Walter, Verwaltungskooperation mit der Union im Lichte von Art. 197 AEUV und des Lissabon-Urteils, DÖV 2010, 66–73.

Frenzel, Eike Michael, „Völlige Unabhängigkeit" im demokratischen Rechtstaat, DÖV 2010, 925–931.

Fritzsche, Alexander, Die „Verhaltensregeln für Mitglieder des Deutschen Bundestages", HFR 2004, 35–47.

Frowein, Jochen Abr., UN-Verwaltung gegenüber dem Individuum – legibus absolutus?, in: H.-H. Trute/T. Groß/H. C. Röhl/C. Möllers (Hrsg.), Allgemeines Verwaltungsrecht zur Tragfähigkeit eines Konzepts, Tübingen (Mohr Siebeck) 2008, 333–347.

Fuchs, Andreas, Kontrollierte Dezentralisierung der europäischen Wettbewerbsaufsicht, in: J.-P. Schneider/J. Schwarze/P.-C. Müller-Graff (Hrsg.), Vollzug des Europäischen Wirtschaftsrechts zwischen Zentralisierung und Dezentralisierung, EuR Beiheft 2 (2005), 77–118.

Fuhrmann, Maria Monica, Neues zum Komitologieverfahren, DÖV 2007, 464–469.

Fuß, Ernst-Werner, Grundfragen der Gemeinschaftshaftung, EuR 1968, 353–370.

Gärditz, Klaus Ferdinand, „Regulierungsermessen" und verwaltungsgerichtliche Kontrolle, NVwZ 2009, 1005–1011.

Gärditz, Klaus Ferdinand, Die Verwaltungsdimension des Lissabon-Vertrags, DÖV 2010, 453–465.

Gärditz, Klaus Ferdinand, Europäisches Unionsrecht als Gegenstand des nationalen Rechtsschutzes, in: H.-W. Rengeling/A. Middeke/M. Gellermann (Hrsg.), Handbuch des Rechtsschutzes in der Europäischen Union, 3. Aufl., München (C. H. Beck) 2014, § 34, 601–632.

Gärditz, Klaus Ferdinand, Verhältnis des Unionsrechts zum Recht der Mitgliedstaaten, in: H.-W. Rengeling/A. Middeke/M. Gellermann (Hrsg.), Handbuch des Rechtsschutzes in der Europäischen Union, München (C. H. Beck) 2014, § 35, 633–672.

Geissel, Brigitte, Responsivität und Responsivitätswahrnehmung – Thesen zu einem undurchsichtigen Verhältnis, in: Zeitschrift für Politikwissenschaft 14 (2004), 1239–1259.

Gellermann, Martin, Amtshaftungsklagen, in: H.-W. Rengeling/A. Middeke/ders. (Hrsg.), Handbuch des Rechtsschutzes in der Europäischen Union, 3. Aufl., München (C. H. Beck) 2014, § 9, 195–221.

Gerstner-Heck, Brigitte, § 9 VwVfG, in: J. Bader/M. Ronellenfitsch (Hrsg.), Verwaltungsverfahrensgesetz, München (C. H. Beck) 2010, 78–89.

Glaser, Andreas, Die Entwicklung des Europäischen Verwaltungsrechts aus der Perspektive der Handlungsformenlehre, Tübingen (Mohr Siebeck) 2013.

Gonzalez, Moriero, Änderungen des normativen Rahmens der Komitologie, ZEuS 2003, 561–589.

Görisch, Christoph, Demokratische Verwaltung durch Unionsagenturen. Ein Beitrag zur Konkretisierung der europäischen Verfassungsstrukturprinzipien, Tübingen (Mohr Siebeck) 2009.

Greene, Edward F./Boehm, Joshua L., The Limits of „Name-and-Shame" in International Financial Regulation, Cornell Law Review, Vol. 97, Issue 5 (2012), 1083–1139.

Grimm, Dieter, Braucht Europa eine Verfassung?, C. F. v. Siemens-Stiftung, Bd. 60, München 1994.

Grimm, Dieter, Das Grundgesetz als Riegel vor einer Verstaatlichung der Europäischen Union. Zum Lissabon-Urteil des Bundesverfassungsgerichts, Der Staat 48 (2009), 475–495.

Grimm, Dieter, Reformalisierung des Rechtsstaats als Demokratiepostulat?, in: O. Eberl (Hrsg.), Transnationalisierung der Volkssouveränität. Radikale Demokratie diesseits und jenseits des Staates, Stuttgart (Franz Steiner) 2011, 19–32.

Groß, Thomas, Das Kollegialprinzip in der Verwaltungsorganisation, Tübingen (Mohr Siebeck) 1999.

Groß, Thomas, Die administrative Föderalisierung der EG, JZ 53 (1994), 596–605.

Groß, Thomas, Die Kooperation zwischen Europäischen Agenturen und nationalen Behörden, EuR 2005, 54.

Groß, Thomas, Die öffentliche Verwaltung als normative Konstruktion, in: H.-H. Trute/ders./H. C. Röhl/C. Möllers (Hrsg.), Allgemeines Verwaltungsrecht – Zur Tragfähigkeit eines Konzepts, Tübingen (Mohr Siebeck) 2008, 349–367.

Groß, Thomas, Exekutive Vollzugsprogrammierung durch tertiäres Gemeinschaftsrecht?, DÖV 2004, 20–26.

Groß, Thomas, Unabhängige EU-Agenturen – eine Gefahr für die Demokratie?, JZ 67 (2012), 1087–1093.

Groß, Thomas, Verantwortung und Effizienz in der Mehrebenenverwaltung, VVDStRL 66 (2007), 152–180.

Grundmann, Stefan, Die Dogmatik der Vertragsnetze, AcP 207 (2007), 718–767.

Guehenno, Jean-Marie, Das Ende der Demokratie, München und Zürich (Artemis & Winkler), 1994.

Gussone, Peter/Michalczyk, Roman, Der Austausch von Informationen im ECN – wer bekommt was wann zu sehen?, EuZW 4/2011, 130–134.

Haack, Stefan, Verlust der Staatlichkeit, Tübingen (Mohr Siebeck) 2007.

Häberle, Peter, Die Menschenwürde als Grundlage der staatlichen Gemeinschaft, in: J. Isensee/P. Kirchhof (Hrsg.), HStR II, 3. Aufl., Heidelberg (C. F. Müller) 2004, § 22, 317–368.

Habermas, Jürgen, Faktizität und Geltung. Beiträge zur Diskurstheorie des Rechts und des demokratischen Rechtstaates, Frankfurt am Main (Suhrkamp) 1998 (Erste Aufl. 1992).

Habermas, Jürgen, Zur Legitimation durch Menschenrechte, in: *ders.*, Die postnationale Konstellation, Frankfurt a. M. (Suhrkamp) 1998, 170–192.

Habermas, Jürgen, Zur Verfassung Europas. Ein Essay, Frankfurt a. M. (Suhrkamp) 2011.

Haltern, Ulrich, Finalität, in: A. v. Bogdandy/J. Bast (Hrsg.), Europäisches Verfassungsrecht, 2. Aufl., Berlin (Springer Verlag) 2009, 279–331.

Haltern, Ulrich, Verfassungsgerichtsbarkeit, Demokratie und Mißtrauen. Das Bundesverfassungsgericht in einer Verfassungstheorie zwischen Populismus und Progressivismus, Berlin (Duncker & Humblot) 1998.

Harlow, Carol, Accountability in Global Administrative Law, in: G. Anthony/J.-B. Auby/J. Morison/T. Zwart (Hrsg.), Values in Global Administrative Law, Oxford und Portland, Oregon (Hart) 2011, 173–192.

Harlow, Carol, Accountability in the European Union, Oxford (Oxford University Press) 2002.

Harlow, Carol, Three phases in the Evolution of EU Administrative Law, in: P. Craig/G. de Burca (Hrsg), The Evolution of EU Law, 2. Aufl., Oxford (Oxford University Press) 2011, 439–464.

Harlow, Carol/Rawlings, Richard, Promoting Accountability in Multilevel Governance: A Network Approach, European Law Journal, Vol. 13, No. 4 (2007), 542–562.

Hart, Herbert Lionel Adolphus, The Concept of Law, Second Edition With a Postscript edited by P. A. Bulloch and J. Raz, 2. Aufl., Oxford (Oxford University Press) 1997.

Herdegen, Matthias, Die Haftung der Europäischen Wirtschaftsgemeinschaft für fehlerhafte Rechtsetzungsakte, Berlin/München (Duncker & Humblot) 1983.

Hermes, Georg, Legitimationsprobleme unabhängiger Behörden, in: H. Bauer/P. M. Huber/K.-P. Sommermann (Hrsg.), Demokratie in Europa, Tübingen (Mohr Siebeck) 2005, 457–488.

Hesse, Konrad, Grundzüge des Verfassungsrechts der Bundesrepublik Deutschland, 20. Aufl., Heidelberg (C. F. Müller) 1999.

Heuschling, Luc, Krise der Demokratie und der juristischen Demokratielehre in Frankreich, in: H. Bauer/P. M. Huber/K.-P. Sommermann (Hrsg.), Demokratie in Europa, Tübingen (Mohr Siebeck) 2005, 33–68.

Hill, Hermann/Martini, Mario, Normsetzung und andere Formen exekutivischer Selbstprogrammierung, in: W. Hoffmann-Riem/E. Schmidt-Aßmann/A. Voßkuhle (Hrsg.), GVwR II, 2. Aufl., München (C. H. Beck) 2012, § 34, 1025–1126.

Hillgruber, Christian, Gouvernement des juges – Fluch oder Segen? – Eine Einführung, in: ders. (Hrsg.), Gouvernement des juges – Fluch oder Segen?, Paderborn (Ferdinand Schöningh) 2014, 11–20.

Hobbes, Thomas, Leviathan (1651), Übersetzung von Jacob Peter Mayer, Stuttgart (Reclam) 1970.

Höffe, Otfried, Politische Gerechtigkeit. Grundlegung einer kritischen Philosophie von Recht und Staat, Frankfurt a. M. (Suhrkamp) 1987.

Hoffman-Riem, Wolfgang, Gesetz und Gesetzesvorbehalt im Umbruch, AÖR 2005, 5–70.

Hoffmann-Riem, Wolfgang, Eigenständigkeit der Verwaltung, in: ders./E. Schmidt-Aßmann/A. Voßkuhle (Hrsg.), GVwR I, 2. Aufl., München (C. H. Beck) 2012, § 10, 667–778.

Hoffmann-Riem, Wolfgang, Gesetz und Gesetzesvorbehalt im Umbruch. Zur Qualitäts-Gewährleistung durch Normen, AöR 130 (2005), 5–70.

Hoffmann-Riem, Wolfgang, Kohärenzvorsorge hinsichtlich verfassungsrechtlicher Maßstäbe für die Verwaltung in Europa, in: H.-H. Trute/T. Groß/H. C. Röhl/C. Möllers (Hrsg.), Allgemeines Verwaltungsrecht zur Tragfähigkeit eines Konzepts, Tübingen (Mohr Siebeck) 2008, 749–768.

Hoffmann-Riem, Wolfgang, Reform des Allgemeinen Verwaltungsrechts: Vorüberlegungen, DVBl. 1994, 1381–1390.

Hoffmann-Riem, Wolfgang, Verwaltungskontrolle – Perspektiven, in: E. Schmidt-Aßmann/ders. (Hrsg.), Verwaltungskontrolle, Baden-Baden (Nomos) 2001, 325–366.

Höfling, Wolfgang, Primär- und Sekundärrechtsschutz im Öffentlichen Recht, VVDStRL 61 (2002), 260–299.

Höfling, Wolfgang, Vom überkommenen Staatshaftungsrecht zum Recht der staatlichen Einstandspflichten, § 51, in: W. Hoffmann-Riem/E. Schmidt-Aßmann/A. Voßkuhle (Hrsg.), GVwR III, 2. Aufl., München (C. H. Beck) 2013, 1051–1116.

Hofmann, Herwig, Conflicts and Integration – Revisiting Costa v ENEL and Simmental II, in: M. Maduro/L. Azoulai (Hrsg.), The Past and Future of EU Law; The Classics of EU Law Revisited on the 50th Anniversary of the Rome Treaty, Oxford (Hart Publishing) 2010, 60–68.

Hofmann, Herwig, Constitutionalising Networks in EU Public Law, Law Working Paper Series, University of Luxembourg Law Working Paper No. 2009–06.

Hofmann, Herwig, Seven Challenges for EU Administrative Law, Review of European Administrative Law, Vol. 2, No. 2 (2009), 37–59.

Hofmann, Jens, Rechtsschutz und Haftung im Europäischen Verwaltungsverbund, in: E. Schmidt-Aßmann/B. Schöndorf-Haubold (Hrsg.), Der Europäische Verwaltungsverbund, Tübingen (Mohr Siebeck) 2005, 353–381.

Hofmann, Jens, Rechtsschutz und Haftung im Europäischen Verwaltungsverbund, Duncker & Humblot 2004.

Holmes, Stephen, Passions and Constraint. On the Theory of Liberal Democracy, Chicago (The University of Chicago Press) 1995.

Hölscheidt, Sven, Probleme bei der Durchsetzung des Unionsrechts in den Mitgliedstaaten, DÖV 2009, 341–348.

Hood, Christopher, Accountability and Transparency: Siamese Twins, Matching Parts, Awkward Couple?, in: D. Curtin/P. Mair/Y. Papadopoulos (Hrsg.), Accountability and European Governance, West European Politics Series, Oxford (Routledge) 2012, 61–81.

Horn, Hans-Detlef, Demokratie, in: O. Depenheuer/C. Grabenwarter (Hrsg.), Verfassungstheorie, Tübingen (Mohr Siebeck) 2010, § 22, 743–776.

Huber, Peter Michael, Allgemeines Verwaltungsrecht, Reihe Schaeffers Grundriß, 2. Aufl., Heidelberg (C. F. Müller) 1997.

Huber, Peter Michael, Art. 10 EUV, in: R. Streinz (Hrsg.), EUV/AEUV, 2. Aufl., München (C. H. Beck) 2012.

Huber, Peter Michael, Art. 19 Abs. 4 GG, in: H. v. Mangoldt/F. Klein/C. Starck (Hrsg.), GG I, 6. Aufl., München (Franz Vahlen) 2010, 1851–1916.

Huber, Peter Michael, Das europäisierte Grundgesetz, DVBl. 2009, 574–582.

Huber, Peter Michael, Das Kooperationsverhältnis von Kommission und nationalen Verwaltungen beim Vollzug des Unionsrechts, in: C.-E. Eberle/M. Ibler/D. Lorenz (Hrsg.), Der Wandel des Staates vor den Herausforderungen der Gegenwart. Festschrift für W. Brohm zum 70. Geburtstag, München (C. H. Beck) 2002, 127–137.

Huber, Peter Michael, Das Verbot der Mischverwaltung – de constitutione lata et ferenda, DÖV 2008, 844–851.

Huber, Peter Michael, Demokratie in Europa – Zusammenfassung und Ausblick, in: H. Bauer/ders./K.-P. Sommermann (Hrsg.), Demokratie in Europa, Tübingen (Mohr Siebeck) 2005, 491–512.

Huber, Peter Michael, Der Staatenverbund der Europäischen Union, in: J. Ipsen/ H. W. Rengeling/J. M. Mössner/A. Weber (Hrsg.), Verfassungsrecht im Wandel. Festschrift zum 180jährigen Bestehen des Carl-Heymanns-Verlags, Köln/Berlin/Bonn/ München (Heymanns) 1995, 349–372.

Huber, Peter Michael, Die entfesselte Verwaltung, Staatswissenschaften und Staatspraxis, StWStP 1998, 423–459.

Huber, Peter Michael, Die gleiche Freiheit der Unionsbürger. Zu den unterschiedlichen Perspektiven von unionalem und nationalem Recht, ZaöRV 68 (2008), 307–326.

Huber, Peter Michael, Die Legislative: Europäisches Gemeinschaftsrecht und nationale Rechtsetzungskompetenz, in: J. Delbrück/D. Einsele (Hrsg.), Wandel des Staates im Kontext europäischer und internationaler Integration, Baden-Baden (Nomos) 2006, 15–42.

Huber, Peter Michael, Die Renaissance des Staates, in: C. Calliess/K.-H. Paqué (Hrsg.), Deutschland in der Europäischen Union im kommenden Jahrzehnt – Kreativität und Innovationskraft: Neue Impulse für Staat, Markt und Zivilgesellschaft, Veröffentlichungen der Hanns Martin Schleyer Stiftung, Band 77, 2010, 25–31.

Huber, Peter Michael, Die Rolle der nationalen Parlamente bei der Rechtssetzung der Europäischen Union, 2001.

Huber, Peter Michael, Die Vorgaben des Grundgesetzes für kommunale Bürgerbegehren und Bürgerentscheide, AöR 126 (2001), 165–203.

Huber, Peter Michael, Diskussionsbeitrag, VVDStRL 66 (2007), 182–183.

Huber, Peter Michael, Grundrechtsschutz durch Organisation und Verfahren als Kompetenzproblem in der Gewaltenteilung und im Bundesstaat, München (Herbert Utz) 1988.

Huber, Peter Michael, Grundzüge des Verwaltungsrechts in Europa – Problemaufriss und Synthese, in: A.v. Bogdandy/S. Cassese/ders., (Hrsg.), IPE V, Heidelberg (C. F. Müller) 2014, § 73, 3–76.

Huber, Peter Michael, Klarere Verantwortung von Bund, Ländern und Kommunen?, in: Verhandlungen des 65. Deutschen Juristentages, herausgegeben von der ständigen Deputation des Deutschen Juristentages, Band I, München (C. H. Beck) 2005.

Huber, Peter Michael, Konkurrenzschutz im Verwaltungsrecht: Schutzanspruch und Rechtsschutz bei Lenkungs- und Verteilungsentscheidungen der öffentlichen Verwaltung, Tübingen (Mohr Siebeck) 1991.

Huber, Peter Michael, Nationale und Europäische Rechtsordnung: Miteinander – Nebeneinander –Gegeneinander?, in: H. Gröhe/C. Kannengießer (Hrsg.), Globalisierung und Recht, Konrad Adenauer Stiftung, Sankt Augustin/Berlin, 2008, 57–65.

Huber, Peter Michael, Öffentliches Wirtschaftsrecht, in: F. Schoch (Hrsg.), Besonderes Verwaltungsrecht, 15. Aufl., Berlin/New York (Walter de Gruyter) 2013, 3. Kap., 305–450.

Huber, Peter Michael, Rechnungslegung und Demokratie, AöR 133 (2008), 389 ff.

Huber, Peter Michael, Rechtsgewinnung aus Bildern – Kurzintervention, in: J. Krüper/H. Merten/M. Morlok (Hrsg.), An den Grenzen der Rechtsdogmatik, Tübingen (Mohr Siebeck) 2010, 91–92.

Huber, Peter Michael, Unitalisierung durch Gemeinschaftsgrundrechte – Zur Überprüfungsbedürftigkeit der ERT-Rechtsprechung, EuR 2008, 190–200.

Huber, Peter Michael, Volksgesetzgebung und Ewigkeitsgarantie. Zur Verfassungsmäßigkeit des Volksbegehrens „Mehr Demokratie in Thüringen", Stuttgart (Boorberg) 2003.

Huber, Peter Michael/Zintl, Josef, Die Kammern im Europäischen Verwaltungsverbund, in: W. Kluth (Hrsg.), Jahrbuch des Kammerrechts, 2008, 13–27.

Huber, Peter-Michael, Demokratische Legitimation in der Europäischen Union, ZSE 7 (2009), 364–380.

Huber, Peter-Michael, Europäisches und nationales Verfassungsrecht, VVDStRL 60 (2001), 194–245.

Huber, Peter-Michael, Recht der Europäischen Integration, 2. Aufl., München (Verlag Franz) 2002.

Ibáñez, Alberto Gil, The Administrative Supervision and Enforcement of EC Law: Powers, Procedures and Limits, Oxford (Hart) 1999.

Iglesias, Gil Carlos Rodriguez, Zu den Grenzen der verfahrensrechtlichen Autonomie der Mitgliedstaaten bei der Anwendung des Gemeinschaftsrechts, EuGRZ 1997, 289–295.

Isensee, Josef, Staat und Verfassung, in: ders./P. Kirchhof (Hrsg.), HStR II, 3. Aufl., Heidelberg (C. F. Müller) 2004, 3–106.

Iwand Carola, Föderale Kompetenzverschiebungen beim Vollzug von Gemeinschaftsrecht, Frankfurt a. M. (Peter Lang), 2008.

Jansen, Dorothea, Einführung in die Netzwerkanalyse, 3. Aufl., Wiesbaden (VS Verlag für Sozialwissenschaften) 2006.

Jarass, Hans Dieter, Kompetenzverteilung zwischen der EG und den Mitgliedstaaten, AöR 121 (1996), 173–199.

Jellinek, Georg, System der subjektiven öffentlichen Rechte, 2. Aufl. 1905, Darmstadt (Wissenschaftliche Buchgesellschaft) 1963.

Jesch, Dietrich, Gesetz und Verwaltung, Tübingen (Mohr Siebeck) 1961.

Jestaedt, Matthias, Grundbegriffe des Verwaltungsorganisationsrechts, in: W. Hoffmann-Riem/E. Schmidt-Aßmann/A. Voßkuhle (Hrsg.), GVwR I, 2. Aufl., München (C. H. Beck) 2012, § 14, 952–1004.

Jestaedt, Matthias, Maßstäbe des Verwaltungshandelns, in: H.-U. Erichsen/D. Ehlers (Hrsg.), Allgemeines Verwaltungsrecht, 14. Aufl., Berlin/New York (Walter de Gruyter) 2010, § 11, 329–378.

Jestaedt, Matthias, Phänomen Bundesverfassungsgericht. Was das Gericht zu dem macht, was es ist, in: *ders./O. Lepsius/C. Möllers/C. Schönberger*, Das entgrenzte Gericht, Berlin (Suhrkamp) 2011, 77–158.

Jestaedt, Matthias, Warum in die Ferne schweifen, wenn der Maßstab liegt so nah? Verfassungshandwerkliche Anfragen an das Lissabon-Urteil des BVerfG, Der Staat 48 (2009), 497–516.

Jochum, Heike, Das Bundeskartellamt auf dem Weg nach Europa – Verfassungs-, europarechtliche und organisationssoziologische Perspektiven des Organisationswandels selbständiger Bundesoberbehörden in Deutschland unter dem Einfluss der Europäischen Union am Beispiel des Bundeskartellamts, VerwArch Bd. 94 (2003), 512–542.

Joerges, Christian, „Deliberative Supranationalism" – Two Defences, European Law Journal Vol. 8, No. 1 (2002), 133–151.

Juan J. Linz, Democracy's Time Constraints, International Political Science Review, Vol. 19, No. 1 (1998), 19–37.

Kadelbach, Stefan, Allgemeines Verwaltungsrecht unter europäischem Einfluss, Tübingen (Mohr Siebeck) 1999.

Kadelbach, Stefan, Demokratische Legitimation als Prinzip zwischenstaatlichen Handelns, in: S. Vöneky/C. Hagedorn/M. Clados/J. von Achenbach (Hrsg.), Legitimation ethischer Entscheidungen im Recht – Interdisziplinäre Untersuchungen, Heidelberg (Springer) 2009, 147–172.

Kadelbach, Stefan, Grundrechtedemokratie als Vorbild?, in: C. Franzius/F. C. Mayer/J. Neyer (Hrsg.), Strukturfragen der Europäischen Union, Baden-Baden (Nomos) 2010, 259–273.

Kadelbach, Stefan, Internationale Durchsetzung, in: O. Dörr/R. Grote/Th. Marauhn (Hrsg.), EMRK/GG Konkordanzkommentar zum europäischen und deutschen Grundrechtsschutz, Bd. II, 2. Aufl., Tübingen (Mohr Siebeck) 2013, Kap. 30, 1893–2001.

Kahl, Wolfgang, Begriff, Funktionen und Konzepte von Kontrolle, in: W. Hoffmann-Riem/E. Schmidt-Aßmann/A. Voßkuhle (Hrsg.), GVwR III, 2. Aufl., München (C. H. Beck) 2013, § 47, 459–592.

Kahl, Wolfgang, Der Europäische Verwaltungsverbund: Strukturen – Typen – Phänomene, Der Staat (50) 2011, 353–387.

Kahl, Wolfgang, Die Europäisierung des Verwaltungsrechts als Herausforderung an Systembildung und Kodifikationsidee, in: P. Axer/B. Grzeszick/W. Kahl/U. Mager/E. Reimer (Hrsg.), Das Europäische Verwaltungsrecht in der Konsolidierungsphase, DV Beiheft 10 (2010), 39–93.

Kahl, Wolfgang, Europäisches und Nationales Verwaltungsorganisationsrecht. Von der Konfrontation zur Kooperation, DV 29 (1996), 341–384.

Kahl, Wolfgang, Grundrechtsschutz durch Verfahren in Deutschland und in der EU, VerwArch 95 (2004), 1–37.

Kahl, Wolfgang, Grundzüge des Verwaltungsrechts in gemeineuropäischer Perspektive: Deutschland, in: A.v. Bogdandy/S. Cassese/P. M. Huber, (Hrsg.), IPE V, § 74, Heidelberg (C. F. Müller) 2014, 77–158.

Kahl, Wolfgang, Lücken und Ineffektivitäten im Europäischen Verwaltungsverbund am Beispiel des Rechts auf Anhörung, DVBl. 2012, 602–608.

Kahl, Wolfgang, Über einige Pfade und Tendenzen in Verwaltungsrecht und Verwaltungsrechtswissenschaft – ein Zwischenbericht, Die Verwaltung 42 (2009), 463–500.

Kahl, Wolfgang, What is ‚New' about the ‚New Administrative Law Science' in Germany?, European Public Law, Vol. 16, No. 1 (2010), 105–121.

Kahl, Wolfgang/Gärditz, Klaus Ferdinand, Rechtsschutz im europäischen Kontrollverbund am Beispiel der FFH – Gebietsfestsetzungen, Natur und Recht 2005, 555–565.

Kant, Immanuel, Kritik der reinen Vernunft, Riga (Johann Friedrich Hartknoch) 1781.

Kaufmann, Marcel, Europäische Integration und Demokratieprinzip, Baden-Baden (Nomos) 1997.

Kekelekis, Mihalis, The European Competition Network (ECN): It Does Actually Work Well, EIPASCOPE 2009/1, 35–39.

Kelsen, Hans, Foundations of Democracy (1995), in: M. Jestaedt/O. Lepsius (Hrsg.), Verteidigung der Demokratie, Tübingen (Mohr Siebeck) 2006, 248–385.

Kelsen, Hans, Vom Wesen und Wert der Demokratie (2. Aufl. 1929), in: M. Jestaedt/O. Lepsius (Hrsg.), Verteidigung der Demokratie, Tübingen (Mohr Siebeck) 2006, 149–228.

Kelsen, Hans, Was ist Gerechtigkeit, Wien (Franz Deuticke) 1953.

Kempen, Bernhard, Verfassung und Politik, in: O. Depenheuer/C. Grabenwarter (Hrsg.), Verfassungstheorie, Tübingen (Mohr Siebeck) 2010, § 27, 947–951.

Kersten, Jens, Governance in der Staats- und Verwaltungsrechtswissenschaft, in: E. Grande/S. May (Hrsg.), Perspektiven der Governance-Forschung, Baden-Baden (Nomos) 2009, 45–60.

Kersten, Jens, Herstellung von Wettbewerb als Verwaltungsaufgabe, VVDStRL 69 (2010), 288–340.

Kersten, Jens, Wasserwirtschaft und Raumordnung – Vernetzung von Fach- und Gesamtplanung durch territoriale Governance, in: H. D. Jarass (Hrsg.), Wechselwirkungen zwischen Raumplanung und Wasserwirtschaft. Neue Vorschriften im Raumordnungsrecht und Wasserrecht, Münster (Lexxion) 2008, 53–90.

Kersten, Jens/Lenski, Sophie-Charlotte, Entwicklungsfunktion des Allgemeinen Verwaltungsrechts, Die Verwaltung 42 (2009), 501–534.

Kirchberg, Christian, Inhaltskontrolle, Verantwortlichkeiten und Regulierung im Netz – Entwicklungen und Perspektiven, Die Verwaltung 41 (2008), 511–542.

Kirchhof, Gregor/Magen, Stefan, Dogmatik: Notwendigkeit und Dialog, in: dies./K. Schneider (Hrsg.), Was weiß Dogmatik? Was leistet und wie steuert die Dogmatik des Öffentlichen Rechts?, Tübingen (Mohr Siebeck) 2012, 151–172.

Kirchhof, Paul, Das Parlament als Mitte der Demokratie, in: M. Brenner/P. M. Huber/M. Möstl (Hrsg.), Der Staat des Grundgesetzes – Kontinuität und Wandel. Festschrift für P. Badura zum 70. Geburtstag, Tübingen (Mohr Siebeck) 2004, 237–262.

Kirchhof, Paul, Der deutsche Staat im Prozeß der europäischen Integration, in: J. Isensee/ders. (Hrsg.), HStR VII, Heidelberg (C. F. Müller) 1993, § 183, 855–887.

Kischel, Uwe, Souveränität, Einbindung, Autonomie – die Entwicklung der Kompetenzverteilung zwischen der Europäischen Union und ihren Mitgliedstaaten, in: W. Erbguth/J. Masing (Hrsg.), Verwaltung unter dem Einfluss des Europarechts, Stuttgart (Boorberg) 2006, 9–60.

Klement, Jan Henrik, Schlusswort [zu Jan-R. Sieckmann, Erwiderung auf Jan Henrik Klement, JZ 63 (2008), S. 756–763], in: JZ 64 (2009), 560–562.

Klement, Jan Henrik, Verantwortung. Funktion und Legitimation eines Begriffs im Öffentlichen Recht, Tübingen (Mohr Siebeck) 2006.

Klement, Jan Henrik, Vom Nutzen einer Theorie, die alles erklärt. Alexys Prinzipientheorie aus der Sicht der Grundrechtsdogmatik, JZ 63 (2008), 756–763.

Klotz, Robert, Der Referentenentwurf zum TKG im Licht der europarechtlichen Vorgaben, MMR 2003, 495–499.

Knauff, Matthias, Einführung, in: K. F. Gärditz (Hrsg.), VwGO, Köln (Carl Heymanns) 2013, 1–19.

Kocka, Jürgen, Einleitung, in: ders. (Hrsg.), Interdisziplinarität: Praxis, Herausforderung, Ideologie, Frankfurt a. M. (Suhrkamp) 1987, 7–16.

Köhler, Kristina, Gerechtigkeit als Gleichheit?: Eine empirische Analyse der objektiven und subjektiven Responsivität von Bundestagsabgeordneten, Wiesbaden (VS Verlag für Sozialwisschenschaften) 2010.

Kokott, Juliane, Souveräne Gleichheit und Demokratie im Völkerrecht, ZaöRV 64 (2004), 517–533.

Kokott, Juliane/Sobotta, Christoph, Die Charta der Grundrechte der Europäischen Union nach dem Inkrafttreten des Vertrags von Lissabon, EuGRZ 2010, 265–271.

Kokott, Juliane/Sobotta, Christoph, Die Pflicht zur Vorlage an den EuGH und die Folgen ihrer Verletzung, JZ 61 (2006), 633–641.

Kotzur, Markus, Die Demokratiedebatte in der deutschen Verfassungsrechtslehre, in: H. Bauer/P. M. Huber/K.-P. Sommermann (Hrsg.), Demokratie in Europa, Tübingen (Mohr Siebeck) 2005, 351–388.

Krebs, Walter, Verwaltungsorganisation, in: J. Isensee/P. Kirchhof (Hrsg.) HStR V, 3. Aufl., Heidelberg (C. F. Müller) 2007, § 108, 457–520.

Krönke, Christoph, Die Verfahrensautonomie der Mitgliedstaaten der Europäischen Union, Tübingen (Mohr Siebeck) 2013.

Krüger, Herbert, Allgemeine Staatslehre, Stuttgart (Kohlhammer) 1964.

Kugelmann, Dieter, Der Einfluss des Europarechts auf die Verwaltungsorganisation der Mitgliedstaaten, in: W. Erbguth/J. Masing (Hrsg.), Verwaltung unter dem Einfluss des Europarechts, Stuttgart (Boorberg) 2006, 137–170.

Ladenburger, Clemens, Evolution oder Kodifikation eines allgemeinen Verwaltungsrechts in der EU, in: H.-H. Trute/T. Groß/H. C. Röhl/C. Möllers (Hrsg.), Allgemeines Verwaltungsrecht zur Tragfähigkeit eines Konzepts, Tübingen (Mohr Siebeck) 2008, 107–133.

Ladeur, Karl-Heinz, Das Recht der Netzwerkgesellschaft: Ausgewählte Aufsätze, Tübingen (Mohr Siebeck) 2013.

Ladeur, Karl-Heinz, Die Bedeutung eines Allgemeinen Verwaltungsrechts für ein Europäisches Verwaltungsrecht, in: H.-H. Trute/T. Groß/H. C. Röhl/C. Möllers (Hrsg.), Allgemeines Verwaltungsrecht zur Tragfähigkeit eines Konzepts, Tübingen (Mohr Siebeck), 795–820.

Ladeur, Karl-Heinz, Europa kann nur als Netzwerk, nicht als „Superstaat" gedacht werden, in: C. Franzius/F. C. Mayer/J. Neyer (Hrsg.), Strukturfragen der Europäischen Union, Baden-Baden (Nomos) 2010, 119–134.

Ladeur, Karl-Heinz, Von der Verwaltungshierarchie zum administrativen Netzwerk?, Die Verwaltung 26 (1993), 137–165.

Ladeur, Karl-Heinz/Gostomzyk, Tobias, Der Gesetzesvorbehalt im Gewährleistungsstaat, Die Verwaltung 36 (2003), 141–169.

Ladeur, Karl-Heinz/Möllers, Christoph, Der europäische Regulierungsverbund der Telekommunikation im deutschen Verwaltungsrecht, DVBl. 2005, 525–535.

Lambert, Edouard, Le gouvernement des juges et la lutte contre la législation sociale aux États-Unis: l'expérience américaine du contrôle judiciaire de la constitutionnalité des lois, Paris (M. Giard & Cie) 1921.

Landwehr, Claudia, Demokratische Legitimation durch rationale Kommunikation, in: O. W. Lembcke/C. Ritzi/G. S. Schaal (Hrsg.), Zeitgenössische Demokratietheorie, Bd. 1, Wiesbanden (Springer) 2012, 355–385.

Larenz, Karl/Canaris, Claus-Wilhelm, Methodenlehre der Rechtswissenschaft, 3. neu bearb. Aufl., Berlin (Springer) 1995.

Lefort, Claude, Die Frage der Demokratie, in: U. Rödel (Hrsg.): Autonome Gesellschaft und libertäre Demokratie, Frankfurt a. M. (Suhrkamp) 1990, 281–297.

Lenaerts, Koen, The European Court of Justice and Process-Oriented Review, Yearbook of European Law 31 (2012), 3–16.

Lenaerts, Koen/Maselis, Ignance/Gutman, Kathleen, EU Procedural Law, hrsg. von J. T. Nowak, Oxford (Oxford University Press) 2014.

Lepsius, Oliver, Diskussionsbeitrag, VVDStRL 66 (2007), 192–193.

Lepsius, Oliver, Kritik der Dogmatik, in: G. Kirchhof, S. Magen und K. Schneider (Hrsg.), Was weiß Dogmatik? Was leistet und wie steuert die Dogmatik des Öffentlichen Rechts?, Tübingen (Mohr Siebeck) 2012, 39–62.

Lepsius, Oliver, Steuerungsdiskussion, Systemtheorie und Parlamentarismuskritik, Tübingen (Mohr Siebeck) 1999.

Lepsius, Oliver, Ziele der Regulierung, in: M. Fehling/M. Ruffert (Hrsg.), Regulierungsrecht, Tübingen (Mohr Siebeck) 2010, § 19, 1053–1084.

Linz, Juan J., Democracy's Time Constraints, International Political Science Review 19 (1998), 19–37.

Lipowicz, Irena, Der Einfluss des Europarechts auf die Organisation der Verwaltung der Mitgliedstaaten, in: Erbguth, Wilfried/ Masing, Johannes (Hrsg.), Verwaltung unter dem Einfluss des Europarechts, Stuttgart (Boorberg) 2006, 171–180.

Locke, John, Ein Brief über Toleranz (1689), übersetzt von J. Ebbinghaus, Hamburg (Felix Meiner) 1957.

Locke, John, Zweite Abhandlung über die Regierung. Über den wahren Ursprung, die Reichweite und den Zweck der staatlichen Regierung (1689), übersetzt von Hans Jörn Hoffmann, überarbeitet von Ludwig Siep, Frankfurt a. M. (Suhrkamp) 2007.

Lübbe-Wolff, Gertrude, Europäisches und nationales Verfassungsrecht, VVDStRL 60 (2001), 246–289.

Lüdemann, Jörn, Netzwerke, Öffentliches Recht und Rezeptionstheorie, in: S. Boysen u. a. (Hrsg.), Netzwerke, Baden-Baden (Nomos), 2007, 266–285.

Luhmann, Niklas, Legitimation durch Verfahren, Frankfurt am Main (Suhrkamp) 1983.

Maduro, Miguel Poiares, Der Kontrapunkt im Dienste eines europäischen Verfassungspluralismus, EuR 2007, 3–31.

Maduro, Miguel Poiares, Intergouvernementalismus contra Konstitutionalismus: Braucht das transformierte Europa eine Verfassung?, Der Staat 46 (2007), 319–348.

Mager, Ute, Die europäische Verwaltung zwischen Hierarchie und Netzwerk, in: H.-H. Trute/T. Groß/H. C. Röhl/C. Möllers (Hrsg.), Allgemeines Verwaltungsrecht zur Tragfähigkeit eines Konzepts, Tübingen (Mohr Siebeck) 2008, 369–397.

Magiera, Sigfried, Bürgerrechte und justitielle Grundrechte, in: D. Merten/H.-J. Papier (Hrsg.), HGR VI/1, Heidelberg (C. F. Müller) 2010, § 161, 1031–1082.

Maher, Imelda, Competition Law Modernization: An Evolutionary Tale?, in: P. Craig/G.de Burca (Hrsg.), The Evolution of EU Law, Oxford (Oxford University Press) 2011, 717–741.

Mair, Peter, The Limited Impact of Europe on National Party Systems, West European Politics 23 (2000), 27–51.

Majone, Giandomenico, Dilemmas of European Integration. The Ambiguities & Pitfalls of Integration by Stealth, New York (Oxford University Press) 2009.

Majone, Giandomenico, Rethinking european integration after the dept crisis, The European Institute of UCL Working Paper No. 3/2012.

Majone, Giandomenico, The European Union's Democratic and Other Deficits: Back to the First Principles, Salzburg Papers on European Integration 1/10, SCEUS Salzburg Centre of European Union Studies/Jean Monnet Centre of Excellence, 2010.

Majone, Giandomenico, The Regulatory State and Its Legitimacy Problems, West European Politics 22 (1999), 1–24.

Masing, Johannes, Die Mobilisierung des Bürgers für die Durchsetzung des Rechts, Berlin (Duncker & Humblot) 1997.

Masing, Johannes, Die Regulierungsbehörde im Spannungsfeld von Unabhängigkeit und parlamentarischer Verantwortung, in: H. Bauer/D. Czybulka/W. Kahl/A. Voßkuhle (Hrsg.), Wirtschaftsrecht im offenen Verfassungsstaat. Festschrift für R. Schmidt zum 70. Geburtstag, München (C. H. Beck) 2006, 521–534.

Masing, Johannes, Grundstrukturen eines Regulierungsverwaltungsrechts, Die Verwaltung 36 (2003), 1–32.

Maurer, Harmut, Allgemeines Verwaltungsrecht, 18. Aufl., München (C. H. Beck) 2011.

Mayen, Thomas, Verwaltung durch unabhängige Einrichtungen, DÖV 2004, 45–55.

Mayer, Otto, Deutsches Verwaltungsrecht, Band I und II, Unveränderter Nachdruck der 1924 erschienenen 3. Auflage, Berlin (Duncker & Humblot) 2004.

Mehde, Veith, Die Ministerverantwortlichkeit nach dem Grundgesetz, DVBl. 2001, 13–19.

Mehde, Veith, Rechtsetzungen der europäischen und nationalen Verwaltungen, VVDStRL 71 (2012), 418–455.

Melamed, Yitzhak Y., „Omnis determinatio est negatio": determination, negation, and self negation in Spinoza, Kant, and Hegel, in: E. Förster/ders. (Hrsg.), Spinoza and German Idealism, Cambridge (Cambridge University Press), 2012, 175–196.

Metcalfe, Les, The European Commission as a Network Organization, Publius, Vol. 26, No.4, Federalism and the European Union (Autumn 1996), 43–62.

Meyer-Ladewig, Jens, EMRK, 3. Aufl., Baden-Baden (Nomos) 2011.

Michl, Walther, Verwaltungsgerichtlicher Rechtsschutz in der ‚*Jacobs* gap' nach Maßgabe des Art. 19 I UAbs. 2 EUV, NVwZ 2014, 841–846.

Middeke, Andreas, Das Vorabentscheidungsverfahren, in: H.-W. Rengeling/ders./M. Gellermann (Hrsg.), Handbuch des Rechtsschutzes in der Europäischen Union, 3. Aufl., München (C.H. Beck) 2014, § 10, 222–288.

Möllers, Christoph, Braucht das öffentliche Recht einen neuen Methoden- und Richtungsstreit?, in: Verwaltungsarchiv 90 (1999), 187–207.

Möllers, Christoph, Demokratische Ebenengliederung, in: I. Appel/G. Hermes/C. Schönberger (Hrsg.), Öffentliches Recht im offenen Staat. Festschrift für R. Wahl zum 70. Geburtstag, Berlin (Duncker & Humblot) 2011, 759–778.

Möllers, Christoph, Der parlamentarische Bundesstaat – Das vergessene Spannungsverhältnis von Parlament, Demokratie und Bundesstaat, in: J. Aulehner u. a. (Hrsg.), Föderalismus – Auflösung oder Zukunft der Staatlichkeit?, Stuttgart (Boorberg) 1997, 81–111.

Möllers, Christoph, Durchführung des Gemeinschaftsrechts, EuR 2002, 483–516.

Möllers, Christoph, European Governance: Meaning and Value of a concept, Common Market Law Review Vol. 43, No. 2, 2006, 313–336.

Möllers, Christoph, Fragmentierung als Demokratieproblem?, in: C. Franzius/F. C. Mayer/J. Neyer (Hrsg.), Strukturfragen der Europäischen Union, Baden-Baden (Nomos) 2010, 150–170.

Möllers, Christoph, Gewaltengliederung. Legitimation und Dogmatik im nationalen und internationalen Rechtsvergleich, Tübingen (Mohr Siebeck) 2005.

Möllers, Christoph, Legalität, Legitimität und Legitimation des Bundesverfassungsgerichts, in: M. Jestaedt/O. Lepsius/ders./C. Schönberger, Das entgrenzte Gericht, Berlin (Suhrkamp) 2011, 281–422.

Möllers, Christoph, Materielles Recht – Verfahrensrecht – Organisationsrecht. Zu Theorie und Dogmatik dreier Dimensionen des Verwaltungsrechts, in: H.-H. Trute/T. Groß/H. C. Röhl/ders. (Hrsg.), Allgemeines Verwaltungsrecht – zur Tragfähigkeit eines Konzepts, Tübingen (Mohr Siebeck) 2008, 489–512.

Möllers, Christoph, Methoden, in: W. Hoffmann-Riem/E. Schmidt-Aßmann/A. Voßkuhle (Hrsg.), GVwR I, 2. Aufl., München (C.H. Beck) 2012, § 3, 123–178.

Möllers, Christoph, Multi-Level Democracy, Ratio Juris. An International Journal of Jurisprudence and Philosophy of Law, Vol. 24, No. 3 (2011), 247–266.

Möllers, Christoph, Netzwerk als Kategorie des Organisationsrechts, in: J. Oebbecke (Hrsg.), Nicht-normative Steuerung in dezentralen Systemen, Stuttgart (Franz Steiner) 2005, 285–302.

Möllers, Christoph, Policy, Politics oder Politische Theorie?, in: C. Joerges/Y. Mény/J. H. H. Weiler (Hrsg.), Mountain or Molehill?: A Critical Appraisal of the Commission White Paper on Governance, Jean Monnet Working Paper No. 6/01, Robert Schuman

Centre for Advanced Studies EUI/The Jean Monnet Programme of Harvard Law School and NYU School of Law, 55–60.

Möllers, Christoph, Theorie, Praxis und Interdisziplinarität in der Verwaltungswissenschaft, VerwArch 93 (2002), 22–60.

Möllers, Christoph, Transnationale Behördenkooperation. Verfassungs- und völkerrechtliche Probleme transnationaler administrativer Standardsetzung, ZaöRV 65 (2005), 351–389.

Möllers, Christoph, Verfassunggebende Gewalt – Verfassung – Konstitutionalisierung, in: A. v. Bogdandy/J. Bast (Hrsg.), Europäisches Verfassungsrecht, 2. Aufl., Berlin (Springer Verlag) 2009, 227–278.

Möllers, Christoph, Verwaltungsrecht und Politik, in: A. v. Bogdandy/S. Cassese/P. M. Huber (Hrsg.), IPE V, Heidelberg (C. F. Müller) 2014, § 93, 1175–1220.

Möllers, Christoph/Achenbach, Jelena v., Die Mitwirkung des Europäischen Parlaments an der abgeleiteten Rechtsetzung der Europäischen Kommission nach dem Lissaboner Vertrag, EuR 2011, 39–61.

Möllers, Christoph/Terhechte, Jörg Philipp, Europäisches Verwaltungsrecht und Internationales Verwaltungsrecht, in: J. P. Terhechte (Hrsg.), Verwaltungsrecht der Europäischen Union, Baden-Baden (Nomos) 2011, § 40, 1437–1452.

Moor, Alexandra, de/ Vermeulen, Gert, The Europol Council Decision: Transforming Europol into an agency of the European Union, CMLR 2010 (47), 1089–1121.

Morlok, Martin, Demokratie und Wahlen, in: P. Badura/H. Dreier (Hrsg.), FS 50 Jahre Bundesverfassungsgericht, Bd. 2, Tübingen (Mohr Siebeck) 2001, 559–608.

Möstl, Markus, Normative Handlungsformen, in: H.-U. Erichsen/D. Ehlers (Hrsg.), Allgemeines Verwaltungsrecht, Berlin/New York (Walter de Gruyter) 14. Aufl. 2010, § 19, 614–668.

Möstl, Markus, Regelungsfelder der Verfassung, in: O. Depenheuer/C. Grabenwarter (Hrsg.), Verfassungstheorie, Tübingen (Mohr Siebeck) 2010, § 17, 567–597.

Möstl, Markus, Wirtschaftsüberwachung von Dienstleistungen im Binnenmarkt, DÖV 2006, 281–288.

Mulgan, Richard, “Accountability”: An Ever Expanding Concept?, Public Administration 78 (2000), 555–573.

Müller-Franken, Sebastian, Die demokratische Legitimation öffentlicher Gewalt in den Zeiten der Globalisierung, AöR 134 (2009), 542–571.

Müller-Franken, Sebastian, Verfassungsvergleichung, in: O. Depenheuer/C. Grabenwarter (Hrsg.), Verfassungstheorie, Tübingen (Mohr Siebeck) 2010, § 26, 885–928.

Narr, Wolf-Dieter: Ethik und Politik – Skizze einer Physik der Sitten, in: I. Fetscher/H. Münkler (Hrsg.), Politikwissenschaft. Begriffe – Analysen – Theorien. Ein Grundkurs, Reinbek bei Hamburg (Rowohlt) 1985, 69–111.

Naschold, Frieder, Organisation und Demokratie: Untersuchung zum Demokratisierungspotential in komplexen Organisationen, Stuttgart (Kohlhammer) 1969.

Nettesheim, Martin, Demokratisierung der EU und Europäisierung der Demokratietheorie – Wechselwirkungen bei der Herausbildung eines europäischen Demokratieprinzips, in: H. Bauer/P. M. Huber/K.-P. Sommermann (Hrsg.), Demokratie in Europa, Tübingen (Mohr Siebeck) 2005, 143–190.

Nettesheim, Martin, Rechtstaatliche Demokratie in der EU, in: T. Oppermann/C. D. Classen/ders. (Hrsg.), Europarecht, 6. Aufl., München (C. H. Beck) 2014, § 15, 241–253.

Nida-Rümelin, Julian, Demokratie und Wahrheit, München (C. H. Beck) 2006.

Nowak, Carsten, Rechtsschutz im Europäischen Verwaltungsrecht, in: J. P. Terhechte (Hrsg.), Verwaltungsrecht der Europäischen Union, Baden-Baden (Nomos) 2011, § 13, 459–518.

Nowrot, Karsten, Netzwerke im transnationalen Wirtschaftsrecht und Rechtsdogmatik, in: C. Tietje/G. Kraft/R. Sethe (Hrsg.), Beiträge zum transnationalen Wirtschaftsrecht, Heft 66, Halle (Forschungsstelle für Transnationales Wirtschaftsrecht der Juristischen Fakultät der Martin-Luther Univ. Halle-Wittenberg, online unter www.telc.jura.uni-halle.de abrufbar) 2007, 5–59.

Nowrot, Karsten, Steuerungssubjekte und -mechanismen im Internationalen Wirtschaftsrecht (einschließlich regionale Wirtschaftsintegration), in: C. Tietje (Hrsg.), Internationales Wirtschaftsrecht, Berlin (De Gruyter), 2009, 61–144.

Nusser, Julian, Die Bindung der Mitgliedstaaten an die Unionsgrundrechte. Vorgaben für die Auslegung von Art. 51 Abs. 1 S. 1 EuGrCh, Tübingen (Mohr Siebeck) 2011.

Oeter, Stefan, Souveränität und Demokratie als Probleme in der „Verfassungsentwicklung" der Europäischen Union, ZaöRV 55 (1995), 659–712.

Ohler, Christoph, Die Bekanntgabe inländischer Verwaltungsakte im Ausland, DÖV 2009, 93–101.

Oliver, Peter, Joint Liability of the Community and the member states, in: T. Heuckels/A. McDonnell (Hrsg.), The Action for Damages in Community Law, The Hague (Kluwer Law International) 1997, 285–310.

Oppermann, Thomas, EU-Reform, repräsentative und unmittelbare Demokratie, in: P. Fischer/M. M. Karollus/S. Stadlmeier (Hrsg.), Die Welt im Spannungsfeld zwischen Regionalisierung und Globalisierung. Festschrift für H. F. Köck, Wien (Linde) 2009, 291–306.

Orth, Johannes, § 173 VwGO, in: K. F. Gärditz (Hrsg.), VwGO, Köln (Carl Heymanns) 2013, 1472–1481.

Ossenbühl, Fritz, Staatshaftungsrecht, 5. Aufl., München (C. H. Beck) 1998.

Osterloh, Lerke, Kompensation der Folgen rechtmäßigen Hoheitshandelns, in: W. Hoffmann-Riem/E. Schmidt-Aßmann/A. Voßkuhle (Hrsg.), GVwR III, 2. Aufl., München (C. H. Beck) 2013, § 55, 1297–1426.

Pache, Eckhard, Verantwortung und Effizienz in der Mehrebenenverwaltung, VVDStRL 66 (2007), 106–151.

Papadopoulos, Yannis, Problems of Democratic Accountability in Network and Multilevel Governance, European Law Journal, Vol. 13, No. 4 (2007), 469–486.

Pechstein, Matthias, EU-Prozessrecht, 4. Aufl., Tübingen (Mohr Siebeck) 2011.

Pernice, Ingolf, Die horizontale Dimension des Europäischen Verfassungsverbundes. Europäische Justizpolitik im Lichte von Pupino und Darkanzali, in: H.-J. Derra (Hrsg.), Freiheit, Sicherheit und Recht. Festschrift für J. Meyer zum 70. Geburtstag, Baden-Baden (Nomos), 2006, 359–393.

Pernice, Ingolf, Die Rettung des Euro und die Zukunft der EU, WHI-Paper 5/13.

Pernice, Ingolf, Europäisches und nationales Verfassungsrecht, VVDStRL 60 (2001), 148–193.

Pernice, Ingolf, Europäisches Verfassungsrecht im Werden, in: H. Bauer/P. M. Huber (Hrsg.), Ius Publicum im Umbruch, Stuttgart (Boorberg) 2000, 25–46.

Pernice, Ingolf, Kompetenzabgrenzung im Europäischen Verfassungsverbund, JZ 55 (2000), 866–876.

Pernice, Ingolf, La Rete Europea di Costituzionalita – Der Europäische Verfassungsverbund und die Netzwerktheorie, ZaöRV 70 (2010), 51–71.

Pernice, Ingolf, The Treaty of Lisbon: Multilevel Constitutionalism in Action, The Columbia Journal of European Law, Vol. 15, No. 3 (2009), 349–407.

Pernice, Ingolf, Verfassungsverbund, in: C. Franzius/F. C. Mayer/J. Neyer (Hrsg.), Strukturfragen der Europäischen Union, Baden-Baden (Nomos) 2010, 102–118.

Peters, Anne, Elemente einer Theorie der Verfassung Europas, Berlin (Duncker & Humblot) 2001.

Peterson, John, Policy networks and European Union policy making: A reply to Kassim, West European Politics 18 (1995), 389–407.

Petzold, H. A., Individualrechtsschutz an der Schnittstelle zwischen deutschem und Gemeinschaftsrecht, Baden-Baden (Nomos) 2008.

Peuker, Enrico, Bürokratie und Demokratie in Europa. Legitimität im Europäischen Verwaltungsverbund, Tübingen (Mohr Siebeck) 2011.

Pitschas, Rainer, Verwaltungsverantwortung und Verwaltungsverfahren. Strukturprobleme, Funktionsbedingungen und Entwicklungsperspektiven eines konsensualen Verwaltungsrechts, München (C. H. Beck) 1990.

Platon, Kriton, hrsg. v. J. Adam, Platonis Crito, 2. Aufl. Cambridge (Cambridge University Press) 1893.

Proelß, Alexander, Das Regulierungsermessen, AöR 136 (2011), 402–427.

Quabeck, Christian, Dienende Funktion des Verwaltungsverfahrens und Prozeduralisierung, Tübingen (Mohr Siebeck) 2010.

Radbruch, Gustav, Rechtsphilosophie, 2. überarb. Aufl., Heidelberg (C. F. Müller) 2003.

Rademacher, Timo, Realakte im Rechtsschutzsystem der Europäischen Union, Tübingen (Mohr Siebeck) 2014.

Randelshofer, Albrecht, Staatsgewalt und Souveränität, in: J. Isensee/P. Kirchhof (Hrsg.), HStR II, Heidelberg (C. F. Müller) 2004, § 17, 143–162.

Rehbinder, Eckard/Burgbacher, Hans-Gerwin/Knieper, Rolf, Bürgerklage im Umweltrecht, Berlin (Erich Schmidt) 1972.

Reinalter, Andreas, Die Grenzen der Ermittlungsbefugnisse der Europäischen Kommission im Kartellverfahren, ZEuS 2009, 53–97.

Remmert, Barbara, Schlichtes Verwaltungshandeln, in: H.-U. Erichsen/D. Ehlers (Hrsg.), Allgemeines Verwaltungsrecht, 14. Aufl., Berlin/New York (Walter de Gruyter) 2010, 832–854.

Remmert, Barbara, Verwaltungshandeln und Verwaltungsverhältnis im Überblick, in: H.-U. Erichsen/D. Ehlers (Hrsg.), Allgemeines Verwaltungsrecht, 14. Aufl., Berlin/New York (Walter de Gruyter) 2010, 585–613.

Rengeling, Hans Werner, Beteiligungsrechte bei der Durchführungsgesetzgebung in der Europäischen Gemeinschaft am Beispiel stoffbezogener Regelungen, DVBl 2002, 867–872.

Rensmann, Thilo, Wertordnung und Verfassung. Das Grundgesetz im Kontext grenzüberschreitender Konstitutionalisierung, Tübingen (Mohr Siebeck) 2007.

Riecken, Jörg, Verfassungsgerichtsbarkeit in der Demokratie. Grenzen verfassungsgerichtlicher Kontrolle unter besonderer Berücksichtigung von John Hart Elys prozeduraler Theorie der Repräsentationsverstärkung, Berlin (Duncker & Humblot) 2003.

Röhl, Hans Christian, Akkreditierung und Zertifizierung im Produktsicherheitsrecht: Zur Entwicklung einer neuen Europäischen Verwaltungsstruktur, Berlin/Heidelberg (Springer) 2000.

Röhl, Hans Christian, Konformitätsbewertung im europäischen Produktsicherheitsrecht, in: E. Schmidt-Aßmann/B. Schöndorf-Haubold (Hrsg.), Der Europäische Verwaltungsverbund, Tübingen (Mohr Siebeck) 2005, 153–180.

Röhl, Hans Christian, Soll das Recht der Regulierungsverwaltung übergreifend geregelt werden?, JZ 61 (2006), 831–839.

Röhl, Hans Christian, Staatliche Verantwortung in Kooperationsstrukturen, Die Verwaltung 29 (1996), 487–510.

Röhl, Hans Christian, Verantwortung und Effizienz in der Mehrebenenverwaltung, DVBl. 2006, 1070–1079.

Röhl, Hans Christian, Verwaltungsverantwortung als dogmatischer Begriff?, DV Beiheft 2 (1999), 33–55.

Rölle, Daniel/Druml, Sabine, Vertrauen in die öffentliche Verwaltung, DÖV 2013, 540–547.

Rorty, Richard, The Priority of Democracy to Philosophy, in: M. Peterson/R. Vaughan (Hrsg.), The Virginia Statute for Religious Freedom, Cambridge (Cambridge University Press) 1988, 257–282.

Rosanvallon, Pierre, Demokratische Legitimität. Unparteilichkeit – Reflexivität – Nähe, Hamburg (Hamburger Edition) 2010.

Rousseau, Jean-Jacques, Vom Gesellschaftsvertrag oder Grundsätze des Staatsrechts, Erstdruck 1762. Übersetzung: Hermann Denhardt, Berlin (Europäischer Literaturverlag) 2015.

Ruffert, Matthias, An den Grenzen des Integrationsverfassungsrechts: Das Urteil des Bundesverfassungsgerichts zum Vertrag von Lissabon, DVBl. 2009, 1197–1208.

Ruffert, Matthias, Art. 9, 10 und 11 EUV, in: C. Calliess/ders. (Hrsg.), EUV/AEUV, 4. Aufl., München (C. H. Beck) 2011, 168–190.

Ruffert, Matthias, Der transnationale Verwaltungsakt, Die Verwaltung 34 (2001), 453–485.

Ruffert, Matthias, Die Europäisierung der Verwaltungsrechtslehre, Die Verwaltung 36 (2003), 293–319.

Ruffert, Matthias, Die Globalisierung als Herausforderung an das Öffentliche Recht, Stuttgart (Boorberg) 2004.

Ruffert, Matthias, Europäisiertes Allgemeines Verwaltungsrecht im Verwaltungsverbund, DV 41 (2008), 543–570.

Ruffert, Matthias, Nach dem Lissabon-Urteil des Bundesverfassungsgerichts – zur Anatomie einer Debatte, in: H. Dreier/F. W. Graf/J. J. Hesse (Hrsg.), Staatswissenschaften und Staatspraxis, Baden-Baden (Nomos) 2011, 84–101.

Ruffert, Matthias, Verselbständigte Verwaltungseinheiten: Ein europäischer Megatrend im Vergleich, in: H.-H. Trute/T. Groß/H. C. Röhl/C. Möllers (Hrsg.), Allgemeines Verwaltungsrecht – zur Tragfähigkeit eines Konzepts, Tübingen (Mohr Siebeck) 2008, 431–457.

Ruffert, Matthias, Von der Europäisierung des Verwaltungsrechts zum Europäischen Verwaltungsverbund, DÖV 2007, 761–770.

Ruffert, Matthias, Was ist „Democratic Governance?“ in: S. Botzem/J. Hofmann/S. Quack/G. F. Schuppert/H. Straßheim (Hrsg.), Governance als Prozess. Koordinationsformen im Wandel, Schriften zur Governance-Forschung, Band 16, Baden Baden (Nomos) 2009, 55–74.

Rümelin, Max, Die Rechtsicherheit. Rede gehalten bei der akademischen Preisverleihung am 6. November 1924, Tübingen (J. C. B. Mohr) 1924.

Ruthig, Josef, Grundzüge sektorenspezifischer Regulierung, in: ders./Storr, Stefan (Hrsg.), Öffentliches Wirtschaftsrecht, Heidelberg (C. F. Müller) 3. Aufl. 2011, § 6, 247–312.

Saam, Nicole J., Prinzipale, Agenten und Macht. Eine machttheoretische Erweiterung der Agenturtheorie und ihre Anwendung auf Interaktionsstrukturen in der Organisationsberatung, Tübingen (Mohr Siebeck) 2002.

Sachs, Michael, Bürgerverantwortung im demokratischen Verfassungsstaat, DVBl. 1995, 873–894.

Sacksofsky, Ute, Anreize, in: W. Hoffmann-Riem/E. Schmidt-Aßmann/A. Voßkuhle (Hrsg.), GVwR II, 2. Aufl., München (C. H. Beck) 2012, § 40, 1577–1638.

Säuberlich, Uwe, Die außervertragliche Haftung im Gemeinschaftsrecht. Eine Untersuchung der Mehrpersonenverhältnisse, Berlin – Heidelberg – New York (Springer) 2005.

Sauer, Johannes, Supranational Governance and Networked Accountability Structures: Member State Oversight of EU Agencies, European Journal of Risk Regulation 1/2011, 51–60.

Saurer, Johannes, Der Einzelne im europäischen Verwaltungsrecht. Die institutionelle Ausdifferenzierung der Verwaltungsorganisation der Europäischen Union in individueller Perspektive, Tübingen (Mohr Siebeck) 2014.

Saurer, Johannes, Der Rechtsschutz gegen Entscheidungen und Fachgutachten der Europäischen Agenturen nach dem Sogelma-Urteil des EuG, DVBl. 1021–1027.

Saurer, Johannes, Die Hart-Dworkin-Debatte als Grundlagenkontroverse der angloamerikanischen Rechtsphilosophie: Versuch einer Rekonstruktion nach fünf Jahrzehnten, ARSP 98 (2012), 214–232.

Schaal, Gary, Oligarchie als bessere Demokratie, in: O. W. Lembcke/C. Ritzi/ders. (Hrsg.), Zeitgenössische Demokratietheorie, Band 1: Normative Demokratietheorien, Wiesbaden (Springer) 2012, 445–472.

Schachtschneider, Karl Albrecht, Die Republik der Völker Europas, in: R. Gröschner/M. Morlok (Hrsg.), Rechtsphilosophie und Rechtsdogmatik in Zeiten des Umbruchs, ARSP Beiheft 71 (1997), 153–177.

Schachtschneider, Karl Albrecht, Prinzipien des Rechtstaates, Berlin (Duncker & Humblot) 2006.

Schäfer, Hans-Bernd, Kann Staatshaftung für legislatives Unrecht Parlamente anreizen, höherrangiges Recht besser zu beachten?, in: P. Behrens/Th. Eger/ders. (Hrsg.), Ökonomische Analyse des Europarechts, Tübingen (Mohr Siebeck) 2012, 47–72.

Schalhorn, Christof, Hegels enzyklopädischer Begriff von Selbstbewusstsein, Hamburg (Felix Meiner), 2000.

Scharpf, Fritz, Demokratietheorie zwischen Utopie und Anpassung, Konstanz (Universitätsverlag Konstanz) 1970.

Scharpf, Fritz, Legitimationskonzepte jenseits des Nationalstaats, in: G. F. Schuppert/I. Pernice/U. Haltern (Hrsg.), Europawissenschaft, Baden-Baden (Nomos) 2005, § 20, 705–741.

Scharpf, Fritz, Regieren in Europa. Effektiv und demokratisch?, übers. von C. Schmid, Frankfurt am Main/New York (Campus) 1999.

Scheel, Benedikt, Die Neuregelungen der Komitologie und das europäische Demokratiedefizit, ZEuS 2006, 521–554.

Schenke, Wolf-Rüdiger, Verwaltungsprozessrecht, 14. Aufl., Heidelberg (C. F. Müller) 2014.

Scherzberg, Arno, Subjektiv-öffentliche Rechte, in: H.-U. Erichsen/D. Ehlers (Hrsg.), Allgemeines Verwaltungsrecht, 14. Aufl., Berlin (De Gruyter) 2010, 379–414.

Scheuner, Ulrich, Das Gesetz als Auftrag der Verwaltung, DÖV 1969, 585–593.

Scheuner, Ulrich, Der Einfluß des französischen Verwaltungsrechts auf die deutsche Rechtsentwicklung, DÖV 1963, 714–719.

Scheuner, Ulrich, Verantwortung und Kontrolle in der demokratischen Verfassungsordnung, in: T. Ritthersprach/W. Geiger (Hrsg.), Festschrift für Gebhard Müller zum 70. Geburtstag des Präsidenten des Bundesverfassungsgerichts, Tübingen (Mohr) 1970, 379–402.

Schlacke, Sabine, Überindividueller Rechtsschutz. Phänomenologie und Systematik überindividueller Klagebefugnisse im Verwaltungs- und Gemeinschaftsrecht, insbesondere am Beispiel des Umweltrechts, Tübingen (Mohr Siebeck) 2008.

Schliesky, Utz, Das gemeinsame Fundament: Legitime Herrschaftsgewalt im europäischen Mehrebenensystem, in: J. Delbrück/D. Einsele (Hrsg.), Wandel des Staates im Kontext europäischer und internationaler Integration, Baden-Baden (Nomos) 2006, 71–98.

Schliesky, Utz, Der lange Weg von Athen nach Thessaloniki: Welchem Demokratiemodell folgt der Entwurf des Europäischen Verfassungsvertrages?, EuR 2004, 124–131.

Schliesky, Utz, Die Europäisierung der Amtshilfe, Münchner Reden zur Europäischen Integration, Band 2, Stuttgart (Boorberg) 2008.

Schliesky, Utz, Souveränität und Legitimität von Herrschaftsgewalt, Tübingen (Mohr Siebeck) 2004.

Schliesky, Utz, Von der organischen Verwaltung Lorenz von Steins zur Netzwerkverwaltung im Europäischen Verwaltungsverbund, DÖV 2009, 641–649.

Schliesky, Utz, Von der organischen Verwaltung Lorenz von Steins zur Netzwerkverwaltung im Europäischen Verwaltungsverbund, Kiel (Lorenz-von-Stein-Institut für Verwaltungswissenschaften an der Christian-Albrechts-Universität zu Kiel) 2009.

Schliesky, Utz/Schukz, Sönke, §§ 8a ff. VwVfG n. F. – Die Europäische Verwaltungszusammenarbeit im deutschen Verwaltungsverfahrensrecht, DVBl. 2010, 601–609.

Schmidt-Aßmann, Eberhard, Art. 19 Abs. 4 GG, in: T. Maunz/G. Dürig (Hrsg.), GG, 72. Lief., München (C. H. Beck) 2014.

Schmidt-Aßmann, Eberhard, Das allgemeine Verwaltungsrecht als Ordnungsidee. Grundlagen und Aufgaben der verwaltungsrechtlichen Systembildung, 2. Aufl., Berlin u. a. (Springer) 2006.

Schmidt-Aßmann, Eberhard, Der Europäische Verwaltungsverbund und die Rolle des Europäischen Verwaltungsrechts, in: ders./B. Schöndorf-Haubold (Hrsg.), Der Europäische Verwaltungsverbund, Tübingen (Mohr Siebeck) 2005, 1–24.

Schmidt-Aßmann, Eberhard, Der Rechtstaat, in: J. Isensee/P. Kirchhof (Hrsg.), HStR II, 3. Aufl., Heidelberg (C. F. Müller) 2004, § 26, 541–612.

Schmidt-Aßmann, Eberhard, Die Europäisierung des Verwaltungsverfahrensrechts, in: ders./D. Sellner/G. Hirsch/G.-H. Kemper/H. Lehmann-Grube (Hrsg.), Festgabe 50 Jahre Bundesverwaltungsgericht, Köln (Carl Heymanns) 2003, 487–506.

Schmidt-Aßmann, Eberhard, Die Herausforderung der Verwaltungsrechtswissenschaft durch die Internationalisierung der Verwaltungsbeziehungen, Der Staat (45) 2006, 315–338.

Schmidt-Aßmann, Eberhard, Empfiehlt es sich, das System des Rechtsschutzes und der Gerichtsbarkeit in der Europäischen Gemeinschaft weiterzuentwickeln?, JZ 53 (1994), 832–840.

Schmidt-Aßmann, Eberhard, Europäische Rechtsschutzgarantien, in: U. Beyerlin u. a. (Hrsg), Recht zwischen Umbruch und Bewahrung: Völkerrecht, Europarecht, Staatsrecht. Festschrift für Rudolf Bernhardt, Heidelberg (Springer) 1995, 1283–1303.

Schmidt-Aßmann, Eberhard, Europäische Verwaltung zwischen Kooperation und Hierarchie, in: H.-J. Cremer-T. Giegerich/D. Richter/A. Zimmermann (Hrsg.), Tradition und Weltoffenheit des Rechts. Festschrift für Helmut Steinberg, Berlin u. a. (Springer) 2002, 1375–1399.

Schmidt-Aßmann, Eberhard, Europäisches Verwaltungsrecht als systematische Ordnung, Die Verwaltung 42 (2009), 439–445.

Schmidt-Aßmann, Eberhard, Öffentliches Recht und Privatrecht: Ihre Funktionen als wechselseitige Auffangordnungen – Einleitende Problemskizze, in: W. Hoffmann-Riem/ders. (Hrsg.) Öffentliches Recht und Privatrecht als wechselseitige Auffangordnungen, Schriften zur Reform des Verwaltungsrechts Band. 3, Baden-Baden (Nomos) 1996, 7–40.

Schmidt-Aßmann, Eberhard, Strukturen Europäischer Verwaltung und die Rolle des Europäischen Verwaltungsrechts, in: A. Blankenagel/I. Pernice/H. Schulze-Fielitz (Hrsg.), Verfassung im Diskurs der Welt. Liber Amicorum für P. Häberle, Tübingen (Mohr Siebeck) 2004, 395–415.

Schmidt-Aßmann, Eberhard, Verfassungsprinzipien für den Europäischen Verwaltungsverbund, in: W. Hoffmann-Riem/ders./A. Voßkuhle (Hrsg.), GVwR I, 2. Aufl., München (C. H. Beck) 2012, § 5, 261–340.

Schmidt-Aßmann, Eberhard, Verwaltungskooperation und Verwaltungskooperationsrecht in der Europäischen Gemeinschaft, EuR 1996, 270–301.

Schmidt-Aßmann, Eberhard, Verwaltungslegitimation als Rechtsbegriff, AöR 116 (1991), 329–390.

Schmidt-Aßmann, Eberhard, Verwaltungsverantwortung und Verwaltungsgerichtsbarkeit. Festschrift für R. Scholz zum 70. Geburtstag, Wege gelebter Verfassung in Recht und Politik, Berlin (Duncker & Humblot) 2007, 539–554.

Schmidt-Aßmann, Eberhard, Verwaltungsverfahren, in: J. Isensee/P. Kirchhof (Hrsg.) HStR V, Heidelberg (C. F. Müller) 2007, § 109, 521–558.

Schmidt-Aßmann, Eberhard, Zur Situation der rechtswissenschaftlichen Forschung, JZ 54 (1995), 1–10.

Schmidt-Aßmann, Eberhard/Dimitropoulos, Geogrios, Vertrauen in und durch Recht, in: M. Weingardt (Hrsg.), Vertrauen in der Krise, Baden-Baden (Nomos) 2011, 129–149.

Schmidt-Aßmann, Eberhard/Hoffmann-Riem, Wolfgang (Hrsg.), Verwaltungsorganisationsrecht als Steuerungsressource, Baden-Baden (Nomos) 1997.

Schmidt-Aßmann, Eberhard/Möllers, Christoph, The Scope and Accountability of Executive Power in Germany, in: P. Craig/A. Tomkins (Hrsg.), The Executive and Public Law, Oxford (Oxford University Press) 2006, 268–289.

Schmidt-Aßmann, Eberhardt, Die Kontrolldichte der Verwaltungsgerichte: Verfassungsgerichtliche Vorgaben und Perspektiven, DVBl. 1997, 281–289.

Schmidt-Aßmann, Eberhardt, Verwaltungsrechtliche Dogmatik, Tübingen (Mohr Siebeck) 2013.

Schmidt, Manfred Gustav, Demokratietheorien. Eine Einführung, 5. Aufl., Wiesbaden (VS Verlag für Sozialwissenschaften) 2010.

Schmidt, Manfred Gustav, Geschichtliche Entwicklungslinien der Demokratie, in: H. Bauer/P. M. Huber/K.-P. Sommermann (Hrsg.), Demokratie in Europa, Tübingen (Mohr Siebeck) 2005, 21–32.

Schmitt, Carl, Verfassungslehre, Neusatz auf Basis der 1928 erschienenen 1. Aufl., 10. Aufl., Berlin (Duncker & Humblot GmbH) 2010.

Schmolke, Klaus Ulrich, Die Einbeziehung des Komitologieverfahrens in den Lamfalussy-Prozess – Zur Forderung des Europäischen Parlaments nach mehr Entscheidungsteilhabe, EuR 2006, 432–448.

Schneider, Hans-Peter, Die verfassungsgebende Gewalt, in: J. Isensee/P. Kirchhof (Hrsg.), HStR VII, Heidelberg (C.F. Müller) 1992, § 158, 3–32.

Schneider, Jens-Peter, Telekommunikation, in: M. Fehling/M. Ruffert (Hrsg.), Regulierungsrecht, Tübingen (Mohr Siebeck) 2010, § 8, 365–428.

Schneider, Jens-Peter, Verantwortungszurechnung bei vernetzten Verwaltungsverfahren nach deutschem und europäischem Recht, in: H. Hill/U. Schliesky (Hrsg.), Herausforderung e-Government, Baden-Baden (Nomos) 2009, 89–111.

Schoch, Friedrich, Europäisierung des Allgemeinen Verwaltungsrechts und des Verwaltungsprozessrechts, NordÖR 2002, 1–11.

Schoch, Friedrich, Individualrechtsschutz im deutschen Umweltrecht unter dem Einfluss des Gemeinschaftsrechts, NVwZ 1999, 457–467.

Scholl, Kirsten, Haftung zwischen den EG-Mitgliedstaaten bei Verletzung von Gemeinschaftsrecht, München (C.H. Beck) 2005.

Scholz, Rubert, Supranationale Dienstleistungsfreiheit und nationales Verwaltungsrecht, in: B. Hartmut/D. Czybulka/W. Kahl/A. Voßkuhle (Hrsg.), Wirtschaftsrecht im offenen Verfassungsstaat. Festschrift für R. Schmidt zum 70. Geburtstag, München (C.H. Beck) 2006, 169–178.

Schönberger, Christoph, Lisbon in Karlsruhe: Maastricht's Epigones At Sea, German Law Journal 10 (2009), 1201–1218.

Schramm, Michael, Der europäische Verwaltungsverbund in der Telekommunikationsregulierung (§§ 10ff. TKG) aus dem Blickwinkel des Rechtsschutzes, DÖV 2010, 387–396.

Schreiber, Stefanie, Verwaltungskompetenzen der Europäischen Gemeinschaft, Baden-Baden (Nomos), 1997.

Schröder, Meinhard, Neuerungen im Rechtsschutz der Europäischen Union durch den Vertrag von Lissabon, DÖV 2009, 61–66.

Schulze-Fielitz, Helmut, Die Verwaltung im europäischen Verwaltungsgefüge, in: W. Erbguth/J. Masing (Hrsg.), Verwaltung unter dem Einfluss des Europarechts, Stuttgart (Boorberg) 2006, 91–136.

Schulze-Fielitz, Helmuth, Rationalität als rechtsstaatliches Prinzip für den Organisationsgesetzgeber. Über Leistungsfähigkeit und Leistungsgrenzen „weicher" Leitbegriffe in der Rechtsdogmatik, in: Paul Kirchhof u.a. (Hrsg.), Staaten und Steuern. Festschrift für Klaus Vogel, Heidelberg (Hüthig/Jehle/Rehm) 2000, 311–330.

Schuppert, Gunnar Folke, Die öffentliche Verwaltung im Kooperationsspektrum staatlicher und privater Aufgabenerfüllung: zum Denken in Verantwortungsstufen, Die Verwaltung 31 (1998), 415–447.

Schuppert, Gunnar Folke, Governance im Spiegel der Wissenschaftsdisziplinen, in: ders. (Hrsg.), Governance-Forschung, Vergewisserung über Stand und Entwicklungslinien, Baden-Baden (Nomos) 2006, 371–469.

Schuppert, Gunnar Folke, Verwaltungsorganisation und Verwaltungsorganisationsrecht als Steuerungsfaktoren, in: W. Hoffmann-Riem/E. Schmidt-Aßmann/A. Voßkuhle (Hrsg.), GVwR I, 2. Aufl., München (C.H. Beck) 2012, § 16, 1067–1162.

Schuppert, Gunnar Folke, Was ist und wozu Governance?, in: Die Verwaltung (40) 2007, 463–511.

Schütz, Raimund, § 10 TKG, in: Beck'scher TKG-Kommentar, 3. Aufl., München (C.H. Beck) 2006.

Schütze, Robert, From Dual To Cooperative Federalism: The Changing Structure Of European Law, Oxford (Oxford University Press) 2009.

Schütze, Robert, From Rome to Lisbon: „Executive Federalism" in the (new) European Union, CMLR 47 (2010), 1385–1427.

Schwarze, Jürgen (Hrsg.), Europäisches Verwaltungsrecht im Werden. Referate und Diskussionsberichte der Tagung des Arbeitskreises Europäische Integration e.V. in Hamburg vom 18. bis 20. Juni 1981, Schriftenreihe des Arbeitskreises Europäische Integration e.V., Band 14, Baden-Baden (Nomos) 1982.

Schwarze, Jürgen, Art. 235 EGV, in: ders. (Hrsg.), EU-Kommentar, 2. Aufl., Baden-Baden (Nomos) 2009, 1828–1829.

Schwarze, Jürgen, Art. 263 AEUV, in: ders. (Hrsg.), EU-Kommentar, 3. Aufl., Baden-Baden (Nomos) 2012, 2176–2207.

Schwarze, Jürgen, Art. 267 AEUV, in: ders. (Hrsg.), EU-Kommentar, 3. Aufl., Baden-Baden (Nomos) 2012, 2223–2248.

Schwarze, Jürgen, Der funktionale Zusammenhang zwischen Verwaltungsverfahrensrecht und verwaltungsgerichtlichem Rechtsschutz, Berlin (Duncker & Humblot) 1974.

Schwarze, Jürgen, Der Rechtsschutz Privater vor dem Europäischen Gerichtshof: Grundlagen, Entwicklungen und Perspektiven des Individualrechtsschutzes im Gemeinschaftsrecht, DVBl. 2002, 1297–1315.

Schwarze, Jürgen, Die Anfechtung der Fallbearbeitung im europäischen Netzwerk der Wettbewerbsbehörden, in: I. Brinker/D. H. Scheuing/K. Stockmann (Hrsg.), Recht und Wettbewerb. Festschrift für R. Bechtold zum 65. Geburtstag, München (C.H. Beck) 2006, 483–499.

Schwarze, Jürgen, Die Neuerungen auf dem Gebiet des Europäischen Verwaltungsrechts durch den Vertrag von Lissabon, in: I. Appel/G. Hermes/C. Schönberger (Hrsg.), Öffentliches Recht im offenen Staat. Festschrift für R. Wahl zum 70. Geburtstag, Berlin (Duncker & Humblot), 2011, 837–849.

Schwarze, Jürgen, Europäisches Verwaltungsrecht: Entstehung und Entwicklung im Rahmen der Europäischen Gemeinschaft, 2 Bde., Baden-Baden (Nomos) 1988.

Schwarze, Jürgen, Europäisches Wirtschaftsrecht. Grundlagen, Gestaltungsformen, Grenzen, Baden-Baden (Nomos) 2007.

Schwarze, Jürgen, Soft Law im Recht der Europäischen Union, EuR 2011, 3–18.

Schwarze, Jürgen, Strenge richterliche Verfahrenskontrolle bei weitem administrativem Ermessen – Anmerkungen zur Entscheidungspraxis der Gemeinschaftsgerichte auf dem Gebiet des europäischen Wirtschaftsrechts, in: P. Fischer/M. M. Karollus/S. Stadlmeier (Hrsg.), Die Welt im Spannungsfeld zwischen Regionalisierung und Globalisierung. Festschrift für H. Fr. Köck, Wien (Linde) 2009, 321–340.

Schwarze, Jürgen, Verfahren und Rechtsschutz im europäischen Wirtschaftsrecht, DVBl. 2010, 1325–1333.

Scott, Joanne/Trubek, David M., Mind the Gap: Law and New Approaches to Governance in the European Union, European Law Journal, Vol. 8, No. 1 (2002), 1–18.

Sellmann, Christian/Augsberg, Steffen, Entwicklungstendenzen des Vorlageverfahrens nach Art. 234 EGV, DÖV 2006, 533–541.

Shapiro, Scott J., The Hart-Dworkin Debate: A Short Guide for the Perplexed, University of Michigan Law School Public Law and Legal Theory Working Paper Series 77/2007.

Shirvani, Foroud, Haftungsprobleme im Europäischen Verwaltungsverbund, EuR 2011, 619–635.

Shirvani, Foroud, New Public Management und europäische Agenturen: Transparenzfragen bei der Modernisierung der Verwaltungsorganisation, DÖV 2008, 1–10.

Siedentopf, Heinrich/Speer, Benedikt, Europäischer Verwaltungsraum oder Europäische Verwaltungsgemeinschaft?, DÖV 2002, 753–763.

Siegel, Thorsten, Das Gleichgewicht der Gewalten in der Bundesrepublik Deutschland und in der Europäischen Gemeinschaft, DÖV 2010, 1–11.

Siehr, Angelika, „Entdeckung" der Raumdimension in der Europapolitik: Neue Formen territorialer Governance in der Europäischen Union, Der Staat 48 (2009), 75–106.

Sieyès, Emmanuel Joseph, Was ist der Dritte Stand?, Berlin (Verlag von Rainer Hobbing) 1924.

Skora, Agnieszka, Die Verwaltung im europäischen Verwaltungsgefüge: Schutz der Grundrechte in der Verfassung für Europa am Beispiel des Rechtes auf eine gute Verwaltung, in: W. Erbguth/J. Masing (Hrsg.), Verwaltung unter dem Einfluss des Europarechts, Stuttgart (Boorberg) 2006, 77–90.

Skouris, Vasilis, Das Verhältnis von Grundfreiheiten und Grundrechten im europäischen Gemeinschaftsrecht, DÖV 2006, 89–97.

Slaughter, Anne-Marie, A New World Order, Princeton (Princeton University Press) 2004.

Sommermann, Karl-Peter, Art. 20 GG, in: H. v. Mangoldt/F. Klein/C. Starck, GG II, 6. Aufl., München (Franz Vahlen) 2010, 1–166.

Sommermann, Karl-Peter, Demokratiekonzepte im Vergleich, in: H. Bauer/P. M. Huber/ders. (Hrsg.), Demokratie in Europa, Tübingen (Mohr Siebeck) 2005, 191–224.

Sommermann, Karl-Peter, Towards a Common European Administrative Culture?, Jean Monnet Working Paper Series 28/13, NYU School of Law, New York 2013.

Sommermann, Karl-Peter, Verfassungsperspektiven für die Demokratie in der erweiterten Europäischen Union: Gefahr der Entdemokratisierung oder Fortentwicklung im Rahmen europäischer Supranationalität, DÖV 2003, 1009–1017.

Soria, Jose Martinez, Administrative Netzwerke im Lichte europäischer Verwaltungsrechtstraditionen, in: C. Calliess (Hrsg.), Berliner Online-Beiträge zum Europarecht Nr. 47, online unter portal-europarecht.de abrufbar, 2006, 1–17.

Starck, Christian, Das Verwaltungsermessen und dessen gerichtliche Kontrolle, in: E. Franßen/K. Redeker/O. Schlichter/D. Wilke (Hrsg.), Bürger – Richter – Staat. Festschrift für H. Sendler, Präsident des Bundesverwaltungsgericht, zum Abschied aus seinem Amt, München (C. H. Beck) 1991, 167–181.

Starck, Christian, Grundrechtliche und demokratische Freiheitsidee, in: J. Isensee/P. Kirchhof (Hrsg.), HStR III, 3. Aufl., Heidelberg (C. F. Müller) 2005, § 33, Rn. 1–47.

Stegbauer, Christan, Netzwerkanalyse und Netzwerktheorie. Einige Anmerkungen zu einem neuen Paradigma, in: ders. (Hrsg.), Netzwerkanalyse und Netzwerktheorie, Wiesbaden (Verlag für Sozialwissenschaften) 2008, 11–19.

Stelkens, Ulrich, Rechtsetzungen der europäischen und nationalen Verwaltungen, VVDStRL 71 (2012), 369–417.

Streinz, Rudolf, Art. 47 GRCh, in: ders. (Hrsg.), EUV/AEUV, 2. Aufl., München (C. H. Beck) 2012.

Streinz, Rudolf, Europarecht, 9. Aufl., Heidelberg (C. F. Müller) 2012.

Streinz, Rudolf, Lebensmittelrechts-Handbuch, Loseblattsammlung, 32. Aufl., München (C. H. Beck) 2011.

Streinz, Rudolf, Primär- und Sekundärrechtsschutz im Öffentlichen Recht, in: VVDStRL 61 (2002), 300–355.

Sydow, Gernot, Die Vereinheitlichung des mitgliedstaatlichen Vollzugs des Europarechts in mehrstufigen Verwaltungsverfahren, Die Verwaltung 34 (2001), 517–542.

Sydow, Gernot, Europäisierte Verwaltungsverfahren, JuS 2005, 97–102.

Sydow, Gernot, Strukturen europäischer Planungsverfahren, DÖV 2003, 605–613.

Sydow, Gernot, Verwaltungskooperation in der Europäischen Union, Tübingen (Mohr Siebeck) 2004.

Sydow, Gernot, Vollzug des europäischen Unionsrechts im Wege der Kooperation nationaler und europäischer Behörden, DÖV 2006, 66–71.

Syrpis, Phil, Legitimising European Governance: Taking Subsidiarity Seriously within the Open Method of Coordination, EUI Working Paper Law No. 2002/10.

Teubner, Günther, Netzwerk als Vertragsverbund, Baden-Baden (Nomos) 2004.

Thiele, Alexander, Europäisches Haftungsrecht, in: J.P. Terhechte (Hrsg.), Verwaltungsrecht der Europäischen Union, Baden-Baden (Nomos) 2011, § 39, 1395–1436.

Thieme, Werner, Demokratie – Ein Staatsziel im Wandel der gelebten Verfassung, DÖV 1998, 751–760.

Thoma, Richard, Über die Grundrechte im Grundgesetz für die Bundesrepublik Deutschland, in: H. Wandersleb/E. Traumann (Hrsg.), Recht – Staat –Wirtschaft, Bd. 3, Düsseldorf (L. Schwann) 1951, 9 ff.

Thomy, Patricia, Individualrechtsschutz durch das Vorabentscheidungsverfahren, Baden-Baden (Nomos) 2009.

Thukydides, Epitaphios, hrgs. von Charles Foster Smith, Thucydides. I. History of the Peloponnesian War Books I and II, London (William Heinemann) und Cambridge, Massachusetts (Harvard University Press), 1956, 318–338.

Thukydides, Geschichte des peloponnesischen Krieges, Leipzig (Verlag von Wilhelm Engelmann) 1854.

Thurner, Paul W., Nichtförmliche Verwaltungskooperation der Ministerialbürokratien der EU-Mitgliedstaaten und netzwerkbasierte Zusammenstellung von nationalen und übernationalen Prozessteams, in: G.F. Schuppert/M. Zürn (Hrsg.), Governance in einer sich wandelnden Welt, PVS Sonderheft 1/2008, Wiesbaden (VS Verlag für Sozialwissenschaften) 2008, 401–429.

Trapp, Dan Bastian, Die Kontinuität der bundesverfassungsgerichtlichen Rechtsprechung zur sog. Mischverwaltung, DÖV 2008, 277–281.

Trute, Hans-Heinrich, Der europäische Regulierungsverbund in der Telekommunikation – ein neues Modell europäisierter Verwaltung, in: L. Osterloh/K. Schmidt/H. Weber (Hrsg.), Staat, Wirtschaft, Finanzverfassung. Festschrift für P. Selmer zum 70. Geburtstag, Berlin (Duncker & Humblot) 2004, 565–586.

Trute, Hans-Heinrich, Die demokratische Legitimation der Verwaltung, in: W. Hoffmann-Riem/Schmidt-Aßmann/A. Voßkuhle (Hrsg.), GVwR I, 2. Aufl., München (C.H. Beck) 2012, § 6, 341–436.

Trute, Hans-Heinrich, Die Verwaltung und das Verwaltungsrecht zwischen gesellschaftlicher Selbstregulierung und staatlicher Steuerung, DVBl. 1996, 950–964.

Trute, Hans-Heinrich, Staatsrechtslehre als Sozialwissenschaft?, in: H. Schulze-Fielitz (Hrsg.), Staatsrechtslehre als Wissenschaft, DV Beiheft 7 (2007), 115–132.

Trute, Hans-Heinrich/Broemel, Roland, Die Regulierung des Zugangs in den Netzwirtschaften, ZHR 2006, 706–736.

Trute, Hans-Heinrich/Kühlers, Doris, Governance in der Verwaltungsrechtswissenschaft, Die Verwaltung 37 (2004), 451–473.

Trute, Hans-Heinrich/Kühlers, Doris/Pilniok, Arne, Governance als verwaltungsrechtwissenschaftliches Analysekonzept, in: G.F. Schuppert/M. Zürn (Hrsg.), Governance in einer sich wandelnden Welt, PVS Sonderheft 2/2008, Wiesbaden (VS Verlag für Sozialwissenschaften) 2008, 173–189.

Turpin, Colins/Tomkins, Adam, British Government and the Constitution, 6. Aufl., Cambridge (Cambridge University Press) 2007.

Tzanakopoulos, Antonios, Disobeying the Security Council: Countermeasures Against Wrongful Sanctions, Oxford Monographs in International Law, New York (Oxford University Press) 2011.

Uerpmann, Robert, Mittelbare Gemeinschaftsverwaltung durch gemeinschaftsgeschaffene juristische Personen des öffentlichen Rechts, AöR 125 (2000), 551–586.

Unger, Sebastian, Das Verfassungsprinzip der Demokratie, Tübingen (Mohr Siebeck) 2008.

Verdier, Pierre-Hugues, Transnational Regulatory Networks and Their Limits, Yale Journal for international law 34 (2009), 113–172.

Vesting Thomas, Konnexionistisches („netzwerkgerechtes") Eigentum. Zur Notwendigkeit einer Neubestimmung des Rechts auf Eigentum für die „Economy of Participation", in: H. Bauer/D. Czybulka/W. Kahl/A. Voßkuhle (Hrsg.), Wirtschaftsrecht im offenen Verfassungsstaat. Festschrift für R. Schmidt zum 70. Geburtstag, München (C.H. Beck) 2006, 427–443.

Vesting, Thomas, Rechtstheorie, München (C.H. Beck) 2007.

Vetter, Rainer, Die Kompetenzen der Gemeinschaft zur Gründung von unabhängigen Agenturen, DÖV 2005, 721–731.

Visser, Maartje, de, Network-Based Governance in EC Law. The Example of EC Competition and EC Communications Law, Oxford and Portland, Oregon (Hart) 2009.

Voet van Vormizeele, Philipp, Art. 47 GRCh, in: J. Schwarze (Hrsg.), EU-Kommentar, 3. Aufl., Baden-Baden (Nomos) 2012.

Volkmann, Uwe, Grundzüge einer Verfassungslehre der Bundesrepublik Deutschland, Tübingen (Mohr Siebeck) 2013.

Voßkuhle, Andreas, Beteiligung Privater an der Wahrnehmung öffentlicher Aufgaben und staatliche Verantwortung, VVDStRL 62 (2003), 266–335.

Voßkuhle, Andreas, Neue Verwaltungsrechtswissenschaft, in: W. Hoffmann-Riem/E. Schmidt-Aßmann/ders. (Hrsg.), GVwR I, 2. Aufl., München (C.H. Beck) 2012, § 1, 1–64.

Wahl, Rainer, Das Verhältnis von Verwaltungsverfahren und Verwaltungsprozessrecht in europäischer Sicht, DVBl. 2003, 1285–1293.

Wahl, Rainer, Europäisierung: Die miteinander verbundenen Entwicklungen von Rechtsordnungen als ganzen, in: H.-H. Trute/T. Groß/H.C. Röhl/C. Möllers (Hrsg.), Allgemeines Verwaltungsrecht – zur Tragfähigkeit eines Konzepts, Tübingen (Mohr Siebeck) 2008.

Walter, Christian, Constitutionalizing (Inter)national Governance – Possibilities for and Limits to the Development of an International Constitutional Law, German Yearbook of International Law 44 (2001), 170–201.

Weber, Albrecht, Europäische Verfassungsvergleichung, München (C.H. Beck) 2010.

Wegener, Bernhard W., Art. 267 AEUV, in: C. Calliess/M. Ruffert (Hrsg.), EUV/AEUV, 4. Aufl., München (C.H. Beck) 2011, 2342–2364.

Wegener, Bernhard W., Rechtsschutz für gesetzlich geschützte Gemeinwohlbelange als Forderung des Demokratieprinzips?, HFR 3/2000, online unter humboldt-forum-recht.de verfügbar.

Weiler, Joseph Halevi Horowitz, The Transformation of Europe, The Yale Law Journal, Vol. 100, No. 8, Symposium: International Law (1991), 2403–2483.

Weiler, Joseph Halevi Horowitz, Van Gend en Loos: The Individual as Subject and Object and the Dilemma of European Legitimacy, Jean Monnet Working Paper 10/14, online unter jeanmonnetprogram.org verfügbar.

Weiß, Wolfgang, Der Europäische Verwaltungsverbund. Grundfragen, Kennzeichen, Herausforderungen, Schriften zum Europäischen Recht, Band 153, Berlin (Duncker & Humblot) 2010.

Weiß, Wolfgang, Schnittstellenprobleme des Europäischen Mehrebenenverwaltungsrechts, Die Verwaltung 38 (2005), 517–545.

Wettner, Florian, Die Amtshilfe im Europäischen Verwaltungsrecht, Tübingen (Mohr Siebeck) 2005.

Wiedemann, Gerhard, Auf der Suche nach der verlorenen Rechtssicherheit – eine Zwischenbilanz zwei Jahre nach Inkrafttreten der EG-Kartellverfahrens-Verordnung Nr. 1/2003, in: I. Brinker/D. H. Scheuing/K. Stockmann (Hrsg.), Recht und Wettbewerb. Festschrift für R. Bechtold zum 65. Geburtstag, München (C. H. Beck) 2006 627–644.

Wille, Anchrit, The European Commission's Accountability Paradox, in: M. Bovens/D. Curtin/P. Hart (Hrsg.), The Real World of EU Accountability, Oxford (Oxford University Press) 2010, 63–86.

Windhoffer, Alexander, Die Gesetzgebungsvorhaben des Bundes und der Länder zur verwaltungsverfahrensrechtlichen Umsetzung der EG-Dienstleistungsrichtlinie, DÖV 2008, 797–801.

Winkler, Viktor, Bundesnetzagentur und Beurteilungsspielraum, DVBl. 2013, 156–160.

Winter, Gerd, Kompetenzverteilung und Legitimation in der Europäischen Mehrebenenverwaltung, EuR 2005, 255–276.

Wissmann, Hinnerk, Richterliche Kontrolle im öffentlichen Wirtschaftsrecht, in: H. Bauer/D. Czybulka/W. Kahl/A. Voßkuhle (Hrsg.), Wirtschaftsrecht im offenen Verfassungsstaat. Festschrift für R. Schmidt zum 70. Geburtstag, München (C. H. Beck) 2006, 627–644.

Wolf, Christoph, Die Staatshaftung der Bundesrepublik Deutschland und der Französischen Republik für Verstöße gegen das Europäische Gemeinschaftsrecht, Berlin (Duncker & Humblot) 1999.

Woude, Marc, van der, Exchange of Information within the European Competition Network: Scope and Limits, Paper, European University Institute Proceedings, 2002.

Wrobel, Andrzej, Einfluss des europäischen Rechts auf das Verwaltungsverfahren, in: W. Erbguth/J. Masing (Hrsg.), Verwaltung unter dem Einfluss des Europarechts, Stuttgart (Boorberg) 2006, 181–206.

Ziller, Jacques, European Models of Government: Towards a Patchwork with Missing Pieces, Parliamentary Affairs 54 (2000), 102–119.

Zürn, Michael, Das Bundesverfassungsgericht und die Politisierung der Europäischen Union, in: C. Franzius/F. C. Mayer/J. Neyer (Hrsg.), Strukturfragen der Europäischen Union, Baden-Baden (Nomos) 2010, 46–55.

Sachverzeichnis

Verfassungsentwicklung in Europa

herausgegeben von
Hartmut Bauer, Peter M. Huber
und Karl-Peter Sommermann

Seit dem weltpolitischen Umbruch der Jahre 1989 bis 1991 befinden sich die Verfassungsordnungen in Europa in einem Transformationsprozess. Der Wegfall des Ost-West-Gegensatzes mit seiner politikstabilisierenden Wirkung, die fortschreitende europäische Integration und die auf vielen Politikfeldern zu beobachtende Globalisierung setzen die nationalen Verfassungen unter Anpassungs- und Modernisierungsdruck. Das stellt auch die Verfassungswissenschaft vor neue Aufgaben. Will sie den Anschluss an die sich verändernde Verfassungswirklichkeit nicht verlieren, muss sie sich verstärkt auf den Transformationsprozess einstellen und die von Entwicklungssprüngen in der Mehrebenenpolitik ausgehenden Impulse im Europäischen Verfassungsverbund verarbeiten. Die Schriftenreihe *Verfassungsentwicklung in Europa (VEEu)* stellt für die gebotenen Reformdebatten ein Forum bereit. Schwerpunkte der Reihe sind die Generierung und Bewertung von Optionen für die Ausgestaltung des Europäischen Verfassungsrechts und insbesondere einer Europäischen Unionsverfassung, die Erarbeitung „Gemeineuropäischen Verfassungsrechts" namentlich durch Rechtsvergleichung und schließlich Überlegungen zur Rechtsangleichung sowie zur Schaffung von zeitgemäßem nationalen Verfassungsrecht unter den Rahmenbedingungen der Europäisierung und Globalisierung. Perspektive ist die Ausbildung eines Ius Publicum Europaeum.

ISSN: 1861-7301
Zitiervorschlag: VEEu

Alle lieferbaren Bände finden Sie unter *www.mohr.de/veeu*

Mohr Siebeck
www.mohr.de